U0589742

山东地方史文库（第二辑）

韩寓群 主编

山东经济史

陈新岗 张秀娈 著

山东人民出版社

《山东地方史文库》编委会

学术顾问：安作璋
主　　编：韩寓群
副 主 编：蒿　峰　齐　涛
　　　　　宫志峰　赵彦修
编　　委：唐　波　王焕斌
　　　　　杨存昌　朱亚非
编务处主任：朱亚非
秘　　书：李建业

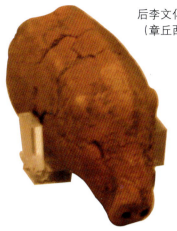

后李文化时期的陶猪
（章丘西河遗址出土）

北辛文化时期的陶鼎（临淄后李遗址出土）

大汶口文化时期的彩陶钵形鼎（邹县出土）

龙山文化时期的黑陶蛋壳杯
（山东省博物馆）

岳石文化时期的大陶罐
（泗水天齐庙遗址出土）

战国时期的齐刀币陶范
（山东省博物馆）

"即墨之法化"刀币
（青岛市博物馆）

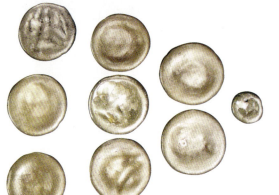

西汉的金饼（山东大学博物馆）

大观通宝（青岛市博物馆）

出土于山东各地的汉代铁錾、三齿镢、铁镢（山东省博物馆）

汉代的铁铧头
（台儿庄出土）

汉代的铁铲（枣庄市博物馆）

汉代的陶仓（枣庄市博物馆）

汉代的陶磨（枣庄市博物馆）

汉代的陶圈（枣庄市博物馆）

汉代的陶米碓风车模型
（山东省博物馆）

西汉的彩绘漆盘（临沂银雀山汉墓出土）

唐三彩双鱼瓶
（青州出土）

战国时期的陶瓦当（临淄齐国故城出土）

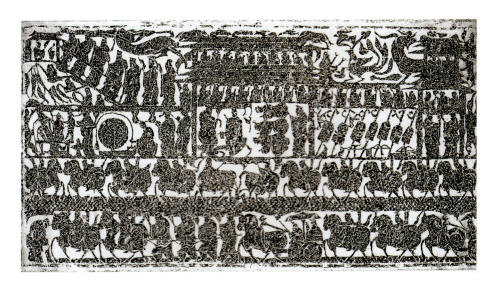

汉代的纺织画像石（滕州出土）

商代的铜鼎（青州苏埠屯遗址出土）

春秋时期的陈侯壶（山东省博物馆）

战国时代的铜匜（临淄出土）

战国时期的国子鼎
（临淄齐故城出土）

依据寿光双王城商周古盐场遗址绘制的制盐模型图
（山东省博物馆）

"今日无税"碑（周村）

临清运河钞关

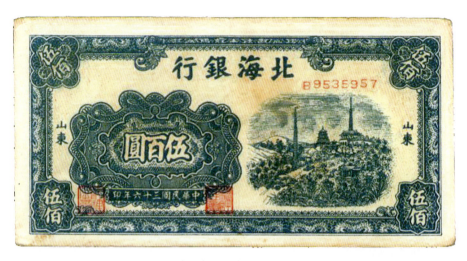

北海银行发行的五百元纸币

德华银行青岛分行铸造的壹角硬币

津浦铁路济南火车站钟楼，此站曾为亚洲最大的火车站，1992年拆除。

《山东地方史文库》总序

　　《山东地方史文库》历经三年多努力,终于正式付梓,这是一件可喜可贺的事情。

　　山东是中华文明的发源地之一。根据考古发现,距今四五十万年前,我们的祖先就在今山东沂源一带劳动、生息、繁衍,过着原始社会的生活。大约在四五千年前的虞舜时代,相当于考古学上的龙山文化后期,山东地区即已进入了人类的文明时代。山东历史悠久,文化灿烂,名人辈出。在这里曾产生许多伟大的思想家、政治家、军事家、科学家、发明家、文学家和艺术家,其中最著名的有:思想家和教育家孔子,思想家墨子、孟子、庄子、荀子,政治家管仲、晏婴、诸葛亮、房玄龄、刘晏,军事家孙武、吴起、孙膑、戚继光,科学家和发明家扁鹊、鲁班、氾胜之、贾思勰、燕肃、王祯,文学家和艺术家王羲之、刘勰、颜真卿、李清照、辛弃疾、蒲松龄、孔尚任,以及中国共产党山东党组织的创始人王尽美、邓恩铭等,其余多如璀璨明星,不可胜数。这些先贤们的思想和业绩都已载入史册,成为中国优秀传统文化的一个重要组成部分。时至今日,仍具有广泛而深远的影响。

　　山东的历史,是一部丰富多彩的历史,是一部灿烂辉煌的历史。山东人民在历史上所创造的物质文明和精神文明值得后人去发掘、探讨、借鉴和发扬光大。自上世纪80年代以来,在中共山东省委、省政府的大力支持下,省内从事社会科学研究工作的专家学者在山东地方史的研究方面做了许多卓有成效的工作,编写出版了包括《山东通史》在内的一批研究地方史的著作,为后人探讨和研究山东历史奠定了很好的基础。

新编《山东地方史文库》,包括新增订的《山东通史》和初步计划编写的10部《山东专史》。《山东通史》从纵的方面记述山东自远古至近现代的历史发展进程,包括山东社会形态的变化、重大历史事件、重要典章制度和重要历史人物的传记;《山东专史》则是从横的方面研究山东历代政治、经济、军事、文化、教育、科技、社会风俗、中外交往等方方面面的历史。采取这样纵横交错、互为补充的研究方法,可以让人们更加全面和系统地了解和认识山东历史,更能领悟到我们的先人所创造的博大精深的思想、灿烂辉煌的文化以及多姿多彩的社会生活,也可以从中总结和吸取先辈们给我们留下的宝贵而丰富的经验教训。毛泽东同志曾说过:"历史的经验值得注意。"邓小平同志也说:"历史上成功的经验是宝贵财富,错误的经验、失败的经验,也是宝贵财富。"他还有一句名言:"总结历史,是为了开辟未来。"研究和学习山东的历史,可以使我们更加深入认识山东的昨天,更好地把握今天,从而创造出更加美好的明天。

盛世修史,是我国的一个优良传统。多年来,中共山东省委、省政府在党中央领导下,以邓小平理论和"三个代表"重要思想为指导,深入贯彻落实科学发展观,带领山东人民沿着中国特色社会主义道路奋发前进,无论是在发展经济还是提高人民群众的生活水平上,都取得了突出的成就,进入了山东历史上发展最好、较快的又一个历史时期。《山东地方史文库》的编写出版,不仅继承和弘扬了山东悠久而丰厚的历史文化,而且有助于我们吸取前人的经验和智慧,为社会主义和谐社会建设提供有益的历史借鉴。

编写《山东地方史文库》的动议酝酿于 2006 年 3 月,当时担任省长的我意识到自己有义不容辞的责任。这个想法得到了山东师范大学以及省内从事山东地方史研究的专家教授的热烈响应和支持,尤其是安作璋教授,不顾年事已高,担任《文库》学术顾问,尽心竭力做了大量的组织工作、领导工作,山东师范大学的领导同志以及山东地方史研究所为此《文库》的编纂作出了很大贡献。作为主编,我感谢来自省内有关高等学校、科研院所的各位主编、作者和出版社的编辑同志为编写出版这一套高质量、高品位的《山东地方史文库》付出的辛勤劳动,感谢省党史委、史志办等有关部门领导的大力支持和帮助。《文库》的编写出版,仅是一个良好的开端,希望同志们在此基础上总结经验,再接再厉,为今后编写好出版好《文库》中的其他各类专史继续努力。

　　是为序。

韩寓群

2009 年 7 月

序

山东自古号称"齐鲁文明礼仪之邦",历史悠久,文化灿烂。在这块雄踞陆海、美丽而富饶的祖国大地上,曾培育出许多伟大的思想家、科学家、发明家、政治家、军事家、文学家和艺术家。他们以博大精深的思想和智慧,与广大劳动人民一起共同创造了大量造福于人类的精神财富和物质财富,推动了生产力的发展和社会的进步,从而构成了山东历史丰厚而富有特色的内容,谱写了山东历史绚丽多彩的篇章。

本次编写出版的《山东专史》系列,为《山东地方史文库》的第二辑,包括《山东政治史》、《山东经济史》、《山东军事史》、《山东思想文化史》、《山东科学技术史》、《山东教育史》、《山东文学史》、《山东社会风俗史》、《山东移民史》、《山东对外交往史》等10部著作,较全面地研究和反映了山东古代至新中国成立前的政治、经济、军事、思想、科技、教育、文学、风俗、移民、外交等领域发展、变化的历程。《山东专史》系列和已出版的《山东通史》一样,在编写思路和结构上都采取纵横相结合的方法,不同的是,《山东通史》以纵带横,纵中有横;《山东专史》系列则是以横带纵,横中有纵。如果说《山东通史》是从纵的方面系统地探讨山东历史各个领域的发展演变,《山东专史》系列则是从横的方面对山东历史不同领域进行重点的研究,也可以说《山东专史》系列是对《山东通史》中一些重要领域的细化和补充,这两部著作相得益彰、交相辉映,比较系统全面地体现了《山东地方史文库》丰富的内容及厚重的文化积淀。

《山东专史》系列各卷的作者,均是山东省高校和科研机构中多年从事有关领域研究的教授、研究员等专家学者,他们在山东历史的研究方面均有较高的理论水平、丰富的资料积累和写作经验,因此对其撰写的书稿都能做到比较深入的研究。每卷作者在撰稿中都注意吸取当今学术界最新研究成果,并在此基础上,力求有所创新;对有争议的问题则采取了比较客观的立场和实事求是的态度。10 部专史大都具有资料翔实、内容丰富、思路清晰、系统条理、文字流畅、深入浅出等优点;另附有与文中内容相关的多种图表,以便于读者更好地阅读和理解。

近年来,山东学者对于山东历史的研究取得了长足进步,先后推出了《山东通史》、《齐鲁文化通史》、《济南通史》、《齐鲁历史文化丛书》、《山东革命文化丛书》、《山东当代文化丛书》、《齐鲁诸子名家志》、《山左名贤遗书》、《齐鲁文化经典文库》、《山东文献集成》等多部大型系列著作(省直各部门、各地市县的研究成果尚未包括在内),表明了山东地方史的研究已走在全国各省地方史研究的前列,对于研究山东、宣传山东、存史资政育人起到了重要作用。本次《山东地方史文库》中 10 部《山东专史》的出版,对山东地方史研究来说,无论从深度还是广度上看,都有新的开拓,也是山东省文化建设工程的又一项重大成果。对于当前和今后建设社会主义和谐山东,推进山东社会主义政治文明、精神文明、物质文明、生态文明建设,都具有重要的现实意义。

我衷心希望参加编写的作者和出版社的同志们,在老省长、《山东地方史文库》总主编韩寓群同志的领导和山东师范大学校领导的支持下,善始善终地继续做好《山东专史》系列第三辑、第四辑的编写和出版工作,并预祝这项艰巨而光荣的历史任务圆满成功。

安作璋

2011 年 5 月

前　言

　　山东省是中国的经济大省和经济强省。截至 2010 年,山东省常住人口总数居全国第二位,农业总产值居全国第一位,工业总产值居全国第二位,GDP 总量居全国第三位。回溯历史,我们会发现,自古以来,山东地区一直是全国经济最发达的地区之一。

　　原始经济时代,山东地区经历了旧石器时代和新石器时代。在旧石器时代,以沂源猿人为代表的原始人类生产力水平极其低下,经济部门主要包括原始采集业和原始狩猎业。原始采集业是指原始人类靠采摘自然界的天然产物来获得生存的一种生产行为,原始狩猎业是指原始人类通过集体围猎野生动物来维持生存的一种生产行为。它们是原始人类向大自然索取生活资料的主要手段,也是原始经济最重要的两个内涵。

　　新石器时代,山东地区成为农业革命的重要发生地之一。农业革命是人类经济史的真正开始,它使人类从原始经济逐渐过渡到农业经济,并开始步入古代文明阶段。从考古学上看,山东地区的农业革命主要经历了后李文化、北辛文化、大汶口文化、龙山文化和岳石文化等阶段。其一,采集业过渡到了农业种植业。山东境内出土了大量的农业生产工具(如石斧、石铲、石锥、鹿角锄等)、粮食加工工具(如石磨盘、磨球、磨棒等),还有粮食作物品种(如黍、粟、水稻等)。种植业的出现,表明人类的物质生产方式发生了第一次历史性的飞跃,人类从一个简单的食物采集者演变为一个食物生产者,从而极大地提高了劳动生产水平。其二,狩猎业逐渐过渡到了畜牧业,主要是大量的狩猎工具(如弓箭、刀、弹丸、矛、镖、镞等)、动物品种(如猪、狗、鸡、牛、羊等)、猪圈、畜舍模型等的出土。畜牧业的出现,表明人类逐渐从单独狩猎动物过渡到驯化、圈养动物，极大地丰富了人类的食物来源。此外，原始渔猎业与原始手工业的产生与初步发展，也是农业革命的重要内容或结果。农业革命的发生及发展，不仅推动山东地区率先进入农业社会，而且为后世山东经济之发达奠定了重要基础。

奴隶经济时代，山东地区的农业经济得以初步建立。夏商时期山东地区出现了很多古国，齐国、鲁国等是主要代表。西周时期，农业是最重要的经济部门。土地制度是宗族土地所有制，耕作制度是井田制，赋税制度是彻法。就生产工具而言，石质工具仍然是主要的农业生产工具，但青铜农具和铁制农具的应用日益广泛。就农业技术而言，牛耕、施肥、选种等技术进一步发展。生产工具的改进与农业技术的革新，导致粮食作物品种和产量增加。当时，主要的粮食作物有粟、麦、黍、稷、粱等，其中粟是最重要的粮食作物。畜牧业以猪为六畜之首，其次是狗、牛，再次是羊、马、鸡、鸭。同时手工业也得到初步发展，如纺织、陶器制造、青铜器冶铸、骨角器制作、漆器生产、煮盐等，都有很大的进步。此外，随着商品交换的日益发展，出现了管仲、子贡、范蠡等独立商人，海贝和刀币的流通范围扩大，临淄和曲阜等城市兴起，山东地区的商品经济得到一定发展。

封建经济时代，山东地区逐渐成为全国经济最发达地区之一。虽然学界大都以公元前453年三家分晋作为封建社会的开始，但山东地区在此之前已经开始了封建化进程，如鲁国的"初税亩"、齐国的"相地而衰征"等一系列财税制度的实施就是很好的说明。封建经济时代山东地区的经济发展主要有如下表现：

农业方面，山东人民创造了先进的农业文明，山东地区成为中国的农业经济中心之一。这里不仅有全国最高的粮食产量，还有一系列的农业技术创新及重要的农业著作。古代山东农业的发达，一直影响到现代，直至今天山东农业仍在全国农业中处于领先地位。

手工业方面，山东人民拥有成熟的手工业技术，长期居于中国前列。临淄、济宁等地的纺织业，莱芜、淄博等地的冶铁业，登州、莱州等地的采金业，滨海地区的制盐业，都代表了古代山东地区手工业的发展水平。到了明中叶，山东手工业逐渐形成了手工工场的形式，出现了一定程度的资本主义萌芽。

商业与城市方面,山东人民发展了繁荣的商业与城市。发达的农业和手工业,为商业的繁荣与发展创造了条件,尤其是明清时期活跃于中华大地的山东商帮,更是与当时的晋商、徽商齐名。商业的繁荣也带动了城市的发展,从先秦时期的临淄、曲阜,到魏晋隋唐时期的青州、济南,再到明清时期的运河沿岸城市,古代山东的城市经历了重大变迁,也印证了山东经济重心的转移过程。

近代经济时期,山东地区的经济现代化进程开始启动。经济现代化是人类经济从传统迈向现代的必由之路,它包括工业化、市场化和城市化等内容。由传统经济向现代经济过渡,最重要的表现就是市场渗透,即市场机制在多个领域发生作用并逐渐占据主导作用的过程。山东地区的经济现代化进程始于19世纪末期,主要表现为市场机制在农业、工业、商业、财政、金融等领域的"渗透"。经济现代化的主要内容如下:

农业现代化逐渐孕育并缓慢发展。跨入近代社会以后,农业仍在国民经济中占据着重要地位。相对于发展迅速的工业,农业现代化的速度极为缓慢,农业耕作工具仍以传统的人力、畜力为主,现代化的农业机械并不多见,这种局面一直持续到新中国成立之后。在此期间,由于市场的发展,农业也出现了一定程度的商品化倾向。抗日战争期间,日本侵略者在山东地区极力推行殖民政策,控制棉花产销,以低价搜刮粮、棉、油、蚕丝等农副产品和皮革、羊毛等畜产品,使山东农业日趋畸形和殖民地化,农业损失严重。抗日战争和解放战争期间,山东革命根据地的农业经济不断发展,通过开展减租减息、互助合作和大生产运动,使根据地和解放区农业经济得到了迅速恢复和发展。

工业现代化进程总体虽呈前进趋势,但成效并不明显。工业现代化进程以传统手工业的衰落与新式工业的兴起为主要内容。由于外国资本的侵入,更由于与世界市场的进一步联系,省内的传统手工业日益衰落,如土布业、土铁业等。新式工业部门中轻工业发展比较明显,如机器纺织业、机制面粉业等现代化水平不断提高,但重工业部门发展缓慢,诸如机器制造业、石油采炼业等。近代以来,以机器采用为主要标志的现代工业逐步建立和发展,但省内的传统手工业仍然非常强大,在工业总产值中,二者的比重不相上下。在工业资本构成中,既有晚清政府的官办企业和民国政府的官僚资本企业,也有大量的外国资本企业和本国民族资本企业,它们的关系既有垄断也有竞争,共同推动了工业现代化进程。

商业现代化水平得到明显提升。省内商业面临着从传统向现代的过渡。西部运河沿岸地区的商业日益衰落,沿海地区的商业迅速兴起,胶济铁路沿线地区的商业也迅速发展。传统的商业组织如牙行、旧式零售批发商号等日益衰落,新式商业企业如洋行、华商进出口商行、百货公司等纷纷出现,尤其是货栈资本的兴起,促使开埠城市与内地乡镇农村之间形成一个土洋货购销网络,沿海与内陆之间的经济联系进一步加强。市场主体既有代表本土势力的鲁商,也有诸如浙商、晋商等来自其他省份的商帮。商会的普遍建立与地方政府经济职能的发挥进一步降低了市场交易成本,市场机制的作用逐渐得以充分发挥。

金融业现代化表现出较高的水平。随着经济社会的转型,尤其是被迫性地对外开放,传统金融机构如钱庄、银号、票号、典当等,经历了一个衰微、存续与转型的发展过程,而新式金融机构如银行、保险公司、证券交易所、信托公司、同业组织等迅速发展,为经济现代化作出了重要贡献。尤其是抗日战争时期成立的北海银行,成为中国人民银行的前身。新式金融机构的出现及初步发展,不仅标志着现代意义的金融体系的逐渐形成,而且为省内工业、商业、交通运输业等产业的发展提供了重要的资金来源。

交通运输业与邮政通讯业也呈现出一定程度的现代化发展。省内的交通运输业主要包括轮船航运、公路运输、铁路运输等。交通运输各业的发展,尤其是海上运输业和铁路运输业,极大促进了省内外物资流通与人员往来。邮政通讯业主要包括邮政、电报和电话等。邮政通讯各业的发展,有效促进了信息交流与技术传播。

城市化有了初步发展。省内城市的发展,与开埠通商、交通运输、政府的政策有密切联系。晚清时期,西部运河沿岸城市衰落了,但沿海城市却迅速兴起。胶济铁路建成后,铁路沿线城市又继而崛起。沿海城市和铁路沿线城市逐渐成为城市发展的主要内容,并且二者逐渐连为一体,共同推动了近代山东的城市化进程。

山东经济历史在中国经济史研究中具有典型意义。自农业革命以来,山东区域经济始终站在全国经济的前列。期间,经历了五种社会形态的更替,依次是原始社会、奴隶社会、封建社会、半殖民地半封建社会和社会主义社会;出现了三种资源配置方式的变迁,依次是自然经济(包括习俗经济和命令经济)、计划经济和市场经济。经济史上的重大制度变迁,不仅造就了古代山东的农业文明,也影响到近代以来的山东经济现代化建设。系统研究山东经济历史发展的基本规律及经验教训,对于当代的中国经济社会发展具有很强的现实借鉴意义。

目　录

第一章　远古时代的山东经济

山东地区是中华文明的发祥地之一。远古时代,山东地区进入了人类的"蒙昧时代",并经历了旧石器时代和新石器时代。旧石器时代的生产力水平极其低下,经济部门主要是狩猎业和采集业。新石器时代,山东地区的社会经济进一步发展,农业革命如期展开。美国著名经济学家道格拉斯·诺思(Douglass C. North)认为,农业革命是人类经济史上第一次经济革命,它改变了人类经济发展的历程,它使农业成为社会经济的主导部门,使人类从漂泊不定的迁徙生活过渡到村落定居生活。其时,山东地区的农业革命主要表现为采集业开始向种植业过渡、狩猎业开始向畜牧业过渡,并且出现了原始渔猎业和原始手工业,从而成为山东经济史的源头。

一、远古时代的自然环境

自然环境是人类生存和发展所依赖的各种自然条件的总和。社会经济的发展,离不开自然环境的支撑与约束,特别是在原始时代,自然环境对人类生产与生活的影响尤为明显。

(一)旧石器时代

旧石器时代是以打制石器为主要工具的人类物质文化阶段,其地质时代从两三百万年前到一万年前,分为早期、中期和晚期。山东的历史始于旧石器时代。

1981年,在山东沂源县土门镇发现了距今四五十万年以前的人类化石,被称为"沂源猿人",他们是山东省目前发现最早的古人类。考古年代为更新世中期,旧石器早期。在我国东部,"12万—7万年前气候温暖为间冰期,温度比现今为高,7万—1万年间气候变冷为冰期,1万年以来是冰后期,气温回升,至6千年前达到高峰"①。"沂源猿人"生活的旧石器时代,当地的气候适宜人类的生存、繁衍。1965年和1966年在沂源县千人洞和新泰市刘杜镇乌珠台村南寒武纪石灰岩洞中发现了旧石器时代

沂源猿人使用的石斧

晚期阶段的遗址,距今2万年至5万年。这些山东的远古人类,已经开始用打制石器从事狩猎和采集果实的活动。

(二) 新石器时代

大约在公元前一万年左右,人类进入了地质上的全新世时期,地球上的最后一次冰期结束了。随着气候的逐渐变暖,自然环境发生了变化。华北地区大部分是以松蒿为主的疏林草原,平均温度接近于现代或稍低。在新环境下,原始人的生产活动及生产工具也随之改变,如人类的生产工具——石器向小型化发展,山东沂河和沭河流域的考古挖掘均有细石器发现,标志着旧石器时代的结束和向新石器时代过渡的开始。这个转变过程,就是从狩猎采集经济向种植畜牧经济转变的过程。正如恩格斯所说:"蒙昧时代是以采集现成的天然产物为主的时期,人类的制造品主要是用作这种采集的辅助工具。野蛮时代是人类学会经营畜牧业和农业的时期,是学会靠人类的活动来增加天然产物生产的方法的时期。"②

1976年山东蓬莱村里集一带、1983年在日照县竹溪村北山和秦家官庄和2006年沂源县张家坡镇北桃花坪村扁扁洞均发现陶器及粮食加工磨盘

① 王靖泰、汪品仙:《中国东部晚更新世以来海面升降与气候变化的关系》,《地理学报》1980年第4期。

② 恩格斯:《家庭、私有制和国家的起源》,《马克思恩格斯选集》第4卷,人民出版社1972年版,第23页。

等石器,成为山东早期新石器时代的源头。

山东新石器文化时代的居民是东夷人。从考古文化看,东夷人经历了后李文化(前 8500—前 7500 年)、北辛文化(前 7300—前 6100 年)、大汶口文化(前 6100—前 4600 年)、龙山文化(前 4600—前 4000 年)、岳石文化(前 4000—前 3600 年)等五个阶段。

前 8500—前 7500 年的后李文化时期,山东地区的气温进一步上升,末次冰期结束后,海面急剧上升,海域向陆地推进,人类的生产生活受到了自然环境的制约。孢粉显示,这一时期,气候温暖湿润,遗址附近有沼泽和大面积水域,山地有森林覆盖,反映为湿热的亚热带气候环境,其植被具有明显的草原特征。后李文化已经有了定居农业,其遗址主要包括淄博后李遗址、潍坊前埠下遗址、章丘小荆山遗址、长清月庄遗址等。

前 7300—前 6100 年的北辛文化时期,是全新世以来的最暖期,山东居民的活动范围有所扩大,已经遍及各个角落,社会经济有了较大发展。气候较今日温暖湿润,山林灌木丛生,芦苇草地茂密,河谷湖泊发育,大致与现在长江流域的气候条件基本相似,非常适合农业耕作和野生植物的栽培。[①]人们已能建造居室,居址固定,农业生产初步兴起。北辛文化遗址主要有今山东滕县北辛遗址、兖州王因遗址等。

前 6100—前 4600 年的大汶口文化时期,山东区域内的人口越来越多,人们的生活得到较大提高,人类活动空间进一步扩大,自然环境更加适宜人类的生存。迄今发现的遗址由北辛文化的 50 余处增至大汶口文化的 550余处。大汶口文化时期的气候较前温暖,丛林茂密,气候温暖湿润,气温一般较目前高 4℃—5℃,降雨较目前为多,植被以阔叶树种占优势,并含少量亚热带成分,森林茂密,草木繁茂,湖沼交错,水域面积较大。从各地发掘的大汶口文化墓葬看,有普遍随葬獐牙的风习。如泰安大汶口墓地,共发掘墓葬 133 座,其中随葬獐牙的有 88 座,占墓葬总数的 66.1%;共葬獐牙 191个,平均一墓 2.17 个。可见当时的獐类一定不少。獐这种动物性喜温暖,今天生活在南方太湖一带温暖而又湿润的沼泽区域,黄河流域已绝迹。而大汶口文化时期,黄河下游地区居然有如此多的獐类存在,说明当时的气候

①何德亮、毛晓平:《山东新石器时代的自然环境》,《南方文物》2003 年第 4 期。

不像现在这样冬季干旱寒冷,而是温暖湿润的气候。我国著名气象地质学家竺可桢在研究了近年来的气候变迁之后,曾说:"在近五千年中的最初两千年,即仰韶文化到安阳墟殷,大部分时间的平均温度高于现在2℃左右。1月份温度比现在高3℃—5℃,如此温暖湿润的气候极有利于农业生产的发展。"大汶口文化遗址主要有泰安大汶口遗址、枣庄建新遗址、兖州六里井遗址、广饶五村遗址、胶县三里河遗址等。

前4600—前4000年山东龙山文化的自然环境在初期与大汶口文化中、晚期基本相同,温和略干,气温开始下降,孢粉显示喜温的落叶阔叶林显著减少,亚热带树种逐渐消失。这种自然条件比较适宜各类农作物的生长,原始农业空前发展。晚期阶段,自然环境发生急剧变化,公元前4000年左右,是我国异常洪水多发时期,龙山文化中呈现多城堡、夯土台和堌堆遗址,正是应对多水害环境的措施。[1] 大规模的洪水和降温事件,使山东龙山文化中断衰变为岳石文化。龙山文化遗址主要有章丘城子崖遗址、潍县鲁家口遗址、兖州西吴寺遗址、栖霞杨家圈遗址、滕县庄里西遗址、日照两城镇遗址等。

前4000—前3600年的岳石文化是龙山文化的继续和发展,基本处于我国夏代纪年范围内。龙山文化结束时期持续的冷凉干燥气候也影响到岳石文化初期的气候,之后气温、降水又开始好转。岳石文化遗址主要有平度岳石遗址、泗水尹家城遗址、牟平照格庄遗址、青州郝家庄遗址、菏泽安丘堌堆遗址等。

自然环境对古代文化和经济的形成、发展所产生的影响是十分巨大的。在原始经济中采集业和狩猎业是这个时期人类最重要的两种经济活动,而这两种经济活动与人类所面临的自然环境密切相关。自然环境决定了采集业和狩猎业的水平,并影响采集业和狩猎业向原始农业的演进。

二、旧石器时代的山东经济

(一) 采集业

原始采集业是指原始人类靠采摘自然界的天然产物来获得生存的一种

---

[1] 郓田夫、张启元:《菏泽地区的堌堆遗存》,《考古》1987年第11期。

生产行为,它是原始经济最重要的内涵之一。

从旧石器时代早期开始,采集是山东境内的远古人类谋取生活资料的主要生产性活动。当时,社会生产力极端低下,工具只限于对石头、树枝进行简单加工。这些简单而粗糙的工具使得猎取动物并不是一件容易的事情,狩猎的成果时多时少,不能经常有保证,所以,采集活动比狩猎处于更重要的地位。工具在劳动中只起辅助作用,人们主要依靠双手采集现成的野生植物如野菜、果实、根茎等作为食料,同时还捕食一些小动物和虫类。

采集所使用的劳动工具,主要是打、采树上果实的木棒和用来采掘、切割植物的皮、根、茎、果实的石片、刮削器、砍砸器、尖状器等。沂源县土门镇黄崖村的千人洞发掘出打制石器38件,其中有刮削器、尖状器、石核等①,临沂市罗庄区侯家三岗村发掘出猿人木制工具,其表面有明显的打凿痕迹。除日照秦家官庄遗存新泰县乌珠台遗存、日照县竹溪村遗存、郯城县黑龙潭遗存外,胶东半岛的蓬莱、长岛、海阳等地的遗址也都出土过原始人使用的采集工具。采集劳动主要是靠女性进行的。妇女的采集比男子的狩猎更稳定,是可靠的生活来源。女性在长期采集劳动的实践活动中,逐渐认识了某些植物的生长规律,植物的果实、种子在土地、水分和气候都适宜的条件下,就能发芽、生长、开花和结果。于是,人们便在居住地附近,将采集来的部分植物种子、果实种在地里。这样,远古居民在长期的采集植物种子、果实的实践中便逐渐发展了原始农业。到这时,采集逐渐退居次要地位。

(二) 狩猎业

原始狩猎业是指原始人类通过集体围猎野生动物来维持生存的一种生产行为,它和采集业一样是人类向大自然索取生活资料的手段,也是原始经济最重要的内涵之一。

随着人口的逐渐增加,对野生植物资源的需求逐年加大,仅靠采集植物已难以满足不断增长的人口的生活需要。于是沂源猿人为了生存,便不得不依靠原始群体的力量和简单的打制石器、木棒等进行狩猎活动,通过猎取野兽、食其血肉、披其皮毛来维持自己的生存。人们最初可能捡食一些残剩

①戴尔俭、白云哲:《山东一旧石器时代洞穴遗址》,《古脊椎动物与古人类》1966 年第 1 期。

的动物尸体,捕食一些昆虫之类等等,随后开始有意识地进行狩猎,在狩猎的过程中逐渐改进工具,最后终于学会了制造石器和用火。

在已发现的旧石器时代遗址里残存的沂源猿人时代的古动物化石来看,当时狩猎的主要动物有肿骨鹿、李氏野猪、野驴、野马、鬣狗、猛虎、巨河狸等。但当时生产工具极其简陋,狩猎并非易事,可能追逐几天也打不到一个猎物。

到了旧石器时代晚期,狩猎工具有所改进。这时出现了一些新的狩猎工具,如石球、石钻和矛头。人类最初的狩猎工具是用手投掷捡来的天然石块,例如"沂源猿人"所使用的打制石块有的直径达7.5厘米。而石球则是原始人有意识制造的远距离的狩猎武器。从发掘资料看,山东最早是在沂水县的湖埠西发现了石球,重250克。在郯城黑龙潭遗址和山东莒南县大青峰也出土过石球。三地出土的石球均属旧石器时代晚期。据贾兰坡考证,当时制造石球要先拣取较好的石英砾石,打击成粗略的球形,再反转打击去掉棱,使它成为荒坯,然后左、右手各持一个荒坯对敲,把坑疤去掉,做成石球。这种制造技术已经达到了较高的水平。根据民族学和民俗学的材料推测,石球在使用时要用棍棒或绳兜进行投掷。用这种方法狩猎,有很大威力,能猎取比较凶猛的和距猎人较远的野兽。凡是发现石球的遗址都伴有人类吃过的较大型动物的骨骼化石,大量的石球不仅反映了石器制造技术的进步,而且反映了当时狩猎业的迅速发展。① 同时,刮削器也出现了多种形式,还有石钻、矛头等尖状器、凿形器,石器的刃较旧石器时代早期锋利得多。1986年沂水县许家湖乡宅科村东岭一处细石器遗址发掘出六种样式的削刮器(拇指盖状、端刃、凹刃、凸刃、直刃、斜刃),共计25件。尖状物呈三角状,尖端锐利。特别值得指出的是,此时发现了一件石镞,呈菱状,用石英石制成,两边出刃,锋铤具全。② 石镞的发现,标志着弓箭的发明。石镞是旧石器时代狩猎工具的重大进步,具有划时代的意义。在生产工具不断改进、社会生产力不断提高的基础上,原始居民的狩猎经济逐渐发展起来。原始居民逐渐学会了将多余的活着的猎获物暂时养起来,以备猎获不到时食用,这就为畜牧业的产生和发展提供了有利条件。

①晁福林:《中国古代史》(上册),北京师范大学出版社2005年版,第8页。
②孔繁刚:《山东省沂水县宅科的细石器遗存》,《东南文化》1990年第4期。

三、新石器时代的山东经济

新石器时代人类的生产方式发生了重大变化。随着人口的增加、野生动植物资源的存量减少，特别是磨制工具的出现，人类的生产逐渐从自然采摘、自然狩猎过渡到了有意识的种植和驯化，其生活视野和可利用的资源范围进一步扩大，人类逐渐由原始经济演化到了农业经济。

（一）关于农业革命的一个模型

漫长的旧石器时代，使原始人类的生产力水平有了一定提高。原始农业的出现，是远古人类通过长期的劳动经验积累的结果。"长期采集植物籽实、根茎的活动，促使人们了解植物的生长规律，为适时收获作好准备。正是在这种对植物生长规律逐步深入的认识中，人们开始掌握栽培植物的技术，为进入新石器时代迈出了关键的一步。"[1]当人口不断增加，原有的动植物资源存量不断减少时，就要求原始人类改变传统的生产方式。终于到了新石器时代，这种人类自觉行为有了非常大的改观，原始人类也最终实现了自觉的"生产"。美国经济学家道格拉斯·诺思把新石器时代的这一重大变化称为农业革命，即从原始的采集狩猎业向种植业、畜牧业的转变。这场"革命"也称为"第一次经济革命"，即农业第一次成为对人类历史发展有重大影响的生产部门。他用经济学理论对此进行了诠释。[2]

假设：（1）新石器时代主要有两种生产活动：一种是代表原始经济的狩猎采集业，另一种是代表农业经济的农业生产。（2）新石器时代，由于人类活动范围的扩大和生产技术水平的提高，人口在长期趋势中是不断增加的。

初始状态（见图 1-1）分析：（1）AB 曲线代表狩猎采集业活动，A 点之前，边际收益不变，B 点以下表示不再合理，AB 之间为合理范围。（2）B 曲线代表农业生产活动，由于农业技术没有大的变化，所以认为农业生产的边际收益不发生变化。（3）Q_1 为均衡人口，Q_1 之前的人口从事采集业，Q_1 之后的人口从事农业生产。

---

①白寿彝：《中国通史》第二章，上海人民出版社 1994 年版，第 47 页。
②诺思：《经济史中的结构与变迁》，陈郁、罗华平等译，上海三联书店、上海人民出版社 1994 年版，第 56 页。

变动状态(见图1-2)分析:(1)一种参数变化就是狩猎劳动边际产品的价值向折线的左边移动(比如由 AB 线到 CD 线),表明狩猎部门的劳动生产率下降,引发更多的劳动向农业转移。(2)另外一种参数变化就是农业劳动的边际产品的价值折线向上移动(比如由 B 线到 D 线),表明农业部门的劳动生产率提高,也会引发更多的劳动向农业转移。(3)均衡人口从$Q_1 \rightarrow Q_2$,说明($Q_1 \rightarrow Q_2$)人口转向农业生产活动,从事狩猎采集业的人口进一步减少。

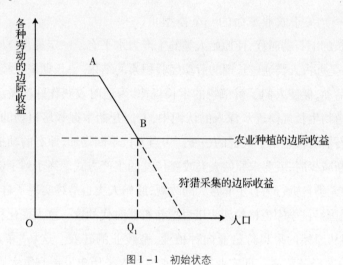

图1-1 初始状态

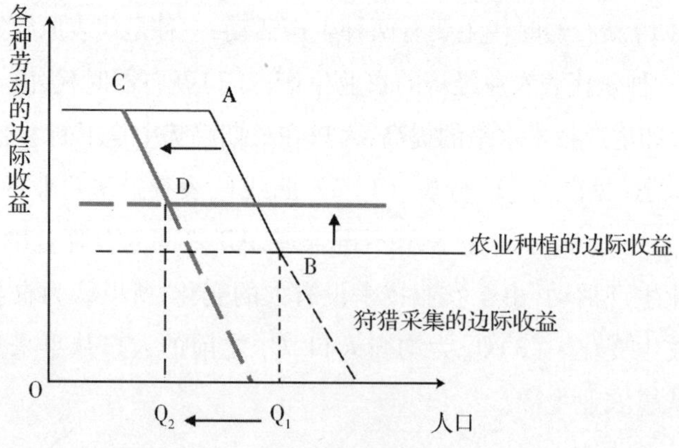

图1-2 变动状态

结论:狩猎劳动生产率的下降、农业劳动生产率的提高,以及劳动力规模的扩大都会导致人类从一个单纯的狩猎者逐渐向农民转变。当社会总人口中农业种植人口超过狩猎采集人口时,人类社会便进入农业社会,农业成为社会经济主导部门。

(二) 从采集业向种植业的过渡

全新世早期高温期的到来,为原始农业的产生和发展提供了有利条件。山东原始居民经过旧石器时代数十万年的采集经济实践之后,进入了新石器时代。新石器时代以磨制石器为主(并伴有穿孔技术),同时还有蚌质、角质、骨质、牙质、木质等质地的生产工具。生产工具是社会生产力发展的客观尺度,是人类改造自然能力的物质标志,也是衡量农业生产发展水平的重要因素。伴随生产工具的演变,山东的原始经济从采集业向种植业过渡,原始农业大约经历了后李文化、北辛文化、大汶口文化、龙山文化和岳石文化五个时期。

1. 后李文化时期的农业

后李文化遗址,是山东地区目前已知最早的新石器时代文化遗址。章丘西河新石器时代遗址出土的生产工具种类有石质的斧、铲、镰、刀、锛、凿、磨盘、磨棒、研磨器和磨石等。斧和锛平面近梯形,弧背,横截面呈椭圆形,形体较小,多以石质较硬的花岗岩、橄榄岩为料。铲形体扁薄,多长方形,偏锋或正锋,弧刃。镰由石刀发展而来,弯钩形刀,从缺口处似也做锯使用。磨盘大部分经琢制,使用面光滑,平面多圆角长方形、椭圆形或鞋底形,磨面较平,中部下凹。磨棒一般呈长条状,横断面有圆形、椭圆形、三角形和圆角长方形等。[①] 石斧、石铲、石锛无疑是用来开垦、耕作农作物的,石镰和石刀是收获果实的,石磨盘和石磨棒则是当时的农作物加工工具。这些石质工具基本上贯穿了农业生产的整个过程,标志着后李文化已经脱离了原始起源阶段,经济生活方式正从采集业向种植业迈进,开始了向文明进化的最初历程。后李文化时期的农作物目前尚未见到,仅在西河遗址的孢粉分析中发现有禾本科植物花粉,其形态酷似现在的谷子。

①山东省文物考古研究所:《山东章丘市西河新石器时代遗址 1997 年的发掘》,《考古》2000 年第 10 期。

后李遗址(临淄)

2.北辛文化时期的农业

北辛文化时期,东夷人的原始农业已达到一定的发展水平。北辛文化的典型遗址是滕县北辛遗址。在该遗址的发掘中,出土了大量农业生产工具。石质农业生产工具有石斧、石刀、镰、磨盘、磨棒、鹿角锄等。其石器的制作工艺较后李时期有较大发展,一般先打制成坯形再经琢或者磨。人们利用石斧砍伐树木,用石铲、鹿角锄翻地松土,蚌镰和石镰是主要的收割工具。磨盘、饼、棒用来加工粮食。这些农业工具的发现,反映了滕县地区早在北辛文化时期就是原始农业比较发达的区域。另外,在北辛遗址发掘之前,曾采集到北辛类型石器10余件,全是农业工具。此外,邹平苑城北辛文化遗址、平阴周河、陈洼遗址出土的农业生产工具也很丰富。

北辛文化遗址(滕州)

山东地区在北辛文化时期已经发明水井[1],井为椭圆形,中部腹径较大,平底,井口距地表160cm,口径114cm—134cm,底径80cm—104cm,深275cm。水井的开掘不仅解除了人类对江、河、湖等水源的依赖,而且适应了村落定居和农

---

[1]济宁市文物考古研究室:《山东济宁市张山遗址的发掘》,《考古》1996年第4期。

业生产日益发展的需要,即使在旱季,人们也能给农作物提供水源,就近对农作物进行灌溉。水井的发明体现了人们对大自然的控制能力有较大提高。

北辛文化时期的主要农作物是黍、粟。在滕县北辛遗址一窖穴中发现了碳化粟标本,在陶器的底部发现粟糠痕迹。而在日照南屯岭遗址北辛文化层中,发掘出山东迄今为止发现的最早的黍遗存。① 黍的形态和大汶口文化时期黍的形态尺寸十分相近,可见山东栽培黍的起源可能更早。黍与粟都是禾本科植物,黏者为黍,不黏者为粟,《说文》中记载:"黍,禾属而黏者也",今北方谓之黄米。"粟,嘉谷实也",今北方通称"谷子",去皮后叫"小米"。两者都是我国最古老的人工栽培植物之一,有着悠久的栽培历史。粟的产量要高于黍。粟黍为带壳的农作物,需经过脱壳加工才能食用。郭沫若在《中国史稿》中写道:"自从我们的祖先经营农业之后,他们便能够用自己生产的食物来满足基本的生活需要了。那时已经发明了一些简单的谷物加工工具。如把谷物放在一种石制的研磨盘上,手执石棒或石饼反复碾磨,既可脱壳,又可磨碎。"② 从出土的农业生产工具和黍粟谷物来看,农业生产已经是北辛先民生活资料的重要来源,北辛文化的原始农业生产已经脱离了刀耕火种阶段,进入锄耕农业时期。

3. 大汶口文化时期的农业

大汶口文化时期,山东原始农业与北辛文化相比有较大提高。农业发展的重要标志是农业生产工具的增多,种类以石器为主,骨、角、蚌器次之,器形有斧、铲、锛、凿、刀、镰、锄等。打制石器明显减少,多通体磨光,制作比较精致,刃部锋利,而且出现了穿孔技术。泰安大汶口遗址出土的农业生产工具有石铲27件,刃部锋利,有的有使用痕迹,形状有舌状、扁平梯形、扁平长方形等,上部穿孔,可捆绑木柄,便于用力。这比北辛文化时期无穿孔的石铲进步得多。石斧10件,体形一般较厚而窄长,穿孔多近腰部,刃多弧刃、斜弧刃,石斧穿孔也是一大进步。镰25件,质料增多,有牙、蚌、骨三种。牙刀53件,利用猪獠牙削磨而成。其他还有石锛63件,鹤嘴锄1件,石磨

---

①陈雪香:《山东日照两处新石器时代遗址浮选土样结果分析》,《南方文物》2007年第1期。
②郭沫若:《中国史稿》第1册,人民出版社1976年版,第55—56页。

大汶口遗址（泰安）

棒两件,石锤 3 件,石磨盘 1 件。① 除大汶口遗址外,其他大汶口文化遗址出土的农业生产工具基本上同泰安大汶口遗址出土的农具一致。肥城市北坦遗址出土石器共 68 件,有斧、钺、铲、锄、锛、镰、锥、砺石、石球和纺轮等。其中石镰体宽背厚,一端稍细,另一端宽厚。石铲双面刃。锄形体扁平,一端大,一端为钝尖,大的一端磨成束腰式②,其劳动效率大大提高。总之,从以上农业生产工具来看,大汶口时期工具造型多数较规整,磨制石器更为普遍,出现了钻孔技术,比北辛文化时期加工更加细致,品种更加丰富,表明农业生产有了显著进步。

大汶口时期的农作物依然以黍、粟为主。在长岛北庄遗址发掘的墙皮中发现掺有许多黍子的皮壳。③ 广饶傅家遗址一件鼎内曾发现过粟粒④,在枣庄建新遗址发掘中,通过水洗法,从灰坑内获取了 60 粒轻炭化的粟粒⑤。在胶县三里河大汶口文化遗址中,发现了多个贮藏物品的大窖穴,还发现了一个贮藏粮食(粟)的库房,内中还遗留有 1 立方米的粟。⑥ 日照徐家村遗址大汶口文化层中出土古稻、黍、粟、黍亚科、旋花科等植物的种子,出现了

---

①山东省文物管理处、济南市博物馆:《大汶口:新石器时代墓葬发掘报告》,文物出版社 1974 年版,第 9 页。
②苑胜龙、程兆奎、徐基:《山东肥城市北坦遗址的大汶口文化遗存》,《考古》2006 年第 4 期。
③严文明、张江凯:《山东长岛北庄遗址发掘简报》,《考古》1987 年第 5 期。
④山东省文物考古研究所等:《山东广饶新石器时代遗址调查》,《考古》1985 年第 9 期。
⑤山东省文物考古研究所:《山东枣庄建新遗址第一、二次发掘简报》,《考古》1995 年第 1 期。
⑥中国社会科学院考古研究所:《胶县三里河》,文物出版社 1988 年版,第 11、15 页。

稻、黍和粟的作物组合，①这是个值得注意的现象。磨制石器的大量使用，推动了农作物耕种技术的改善与提高，相应地增加了粮食产量，更进一步促进了制陶业和酿酒业等手工业的发展。大汶口时期酿酒业的发达也从另一个角度说明了当时原始农业的发达。莒县陵阳河大汶口文化墓葬中随葬酒器达663件，如果没有粮食生产的较大发展，没有剩余粮食作为基础，山东的酿酒业不会如此兴盛。另外，山东王因遗址大汶口文化地层红烧土中夹杂有大量的植物种子，采集工具有骨锥、角锥，数量较少，农业生产工具有石铲、石镰、蚌镰等，数量较多。这说明大汶口文化阶段，采集经济逐渐退居到次要地位。大汶口时期是以农业经济为主，采集经济为辅，家畜饲养和渔猎活动同时发展的多样化经济形态。

4. 龙山文化时期的农业

龙山文化时期的农业较大汶口文化时期又有相当大的进步。随着人口的增长，人与土地、人与自然食物资源之间矛盾的激化，人们开始不断地改变生产方式来提高土地的利用率，在许多遗址中大量出现农业生产工具，胶县三里河出土了两件黄铜钻形器，表明当时社会生产力的巨大进步。龙山文化时期的农业生产工具多为石质，也有少量牙质、骨质工具。其特点是翻土、收割工具增多，如石镰、石犁、扁平穿孔石铲、蚌铲、骨铲、大型半月形双穿孔石刀、蚌刀、蚌镰、石镰等。石镰是一种挖土、翻土工具，城子崖遗址发现两件，器体较厚重，平面多为上窄下宽的长条形，窄面中段略有弯度，两侧微呈亚腰状。胶县三里河遗址出土石铲36件和大量斧、刀及鹿角锄、鹿角镰和骨刀等。章丘城子崖遗址中也发现了石臼和石杵，均属于粮食加工工具。另外，在荏平尚庄遗址的龙山文化灰坑中发现使用双齿木耒的痕迹，因木质农具易腐烂不易保存，在考古发掘中很少发现，这是在山东最早发现的木质农具遗址。② 用于开垦土地和收割的农具的大量使用，为龙山文化时期原始农业的发展创造了重要条件。

龙山文化时期已经有了初步的农业水利灌溉设备。水井在龙山文化时期使用得已经非常普遍。在西吴寺、城子崖、青州凤凰台等遗址发现的水井，浅的近两米，深的达到7米，一般5米左右。如《兖州西吴寺》记载，西

①陈雪香：《山东日照两处新石器时代遗址浮选土样结果分析》，《南方文物》2007年第1期。
②山东省文物考古研究所：《荏平尚庄新石器时代遗址》，《考古学报》1985年第4期。

吴寺遗址的水井,有的井口呈圆形,直径 2.5 米,斜壁,往下逐渐收分,在深 2 米处内收出一周宽 0.14 米的棱台。有的长方形口,长 2.2 米,宽 1.6 米,深 4.3 米,斜壁平底,底为圆形,直径 0.9 米。在日照两城镇遗址的边缘和中心区域,发现了几条环绕的壕沟,似乎是城壕的一部分,但这些壕沟直接与

城子崖遗址(章丘)

河流相通,也可能被用于控制水流灌溉稻田。① 这种灌溉遗迹说明了龙山时代已经开始摆脱原始农业"听其自生自实"的状态。

这一时期的农作物主要是稻、粟和黍。鲁中南地区龙山文化时期的庄里西遗址出土了稻和粟②,鲁中北地区的田旺遗址发现了稻的植硅石③,在两城镇遗址的浮选样品中发现了两粒炭化小麦和野大豆。两城镇遗址中还发现有粟和黍,其中粟的数量远远超过了黍。在栖霞杨家圈遗址龙山文化层和灰坑中,发现粟和水稻的皮壳和印痕,说明当时种植的农作物中,除旱田作物外,还有水田作物。日照尧王城遗址发掘中,用水洗法筛选出炭化植物遗存,经鉴定有 10 余粒炭化水稻,可能是人工栽培的粳稻。④ 在枣庄二疏城遗址北部龙山文化堆积层中,发现一件磨光黑陶罐,罐内装满了已经炭化的粟类作物,这说明当时人们种植的农作物仍然是粟。在已发现的龙山文化遗址中,差不多都有比较规整的灰坑和窖穴,而且有的遗址还发现很多。例如:茌平尚庄的遗址总面积有 7.5 万平方米左右,在已发掘的 1125

①凯利·克劳福德等:《山东日照市两城镇遗址龙山文化植物遗存的初步分析》,《考古》2004年第 9 期。

②孔昭宸、刘长江、何德亮:《山东滕州市庄里西遗址植物遗存及其在环境考古学上的意义》,《考古》1999 第 7 期。

③靳桂云等:《山东临淄田旺龙山文化遗址植物硅酸体分析》,《考古》1999 年第 2 期。

④中国社会科学院考古研究所:《尧王城遗址第二次发掘有重要发现》,《中国文物报》,1994 年 1 月 23 日。

平方米范围内,发现灰坑 139 个,1 条灰
沟。灰坑分布很密集。① 潍坊姚官庄遗址
龙山文化层,发现灰坑 130 多个。② 胶县
三里河遗址龙山文化层,共发现贮藏物品
的窖穴 37 个,其中大型的有 8 个。③ 出土
的大型带盖的贮盛陶器,有瓮、缸、罍等,除
贮水外,更主要是用来贮藏粮食的。各遗
址中灰坑、窖穴和贮藏器的大量发现,都间
接地说明了当时农业生产的发展。龙山时
代发现了一定数量的酒具,主要有高柄杯、
双耳杯、筒形杯及一些手制的小杯。酿酒
业的发展也与粮食的增长息息相关。这正
是龙山文化农作物大量过剩的体现。

龙山文化时期的大陶甗,体积最大
的陶甗,号称"甗王"(临淄)

5.岳石文化时期的农业

岳石文化遗址数量少,不但少于龙山
文化遗址,而且也明显少于其后的商文化
遗址。岳石文化时期农业生产的发展,主要表现在农具的改进、创新,以
及农具在全部工具中比例的上升。岳石文化时期石质农具主要有铲、镰、
刀以及蚌铲、骨铲、蚌镰和蚌刀等。铲是松土和翻土的工具,承袭龙山文
化发展而来,形制无大变化,但数量相对增加。刀是收获粮食的工具,在
形制上,由龙山文化时期的长方形双孔演变为半月形双孔,半月形比长方
形更有利于把握,实用性更强。沂源县姑子坪遗址出土的代表岳石文化
时期的农业工具比较丰富。石料主要取自遗址附近的河床之中,多为火
成岩、砂岩和石灰岩。石器均经过打、琢、磨或钻孔等。器类主要有铲、
刀、斧、锛、凿、镞、刮削器、石球等,多为深褐色火成岩质或深黑色变质岩,
质地细腻,结构紧密,极为坚硬。平面近方形,表面磨光,有明显使用痕

---

①山东省文物考古研究所:《茌平尚庄新石器时代遗址》,《考古学报》1985 年第 4 期。
②郑笑梅:《山东潍坊姚官庄遗址发掘简报》,《考古》1963 年第 7 期。
③中国社会科学院考古研究所:《胶县三里河》,文物出版社 1988 年版,第 18—21 页。

岳石文化时期的陶甗(泗水)

迹。①牟平照格庄岳石文化遗址,出土石器共77 件,其中石刀 22 件,石铲 12 件,二者约占石器总数的一半。出土的石刀,均穿双孔。石铲,有的刃部有条形使用痕。此外,还出土了骨铲件,用牛肩胛骨制成,两面磨平,刃由一面磨成。有的骨铲,刃部有条状摩擦使用痕迹。②1985 年在泗水尹家城遗址进行第四次发掘时,在岳石文化灰坑的坑壁上发现"留有清晰的生产工具木质双齿耒的痕迹,双齿平行,间距为 6.5 厘米—7 厘米,齿宽 2 厘米—3 厘米,从发现情况观察,双齿均为略带弧度的扁体形"③。泗水尹家城遗址出土了多件小型青铜器,如刀、锥、钻等工具和武器,虽然铸造技术比较原始,但它证明岳石文化时期,东夷人已经掌握了青铜冶炼技术。农业生产工具的进步,反映了岳石文化时期农业生产的发展。

随着生产力水平的提高,农耕作业区不断扩大,粮食产量也呈不断增长的趋势。岳石文化的家畜饲养业十分发达,在尹家城遗址中,岳石文化时期以粮食为主要食物的猪、狗等饲养量的增长幅度尤为显著,这是粮食有了较多剩余的明显标志。岳石文化各典型遗址中都发现了一定数量的陶杯和石杯等酒具,说明岳石文化的酿酒业也较发达,这也是岳石文化粮食产量增长的另一个物证。

6. 以济南为例的说明

新石器时代,济南地区农具的质料主要有石器、蚌器、骨器、木器、青铜器等,石器最多,蚌器、骨器次之,青铜器制品最少。农具的种类有翻土工具(如镢等)、中耕工具(如铲和锄等)和收割农具(如镰等)。

(1)石质工具。石质工具是远古济南居民使用的主要生产工具之一,制作方法多样,器形丰富。比如在章丘西河遗址中,石斧占多数,石器制作

---

①山东大学考古系:《山东沂源县姑子坪遗址的发掘》,《考古》2003 年第 1 期。
②中国社会科学院考古研究所山东队等:《山东牟平照格庄遗址》,《考古学报》1986 年第 4 期。
③山东大学历史系考古专业:《山东泗水尹家城遗址第四次发掘简报》,《考古》1984 年第 4 期。

方法有打制、琢制和磨制。支垫石和支脚的下半部多为打制,磨盘和磨棒及支脚上半部多为琢制,斧、锛和镰等多为磨制。在一些石器上多种制法都有使用。① 在章丘小荆山遗址中,打制、琢制和磨制并存,石质主要是花岗岩质、砂岩质等。② 在章丘董东村遗址中,石器多数磨制而成,有的局部打制。③ 在长清仙人台遗址中,石器多由页岩磨制而成。④ 主要的器形有:

石斧:砍伐工具,早期是手握使用,称为手斧,以后发展为装柄。一般器形较大,平面呈长方形或梯形。上窄下宽,平顶,双面刃。横剖面作椭圆形。

石铲:翻土工具,长方形,体扁薄。多有钻孔,平面呈梯形或圆角长方形,个别为方形。通体磨光,制作比较精致,多数有使用痕迹。

石镰:收割工具,由石刀发展而来。形体扁薄,尖圆头,刃口内凹,弧背,单面刃,后端平面略宽。有的刃部呈锯齿状,有的刃口则为凹弧形,非常锋利,使用石镰大大增强了收割功能,提高了功效,对后代收割工具的产生具有一定的影响。

石刀:收割工具,体扁薄,平面呈圆角长方形或半月形,刃平直或呈弧刃,刃部非常锋利,有明显的使用痕迹。背部大多有两个圆形孔,多数通体磨光。

石镢:挖土、翻土工具,器体较厚重,平面多为上窄下宽的长条形,窄面中段略有弯度,两侧微呈亚腰状。

石楔:劈裂木材的工具,部分包括在石斧当中。平面为扁平舌状,顶部残损,刃部圆钝,有明显使用痕迹。

石磨盘与石磨棒:粮食加工工具。石磨盘形制多为椭圆形或圆角长方形,平面大部分内凹,均有使用痕迹,个别安装四足。石磨棒横断面多呈椭圆形,使用宽而平,通体光滑。

石臼:粮食加工工具。平面近椭圆形,一端较窄,另端略宽。臼窠为椭圆形凹坑,臼沿上有两道细凹槽。

石杵:粮食加工工具,磨制,有的用条形卵石加工而成。圆角方柱形,平

---

① 山东省文物考古研究所:《山东章丘市西河新石器时代遗址 1997 年的发掘》,《考古》2000 年第 10 期。

② 章丘县博物馆:《山东章丘县小荆山遗址调查简报》,《考古》1993 年第 6 期。

③ 山东省文物考古研究所:《山东章丘县董东村遗址试掘简报》,《考古》2002 年第 7 期。

④ 山东大学考古系:《山东长清县仙人台遗址发掘简报》,《考古》1998 年第 9 期。

顶,平底或圆底,底部有使用痕迹。长度多在 10 厘米—12 厘米。有的遗址还发现过陶杵。

(2)蚌质与骨质工具。由于取材容易,加工方便,所以在一些遗址中经常见到,因而成为当时重要的农业工具。在西河遗址中,骨器系用动物肢骨、肋骨等制作而成,器类有簪、锥、针等。在小荆山遗址中,骨、蚌、角器,采集数量较少,有骨鱼镖、蚌饰、蚌匕、角锥及角料等。在仙人台遗址中,骨器多由动物的肢骨和肋骨磨制而成,器形有锥、镞、簪、骨料等。蚌器有镰、海贝(800 件)。在济阳刘台子遗址中,出土骨器 9 件,蚌器 498 件(包括海贝 460 件)。①

蚌铲:翻土工具,平面圆角方形,近平顶,有的弯背平刃。琢钻单孔,个别穿双孔,孔呈长方形或近方形。个别顶部穿八字形孔,单面刃,锋利内凹,刃部有使用磨损痕迹。

蚌镰:收割工具,平面多呈半月形,弧背,向上隆起,刃内凹,单面刃,刃部有使用痕迹。

蚌锯:收割工具,半月形,刃部磨成锯齿,一般长 15 厘米左右。

蚌刀:收割工具,用蚌壳磨制而成。平面一般为圆角长方形,有的近长方形或呈半月形,单面刃,直背,刃内弧,近背部对钻双孔,多数有使用痕迹。

骨铲:翻土工具,主要利用兽骨加工而成。铲身扁薄,刃部磨制。柄部有切割加工痕迹,平面多呈长方形或舌形,刃部较锋利,有使用痕迹。

骨镰:收割工具,用近矩形骨片磨制,两端有尖,双面刃,相当锋利,一端穿孔,可绑扎装柄。

(3)青铜工具。新石器时代济南地区出土的青铜农具并不多见。见于济南地区的是铜犁铧,商周虽已达到青铜时代的鼎盛时期,但由于青铜十分珍贵,奴隶主并不愿意用它来制造大量农具,由此在农业生产上铜犁的使用相对较少。就犁耕来说,更多使用的是石犁而不是铜犁。② 正如恩格斯在《家庭、私有制和国家的起源》第九章中所指出的:"青铜可造有用的工具及武器,但是并不能排挤掉石器;这一点只有铁才能做到,而当时还不知道冶铁。"

---

① 山东省文物考古研究所:《山东济阳刘台子西周六号墓清理报告》,《文物》1996 年第 12 期。
② 何洪源等:《济南市发现的青铜犁铧再探》,《农业考古》2001 年第 3 期。

山东新石器时代的原始经济向种植业过渡的过程中,种植业在农业生产中逐渐居于经济生活的主导地位。从后李文化时期刀耕火种的耕作方式到北辛文化的早期锄耕农业,发展至大汶口文化和龙山文化时期比较发达的锄耕农业阶段,经历了相当长的发展过程。[①] 在这一漫长的发展进程中,农业革命发生并向纵深发展,最终形成了以种植业为主,家畜饲养业为辅,渔猎和采集为补充的综合经济模式。山东地区实现了原始经济向农业经济的过渡。

(三)从狩猎业向畜牧业的过渡

农业革命的另外一个重要内涵是原始狩猎业向畜牧业的转变。野生物种被驯养到视其为家畜要经过一段相当长的时期。从考古资料看,新石器时代山东地区逐渐发起了以动物驯化、人工饲养为主要内容的畜牧业。

1. 后李文化时期的畜牧业

小荆山遗址中发现了雉、斑鹿、鹿、羊、牛、马、野猪、家猪、狼、家犬、狐、貉等。在这些动物中,有一种鸟类、六种野生兽类和五种家畜。在家畜中,猪的遗骸最多,约可代表十余头不同年龄、不同性别的个体,这些猪属于较原始类型或半驯化的家猪。在章丘西河遗址中还出土陶猪,头部呈小尖锥状,吻部前突,嘴闭合,两个圆鼻孔,细长眼,对称小耳,体近圆形。其次是狗,与狼有较大差别,属于驯化类型。大量的动物遗骸暗示先民可能已经开始饲养家畜。

2. 北辛文化时期的畜牧业

北辛文化时期,人们的狩猎工具有了很大的进步。遗址中出土了制作规整、十分锋利的石、骨箭镞、鹿角矛形器、钩形器和牙质刮削器、敲砸器、弹丸等狩猎工具。敲砸器利用扁圆河卵石打制而成,石质弹丸和陶质弹丸是远距离的狩猎工具。狩猎工具的进步,为畜牧业的发展创造了有利条件。据北辛遗址灰坑出土的动物骨骼可知,当时人工饲养的动物,有家猪、牛、梅花鹿、獐、四不像、貉、貛、鸡等。滕县北辛遗址中出土了大量的猪颌骨,加上同期墓葬中发现陪葬的骨镞和猪颌骨,可见家猪养殖已成规模。这标志着

---

①何德亮:《山东新石器时代农业试论》,《农业考古》2004 年第 3 期。

定居农业的开始和畜牧业的发展。① 此外,还发现有兽类狗或貉的粪便。北辛文化时期,狗可能已成为人工饲养的家畜之一。邹平苑城遗址采集到的动物骨骼,"主要种类有猪、鹿和一些大型动物,其中以猪骨最多,个体一般较大"②。可见,当时的畜牧养殖业已近雏形。

3. 大汶口文化时期的畜牧业

大汶口文化时期,畜牧业有了进一步发展。首先狩猎工具不仅数量多,而且很精致。泰安大汶口遗址出土的狩猎工具有:骨镖 23 件;骨镞 50 件;石矛 1 件;骨矛 7 件,为手握式短矛,其中有 5 件顶端穿一圆孔,便于系缚,这在当时是很大的进步。邹县野店大汶口文化墓葬出土的畜牧业工具,有矛、箭头、角叉等。如角叉 1 件,由鹿角制成,叉形,有锋利叉尖。柄部刻成扁圆形,其上穿双孔,这比穿单孔进步,更便于系绳捆绑。

饲养业仍以家猪为多,并且有与农业分工的趋势。泰安大汶口墓地出土的动物骨骼有猪、四不象、斑鹿、獐、鸟、狸、鸡等。其中有 1/3 是用猪头或者猪的下颌随葬,最多一墓中达到 14 个之多。这些猪从其头骨较为细弱以及大量集中出现,且在性别、年龄上表现了较强的一致性可以说明,它们是被饲养的猪。在墓葬中还发现一件猪形红陶器,张着嘴巴在向主人讨食吃,比北辛时期的陶猪更加栩栩如生。在胶县三里河大汶口文化层,不仅发现大量猪骨,还在一个袋状灰坑内出土五具完整幼猪骨骼,看来可能是一个猪圈,足见当时已能人工繁殖小猪。此外,在大汶口文化的其他遗址如莱阳于家店遗址、诸城呈子大汶口文化层等,都出土过猪骨制品。另外,在大汶口遗址中也牛、羊、犬等骨,在所鉴定的动物骨骼中,鹿骨占很大比重,说明人们获取的动物以鹿为主,还有野兔等,这也是人们肉类食品的重要来源。可见猪、犬、鸡、牛、羊等动物已成为大汶口文化居民人工饲养的主要家畜或家禽。

4. 龙山文化时期的畜牧业

龙山文化时期,狩猎工具种类很多,主要有石矛、石镞、骨镞、角镞、牙镞、蚌镞、石刀、骨刀、石丸、陶丸、石质刮削器、骨质刮削器等等。镞的出土数量非常多,且通体磨光,制作精致。这表明,这个时期弓箭的使用已很普

---

①孔令平:《西亚动物家养的起源》,《考古》1980 年第 6 期。
②山东大学历史系考古专业:《山东邹平县苑城早期新石器文化遗址调查》,《考古》1989 年第 6 期。

遍。弓箭是战争的武器,也是重要和有效的狩猎工具。镞数量的猛增,既是战争频繁的反映,也是狩猎畜牧业发达的反映①。龙山文化时期家猪饲养业得到很大发展。潍县鲁家口遗址发现猪骨 210 件②,尹家城、三里河、呈子等遗址的墓葬中,均发现大量猪骨作为随葬品,以此作为财富的象征。泗水尹家城遗址还发现一件石雕猪,躯体圆浑,通体琢制,嘴、鼻、眼、耳轮廓清楚,头部不及全身长度的 1/4,应是家猪形象③,这反映了猪在当时人们生活中的重要地位。另外,章丘城子崖龙山文化遗址出土了大批的兽骨、贝壳和其他动物的骨骼。出土的兽骨,有狗、兔、马、猪、獐、鹿、麋鹿、羊、牛等 9 种。其中又以猪、狗骨为最多,马、牛骨次之,鹿、羊骨较少,兔骨最少。潍县鲁家口龙山文化遗址发现的动物遗骸,至少可以代表 21 个种属,包括家猪、牛、鸡、猫、鼠、东北鼢鼠、四不像、梅花鹿、獐、狐、貉、獾、青鱼、草鱼、龟、鳖、文蛤、毛蚶及螺类、蟹类和大型禽类。可见这个时期狩猎的对象和家畜饲养的种类相当多。

5. 岳石文化时期的畜牧业

岳石文化时期的畜牧业基本上是龙山文化畜牧业的继续。从现已出土的资料来看,狩猎工具相比龙山文化有一些变化,石斧、石刀、骨刀、砍砸器、石镞、骨镞、牙镞等依然是主要狩猎工具。在邹平古文化遗址中出土的陶制球和拍子,制作比较精致。而岳石文化在狩猎工具上最突出的进步是铜质刀、锥和箭头的出现,表明技术的进步。岳石文化出土的兽骨、畜骨与龙山文化也大致相同。如牟平照格庄岳石文化遗址出土的动物遗骸,有家猪、牛、羊、家犬、黑鹿、麋鹿、麖、野猪、貉等 9 种,依然以猪骨最多,说明这个时期的家畜饲养业仍然以养猪为主。

(四) 原始渔猎业的产生与发展

作为种植业、畜牧业的重要补充,新石器时代山东的渔猎业也有一定的发展。其生产方式主要有鱼钩钓鱼、鱼镖投刺、渔网捕鱼等。小荆山北辛遗

①陈冬生、王赛时:《山东经济史·古代卷》,济南出版社 1998 年版,第 21 页。
②中国社会科学院考古研究所山东队、山东潍坊地区艺术馆:《潍县鲁家口新石器时代遗址》,《考古学报》1985 年第 3 期。
③山东大学历史系考古专业教研室:《泗水尹家城》,文物出版社 1990 年版,第 155 页。

址中出土了鱼鳔、骨梭、陶网坠等渔猎工具,在灰坑中出土了7种淡水软体动物、两种淡水鱼、两块鳖甲。淡水软体动物主要以珠蚌、楔蚌和丽蚌等为代表,是一些流水型软体动物。淡水鱼为吞食能力很强的青鱼和草鱼。这些淡水软体动物和鱼类动物是先民们的主要捕捞和食用对象。鳖甲则表明先民们曾猎捕过这类爬行动物。在大汶口文化遗址中挖掘出许多质量较高的渔猎工具,有尾部带孔的双倒刺或三倒刺的骨、角质鱼镖、石矛、骨矛等大型投刺器,还有牙质鱼钩和众多的网坠等。捕鱼种类有淡水鱼骨、蚌片、龟鳖以及海鱼骨、软体动物等。1981年在烟台白石村新石器时代遗址中出土的鱼鳞和鱼骨中,可辨认的鱼类有六七种。1982年在荣成发现了一只独木舟,据考为商周以前的遗物。这说明人们在渔业生产中已发展到用网捕鱼,而且还有可能驾船从事近海捕捞。在内陆的一些新石器时代遗址中,也出土了大量的渔业生产物遗骸,如鱼骨、鳖、龟、青鱼、螺、蚌等,以及网坠、鱼鳔、鱼钩等渔业生产工具。可见当时渔业生产范围已较广泛,而且生产方式也不止一种。文献中也有关于山东渔业生产的传说。"舜耕历山,渔雷泽,陶河滨,作什器于寿丘,就时于负夏。"①"雷泽"在今山东菏泽东北,"渔雷泽"是说舜帝曾在雷泽捕鱼。总之,新石器时代的山东地区,从沿海到内陆,都有人们从事渔业生产的痕迹。②

(五)原始手工业的产生与发展

伴随着农业革命的发展,生产力水平的日益提高,社会分工也日益发展。原始经济时期,山东地区已经出现一批专门从事制陶、制石、冶铜的能工巧匠,原始手工业逐渐脱离原始农业而成为独立的经济部门。在农业革命中,石质生产工具标志着采集业向种植业的过渡,所以石器制造业是一种重要的手工业部门。其他的手工业部门有:

1. 纺织业

从猿类进化而来的人类,最初过着无衣无褐、赤身露体的生活。后来人们开始利用自然物如树叶和狩猎所得的兽皮等来蔽体或御寒。先秦文献曾

①《史记·五帝本纪》。
②李启谦、王钧林:《山东通史·先秦卷》,山东人民出版社1993年版,第193页。

记载："古者民不知衣服,下多积薪,冬则炀之。"①"古者丈夫不耕,草木之实足食也;妇人不织,禽兽之皮足衣也。"②至神农氏时代,才开始"耕而食,织而衣"。这些古史表明,纺织业是随着农业的产生而出现的。

北辛文化时期,山东地区已出现了原始纺织业。在北辛文化遗址中,出土有骨针、骨质菱形器、两端锥形器、陶质纺轮等纺织缝纫工具。虽然北辛文化时期的纺织品迄今未发现,但在滕县北辛遗址发掘中,发现最早的编织物席,"席纹都在器底部,可能是制陶过程中遗留下来的痕迹。从纹痕观察,席蔑宽0.25厘米—0.4厘米,主要采用一经一纬的人字形编织法,还有三经三纬和多经多纬的人字形编织法"③,可大致判断出当时已经开始用野生纤维和动物绒毛进行纺线和编织,北辛先民开始由编织业向原始纺织业过渡。

到大汶口文化时期,这里已经有相当发达的纺织手工业了,出土的纺织工具大量增加,如肥城北坦遗址的陶制纺轮,有泥质灰陶和泥质白陶两种,圆饼形,周边整齐。石质纺轮,大理岩,两面钻孔,正背面磨制光滑。在邹县野店大汶口文化遗址中出土的陶器底部,还发现印有粗布纹的痕迹。据分析,布纹"较硬直而粗糙,可能是麻类纤维,为一经一纬交织组成的平纹布,每平方厘米约八根左右的经纬线"④。泰安大汶口墓地和曲阜南兴埠、滕县岗上村大汶口文化遗址都发现不少陶器的底部印有粗布纹和细布纹两种布纹痕迹。从印纹清晰的一些器物分析,每平方厘米经纬线有5—10根不等。遗址中出土的骨针,有的针眼很小,只能穿过一根细线。另外,在一些单人墓中发现陪葬的纺织缝纫工具,说明大汶口文化时期已可能出现了专门从事纺织业的手工业者了。

龙山文化时期,纺织手工业生产技术又有进步,这时期出土的纺轮等纺织工具在出土的生产工具中占有较大比例。除了一般质地的纺织工具,胶县三里河龙山文化遗址中发现两件铜锥形器,这说明纺织业可能已经使用金属工具。骨针、骨梭是龙山文化纺织和缝纫技术发展的典型标志。出土

①《庄子·盗跖》。
②《韩非子·五蠹》。
③中国社会科学院考古研究所山东队等:《山东滕县北辛遗址发掘报告》,《考古学报》1984年第2期。
④山东省博物馆等:《邹县野店》,文物出版社1974年版,第63页。

的布纹痕迹经纬线密度增大,每平方厘米一般为 9—11 根,比以前大汶口文化时期的 5—10 根有明显增加。

2. 青铜冶铸业

山东地区是我国铜器起源的重要地区。铜是人类最早认识和使用的金属之一。人们起初以天然铜锻制小件工具或饰物,随后发明冶铜技术。天然铜和早期冶炼的铜没有掺入其他金属,成为红铜。在铜中加适当的锡,以降低熔点并改善硬度的,即为锡青铜,通称青铜。此外,还有含一定比例锌的黄铜,含一定镍的白铜。铜器就是用铜或铜的合金制造的工具、武器、器皿以及乐器和装饰品等。在山东最早发现铜器是在龙山文化时期。已发现的出土铜器有胶县三里河的两段残铜锥、诸城呈子和栖霞杨家圈等遗址出土的铜器残片,虽然器类简单,却是同时期全国范围内为数不多的几个例子,代表了我国铜器早期阶段的发展水平。岳石文化时期,青铜器在数量和种类方面有很大进步,泗水尹家城、青州郝家庄、牟平照格庄都有青铜器出土。整个海岱地区,"据不完全统计,所获铜器 20 余件,铜器品种包括了武器镞,小工具刀、削、锥、凿、佩饰品钏(镯)和杂器等(其中的铜片和铜块,可能含有青铜容器的残骸)"。"经过科学化验、检测,以青铜制品为多,其中有锡青铜、铅青铜,另外有纯铜制品。内中还有熔铸后又经锻打成器的。凡此,似可以说明,岳石文化的创造者已懂得依器物的功能不同,采用不同的冶炼技术,生产出基本实用的、不同合金的铜制品或纯铜制品。"①

3. 骨器制造业

人们从狩猎动物开始,就采用动物肢骨、肋骨为原料进行加工的骨器制作。骨器与石器、木器一样,同属人类最早开发利用的生产和生活用品。山东发现最早的骨器是沂水县南洼洞旧石器早期文化遗址中一件残破的鹿角,鹿角有明显的砍砸痕迹。新石器时代以来,骨器制造逐渐发展为一项专门的手工业。北辛文化时期,出土骨器数量较多。以滕县北辛遗址为例,出土的骨器有镞、鱼镖、鹿角矛形器、鹿角钩形器、鹿角锄、凿、匕、刮削器、梭形器、两端锥形器、针、锥、笄、扁平骨饰、牙饰、圆钮鹿角器、鹿角器、骨管等。鹿角锄和蚌铲是北辛文化时期发现数量较多的骨器。鹿角锄主要是利用鹿

①徐基:《夏时期岳石文化的铜器补遗——东夷式青铜重器之推考》,《中原文物》2007 年第 5 期。

角的分叉处,把短枝的一侧磨成斜面刃,长枝的部分为柄部,有的在柄下部刻有一周弦纹,还有的截取鹿角的一段,将上部挖空、安柄,可作为种植时开沟播种或挖坑点种,也可以作为中耕松土之用。蚌铲大多用厚蚌壳磨制而成,弧形顶,上部两侧都有缺口,有的对称,有的不对称。铲体一侧较直,一侧呈弧形。

大汶口文化时期骨器制造业又有了很大的发展。骨器的种类、数量较北辛文化时期大为增加,出土的骨器极为丰富。如泰安大汶口遗址,出土骨、角、牙器多达304件,种类多达20余种。山东栖霞古镇都新石器遗址出土骨、角、牙器共32件,包括骨锥、骨针、骨刀、骨镞、骨笄、链、笋等器物。骨锥多用动物肢骨做成,尾端利用骨关节,一般不加工,尖端磨制锋利。骨镞系切割磨制而成。器体扁薄,平面呈三角形,尖稍钝,有翼,边刃锋利,一面扁平,一面略平,有切割痕迹。另有牙器为猪獠牙制成,角器用鹿角制成[1]。对骨器的雕镂镶嵌是大汶口文化时期骨器制造方法的一大进步。泰安大汶口遗址出土的象牙雕筒,周身剔成透雕规则而又连续的花瓣纹,镶嵌绿松石圆饼5个。出土的象牙梳雕刻有个细密的梳齿、梳身镂花纹。出土的骨指环,上面镶嵌3块绿松石圆饼。邹县野店遗址也出土镶嵌绿松石的象牙雕筒,上有四个圆形小窝,出土时绿松石已脱落。

龙山文化时期,骨、角、牙器的制作基本上沿袭了大汶口文化时期的切、割、削、磨等制作技术,至今尚未发现明显的创新技术。龙山文化时期骨器生产工具的比例增大,其他装饰品和雕刻物等,所占比例减少。生产工具有骨凿、骨锥、骨针、骨梭等,其中骨锥有扁平带孔式和粗针式。骨针有细长的,有一端带孔的,有两端都是尖的。骨梭有扁平式和空筒式两种。鹿角制品和蚌制品在这一时期也极为普遍,有鹿角摩擦器、近锥形、近斧形、近凿形器。人们用天然的蚌作为饮水或掘土用具,且能够以蚌为原料制成蚌刀、蚌锯、蚌铲和箭头等各式各样的工具。

从青铜器时代至早期铁器时代,由于金属器的发明和迅速应用推广,骨制品的经济地位明显下降。到岳石文化时期,骨器制造业远不如大汶口、龙山文化时期那样发达。不过,骨质的小型工具和装饰品仍然在原始手工

[1]烟台市博物馆等:《山东栖霞市古镇都新石器时代遗址发掘简报》,《考古》2008年第2期。

业中占有一席之地。

4. 陶器制造业

陶器的发明,是人类历史上最早通过火的作用,使一种物质(松软的黏土)改变成另一种物质(坚固的陶器)的创造性生产活动,是人类文明史上的重要成果之一。陶器是随着农业的产生而出现的,是人类自掌握取火技术和饲养家畜、栽培植物之后所取得的又一具有划时代意义的进步。《世本》所谓"神农耕而作陶",也是农业在先,制陶在后。

陶器是山东原始居民的主要生活用具。陶器的用途大致可分为四类:(1)生活用器,主要是指贮藏、炊煮、盛食和饮食器等;(2)生产工具,主要有纺织用的纺轮,切割用的刀,捕鱼用的网坠,打猎用的弹丸,制造陶器的陶拍子等;(3)建筑用陶;(4)陶塑品。陶器的制法有手制、轮制和模制。

后李文化时期,制陶工艺尚处在原始的手工阶段,出土的陶器类型比较简单,烧制火候一般不高,泥条盘筑手制痕迹比较明显。在西河遗址中,陶器种类较多,器形有深腹釜、双耳罐、圈足盘、碗、高领蛋形壶、小口鼓腹壶、敞口钵以及陶猪、陶面塑像等。小荆山遗址中,器形有釜、圈足碗、双耳罐、钵、弹丸、支脚等。

北辛文化时期出土的陶器中,有一件造型较好、器壁较薄并施以单彩的"红顶钵"。它的质地精细,不含粗大沙粒。陶坯是用手捏制的,即泥条盘筑而成,在陶坯似干未干时,将陶坯拍平,表面打光,用红色(赭石)涂抹,放在不很严密的窑中去烧,陶器因氧化作用变成红色,颜色附在陶器上虽经洗刷而不会脱落。这件红顶钵的出土,为其后东方原始文化中出现的彩陶找到了渊源。出土的两块陶片上还发现有刻画符号,酷似鸟类的足迹,被古文字学家誉为"文字的

大汶口文化时期的网纹彩陶背壶
(山东省博物馆)

起源"、"文明的曙光"。①

　　大汶口文化早期的陶器以红色陶为主,几乎全为手制,器物类型较少。在董东村遗址中,陶器以夹砂褐陶为主,泥质灰陶、黑陶次之。器形有鬲、豆、罐等。总体来看,当时陶器制作还比较粗糙,处于手制阶段。器类虽然比较简单,但一般可以满足当时的生活需要了。② 进入中期以后,灰陶和黑陶较前增多,且在陶器制作方面还出现了轮制。山东省博物馆收藏的网纹彩陶背壶,属盛水或汲水器,泥质红陶,器表磨光,腹部有双鼻一纽可系绳索,绘上下交错的黑色连三角形网纹,彩绘纹饰随同陶器烧制而成,色泽鲜艳不易脱落,为大汶口文化中期的典型器物。大汶口文化晚期,陶器的数量和种类都不断增加,丰富多彩。如大汶口遗址出土的黑陶高柄杯,泥质黑陶,质地细腻,空心细柄,浅盘式圆足,通心高柄覆斗式盖,盖柄刻斜方格纹。外表光亮,表里透黑,器壁较薄,近似龙山文化早期黑陶,可见大汶口文化与龙山文化黑陶的渊源,以及大汶口文化晚期制陶工艺的提高。

　　大汶口文化的轮制技术在龙山文化时期被广泛应用,制作技术也更趋精巧。人们无论对陶土性能的认识和处理,还是在陶器的成型与烧制等技术方面,都积累了丰富的知识和经验。在城子崖遗址中,陶器生产普遍采用快轮技术,制陶开始成为一个专业化的生产部门。最具代表性的是蛋壳陶高柄杯,有"黑如漆、明如镜、薄如纸"的赞誉。在陶器的制作工艺程序上,也进入了一个新阶段,

龙山文化时期的蛋壳黑陶杯
（山东省博物馆）

他们用鹅卵石等坚硬而光滑的东西,在半干的陶坯上进行精工打磨,使陶器表面光滑而带有光泽。并能正确掌握高温技术和火候,一般烧制的温度高

　　①李朝英:《北辛文化概述》,《山东档案》2004 年第 1 期。
　　②于中航:《济南文物》,山东人民出版社 1986 年版,第 13、14 页。

达摄氏一千度左右。因此,烧出的器物质地坚硬,又由于烧成晚期封窑严密,用烟熏法进行渗碳的结果,所以烧出来的陶器呈现乌黑色。

另外,无论是制陶技术的进步,还是生产工具制作技术的发展,都能够说明最晚到龙山文化时期,就可能已经存在专门从事手工制作的人员了。这些手工业者的出现,表明原始手工业从农业中逐渐分离出来。

(六) 农业革命与山东原始经济

农业革命是人类经济史的真正开始。发生在新石器时代的农业革命,使整个人类从原始经济时代过渡到农业经济时代,并开始步入古代文明阶段。世界上最早的人类文明与经济中心开始形成,苏美尔、古埃及、印度和中国成为世界四大文明古国(见下表)。

表　人类文明中心和世界经济中心的变迁(250 万年前—公元 2100 年)

经济时间 (起始年)	文明进程	人类文明中心	世界经济中心	比例 (%)	年份
知识经济时代					
过渡(2050 年)	新物理学革命				
成熟(2020 年)	新生物学革命				
发展(1993 年)	第二次信息革命	美国、西欧、日本	美国、西欧、日本	50.2	1998
起步(1970 年)	第一次信息革命	美国、西欧、前苏联	美国、西欧、前苏联	57.1	1973
工业经济时代					
过渡(1946 年)	第三次产业革命	美国、西欧、前苏联	美国、西欧、前苏联	63.2	1950
成熟(1914 年)	家庭机械电器化	美国、西欧	美国、西欧、俄罗斯	61.2	1913
发展(1870 年)	第二次工业革命	西欧、美国	西欧、美国、俄罗斯	50.1	1870
起步(1763 年)	第一次工业革命	西欧、中国	西欧、中国、印度	76.1	1700
农业经济时代					
过渡(1500 年)	西欧文艺复兴	中国、印度、西欧	中国、印度、西欧	65.0	1500
成熟(618 年)	东方文明辉煌	中国、印度、阿拉伯	中国、印度	51.6	1000
发展 (公元前 500 年)	古典文明	中国、印度、希腊、罗马	中国、印度	69.0	0
起步 (公元前 400 年)	古典文明	苏美尔、古埃及、 中国、印度	亚洲、非洲(中东)		

（续表）

经济时间 （起始年）	文明进程	人类文明中心	世界经济中心	比例 （%）	年份
原始经济时代					
过渡（1万年前）	新石器	北非、亚洲	北非（中东）、亚洲		
成熟（4万年前）	旧石器晚期	非、亚、欧、美洲			
发展（20万年前）	旧石器中期	非、亚、欧洲			
起步（250万年前）	旧石器早期	非洲			

处于黄河下游的山东地区是农业革命的发源地之一。从考古学上看，农业革命发生及进展的过程是新石器时代的后李文化、北辛文化、大汶口文化、龙山文化和岳石文化。山东原始经济逐渐从采集经济过渡到了农业种植经济。这主要表现为出土有大量的农业生产工具（如石斧、石铲、石锥、鹿角锄等）、粮食加工工具（如石磨盘、磨球、磨棒等）和粮食作物品种（如黍、粟、水稻等）。种植业的出现，表明人类的物质生产方式发生了第一次历史性的飞跃，人类从一个简单的食物采集者演变为一个食物生产者，从而极大提高了劳动生产水平。同时，山东原始经济逐渐从狩猎业过渡到了畜牧业，这主要表现为大量的狩猎工具（如弓箭、刀、弹丸、矛、镖、镞等）、动物品种（如猪、狗、鸡、牛、羊等）、猪圈、畜舍模型等的出土。畜牧业的出现，表明人类逐渐从单独狩猎动物过渡到驯化、圈养动物，极大地丰富了人类的食物来源。此外，原始渔猎业与原始手工业的产生与初步发展，也是农业革命的重要内容或结果。

从狩猎采集经济向种植畜牧经济的过渡，表明远古时代山东地区农业革命的发生、发展。农业革命的完成，恰好表明了人类从漂泊不定的迁徙生活过渡到村落定居生活，人类由此从原始社会进入了农业社会。在农业革命发生时，由于社会生产力的发展和更多剩余的出现，阶级、私有制、国家相继产生。总之，农业革命的发生及发展，不仅推动山东地区率先进入农业社会，而且为后世山东经济之发达奠定了重要基础。

第二章　奴隶制时代的山东经济

发生于新石器时代的农业革命,不仅改变了人类经济发展的历史,它使人类从狩猎采集经济发展到农业种植经济;也改变了人类社会发展的历史,它使人类从原始社会发展到奴隶社会。作为中华文明的发源地之一,山东地区在生产力不断发展的基础上,阶级、私有制和国家相继出现,从而实现了从"蒙昧时代"到"野蛮时代"的转化,山东地区进入到奴隶制时代。夏商时期山东地区出现了很多古国,齐国、鲁国等是主要代表。西周时期,山东地区的宗族土地所有制是主要的土地制度,井田制是主要的耕作制度,赋税形式分别有贡法、助法和彻法。农业是当时最重要的经济部门,畜牧业也很发达,同时手工业、商业和城市都有了一定程度的发展。

一、农业革命与私有制、阶级和国家的产生

每一种社会形态都有它特定的经济基础和特定的上层建筑。原始社会生产关系的基础是生产资料公有制,人们共同劳动,平均分配,没有私有制,没有阶级和剥削,也没有国家。但持续进行的农业革命,逐渐改变着生产资料公有制和绝对平均分配制度,人类也逐渐由原始社会过渡到了奴隶社会。

(一)私有制、阶级和国家的产生

随着生产力的发展和农业革命的持续进行,氏族、部落内部产生了明显的贫富差别,私有制、阶级和国家逐渐产生,人类由此进入了奴隶社会。奴隶社会的生产关系是奴隶主拥有全部生产资料以及奴隶本人,奴隶不拥有

个人财产,并且完全属于奴隶主所有。马克思认为奴隶社会是人类历史上最残暴的一种剥削制度。"无论在古代或现代民族中,真正的私有制只是随着动产的出现才出现的。"①最初的动产,主要是生产工具、生活用品和装饰品。山东地区在大汶口文化中期以后,随葬石铲、石斧、石锛等生产工具的主要是男性,而随葬纺轮的则主要是女性。这说明男子已成为社会生产特别是农业生产的主要担当者,而妇女则从事纺织等家内劳动,社会已经从母系氏族公社阶段发展到父系氏族公社阶段了。大汶口文化晚期,随着生产的发展,私有制已经出现了。有一些墓葬里,随葬的猪头和猪的下颚骨、陶器、生产工具和各种装饰品等,应是墓主人生前的私有财产。私有制的产生和发展,必然导致贫富两极分化,在氏族内部出现富有者和贫穷者。大汶口文化中、晚期的墓葬,从墓的规模看,有大墓和小墓的差别。从随葬品来看,差别更加悬殊。至龙山文化时期,最早的阶级和国家出现了。有的墓穴一无所有,有的墓穴为若干成年人合葬,他们"可能是氏族中的贫困者,甚至可能是奴隶"②。而个别墓穴,随葬大量陶器、精致的石器、玉器甚至还有特制的礼器,表明龙山文化时期社会上已经出现一批凌驾于一般氏族成员之上的特权阶层或集团成员,这些具有祭祀天地特权的部族显贵,实际上已成为最早的剥削阶级——奴隶主。他们不仅拥有巨额财富,而且拥有至高无上的权力,这就为剥削他人劳动提供了条件。由此部落、氏族组织原有的公有制被破坏,氏族制度瓦解,最终导致国家的诞生。山东地区的奴隶制也在此时出现。

至岳石文化时期,正是中原夏、商早期。豫西地区的夏与山东地区的夷人一定存在着关系,此时山东地区和中原夏王朝的文化还各有承递,尚未受中原文化影响。古本《竹书纪年》对这方面有较多的记载。帝相曾征伐淮夷和风夷、黄夷,当时"于夷来宾";帝少康时,"方夷来宾";帝杼时"征伐东海,至于王寿";帝芬时,"九夷来御";帝芒时"命九夷";至帝发时,仍有"诸夷宾于王门"。而到早商文化二里岗期,山东西部地区被商文化所同化,如列于济南市博物馆的泥质三足小罐,年代为商代前期,但

---

①马克思、恩格斯:《马克思恩格斯全集》第1卷,人民出版社1956年版,第68—69页。
②山东省文物考古研究所:《山东姚官庄遗址发掘报告》,《文物资料丛刊》第5辑,文物出版社1981年版。

具有岳石文化鼎、三足罐类的普遍性特征。济南大辛庄商文化第二类遗存所见夹砂褐陶鼎则斜方唇、浅腹、平底或小平底下附三长锥状足,已开始融入商文化之中,与原岳石文化分道扬镳。① 至晚商文化阶段,山东地区基本上纳入商文化圈。

(二)夏商周时期的山东古国

夏商时期,在山东大地上出现了许多古国。当时的所谓"国",实际上大多还是一些带有浓厚氏族部落特征的、分散的、各自独立的居民集团。这种"国"有一定的居住地和分布范围,也由自己的氏族血统组织起来进行组织领导。这种氏族组织同地域紧密地结合在一起,既是氏族组织,又是地域性的国家组织。据记载,夏商时期的山东古国共 169 个。

周灭商,周初分封的诸侯国在今山东境内的主要有:姬姓国鲁、曹、成、滕、郜、阳、遽、邢、郕、郭、茅等,异姓国齐、莒、郱 杞、纪、薛、淳于等。此外,山东境内还有一些未受周王分封的古国,如莱、谭、牟、根牟、介根、铸等国。众多诸侯国以齐和鲁两国为最大,也最为重要。

二、土地赋税制度

奴隶主所有制是夏、商、周时期山东地区的主要土地所有制形式。但必须指出的是,当时的山东大部分为"东夷",西部受中原文化的影响较大,东北边远地区则受中原势力的控制较小,东西部的社会发展水平有所差异,土地赋税制度自然也难以一概而论。

(一)夏代山东的土地制度与"贡法"

夏代的统治是凌驾于各种社会关系之上的军事、强权统治。这种强权在经济上的体现就是赋税的产生。司马迁说过:"自虞夏时,贡赋备矣。"夏朝的"贡"是中国最早的赋税。据现有史料来看,夏朝处于城邦国家林立之时,其地位犹如盟主。土地所有权实际上掌握在各方国、部落或

---

① 徐基:《夏时期岳石文化的铜器补遗——东夷式青铜重器之推考》,《中原文物》2007 年第 5 期。

氏族首领之手。夏王太康失国时，"后缗归于有仍,生少康"。有仍(今济宁)氏只是让他做了管理畜牧的"牧正",当寒浞之子浇派人去追杀少康时,少康逃到了有虞氏,当了有虞氏庖正(厨官)。这说明夏王并不拥有全部的土地所有权。经过少康中兴后,东夷人又重新表示对夏的臣服。整个夏代中后期,双方关系基本处于融洽状态。"自少康已后,(夷人)世服王化,遂宾于五门,献其乐舞。"至于夏贡的详细内容,难以考证。"昔夏之方有德也,远方图物,贡金九牧,铸鼎象物,百物而为之备"①,《竹书纪年》多有"诸夷宾于王门"、"诸夷入舞"等记载,朝见夏王时大概都要带上一定的贡品。

（二）商代山东的土地制度与"助法"

由甲骨文来看,商代的土地所有权掌握在商王及诸方国国君手中。商王在殷商直接统治的范围内拥有土地所有权,以"大邑商"为中心,分称"东土"、"西土"、"南土"、"北土",山东大部当时属商的"东土",为商王直接管辖。在商王的直接统治区画地面为井字形,分为九区;八区分配于八家之民,称曰"私田";其中之一区,八家合力耕作,谓之"公田"。"井田制"中"公田"要借奴隶之力耕种,故称之为"藉田",这种劳役地租式的剥削方式被称为"藉法"或"助法"。

（三）西周山东的土地制度与"彻法"

西周时期的土地所有制,是基于土地王有制基础之上的等级土地占有制,其基层田制仍是"井田制",但在税法上实行"贡"、"助"并用的"彻法"。在国中用贡,在野用助,即孟子所言"野九一而助,国中什一使自赋"。西周时期土地国有制或王有制的性质比较明显。《诗经》所说"普天之下,莫非王土;率土之滨,莫非王臣",虽有所夸大,但绝不是一句空话。周王不仅可以按等级分封诸侯,而且可以改封乃至取消其封地,所分封的诸侯类似周王的地方派出机构,并没有完全的独立性。

对西周时期山东地区的井田制,孟子曾讲到滕国的情况。"夫滕,壤地

---

① 《左传·宣公三年》。

褊小,将为君子焉,将为野人焉。无君子莫治野人,无野人莫养君子。请野九一而助,国中什一使自赋。卿以下必有圭田,圭田五十亩;余夫二十五亩。死徙无出乡,乡田同井,出入相友,守望相助,疾病相扶持,则百姓亲睦。方里而井,井九百亩,其中为公田。八家皆私百亩,同养公田;公事毕,然后敢治私事,所以别野人也。"①此外,《国语·鲁语下》载:"季康子欲以田赋,使冉有访诸仲尼。仲尼不对,私於冉有曰:'求来! 女不闻乎? 先王制土,籍田以力,而砥其远迩;赋里以入,而量其有无;任力以夫,而议其老幼。於是乎有鳏、寡、孤、疾,有军旅之出则征之,无则已。其岁,收田一井,出稷禾、秉刍、缶米,不是过也。先王以为足。若子季孙欲其法也,则有周公之籍矣;若欲犯法,则苟而赋,又何访焉!"孔子不同意季康子实行新的田赋,认为鲁国自有周公籍田法,不应实行新法。这说明,在此之前,鲁国的土地制度是实行井田制的,即藉田制。

(四) 春秋时期山东土地赋税制度的变化

西周末年,随着诸侯的强大,王权日益衰微,土地所有权逐步下移。春秋时期,土地的实际所有权已经处于各诸侯国之中。在春秋时人们的记忆中,土地王有的概念还依稀可见,《诗经》、《左传》、《国语》还时有提及。至战国时,土地王有制早已湮没无闻。孟子认为"普天之下,莫非王土"不过是"辞而已矣"②。

自西周末年,土地王有制已遭到破坏。春秋时期,各诸侯国无视周天子的"经略"与"封界",通过各种手段扩充国土。如齐国初不过是"百里之国",春秋时灭纪、灭谭、灭莱、灭棠、取介根,至战国时已是"南有泰山,东有琅邪,西有清河,北有渤海","地方两千里"的国家。③ 而鲁国也是通过这种途径不断扩张其领土的。随着诸侯的强大,诸侯对周天子的政治、经济隶属关系日见削弱。比如先前诸侯继位需要由周天子"赐命",但此时已被诸侯视为可有可无。周天子权力衰落,王室也逐渐无法干预诸侯之间交换土地的行为,导致维持井田制的操作成本直线上升。例如春秋初年,"郑伯请

---

①《孟子·滕文公上》。
②《孟子·万章上》。
③《战国策·齐策》。

释泰山之祀而祀周公,以泰山之祊易许田"①。许田原来是成王赐给周公作为鲁君朝见周王时的住宿之邑,祊则是郑桓公助祭泰山时的汤沐之邑。按说许田有周公之祀,鲁国是不该放弃的,但两邑交换,各近本国,对双方都有好处。现实的经济利益压倒了传统的礼制观念,两国终于完成了这桩交易,而完全把周天子撇在了一边。

土地所有权下移的同时,井田制也逐渐瓦解,其主要原因是"公田"的荒弃与奴隶的逃亡。井田制中"公田"与"私田"界限分明。奴隶在耕种"公田"时经常消极怠工,"不肯尽力于公田",以致"公田"收成甚少,乃至荒废。《诗经·齐风·甫田》描写了齐国"甫田(即公田)"是"维莠骄骄"、"维莠桀桀",一片野草丛生的现象。许多奴隶不仅逃离"公田",而且抛弃"私田",逃离村社,另辟新野,寻找新的"乐土",井田制进一步遭到破坏。

大量的奴隶逃亡与"公田"不治,导致统治阶级"用度不足",这就迫使他们改变以前的征税方式,于是税亩制应运而生。鲁宣公十五年(前594年),鲁宣公正式推翻过去按井田征收赋税的制度,改行"初税亩",即不分公田、私田,凡占有土地者均需按亩交纳土地税。井田之外的私田,从此也开始纳税,史上第一次承认私田的合法性。这宣告了"彻"法的瓦解。实行"初税亩",标志着我国赋税制度从奴隶制向封建制的转化。公元前483年,鲁国军赋改按田亩征收。至此,税、赋逐渐合二为一。

三、农业与畜牧业

奴隶社会是农业经济时代的第一种社会形态。奴隶制经济的变化和发展首先是从生产工具的变化和发展开始的。

(一)农业工具的变化

奴隶制经济时期,原始人类大量使用的石器工具日益被青铜、铁器等金属工具所代替,耕作效率大大提高。所以奴隶制经济是一种生产水平远高于原始经济的经济形态。就奴隶制经济时期的山东地区而言,石质工具仍然是主要的农业生产工具,但青铜生产工具的应用日益广泛。

---

①《左传·隐公八年》。

如前文所述,岳石文化时期,山东居民已经能够生产铜制品或纯铜制品。

商代山东居民开始使用青铜工具。山东境内的商代遗址主要有济南大辛庄遗址、泗水尹家城遗址、平阳朱家桥遗址、滕县前掌大遗址、青州苏埠屯遗址等。

济南大辛庄遗址是山东省已知面积最大的一处以商文化为主要堆积的古代遗址,而且也是全国范围内发现最早、研究历史最长的商代遗址之一。① 济南大辛庄出土的文化遗物极其丰富,特别是出土的农业、手工业生产工具很多。农业生产工具有:石斧 7 件、石刀 5 件、石镰 19 件、砺石 14 件、刀形器 1 件、铜镞 1 件、骨镞 33 件、蚌镞 7 件、蚌刀 11 件、陶弹丸 3 件,共 101 件。手工业生产工具有:铜锯 1 件、铜针 1 件、石凿 1 件、骨锥 19 件、骨针 16 件、蚌锯 1 件、陶纺轮 6 件、陶模子 2 件,共 49 件。这反映了大辛庄一带社会经济已达到相当高的水平。

平阴县朱家桥遗址是 50 年代末继济南大辛庄遗址以后发掘的第二个商代遗址,共发掘殷代墓葬 8 座、房基 21 座、灰坑 34 个。② 出土的农业、手工业生产工具主要有:铜斧 1 件、石斧 1 件、铜刀 1 件、石刀 2 件、石镰 8 件、蚌镰(较多)、蚌刀 1 件、石杵 1 件、铜镞 3 件、骨镞 5 件。出土的铜质农业生产工具均与安阳出土者相同。泗水尹家城遗址中商代文化遗存也出土大量石质农业和手工业生产工具。山东商代遗址出土的青铜工具也颇为丰富。滕州前掌大遗址、青州苏埠屯遗址、寿光古城乡"益都侯城"遗址、惠民大郭村遗址均出土青铜类工具,有锯、锛、凿、斧、锤、削、针、雕刻刀、刀等。1957年在长清县兴复河北岸王玉庄和小屯村之间发现一组 99 件青铜器,其中生产工具有凿、锛、斧、雕刻刀、锤等 11 件。③ 由此不难看出,商代的山东,已大量使用青铜工具和青铜器,社会生产力有了很大的发展。

西周时期,山东居民使用的农业及手工业生产工具日益增多。首先是青铜犁铧的发明和使用。1973 年秋,济南发现了一件青铜犁铧。"这件铜犁铧

---

① 方辉:《济南大辛庄的考古发现与研究》,《山东大学学报》2004 年第 1 期。
② 中国社会科学院考古研究所山东发掘队:《山东平阴县朱家桥殷代遗址》,《考古》1961 年第 2 期。
③ 山东省博物馆:《山东长清出土的青铜器》,《文物》1964 年第 4 期。

为等腰三角形,器身中部隆起,有扁锥形銎,左上端及正面隆起部分的右侧,均已残缺。边长 13.5 厘米,上端宽 14.5 厘米,重 400 克。底面有简单纹饰,穿二孔,可以用钉或木楔把犁头固定在底木上。犁面有明显使用磨损痕迹,尖端刃口微卷。犁身锈迹斑驳,有的与土屑黏结在一起。可以确认,这是一件出土时间未久的古代实用的铜犁铧。"①这件铜犁铧,因未经发掘所得,失去确切时代的证据,但据推测,大致在商周时期。青铜犁铧的发明是农业耕作技术的重大进步。除青铜农具外,西周时期还有不少木制农具。因木质农具易腐朽,不易保存,故在考古发掘中极少见到。现已出土的考古资料,有 1976 年蓬莱县西周墓发现木棍灰痕,可能是耒耜之类的农具。发掘报告称:"该墓殉葬奴隶 3 人,身长都在 1.60 米以上,应是成年人。殉葬奴隶均无葬具和随葬遗物。在此墓的北侧二层台上,有根排列的木棍灰痕,长约 1 米,径约 5 厘米,两端无任何饰物,系原始木形,无加工痕迹,估计可能是奴隶们生前使用的耒耜之类的生产工具。"②

春秋时期,山东居民开始使用铁制工具。管仲曾说:"美金以铸剑、戟,试诸狗马;恶金以铸钼、夷、斤,试诸壤土。"其中的"恶金"即指铁,"钼、夷、斤"即各类锄具,说明春秋初期齐国已有铁制农具。另外,齐国故城考古发掘中,在郎家庄一号墓出土了两件铁削。③ 鲁国故城勘探中也发现了两处冶铁遗迹,钻探中发现了大量的铁块、铁渣、硫渣、红烧土等。从以上分析可知,齐、鲁两国可能已先后在农业中使用了铁制农具。

从石质生产工具到青铜生产工具,再到铁制生产工具,生产工具的进步,促进了农业生产的发展。齐、鲁封国之后,姬姓周人把以农业发达而著称的周族农业生产技术带到山东来,鲁、滕等姬姓国又都处于土质肥沃的平原地区,大大促进了该地的农业发展。近渤海的齐国,西周初封时还是"负海泻卤,少五谷,而人民寡"之地。到春秋时,手工业、商业和农业都得到了很大的发展,史称"人物辐辏","齐为大国"。

---

① 于中航:《济南市发现青铜犁铧》,《文物》1979 年第 12 期。
② 烟台市文物管理委员会:《山东蓬莱县西周墓发掘简报》,《文物资料丛刊》(3),文物出版社 1980 年版。
③ 山东省考古所:《临淄郎家庄一号东周殉人墓》,《考古学报》1977 年第 1 期。

（二）农业技术的革新

农业技术上的革新主要表现在牛耕的普及和铁质农具的普遍应用上。西周时期,祭祀祖先成为"国之大事",牛主要被用做牺牲。后来,随着农业的发展,"宗庙之牺,为畎亩之勤"①,牛作为动力被广泛应用于农业生产。由于牛与耕的结合,出现了人名字上牛与耕的相连,如孔子弟子冉耕其字为伯牛,司马耕的字叫子牛,晋国有姓牛名子耕的大夫等。在齐国,人们已认识到深耕的重要性,《管子·八观》篇说:"其耕之不深,芸之不谨,地宜不任,草田多秽。"即深耕与否是一个国家粮食生产富余还是不足的重要标志。《国语·齐语》说:"及耕,深耕而疾耰之,以待时雨。"而这种深耕的前提是牛耕的普及和铁器的普遍应用。

到春秋时期,由于铁制农具的使用,大量的荒地得到开垦。《管子》书中对垦辟土地十分重视,"民事农则田垦,田垦则粟多,粟多则国富"②。"地博而国贫者,野不辟也。"③齐国把土地垦辟看成是国家贫富的一个重要原因。据记载,齐威王时,即墨大夫因"田野辟,民人给"而加赏食邑万家;而阿大夫"田野不辟,民贫苦"④,以至于受到了烹刑。鲁国也是这样的情况。据记载,"鲁人烧积泽,天北风,火南倚,恐烧国。哀公惧,自将众趋救火。左右无人,尽逐兽而火不救"⑤。这是春秋末年鲁国"烧泽而田"开垦土地的一个生动场面。

农业技术的革新,带来粮食作物品种和产量的增加。《管子·国蓄》认为:"凡五谷者,万物之主也。"当时,主要的粮食作物有麦、黍、稷、粱等。济南唐冶遗址所见的农作物有粟、黍、大豆和小麦 4 种农作物,均为旱地作物。其中粟无论从出土数量和出土概率上都占有绝对的优势,占出土谷物的97%,出土概率高达 100%。据此推测,粟可能是当时今济南地区主要的粮食作物。⑥《春秋》庄公二十八年载:鲁国冬季发生饥荒,"大无麦、禾,臧孙辰告籴于齐"。"麦禾"可作"麦苗",可见小麦的种植在齐、鲁两国比较

---

① 《国语·晋语》。
② 《管子·治国》。
③ 《管子·权修》。
④ 《史记·田敬仲完世家》。
⑤ 《韩非子·内储说上》。
⑥ 赵敏等:《山东省济南市唐冶遗址浮选结果分析》,《南方文物》2008 年第 2 期。

普遍。

（三）畜牧业的发展

从商代遗址发掘资料看，猪为六畜之首，其次是狗、牛，再次是羊、马、鸡、鸭。[①] 在商代，猪既为人类提供肉食，又是祭祀的牺牲，因此猪肢骨、猪牙、猪下颌在遗址中出土量最多。从大辛庄发掘的 40 几座墓葬看，无论大小墓都有猪随葬，少者 1 只，多者 4—7 只。牛既可肉食，又能提供畜力挽车、拉犁和驮运，所以牛的饲养也很发达。

西周时期，"国之大事，在祀与戎"，祭祀和战争都是当时诸侯国十分重视的事情。而六畜饲养则是祭祀牺牲、日常肉食、战争车驾所不可缺少的，因而齐、鲁两国的家畜饲养业都很兴盛。例如春秋末年的孔子"尝为乘田矣，曰牛羊茁壮长而已矣"[②]。"乘田"乃是管理苑囿的小吏，专门职掌六畜兴牧之事。鲁国奉行周礼中用牛、羊、猪三牲宴饮宾客之牢礼。在齐国，牛和羊也是六畜中的重要组成部分。管仲曾说："无夺民时，则百姓富；牺牲不略，则牛羊遂"[③]，他看到了祭祀与六畜饲养的关系。马既是重要的运载工具，又是战争时驾车的主要工具，甚至马的存量多少被看成是国力强弱的标志。齐国养马业比较发达。《论语·季氏》说齐景公"有马千驷"，从其死后殉葬的 600 以上的马匹来看，这种记载是可信的[④]。鲁国的养马业也比较兴盛。鲁国当时"公车千乘"，至少需要 4000 匹马驾驶。《左传》定公十年记载，叔孙氏的郈邑中，既有专管养马事宜的家臣"马正"，其下还有具体牧羊马匹的"圉人"。

四、手工业

西周至春秋时期山东的手工业是在农业经济发展的基础上得到相应发展的。《左传》襄公二十九年记曰："鲁之于晋也，职贡不乏，玩好时至。""玩好"即手工业品，鲁国"玩好"连续贡于晋国，以致晋无意削弱鲁国，可见鲁

---

①徐基：《商代的山东》，山东文艺出版社 2004 年版，第 88 页。
②《孟子·万章下》。
③《国语·齐语》。
④山东省文物考古研究所：《齐故城五号东周墓及大型殉马坑的发掘》，《文物》1984 年第 9 期。

国手工业工艺之精美。除此之外,陶
器制造、青铜器冶铸、丝麻纺织、骨角
器制作、漆器生产、煮盐等都有很大的
进步。奴隶制经济呈现出前所未有的
新局面,一些新兴的社会力量开始产
生。

寿光双王城商周古盐场遗址

(一) 纺织业

山东地区养蚕业和丝织业发展比
较早。早在岳石文化时期,桑树就在山东地区种植。山东郯城马陵山跑马
岭水库北岸灰坑出土一件上有叶脉印痕器底,与泗水县尹家城遗址岳石文
化层中出土的三件夹砂残陶器底之植物痕基本相像,此植物印痕,经山东大
学生物系郑亦津教授做高等植物分类学鉴定认为,应属蒙栎,或柞栎[1],即
山蚕之桑叶。

山东益都(今青州)苏埠屯商代大墓出土玉饰中有一种玉蚕,其形态十
分逼真,可见当时人们已经认识蚕并加以重视了。《尚书·禹贡》记载:"兖
州桑土既蚕,是降丘宅土","厥贡漆丝,厥筐织文"。即是说大水过后,兖州
的人们从土丘上搬下来,居住在平地上可以养蚕了;由于这里丝织业发达,
故向天子进贡的是漆丝和用筐子盛着的锦绮等织品。由于纺织品不易保
存,所以商代的丝麻织物很难发现实物遗存,但上述情况已清楚表明当时山
东纺织业发展的程度。

山东丝织业在进入西周以后有大的发展。姜尚受封齐地,面对"地泻
卤,人民寡"的实际状况,"于是太公劝其女工,极技巧,通鱼盐"[2],大力发
展纺织业和渔盐业,加之齐地"宜桑麻",为其"女工"之业提供了充足的原
料。于是出现了"冠带衣履天下",丝织业高度发达的盛况。16世纪明人郭
子章所著《蚕论》对山东桑蚕业也有记载:"管子曰:'五粟之土,其压其桑',
则齐可蚕。"春秋时期,齐国都城临淄已成为中国纺织业的中心。临淄东周

---

[1]黄新忠:《郯城马陵山发现陶器上的叶脉印痕》,《文物天地》1993年第5期。
[2]《史记·货殖列传》。

墓中出土了丰富的丝织品和麻织品,丝织品有绢、锦、丝编织物、刺绣残片,麻织品则主要是麻布残片。其中一种经锦,是用两种不同颜色的经丝,直接在织机上织成花纹,以一色作底纹,一色作花纹。经锦的出现,标志着这一时期我国丝绸提花技术的重大发展。齐地出产的一种白色细绢,称为齐纨,这在全国都是十分著名的产品。以临淄为中心的纺织业发展,又推动了齐国其他地区乃至周围各国纺织业的发展。鲁国也有自己代表性的纺织品,"强弩之末,力不能穿鲁缟"①是对鲁国出产的一种白色生绢的赞誉。《左传》哀公八年有"舍于蚕室"句,蚕室为鲁国一地名,大约在今山东平邑境内,说明当时鲁国已在室内养蚕。《左传》成公二年载,楚人伐鲁,"孟孙请往赂之,以执斫、执针、织纴皆百人"。执斫为木工,织针为女缝工,织纴为布帛工,一次贿赂上百名有手工专长的人,其手工业状况可见一斑。除鲁缟外,鲁国还有其他种类的丝织品,如《管子·轻重》记载:"鲁梁之民,俗为绨,公服绨,令左右服之,民从而服之,公因令齐勿敢为,必仰于鲁梁,则是鲁梁释其农事而作绨矣。"绨是一种质地粗厚、平滑有光泽的丝织品。齐桓公依管仲计,向鲁国高价采购桑丝,结果"鲁梁释其农事而作绨",三年不战而降。

《左传》载鲁昭公失国后,齐君打算送他回国,季氏的家臣就用锦来贿赂齐人,阻止昭公回国。由此可以佐证鲁国桑蚕业实居当时全国前列。山东丝织品因其质地轻柔、薄软,为当时的进贡上品。这一时期,山东桑蚕业出现第一次发展高峰。

(二) 金属冶炼业

山东地区的金属冶炼业主要有冶铁业和冶铜业。

1. 冶铁业

春秋时期,山东已使用铁制农具。从考古发掘资料来看,山东境内出土的春秋时期铁器主要有:1956 年在青岛崂山郊区东古镇遗址出土的铁带钩,器身作长条形,断面近方,最宽处 0.9 厘米,厚 0.5 厘米。② 1971 年在临

---

① 《汉书·韩安国传》。
② 山东省文物管理处:《青岛市崂山郊区东古镇东周遗址》,《考古》1959 年第 3 期。

淄郎家庄一号东周墓出土的铁削,直柄环首,弧背,削锋残缺,残长21.5厘米。① 1982 年新泰郭家泉东周墓有铁器两件:一件为一凹形铁条,中部有扭结,两端顶部委内曲,宽 17 厘米,直径 1.2 厘米;另一件是一件不知名块状物上的铁箍,系用铁条缠绕一周扭结固定在上面的,带锈直径约 0.8 厘米。② 铸铁技术在齐桓公时已接近成熟。临淄故城遗址内有 6 个冶铁遗址,最大的一处面积达 40 多万平方米,说明临淄是著名的冶铁中心。新中国成立后发现的齐叔夷钟,上有铭文提到:齐灵公消灭莱国后,曾一次赏赐给功臣 4000 名冶铁徒,足见当时冶铁规模之大。

2. 冶铜业

商代出土的青铜器数量较多,种类有工具杂器、兵器、车马器、酒食器和乐器等,与中原地区商文化铜器一致。2010 年由山东大学历史文化学院考古系与山东省文物考古研究所联合组成的考古队,对大辛庄遗址进行了为期四个月的考古发掘,发掘商代墓地 30 余座,年代跨越商代前期后段至商代后期,其中的第 139 号墓是这次考古发掘发现的最大的一座墓,共出土 10 多件青铜器,器形包括鼎 2 件、盉 2 件、爵 1 件、斝 1 件、卣 1 件、罍 1 件、斗 1 件、钺 1 件、矛 2 件、镤 1 件,另有大型石磬 1 件,玉器 2 件。其中 1 件铜鼎,直径为 40 厘米,通高 60 厘米,堪与郑州商城出土同期大鼎媲美,应为当时的重器;一对铜盉,纹饰精美,器形独特,前所未见,表现了极高的铸造工艺水平。

春秋时期,山东冶铜业的发展主要表现在冶铜遗址的发现和大量青铜器的出土两个方面。现已发现的春秋时期的冶铜遗址主要集中在齐鲁两国故都临淄和曲阜。齐都临淄共发现两处始自西周后期,直至春秋时期的炼铜遗址:一处在小城南部,另一处在大城东北部。③ 鲁都曲阜共发现冶铜遗址两处:一处是位于鲁城北部的盛果寺冶铜遗址;另一处是位于鲁城西北部的药圃冶铜遗址,面积约 14000 平方米。④

春秋时期山东出土青铜器种类更加丰富。临淄郎家庄一号墓出土随葬

①山东省考古所:《临淄郎家庄一号东周殉人墓》,《考古学报》1977 年第 1 期。
②山东大学历史系考古专业等:《山东新泰郭家泉东周墓》,《考古学报》1989 年第 4 期。
③群力:《临淄齐国故城勘探纪要》,《文物》1972 年第 5 期。
④山东省文物考古研究所、山东省博物馆等:《曲阜鲁国故城》,齐鲁书社 1982 年版,第 16 页。

金属器物共 300 件左右,不仅数量多,而且制造精美,反映了当时金属制造的技术水平之高。鲁国故城曲阜出土的春秋墓共 19 座,其中随葬铜器的墓有 10 座,随葬铜器共 140 件。新泰郭家泉东周墓地出土青铜器 11 件。滕县城郊后荆沟村出土青铜器 15 件。后荆沟村地处古滕国地,该地出土的青铜器反映了春秋时期滕国的青铜器制作水平。莒南大店出土春秋莒国青铜器 120 余件。① 沂水刘家店子春秋莒国墓出土青铜器 126 件,长清仙人台周代墓地出土铜器 204(件)套,制造工艺都非常高超。

(三)漆器业

我国是世界上用漆最早的国家。虞舜时期人们已经重视漆树和桐树的栽培。天然漆,也被称为大漆,是从一种呈羽状复叶的落叶乔木,漆树身上分泌出来的一种液体,呈乳灰色,接触到空气后会氧化,逐渐变黑并坚硬起来,具有防腐、耐酸、耐碱、抗沸水、绝缘等特点,对人体无害。如

西汉的漆耳杯(山东省博物馆)

再加入可以入漆的颜料,它就变成了各种可以涂刷的色漆,经过打磨和推光后,可以发出令人赏心悦目的光泽。然后再通过雕填、镶嵌、彩绘、脱胎、髹饰等手段就可以制成各种精致美观的漆器工艺品了。《韩非子·十过》云:"尧禅天下,虞舜受之。作为食器,斩山木而材之,削锯修之迹,流漆墨其上,输之于宫,为食器……舜禅天下而传之禹,禹作为祭器,墨染其外,朱画其内。"山东漆器业的历史悠久,早在夏商时代已见使用,兖州"其贡漆丝",因其特产是漆和丝,故作为贡品。在山东地区发现的春秋以前的漆器实物中,临淄郎家庄一号东周墓出土的漆器残片是年代最早的一批。漆器图案有长方形、圆形、交错三角形等几何图形,基本上都是黑地朱彩,个别是红地

---

① 山东省博物馆等:《莒南大店春秋时期莒国殉人墓》,《考古学报》1978 年第 3 期。

黑彩,偶尔也有白色勾边的。漆器图案"构图严整规矩,用笔一丝不苟,线条纯熟流畅,描绘动物神态生动,充分显示出画工精湛的艺术造诣"①。1978 年在沂水刘家店子春秋墓出土的漆器中,木胎已朽,所附漆皮背面木质纹理清晰可辨。山东莒南大店 1 号春秋墓出土了漆木棺、漆剑鞘、车伞盖弓、木棒漆盘残片等。不过,此时山东的漆器虽然精美,工艺水平也相当高,但器类较少,胎骨厚重,从总体来看,尚处于漆器的产生与渐进阶段。

(四) 制陶业

山东制陶业从史前时期起就很著名。相当于夏时期的龙山文化,陶器以夹砂和泥制黑陶为主,潍坊市姚官庄遗址、临沂市相公镇大范庄遗址先后出土蛋壳陶高柄杯、夹砂灰陶鸟足鼎等一批龙山文化典型器物。商周和春秋时期,山东制陶技术的水平仍然相当高超。大辛庄遗址中出土的陶器丰富多样,富于变化。有陶制锥足鬲、矮足鬲、圜底尊、大口尊、假腹豆等,还发现釉陶器和刻纹白陶。章丘县党家乡小董家村出土商代盛水器双耳褐陶罐、泥质硬褐陶,颈部阴刻陶文"田"字。长岛县珍珠门遗址出土商代晚期或西周早期炊煮器素面鬲,由粗砂陶制成,红褐、灰黑二色杂驳,大敞口,外卷沿,浑圆腹,下部为 3 个乳状高袋足,具有山东东部地方特色。莱阳前河前村出土有晚商或西周盛酒器,其两侧及颈部、腹部皆有刻画的圆形符号,有鹿、龟、鱼、蟹等,其余形体怪异。大量出土的陶器,充分反映了当时制陶业的发达。

制陶业的发达还表现在制陶作坊的发现中。鲁国故城的发掘中,发现3 处大型制陶手工作坊遗址。有属于西周时期的弹簧厂制陶作坊遗址、南张羊制陶作坊遗址和橡胶厂大型制陶作坊遗址,其中南张羊制陶作坊遗址面积约 22500 平方米,橡胶厂大型制陶作坊遗址有 16 万平方米。

五、商业与城市

手工业和农业分离后,出现了以交换为目的的商品生产。这样就使商品交换日益扩大,个人与个人之间、地区与地区之间的交换活动得以拓展,

---

① 山东省考古所:《临淄郎家庄一号东周殉人墓》,《考古学报》1977 年第 1 期。

由此导致独立商人的出现和商业的发展。

（一）独立商人的出现与商业发展

商朝鼎盛时期，其本土、属国和势力所及之处，大致东到大海，西至陕西中部，南达湖南、江西，北及辽宁，的确是一个"肇域彼四海"①，方国林立的奴隶制大国。早在商代，山东半岛上就开始了远航贸易。《诗经·商颂》记载："相土烈烈，海外有截。""海外有截"即从山东半岛远航至海外。就山东地区而言，商代文化遗址星罗棋布。商人重商、重贾之风，给居住在山东地区的民众以熏染，对当地商业的发展产生一定的影响。

奴隶制经济时代，随着商业的发展，独立的商人阶层开始出现。春秋时期山东也出现了一些著名的自由商人。管仲本是商人，因经商而到齐国，后成为齐国丞相。孔子的学生子贡，常往来于曹、鲁之间经商。《史记·货殖列传》载，子贡"废著鬻财于曹、鲁之间，七十子之徒，赐最为饶益……子贡结驷连骑，束帛之币以聘享诸侯，所至国君无不分庭与之抗礼"。范蠡，又名陶朱公，是春秋时期影响最大的商人之一。《史记·越王勾践世家》载："范蠡浮海出齐，变姓名，自谓鸱夷子皮，耕于海畔，苦身戮力，父子治产，居无几何，致产数十万……间行以去，止于陶。以为此天下之中，交易有无之路通，为生可以致富矣，于是自谓陶朱公，复约要父子耕畜，废居，候时转物，逐什一之利，居无何，则致赀累巨万，天下称陶朱公。"从历史记载来看，陶位于山东菏泽地区，是当时的天下中心，交通发达，适宜货物交换。范蠡选择从商于陶，由此可见当时山东地区商业贸易之发达。从后人对他的评价来看，商人不仅是一个社会阶层，而且具有较高的社会地位。

春秋时期，商品经济最发达的地区是齐国。齐国从建国伊始，就大力提倡"通商工之业，便鱼盐之利"②，"通利末之道，极女工之巧，是以邻国交于齐，财蓄货殖，世为强国"③，为齐国工商业的发展奠定了基础。齐桓公任用管仲为相，更使齐国成为一个工商业非常发达的国家。齐国专门设轻重九府等机构发展商业。《史记·齐太公世家》载："桓公既得管仲，与鲍叔、隰

① 《诗经·商颂·玄鸟》。
② 《史记·齐太公世家》。
③ 《盐铁论·轻重》。

朋、高傒修齐国政……设轻重鱼盐之利。""管子修之,设轻重九府,则桓公以霸,九合诸侯,一匡天下。"①为加强对商人的组织和管理,促进商品贸易的发展,齐国政府设有工商之乡和聚市。《国语·齐语》载:管子治国以为21乡,其中仅"工商之乡"就有6个,而且"工立三族,市立三乡,泽立三虞,山立三衡"。韦昭注:"工、商各三也。市,商也。商处市井,故曰市也。"除临淄外,各地乡村也都设有"聚市"。《管子·乘马》云:"天下乘马服牛,而任之轻重有制。""方六里命之曰暴,五暴命之曰部,五部命之曰聚。聚者有市,无市则民乏。"齐国还针对远道经商的商人采取了两条有力措施。一是减少关税,"通齐国之鱼盐于东莱,使关税讥而不征,以为诸侯利,诸侯称广焉"②。二是为齐国经商的人"立客舍","请以令为诸侯之商贾立客舍,一乘者有食,三乘者有菽,五乘者有伍养",结果"天下之商贾归齐若流水"。③管仲还提出了主动与朝鲜做生意的主张,通过经商来达到使邻国臣服的目的:"八千里之发,朝鲜可得而朝也。"

管仲纪念馆(临淄)

春秋中期以后,鲁国的商业活动有所发展。《左传》文公十八年(前609年)载:鲁庄公夫人哀姜大归于齐时,"将行,哭而过市,曰:'天乎,仲为不道,杀嫡立庶。'市人皆哭"。这里的"市"当是设在鲁国都城里的市

---

①《史记·货殖列传》。
②《国语·齐语》。
③《管子·轻重乙》。

场。《左传》文公二年(前626年)载孔子批评鲁大夫臧文仲有"三不仁"，其中有"废六关"、"妾织蒲"两项。杜预注："废六关"乃是废除原有关禁，以利通商；"妾织蒲"是指臧文仲令家人织蒲席，到市场参加交换。后来随着交通的发展，鲁国的商业得以进一步发展。当时著名的成周洛阳也"东贾齐、鲁"，鲁国的商贾之风日益兴盛。司马迁说："及其衰，好贾趋利，甚于周人。"①由于从事商贾之人的增多，鲁国在春秋末已经设有"贾正"，专门掌管货物。

(二) 货币的出现及演进

新兴的奴隶制经济促进了商品交换的发展。随着商业活动的频繁和长途贸易的需要，来自遥远的稀有之物——海贝因它更适应交换的需要，替代了以前的家猪等动产，而成为一种常见的实物货币。商代山东地区已开始使用贝币。大辛庄遗址的几次发掘均零星发现货币海贝。苏埠屯1号墓是一座国君级大墓，随葬海贝3790枚，这些海贝，既是财富的象征，也是一般等价物。完整意义上的商业贸易，就是因海贝等货币出现在流通领域而出现的，当时的山东已加入了这个行列，而且走在前列。②

齐国素以工商业的发达而见长，《管子·乘马》"无市则民乏"，交易在当时成为民间日常生活中的大事。繁荣的商业贸易促成了发达的货币文化。考古发掘出土的春秋齐国货币主要有贝币和刀币两大类。贝币作为商周货币形态的遗留，在春秋早、中期仍有少量发现，在当时流通中发挥一定职能。在贝货的颓势和向装饰品转化的过程中，刀币产生了。齐国是最早铸行刀币的国家，齐桓公期间"令左司马伯公将白徒而铸钱于庄山"③。出土较早的齐刀币实物也为春秋中期货币。可以肯定，至迟在春秋中期，齐国已大量铸行刀币了。刀币一出，至战国末、秦统一货币以前，一直是齐国最主要的流通货币。④齐刀分为"三字刀"、"四字刀"、"五字刀"和"六字刀"，目前已经发现并著录的齐刀有"齐法化"、"齐之法化"、"安阳之法化"、"节

①《史记·货殖列传》。
②徐基：《商代的山东》，山东文艺出版社2004年版，第104页。
③《管子·轻重戊》。
④刘兴林：《论齐国刀币的历史地位》，《管子学刊》2000年第4期。

墨之法化"、"簟邦法化"、"齐建(造)邦长法化"等数种。其中"节墨"、"安阳"、"齐"均为地名,"节墨"即今山东即墨,"安阳"即今山东曹县一带,"齐"指齐国都城临淄。齐国统治者较早认识到了控制货币这一治国法宝的意义。《管子·国蓄》说:"五谷食米,民之司命也;黄金刀币,民之通施也。故善者执其通施以御其司命,故民力可得而尽也。"刀币与五谷、号令并举,以强调其重要性。齐桓公使左司马伯公"铸钱于庄山"一事,正说明齐国的铸币权是掌握在公室的。

根据历年考古发掘出土的各种齐币和齐币铸范的地点来看,在整个现今山东以及相邻地区的广大范围内,均有数量不等的齐币出土,有的一次出土齐币竟达 1800 余枚①,表明当时齐国商业之发达。就济南的考古发掘资料来看,济南地区出土的战国时期齐币较多,主要包括:1960 年,济南市区五里牌坊出土一瓮齐刀币,计有刀形币 59 枚。1966 年,在济南历城邢村镇唐治村发现齐刀一批,完整者 91 枚。1970 年,在济南历城港沟神武村、长清城关均有出土。② 济南地区出土的大量战国时期的货币,表明当时该地的商业已经有了初步发展。这既与齐国发达繁荣的商业有关,又与济南所处的地理位置等紧密相连。

(三) 城市的出现及发展

山东是远古时期古城址分布最密集的地区之一。距今 4500 年前的城子崖古城址是当时的政治、军事中心。到西周时山东地面上至少有 56 国,各诸侯国都有自己的都城。山东境内诸侯国都城以齐都临淄和鲁都曲阜规模最大,在以后的经济、政治、文化的历史发展中占有极其重要的地位。齐、鲁两国故都在西周时期即已初建规模。

1. 齐国临淄

公元前 11 世纪,周武王封姜太公于齐,建都营丘(今昌乐),后六世胡公迁都于薄姑(今山东博兴),献公元年(前 859 年)迁都临淄。临淄故城大致始建于西周后期,同文献记载献公徙都临淄基本相符。此后,齐都临淄发

---

①孙善德:《山东海阳出土一批齐刀币》,《文物》1980 年第 2 期。
②陈冬生、王赛时:《山东经济史·古代卷》,济南出版社 1998 年版,第 170 页。

展成为齐国政治、经济、思想文化中心,成为列国中最繁华的都市之一,号称"海内名都"。齐(临淄)故城范围很大,大城呈长方形,小城在大城的西南角,亦呈长方形。故城总面积约 15 平方公里,在先秦古城中当属最大城市之一。陈冬生和王赛时先生认为春秋时期临淄工商业发达,主要有四个表现:一是故城内发现炼铜遗址 2 处,面积共约 5 万平方米;二是故城内发现炼铁遗址 6 处,面积共约 45 万平方米;三是发现大量铸币;四是故城内交通干道宽大。① 总之,春秋时期的临淄,不仅是齐国的政治和经济中心,而且也是一个工商业比较发达的工商业城市。随着工商业和交通的发展,城市人口也大大增加,临淄发展成为"海岱之间"的一个大都会。齐国以国都临淄为中心,形成了通往全国各地的

中国古车博物馆(临淄)

交通干线。李启谦和王钧林先生认为当时齐国的交通干道主要有六条:第一条西起今济南,东到今荣成,横贯临淄的东西大道;第二条起自临淄,经安丘、诸城到日照,是通往东南的大道;第三条起自临淄,南经益都、莒县,到莒南,为齐、楚交通大道;第四条起自临淄,西经平陵,到兖州,是齐、鲁交通大道;第五条由济南到长清,是通往陶邑,与宋、郑、韩、魏联系的交通大道;第六条由济南到平原,是通往燕、赵的商业途径。此外,齐国还有水路、海路通往其他国家。② 1990 年,今淄博市临淄区发现两座罕见的春秋时期大型车马坑,车马配套,蔚为壮观,从一个侧面反映了当时临淄交通之发达。

2. 鲁国曲阜

《史记·周本纪》载:周武王"封弟周公旦于曲阜,曰鲁"。《史记·鲁周公世家》云:"封弟周公旦於少昊之虚曲阜,是为鲁公。周公不就封,留佐武王","使其子伯禽代就封于鲁"。《正义》引《括地志》云:"兖州曲阜县外城即鲁公伯禽所筑也。"1977 年至 1978 年考古学者对鲁故城进行了全面探

①陈冬生、王赛时:《山东经济史·古代卷》,济南出版社 1998 年版,第 130 页。
②李启谦、王钧林:《山东通史·先秦卷》,山东人民出版社 1993 年版,第 206 页。

掘。结果在鲁城的西北部、西部、西南部和孔林林道西侧,都发现了西周初年和早期的遗址和墓葬,如果把鲁城北部的盛果寺村西遗址也计算在内,其范围几乎占鲁城的一半。这些遗址和墓地的分布虽广却又相当集中,足以说明当时这里曾是一座城市。[1] 探掘资料证明鲁故城就是伯禽受封时的曲阜。曲阜故城中分为贵族居住区、手工业作坊区和墓葬区。其中手工业作坊区有九处作坊遗址,分别是制陶、冶铁、冶铜、制骨等。可见,曲阜和齐都临淄一样,不仅是政治、思想文化中心,也是工商业发达地区。

曲阜鲁国故城

---

①张学海:《浅谈曲阜鲁城的年代和基本格局》,《文物》1982 年第 12 期。

第三章　封建时代的山东经济

公元前 453 年，韩、赵、魏三家分晋，标志着春秋时代的结束和战国时代的开始，同时也标志着中国奴隶社会和封建社会两种社会形态的交替。战国前期各诸侯国先后进行的变法、改革，使中国社会从经济基础到上层建筑都发生了全面的变革。社会变革中最重要的内容是经济变革，而经济变革最重要的内容是土地所有制和产品分配制度的变化，即由宗法土地所有制转变为土地国有制和土地私有制，劳役地租为主转变为实物地租为主，封建性的租佃关系出现并且获得发展。新兴地主阶级是战国时代的中心，决定着时代的主要内容、发展方向和主要特点。① 以齐国、鲁国为代表的山东地区率先进入封建时代。

一、封建经济的建立

（一）井田制的瓦解

井田制是奴隶制经济时期的主要土地耕作制度。春秋时期，井田制已不适应社会生产力的发展，而处于逐渐瓦解的过程中。

当时鲁国公田上的劳动者无心于生产，而是致力于自己私田的开垦。《左传·宣公》十五年载："初税亩。初者何？ 始也。税亩者何？ 履亩而税也。"何休注云："宣公无恩信於民，民不肯尽力於公田。故履践案行，择其善亩谷最好者，税取之。"由于劳动者的懈怠导致公家收入急剧下降，而劳动者的私田收成却非常好，于是鲁国统治者改为按私田亩收税。《诗经·

---

① 周自强：《中国经济通史·先秦卷》，中国社会科学出版社 2007 年版，第 945 页。

齐风·甫田》载:"无田甫田,维莠骄骄,无思远人,劳心忉忉;无田甫田,维莠桀桀,无思远人,劳心怛怛。"公田上的野草丛生与私田的收成非常好形成鲜明对比,表明井田制已成为农业生产力发展的阻碍。滕文公曾问孟子对井田制的看法,孟子认为井田制在滕国的瓦解已经势不可挡了。

井田制的瓦解,根本原因在于农业生产力的提高,其结果主要表现为私有土地的增加。春秋时期,铁制农具的出现,为大量开垦荒地创造了条件。齐国原有的耕地并不多,"地泻卤,人民寡",反映了可耕地很少。后来,由于铁制农具的出现,加上齐国统治者的垦荒措施,可耕地迅速增加。《管子·权修》:"地之不辟者,非吾地也。"《管子·牧民》:"国多财则远者来,地辟举则民留处。"《五辅》:"实圹虚,垦田畴。"由于广为垦地,齐国的耕地面积已相当大。这些新开垦的土地,大多成为农民的私有土地。

(二)封建经济的产生

井田制趋于瓦解,公田收入没有了,统治者只好对井田制进行改革。改革的结果是,国家承认了土地的私有和买卖,并导致封建租佃关系的产生与发展。

1. 鲁国封建经济的产生

虽然历史学家大都以三家分晋这一标志性事件作为中国封建社会的开始,但齐、鲁等国在更早的时候就已开始了这一进程。为适应时代的变化,鲁国在税制及兵赋制度方面进行了一系列的改革,逐渐建立了封建经济制度。

(1)初税亩。《春秋》宣公十五年(前594年)载"初税亩",只有三字。《春秋》三传给出不同的解释,但总体上都认为"初税亩"宣告了"井田"制的瓦解。"初税亩"的实施,无疑会促进土地私有制的发展。如果说井田制下耕种者只有使用权的话,那么,"初税亩"标志着国家承认了耕种者的土地占有权。"初税亩"的主要目的是保证国家的财政税收。舍公田而于其私田之中择善取1/10,既省却了公田管理、私田分配的许多行政麻烦,又保证了田税征收的相对稳定。此后100多年,鲁依此制而未变。"初税亩"在客观上促进了生产力的发展。新的税法较传统的"藉"法有明显的优越性,变相地提高了生产者的积极性,促使耕种者努力提高亩产量,以保证自己有较好的收成。

（2）用田赋。《春秋》哀公十二年（前 483 年）载："春,用田赋。""用田赋"就是一改过去"赋里以入"的旧法,改为按田亩征收,更重要的是以后赋成为"常赋",有无军旅都要按年收缴。"用田赋"就是"赋税合一",都按田亩征收。

2. 齐国封建经济的产生

齐国的社会经济在西周初步发展的基础上,也获得了迅速发展,特别是在齐桓公之时,用管仲为相,很快成为春秋五霸之首。齐国通过实施土地国有制和"相地而衰征"的财税制度等措施,逐渐建立了封建经济制度,同时土地私有制和封建租佃关系也迅速发展。

（1）授田与土地国有制。山东临沂银雀山汉墓出土一批竹简,其中有《田法》,较明白地反映了齐国实行授田的制度。《田法》云："五十家为里,十里而为州,十州而为乡。州、乡以地次授田于野。百人为区,千人为或（域）。人不举或（域）中之田,以地次相。"《田法》所记载,齐国授田的主要对象是16—60 岁之间有劳动能力的人,14 岁至 16 岁以及 60 岁以上授以半数之田;13 岁及以下和 70 岁以上者,"皆食于上",不再授田。《田法》很明显地反映出齐国普遍实行土地国有制的事实。

（2）"相地而衰征。"国家把土地分给齐国之民,计口授田,让他们按照土地的美恶、收成的多少交纳租税。管仲认为："粟者,王之本事也,人主之大务。"垦田治粟必须根据土地的优良来征税,即"相地而衰征,则民不移;政不旅旧,则民不偷"[1]。韦昭注："相,视也。衰,差也。视土地之美恶及所生出,以差征赋之轻重也。"按土地肥瘠和产量之多寡进行征收亩税,可以提高农业生产者的生产积极性,从而发展农业生产。

（3）土地私有制的出现及发展。在宗族土地所有制向国家所有制过渡的同时,齐国的土地私有制也迅速发展。《战国策·齐策一》云："夫齐削地而封田婴,是其所以弱也。"这是薛城人公孙闬劝说楚王不要阻止齐封赏田婴时说的话。其意是田婴得封地后,势力权倾齐国君,自然会使齐国弱小。齐威王把薛地封给田婴,之后楚国的丞相昭阳曾"请以数倍之地易薛"。但薛地有齐先君宗庙,不愿以齐先君宗庙予楚,才没有交换。但这条史料说明

---

[1]《管子·齐语》。

了靖郭君田婴拥有薛地土地的实际占有权和所有权。这是战国时期土地所有权下移的突出表现。齐国在土地国有制的基础上,对农夫授田,随着岁月的流逝,也有不再向国家还田的情况,从而把国家给予的"授田"变成私田,这些人就成为国家的自耕农。

(4)封建租佃关系的出现。当时的齐国不仅出现了土地的私有和买卖,而且也出现了雇佣劳动。例如,《左传·襄公二十七年》载:齐国崔杼杀死齐庄公之后,庄公的亲信申鲜虞恐祸及身而出奔鲁国,"申鲜虞来奔,仆赁于野,以丧庄公"。杜注:"为齐庄公服丧。"杨伯峻《春秋左传注》对"仆赁于野"注云:"郊野有自由贫民可供雇佣。"可见,当时已出现了雇佣劳动者,这也表明封建制生产关系的产生。

(三)战国时期山东地区经济的初步发展

从春秋到战国,社会、政治、经济和文化都发生了根本的变化,封建经济初步发展,主要表现在以下几个方面。

1. 农业

山东一向有重视农业的传统。司马迁说:"邹鲁滨洙泗,犹有周公遗风……颇有桑麻之业。"战国时的齐国已是一个农业大国。其时齐国统治者实施奖励开荒政策,对于组织人民开辟田野有成绩的地方官员予以奖励,而对于不开辟田野的地方官进行严厉的惩罚。开荒政策的实施,使以前的泻卤之地变成了千里沃野。《史记·货殖列传》云:"齐带山海,膏壤千里,宜桑麻,人民多文彩布帛鱼盐。"《战国策·齐策一》亦云:"齐地方二千里,带甲数十万,粟如丘山。"战国时期,齐国已有较先进的农业生产工具,如临淄发现有"V"形铁犁铧、长方板楔形或长条形的镢、铁铲、凹形铁口锄、铁镰等。铁制农具的出现对于齐国农田的垦辟起了重要的作用。《管子》一书成书于战国后期,出自齐人之手,该书的许多篇章都记载了齐国农业的生产技术和经验,反映了齐国农业生产的情况。

2. 手工业

春秋末年以至战国时期,山东地区手工业内部分工更加细密,手工门类也越来越多。鲁国出现了公输班和墨翟两位能工巧匠,公输班被誉为"机械之圣"。鲁国手工业生产的贵族性质比较明显。酒的酿造、宫殿建筑、华美的纺织品、战车的制造,以及鲁城发掘中出土的车马器、服饰器、金属容皿等,都与贵族生活有关。

纺织业。先秦时期,从传世文献和出土资料看,山东地区的纺织业在战国得到很好发展。齐国即号称"冠带衣履天下"。据考古资料看,山东境内已发现战国时期纺织品的实物和遗迹相当多。山东泰安康家河村战国墓出土铃 12 件,"出土时铃身上多留有织物印痕,个别的厚达 0.15 厘米的织物线纹较粗,为平纹织"①。长清岗辛村战国墓出土的青铜器物表面上附有丝麻织物,在帷架构件的"榫头并缠有粗麻布垫层"②。济南千佛山战国墓出土的铜器中有 3 件留有绸麻织物痕迹,贴附于铜鉴底部的麻布片,是济南地区发现年代最早的纺织品实物。捆扎铜鼎的绸类编织物,虽已腐朽,但却留下清晰的痕迹,加之出土的形态逼真的玉茧,说明远在两千多年前这个地区的蚕桑丝织业已有很大的发展。③ 栖霞杨家圈战国墓,在出土的戈表面上,发现"有隐约的麻布纹"④。在该县杏家庄 2 号战国墓室底部,"南、北两边发现许多漆片和木、布、绸等朽灰,厚达 0.1 厘米—0.3 厘米"⑤。

冶炼业。战国曲阜故城鲁人墓葬中的随葬器中发现了错金银铁带钩,说明在当时铁已被用来铸造服饰。可见,战国时期的鲁国,已经在生产和生活中比较普遍地利用了铁的铸造。齐都临淄故城包括大城、小城两部分,共发现战国时期的冶铁遗址 6 处,小城两处,大城 4 处。齐国都临淄发现的 6 处炼铁遗址,总共有 90 余万平方米,反映了齐国冶铁业的兴旺和发达。临淄故城还发现有铁制的农业生产工具,犁铧、镰、铲、臿、凹形铁口锄等。齐国设立铁官专门管理冶铁事务。《管子·海王》云:"今铁官之数曰:一女必有一针一刀,其若事立;耕者必有一耒一耜一铫,若其事立;行服连轺辇者,必有一斤一锯一锥一凿,若其事立。不尔而成事者,天下无有。"又《管子·地数》云:"出铜之山,四百六十七山;出铁之山,三千六

---

①山东省泰安市文物局:《山东泰安康家河村战国墓》,《考古》1988 年第 1 期。
②山东省博物馆、长清县文化馆:《山东长清岗辛村战国墓》,《考古》1980 年第 4 期。
③李晓峰等:《济南千佛山战国墓》,《考古》1991 年第 9 期。
④杨子范、王思礼:《山东栖霞县战国墓》,《考古》1963 年第 8 期。
⑤烟台市文物管理委员会等:《山东栖霞县占疃乡杏家庄战国墓清理简报》,《考古》1992 年第 1 期。

百九山。"这些记载说明齐国有丰富的铁矿、铜矿,而且还有大规模的手工业冶炼作坊,铁制工具已广泛地运用在农业生产上,齐国冶铁业已达到相当高的水平。

1965 年在山东长岛县大竹岛发现一批战国铜器,有铜舟、铜戈、铜凿、铜匕首、鱼钩等物。其中匕首长 26.5 厘米,刃锋锐利,今天看来仍不失为一件非常好的实用器物。1970 年春,山东诸城臧家庄发现一批战国铜器,计有编镈一组 7 件、编钟一组 9 件、鼎 4 件、豆 4 件、鹰首壶 1 件、杯形壶 1 件、镂孔夐形器 1 件、罐 1 件、弧形器 1 件、勺 1 件、残器足 4 件,共 38 件,共存者还有铜镞、编磬等遗物。[1]

鹰首壶(诸城博物馆)

3. 商业

战国以后,富商大贾,周流天下,大批私商活跃在诸侯列国的政治舞台上。齐国政府考虑自己的经济利益,对一些利润大、流通快的商品进行控制,实行部分专卖政策。《管子·海王》篇提出"官山海",也就是在齐国实行盐业部分专卖,盐利则收归齐国政府。齐国的盐铁专卖并不是绝对的,所谓"官山海"、"正盐荚",只是实行部分专卖,所以富商大贾仍然到齐国争鱼盐之利。《史记·货殖列传》云:"齐俗贱奴虏,而刀间独爱贵之。桀黠奴,人之所患也,唯刀间收取,使之逐渔盐商贾之利,或连车骑,交守相,然愈益任之。终得其力,起富数千万。"在齐国商业十分发达的情况下,田氏贵族许多人亦从事经商活动。直至汉代还是关中的商界名人,司马迁云:"关中富商大贾,大抵尽诸田,田啬、田兰。"田氏因经商而致富,至汉代不衰。齐国商贾活跃,经济发达,出现了完整的商业理论,《管子》中的许多篇章正是这种理论的概括和总结。随着商业经济的发展,齐国一些大的都市兴起,国都临淄就是人文商业荟萃的中心。《史记·货殖列传》云:"临淄,亦海岱之间一都

---

①齐文涛:《概述近年来山东出土的商周青铜器》,《文物》1972 年第 5 期。

会也。"《战国策·齐策一》载:"临淄甚富而实,其民无不吹竽鼓瑟,击筑弹琴,斗鸡走犬,六博蹴鞠者;临淄之途,车毂击,人肩摩,连衽成帷,举袂成幕,挥汗成雨,家殷人足,志高而扬。"无论从文献记载或考古材料都可以发现临淄是战国时期屈指可数的经济发达都市。临淄当时有七万户,若每户按五口之家计算,则有 35 多万人口,在当时的确是一个大都市。另外齐国还出现许多商业荟萃的大都邑,如莒、即墨、莱等,皆是齐国的豪华都邑。

鲁国的商业活动也比较兴盛。对外交往增多,交通很发达,如《国语》云:吴夫差"起师北征,阙为深沟,通于商、鲁之间。北属之沂,西属之济,以会晋公午于黄池"。这是吴国到中原各国的航路,这种局面有利于鲁国商业的发展。

二、人口、耕地与科技

人口、耕地与科技是影响农业社会经济发展的重要因素。人口既是古代社会发展的条件,也是古代经济发达与否的重要标志。传统观念中"人丁兴旺"是太平盛世的重要标志,中国是最早有人口记录的国家,且史料丰富。从战国至清中叶,山东地区的人口从约 450 万上升到约 3000 万,并一直是中国人口密度最高的地区之一。众多的人口,是古代山东地区经济社会发展的重要支撑。土地是农业社会最稀缺的生产要素,封建国家的赋税、徭役、社会各阶层的收入主要来源于土地,因此可耕地数量之多寡是影响农业社会发展的重要因素。从西汉中期到清中叶,山东耕地增长显著,从而为经济发展提供了坚实基础。即使如此,按照英国经济学家马尔萨斯的解释,在古代农业社会中,人口是以几何级数增长的,而以土地为基础的粮食增长是以算术级数增长的,所以人口与粮食之间始终是非均衡的。人与地之间的矛盾会通过自然灾害、战争等方式予以解决,这就是所谓的"马尔萨斯陷阱"。直至近代农业革命和工业革命以后,人类才摆脱了陷阱的约束,人口进入了持续增长时期。在封建社会中,山东也始终处于人地比例失衡的困扰中。科学技术也是影响农业社会发展的重要因素。以四大发明为代表的古代中国科学技术对世界经济社会的发展作出了巨大贡献。而在古代中国科技史中,山东地区占据了重要一席。古代山东地区的农业种植、农产品加工、农田灌溉、手工业生产、商业经营等技术都十分发达，从而为山东地区的经济繁荣提供了技术支撑。美国著名经济学家诺思曾说过，古代农业世界很漫长，也曾出现了很多的科技发明，但同近代社会相比，由于没有相应的专利权等产权制度，发明者的私人收益无法得以保障，所以古代社会技术创新的速度与规模是极为有限的。尽管科技是古代社会发展的重要因素，但我们不能过高估计科技的促进作用，毕竟同人口、耕地等生产要素相比，它处于一个次要的地位上。

（一）人口

秦统一前，七国总人口高于 1500 万，低于 2000 万。按照路遇、滕泽之两位学者的估计，今山东地区的齐国应有人口 400 万，鲁国人口约 20 万。[①]连同其他小国，山东地区的人口约在 450 万，占全国人口的 1/5 以上。

从西汉初期至汉平帝时期，山东地区的人口随同全国大势不断增加。《汉书·地理志》载："迄至孝平……民户千二百二十三万三千六十二，口五千九百五十九万四千九百七十八，汉极盛矣。"这是中国历史上见于记载的第一个比较确切的人口统计。这个时期山东省域的人口有了更快的增长，达到户 270 万，口 1213 万，比战国时期增长近两成，占西汉总人口的 22%。密度过万人的郡国大都位于今山东境内。无论人口总量还是人口密度，都仅次于河南省，居全国第二位。据《通考·户口》记载，东汉光武中元二年（57 年）全国口数为 2100 万，仅为西汉平帝元始二年的 1/3，由此推算东汉初年山东人口约在 400 万人。顺帝永和五年（140 年），黄河中下游山东、河南、河北、山西和陕西四省拥有 3800 多万人口，不到全国 1/10 的土地上聚集了全国 1/2 的人口。[②]

三国时期战乱不休，山东省域受战祸最深，人口损失严重。纳入曹魏统治区后，人口在 120 万左右，属于有史以来最低值。至西晋，战乱方告平息，人口出现短暂增长。太康三年（282 年），山东地区约 25 个郡（国），人口 26 万多户，172 万多人，人口密度 11.2 人／平方公里。[③]

---

①路遇、滕泽之：《中国人口通史》，山东人民出版社 2000 年版，第 56 页。
②赵文林、谢淑君：《中国人口史》，人民出版社 1988 年版，第 77 页。
③同上书，第 102 页。

魏晋南北朝时期,山东地区分属于不同的政权,先后经历了曹魏、西晋、后赵、前燕、前秦、后燕、南燕、东晋、刘宋、北魏、东魏、北齐、北周 13 个王朝的统治。南北朝时期,宋孝武帝大明八年(464 年),刘宋控制下的山东地区有 67 万多口,密度 4.37 人/平方公里,占全国的 2.24%。东魏孝静帝武定年代(543—549 年),山东人口 189 万,12.32 人/平方公里,占全国人口 5.42%。① 有史料记载的各州不同时期户数与人口数列于表 3-1。

表 3-1　魏晋南北朝时期山东地区的人口数量

时间	兖州	青州	齐州	胶州	济州	北徐州	南青州	西兖州
西晋	8.33 万户	5.3 万户						
刘宋	2.934 万户 14.5581 万口	4.0504 万户 40.2729 万口	0.387 万户 1.81 万口			5.06 万户 32.89 万口		
东魏	8.8032 万户 26.6791 万口	7.9753 万户 20.6585 万口	7.7378 万户 26.9662 万口	2.6564 万户 6.0382 万口	5.3214 万户 14.5284 万口	1.4781 万户 4.0125 万口	1.5024 万户 4.5322 万口	2.9836 万户 8.358 万口

隋初,山东户口占全国总户数的 21%。隋炀帝大业五年(609 年),山东地区共有 17 个州郡,户数 148 万,口数 766 万,密度 49.77 人/平方公里,占全国的 14.91%。② 唐代经过贞观、开元长时期的安定局面,天宝年间,山东所辖县约 80 多个,合计户数 87 万多,人口近 600 多万,山东人口总数占全国的 11% 强。山东地区已是户口殷实,民众盈盈。以贞观十三年(639 年)和天宝十一年(752 年)人口资料颇为全面的 11 州户口数③ 为例(见表 3-2),可窥见唐代中期以前山东人口增长的状况。唐代山东的州县划分常有变比,但总的来说,户口是按州一级行政单位统计:

　　①赵文林、谢淑君:《中国人口史》,人民出版社 1988 年版,第 138—139 页。
　　②《隋书·地理志》。
　　③《旧唐书·地理志》。

表3-2 贞观十三年、天宝十一年山东11州的人口数

	贞观十三年(639年)		天宝十一年(752年)	
	户数(万户)	人口(万人)	户数(万户)	人口(万)
曹州济阴郡,治济阴	0.9344	5.4981	10.0352	71.6848
德州平原郡,治安德	1.0135	5.2141	8.3311	65.9855
兖州鲁郡,治瑕丘	0.9366	1.5428	8.8987	58.0608
郓州东平郡,治须昌	0.4141	2.1692	8.3048	50.1509
青州北海郡,治益都	1.0658	5.6317	7.3148	40.2704
濮州濮阳郡,治鄄城	0.8628	4.4135	5.7781	40.0648
齐州济南郡,治历城	1.1593	6.1771	6.2485	36.5972
淄州淄川郡,治淄川	0.6323	3.4425	4.2737	23.3159
沂州琅琊郡,治临沂	0.4652	2.3900	3.3510	19.5737
莱州东莱郡,治掖县	1.1568	6.3396	2.6998	17.1500
密州高密郡,治诸城	0.3580	2.8593	2.8292	14.6524

表3-2说明,长期的安定局面,使得山东地区生产力得到发展,因此劳动人口增长也较快。唐中期,曹、德、兖、郓四州人口为最多,青、濮、齐三州次之,莱州、密州则稍见寡弱。就山东地区的人口分布而言,西半部兴旺,东半部则稍逊一筹。经过唐代后期以及五代时期的战乱,人口再度降至低谷。

进入宋代,中国人口史发生了划时代的变化,全国人口突破一亿大关。而随着经济重点向南方转移,南方地区的人口急剧上升,并超过了北方。宋太宗年间山东地区户数大约59万户,以每户4.5口折算,人口约267万人。到神宗元丰三年,生齿益蕃,户数为140多万户,人口约633.6万人。而至崇宁元年以后人口的增长速度减慢(见表3-3)。金朝占领北方后,在金朝统治山东之初,山东人口数量一度比北宋后期减少50%左右。金中期随着社会环境的安定和恢复经济政策的实施,山东地区人口得到迅速发展。据金章宗泰和年间统计,山东地区户数大约有159万户。《金史·地理志》对各府州只有户数的记载,没有人口数的记录,从金全国户口统计看,户的人口构成较高,按几个统计数字平均,每户在

6.5 口以上。明昌六年(1195 年)的统计平均每户达 6.7 口。这里按 6.5 口计算,当时山东省域有人口 1209 万人,是山东历史上又一个人口高峰,跟西汉时差不多,亦比北宋增长了 60% 以上。山东人口数量及其增长幅度明显高于邻近河北路和京西路,跃居北方人口第二位,名列全国第五名。

表 3-3　北宋不同年间山东地区人口变化情况①

年　份	太平兴国四年 公元 979 年	元丰三年 公元 1080 年	崇宁元年 公元 1102 年
户数(万户)	59.4	140.8	143.6
口数(万人)	267.3	633.6	646.2
密度(人/平方公里)	15.92	41.12	37.96
占全国人口的比例(%)	9.15	8.41	7.13

人口数量的激增,从一个侧面反映了宋金时山东地区农村经济的恢复和发展,另一方面也为山东区域开发提供了充足的劳动力资源,大大推动了山东农田荒地的垦辟和农村生产力的提高。

蒙古南下灭金的过程中,认为"汉人无补于国,可悉空其人以为牧地",对北方人口进行了灭绝性的大屠杀。北方人口蒙受了巨大的耗损。据《元朝秘史》记载:"鞑靼残破河东、河北、山东、山西,覆十七府,九十余州镇、县二千余处。数千里间,杀戮皆尽,城郭丘墟,金帛子女,牛羊马畜,皆席卷而去,屋宇悉皆烧毁。"按至元七年(1270 年)户口统计,山东省域户占北方总户数的 25%,口占 26%,推算得出山东省户数约 27 万多,口数 159 万左右,比金代减损 86%。之后,元统治者改变统治策略,北方经济逐渐恢复。至元二七年(1290 年)清查户口,山东人口约 223 万口,占全国人口总数的 2.97%,人口密度 14.53 人/平方公里,与宋、金相距甚远。造成此种状况的原因主要有两个方面:第一是元朝的户籍有多种,"掌管天下户口"的中央户部的人口统计,有些人户如军户、站户、匠户、盐户、冶户、猎户、僧道户等,

①根据乐史《太平寰宇记》推算。

均不在统计之列,即所谓"凡儒士及军、站、僧、道等户皆不与"①。这部分人口在整个人口中占有相当比例,如太宗八年(1236年),蒙古将帅怯烈台镇守东平,即括籍民匠10余万户。因此《元史·地理志》所载山东户口是不完全的户口统计数字。第二是有元一代,蒙古贵族和各族地主大量私属户口,占役人口。自元朝初年起,山东地区就成为蒙古贵族占役民户最严重的地区之一,其中又包括朝廷赐封和私人隐占两类情形,这同样影响山东的户口统计。学者们一般认为,尽管金元之际战争对山东人口影响较大,但随着经济的恢复,人口的增长也大体维持在宋金时期的一般水平上,至少不会与宋、金相差太远。整个宋元时期,山东西部地区的人口密度一直高于东部地区。② 这大概也是宋、金、元划分京东东、西路和山东东、西路人口的根据(见表3-4)。

表3-4　宋元时期山东地区户口变化表

时　代	区　划	户数(万户)	人数(万人)	户数(万户)/每县	人数/平方公里
宋代	京东东路	84.41	422.09	1.87	43
	京东西路	38.19	190.97	1.06	52
金代	山东东路	108.56	651.37	2.02	67
	山东西路	40.48	242.91	1.50	78
元代	益都等路	21.22	106.08	0.40	11
	东平等路	16.77	83.85	0.36	15
备注	《宋史》《元史》《金史》地理志	宋元以每户5口计,金代以每户6口计			

就此时期的人口分布而言,虽然东部每县平均户数多于西部诸县,但山东西部的人口密度却高于东部,这从一个侧面反映了山东东西部经济发展的差异,而此种状况一直延续到清代中期。

明代全国人口在6000万左右。明代的山东户口,在洪武、弘治、正德、

---

①《元史·食货志》。
②赵继颜:《山东通史·宋元卷》,山东人民出版社1994年版,第101页。

嘉靖、万历时期,分别有较为详细的统计(见表 3－5):

表 3－5　明代山东地区的人口统计

年　份	户数(万户)	人口数(万人)
洪武十四年(1831 年)	75.24	519.67
洪武二十六年(1393 年)	75.39	525.59
弘治四年(1491 年)	77.06	675.97
正德七年(1512 年)	87.85	761.87
嘉靖五年(1526 年)	82.62	740.26
万历六年(1578 年)	137.23	566.41

以上统计数字均为政府所控制的编户与人口,从各代统计数字看,自明初至正德年间是在不断增长的,而后期则呈现下降趋势,主要原因是由于土地兼并剧烈,阶级矛盾尖锐,出现大量流民,使户口数字无法进行有效统计。

清代是山东人口的大发展时期。清代总人口由 1 亿到 4 亿,山东地区人口从清初不到 1000 万到 1889 年上升到 3685 万。清中期,逐渐废除人丁赋役,人口的增殖摆脱了赋税和差役制度的束缚,人口迅速发展。到乾隆十四年(1749 年)大举招抚逃隐户入籍,人口猛增千万。纵观清代 268 年间山东地区的人口变迁,基本上处于增长状态(见表 3－6)。"不同的社会生产方式,有不同的人口增长规律和过剩人口增长规律。"在传统的农业社会中,人口增长主要是农业人口的增长,人口的增长对经济发展具有重大的影响。在清初,人口的增长和经济的发展相互促进,人口增长促进了土地垦殖的扩展和整个社会经济的发展,土地垦殖的扩展和社会经济的发展反过来又进一步促进了人口的增长。由于受地域范围大小的限制,土地的垦殖不能无限地扩展,到乾隆时期,山东地区的宜垦地基本垦殖完毕,但人口仍在快速增长之中,人口密度越来越大(见图 3－1),传统的农业社会难以容纳大量新增的人口,势必造成人口过剩,反过来又阻碍了社会经济的发展。

表 3 - 6　清代山东地区总人口表①

年　代	人口(万人)	占全国总量(%)	密度(人/平方公里)
顺治十八年(1661 年)	703.89	8.35	46.0
康熙二十四年(1685 年)	844.39	9	55.2
雍正二年(1724 年)	911.32	9.01	59.6
乾隆十四年(1749 年)	2401.18	13.53	156.9
嘉庆十七年(1812 年)	2895.88	8.69	189.3
咸丰元年(1851 年)	3326.61	7.70	217.4
同治十二年(1873 年)	3521.90	12.71	231.0
光绪十五年(1889 年)	3685.90	—	240.9

注:顺治、康熙、雍正三朝的人口统计有丁数无口数,表中三朝的人口数字是按 1 丁折 4 口的比例折算后的人口数。

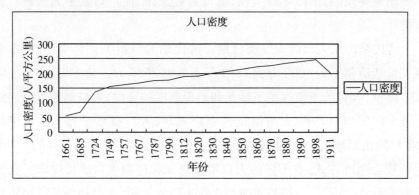

图 3 - 1　清代山东人口密度变化图

注: 清代顺治、雍正朝的人口统计有丁数无口数,为了统一对比,图中数字是按 1 丁折 4 口的比例折换的数字。②

嘉庆二十五年(1820 年)还对山东各府、州人口进行了调查③(见表 3 - 7):

①资料来源:梁方仲:《中国历代户口、田地、田赋统计》,上海人民出版社 1980 年版,"甲表 78、82、85"、"乙表 61"。
②赵文林、谢淑君:《中国人口史》,人民出版社 1988 年版,第 407—409 页;梁方仲:《中国历代户口、田地、田赋统计》,上海人民出版社 1980 年版,甲表 78—87。
③《嘉庆重修一统志》卷一六一至一八四。

表3-7　嘉庆二十五年山东各府、州人口统计　　（单位：万人）

济南府	401.4819	武定府	219.1389
兖州府	261.7871	沂州府	218.1379
东昌府	169.6651	泰安府	247.3415
青州府	331.8763	济宁州	88.935
登州府	191.2501	临清州	108.3743
莱州府	337.4017		

（二）耕地与亩产

土地是农业生产的基础，特别是在传统的农业社会，社会经济存在和发展的前提是一定数量的人口和一定数量的土地的结合。

秦末汉初，土地荒芜严重。汉朝建立后，实行休养生息政策，不仅人口大增，土地也大量开垦。《汉书·地理志》载："汉兴，以其郡太大，稍复开置，又立诸侯王国。武帝开广三边。故……迄于孝平，凡郡国一百三……地东西九千三百二里，南北万三千三百六十八里。提封田一万万四千五百一十三万六千四百五顷……定垦田八百二十七万五百三十六顷。……汉极盛矣。"汉代的这一垦田数，不仅是先秦两汉时期的最高垦田数，就是在此后580多年间（到隋文帝前）也都未能超过。据林甘泉先生估计，西汉平帝元始二年（2年），全国垦田数是827.0536万顷，而同时期山东境内的兖州、青州、徐州耕地分别占有13.22%、7.03%、8.80%，[①]推算其时山东的垦田数是240.2591万顷。秦汉时期，包括山东在内的关东地区土地开垦量是全国最高的，占全国总耕地数的50%左右。汉代农业生产技术有了很大进步。武帝时赵过发明代田法，把耕地整成沟垄，逐年更换休耕，保持地力。成帝时氾胜之发明区种法，把土地按照土质好坏分为三等，种植不同的农作物，促进了粮食亩产量的提高。有人对亩产作过如下的计算："上农夫区，一亩作3700区，实播面积占15.42%，实产粟：100石×15.42%＝15.42石。折合市亩产：15.42×0.28875×135市斤＝600市斤。中农夫区，一亩作1027区，实播面积占9.36%，实产麦：100石×9.36%＝9.36石，

---

①林甘泉：《中国经济通史·秦汉卷》，中国社会科学出版社2007年版，第94页。

折合市亩产：9.36×0.28875×145 市斤＝400 市斤。这个产量对汉代来说无疑是特大丰产了。"①经过各方面的分析，可以认为汉代粟的亩产是三石，粟菽平均是 2.82 石，这一推测该是"虽不中亦不远也"。

隋唐时期，全国及至山东地区的耕地数量增加较快。《通典》卷二《食货典·田制下》记载：

"开皇九年，任垦田千九百四十万四千二百六十七顷（原注：隋开皇中，户总八百九十万七千五百三十六，按定垦之数，每户合垦田二顷余也）。"

"至大业中，天下垦田五千五百八十五万四千四十顷（原注：按其时有户八百九十万七千五百三十六，则每户合得垦田五顷余，恐本史非实）。"

"天宝中，应受田一千四百三十万三千八百六十二顷十三亩（原注：按十四年有户八百九十万余，计定垦之数，每户合一顷六十亩）。"

汪篯先生对以上数字作了认真的研究，认为这些数字并非隋唐时期的实际耕地数字，而应是授田的数字。汪先生还对唐代实际耕地面积作了估计，认为在 800 万顷至 850 万顷（依唐亩计算），比汉代大约增加了 50 万顷到 90 万顷。②但这个时期山东耕地的状况，史书没有明确记载。山东除鲁中南、胶东丘陵山区外，其他平原地区都是宜农区域。这个时期山东地区粮食产量比前代有明显增长。贞观十三年（635 年）唐政府诏令在齐州（今济南）设置常平仓，"粟藏九年，米藏五年"，可见山东地区农产的丰饶。唐代粮食亩产量约为 1.5 石左右。

北宋时期，国土面积不断缩小，大量百姓为躲避战祸，逃离家园，流浪他乡。宋太宗初年，经历唐末以及五代十国的频繁战乱，山东地区多"膏腴未耕之处"，土地垦种率仅为 30% 左右，其余大部分仍为无人耕种的闲田旷土。北宋政府采取一系列劝耕劝农奖励开垦荒田的措施，使大量流民有地可耕，保持了比较稳定的耕地面积，促进了社会安定。北宋政府依开垦荒地的业绩给官员以奖惩。仁宗天圣初年，诏"诸州长吏、令、佐能劝民修陂池沟洫之久废者，及垦辟荒田、增税二十万以上，议赏；监司能督责部吏经画，赏亦如之"③。当时京东转运司报告："济、兖间多闲田，而青州兵马都监郝

---

①傅筑夫：《中国封建社会经济史》第 2 卷，人民出版社 1982 年版，第 317 页。
②汪篯：《汪篯隋唐史论稿》，中国社会科学出版社 1981 年版，第 40—69 页。
③《宋史·食货志》。

仁禹知田事,请命规度水利,募民耕垦。"仁宗立即批准。到秋天,又专门下诏"州县毋或追扰,以妨农时"①。郓州须城人龚鼎臣,北宋景佑年间进士,授平阴主簿、莱芜知县。他勤于农事,率当地民夫"疏泄潴水,得良田数百千顷"②,成为宋代山东垦荒政绩较突出的地方官吏之一。③ 荒田、废田和河滩山地、盐碱地的广泛开垦,使山东实际垦田面积大为增加。据元丰初年统计,今山东境内约有耕地2582.846万亩,其中官田89.0901万亩,民田约2582.846万亩。当时全国共有耕地46165.56万亩左右,山东耕地约占全国耕地总面积的5.6%。④ 这些田亩数字是按租赋的多少来统计的,如果把权贵地主为逃避赋税而隐瞒的土地计算在内,山东地区的实际耕地面积要远远高于以上统计数字。北宋粮食亩产量为2.38石左右,每亩耕地大约比唐代增加粮食0.88石左右。

金代统治时期,山东地区耕地面积一度因战乱而急骤减少。金废伪齐后,金熙宗开始重视垦荒和农业生产,山东地区的耕地才有所增加。金世宗时期,世宗令查阅猛安谋克户人力,规定有耕田不耕种或不出租耕种者杖责。山东"久被抚宁,人稠地窄,寸土悉垦"⑤。土地荒芜的现象有所改变,大量官荒地、黄河退滩地和山地得到开垦。金明昌中(约1193年),"黄河已移故道,梁山泺水退地甚广"⑥,于是金政府在济州梁山泺地区的黄河退滩地遣使安置屯田,采取免纳三年租税的办法,招抚流民耕种。⑦ 金代山东地区陆田亩产粮食1至2石,水田亩产3至5石⑧,粮食平均亩产量基本接近北宋水平。

元初,山东地区田地荒芜,户口减少,农业经济陷入停滞和倒退。忽必烈即位后,元政府在中央设立司农司,专门掌管全国的农桑水利事务,地方设劝农使,由通晓农事的专家担任,督促检查当地的农业生产情况。这些举措对山东农业经济的发展起了积极作用。如《元史》卷一四八《董文用传》载:"(董文用)授山东东西道巡行劝农使。山东自更叛乱,野多旷土,文用巡行劝

①《宋史·食货志》。
②嘉靖《山东通志》卷二十六,《名宦》。
③《宋史·龚鼎臣传》。
④《文献通考》卷四,《田赋考》。
⑤赵秉文:《滏水文集》卷十一。
⑥《续文献通考》卷六,《田赋考》。
⑦《金史·食货志》。
⑧据《续通典》卷四推算而得。

励,无问幽僻,入登州境(今山东蓬莱县),见其垦辟有方,以郡守移剌某为能,作诗表异之,于是列郡咸劝,地利毕兴,五年之间,政绩为天下劝农使之最。"政府允许开垦荒地,规定:"凡是荒田,俱是在官之数,若有余力,听其再开。"① 垦荒的结果是,耕地面积大大增加,如禹城县"野无旷土",长清县"田野耕辟"。至元二十三年(1286 年),元朝在济宁路设兖州置尚珍署屯田机构,屯田数达 97.1972 万亩。济宁军民屯田使崔敬,在济宁"招致居民军士,立营屯田,岁收粮百万斛,以给边防"②,屯田成绩比较显著。

明代山东地区耕地状况,根据梁方仲先生的估计,洪武二十六年(1393 年)总计7240.36万亩,人均纳税地面积约为 14 亩,弘治四年(1491 年)总计5429.25万亩,人均纳税地面积约为 8 亩;万历 6 年(1578 年)总计6174.99万亩,人均纳税地约 10 亩。③ 至明后期,山东地区仍存在大量未垦荒地,尚有较大发展空间。嘉靖年间,济南、东昌、兖州三府已"颇称殷庶",东昌府濮州、范县,享有"金濮、银范"之誉,濮州亩产可达七八斛(三四石)。④ 但"登莱二郡,沂济以南土旷人稀,一望尚多荒落"⑤。据清顺治十四年《赋税全书》记载明万历后山东纳税地为9654.61万亩,人均 17 亩。

清初,为了恢复和发展社会经济,巩固统治,清政府采取各种措施鼓励人民开垦荒地。顺治帝时清政府实行招佃垦荒,并将垦荒列为官员考核的标准。到顺治后期,成效颇丰,如定陶县原来"土地荒芜者十之八九","十年间奉旨归屯矣"。雍正元年(1723 年),"户部议准山东等处间旷之地,令各州县卫所确查,如有未垦荒地,有无从前种地之人劝谕开垦,有力者令自备牛种,无力者官给牛种"⑥。在清政府各种政策的鼓励下,山东地区的耕地面积迅速扩大,从顺治十八年(1661 年)到雍正二年(1724 年)山东地区的耕地由7413.37万亩扩展到 9925.87 万亩。到此后,伴随着人口的增长,耕地面积也出现了一个增长的过程,但增长的幅度不大,远远跟不上人口的增长幅度。(见表3-8)

---

① 《元典章》卷十九,《户部·乡五·荒田》。
② 《元史·崔敬传》。
③ 梁方仲:《中国历代户口、田地、田赋统计》,上海人民出版社 1980 年版,第 340 页。
④ 万历《东昌府志》卷二,《物产》。
⑤ 嘉靖《山东通志》卷七,《风俗》。
⑥ 宣统《山东通志》卷七十八,《田赋志》。

表 3 - 8 清代山东耕地表①

年 代	耕 地（亩）	人均耕地（亩/人）
顺治十八年（1661 年）	74,133,665	10.53
康熙二十四年（1685 年）	92,526,840	10.96
雍正二年（1724 年）	99,258,674	10.89
乾隆十八年（1753 年）	99,347,263	7.78
嘉庆十七年（1812 年）	98,634,511	3.41
咸丰元年（1851 年）	98,472,844	2.96
同治十二年（1873 年）	98,472,846	2.80
光绪十三年（1887 年）	125,941,301	3.43

　　为了更好地理解封建时代山东地区的耕地与亩产情况，笔者列举出吴慧先生的研究成果（见表 3 - 9、3 - 10），供读者参考。②

表 3 - 9 从战国到清中叶的耕地状况比较

朝代	量亩折合		平均亩产量（石／亩）			拆汉制（汉小石/汉小亩）			拆今制（市斤/市亩）		比汉时期增长	比前一朝代增长
	一石合今量(市石)	一亩合今市亩	合计	南方	北方	合计	南方	北方	平均	其中南方水稻		
战国中晚期	0.2	0.328（百步之亩）	2.63			2.31			216		- 18.2	
秦汉	0.2	0.288（百步之亩）	2.82			2.82			264	250		- 2.84
东晋南朝	0.2	0.324（百步之亩）	2.74	2.74		2.74	2.74		257	263	- 2.84	+ 0.03

①梁方仲：《中国历代户口、田地、田赋统计》，上海人民出版社 1980 年版，第 380 页。
②请参阅吴慧《中国历代粮食亩产研究》（农业出版社 1985 年版）一书附录内容。

（续表）

朝代	量亩折合		平均亩产量（石/亩）			拆汉制（汉小石/汉小亩）			拆今制（市斤/市亩）		比汉时期增长	比前一朝代增长
北朝	0.4	0.473（百步之亩）	2.25		2.25	2.75			257.6		−2.84	+0.03
唐	0.6	0.226（百步之亩，一步改为六尺为五尺）	0.94			3.57			334	344	+26.6	+29.7
宋	0.66	0.9（二百四十步之亩）	3.07	3.75	1.88	3.3	4.03	2.01	309	387	+17.0	−7.5
元	0.95	0.9（二百四十步之亩）	2.38	2.66	1.88	3.61	4.03	2.85	338	387	+28.0	+9.5
明	1.02	0.9216（二百四十步之亩）	2.33	2.64	2.02	3.72	4.21	3.23	346	368	+31.9	+2.4
清前中叶	1.04	0.9216（二百四十步之亩）	2.45	2.80	2.05	3.95	4.52	3.22	367	374	+39.0	+6.1

明代亩产数字已按包括玉米、甘薯、双季稻的因素,粗略地进行了调整。宋元水稻亩产按一季晚稻,故较高;明清包括早稻平均计算,故略低,总的单产则要加上豆、麦等,这就高于宋元了。

表 3 – 10　从战国到清中叶的耕地状况比较

朝代	耕地面积（亿/市亩）	其中粮食面积（亿/市亩）	人口（亿人）	每人粮食面积（市亩/人）	粮食亩产（市斤/市亩）	每人占有原粮数	原粮出品率（%）	每人占有成粮（市斤）	每一劳动力的粮食生产率（市斤）	
									原粮	成品粮
战国中晚期	0.9	0.846	0.2	4.26	216	921	61.1	563	3318	2027

（续表）

朝代	耕地面积（亿/市亩）	其中粮食面积（亿/市亩）	人口（亿人）	每人粮食面积（市亩/人）	粮食亩产（市斤/市亩）	每人占有原粮数	原粮出品率（%）	每人占有成品粮（市斤）	每一劳动力的粮食生产率（市斤）	
									原粮	成品粮
西汉末	2.38	2.24	0.595	3.76	264	993	60.13	597	3578	2151
唐	2.11	1.99	0.529	3.76	334	1256	52.96	665	4524	2396
宋	4.15	3.90	1.04	3.75	309	1159	52.2	605	4175	2197
明	4.65	4.2	1.3	3.23	346	1118	56	626	4027	2255
清前中期	7.27	6.18	3.61	1.71	367	628	55.7	350	2262	1260

　　根据吴慧先生的研究，汉代粮食亩产已达到一定的水平，唐代封建经济继续发展，亩产有一次较大的发展，到元时差不多还是这个水平（宋时因北方的关系，全国平均亩产还是被拉了下来）。明和清前期稻田复种指数增加，玉米甘薯种植推广，亩产又有了一定的提高。可以说，汉、唐、明和清是三个上升的台阶。但也可以看出，从汉代到封建末期，两千年中粮食亩产只增长了近四成（清中叶比汉代增加39%），速度比较缓慢。究其原因，封建社会使用的始终是比较简陋的生产工具，生产技术没有根本性的改革，施肥、耕作方法前后基本相同，有些新的改进也很难大面积地推广。

　　人口的增长需要相应的粮食供给增加才能维持人口的正常生存，伴随着清初山东地区耕地的扩展，新作物的推广，粮食的供给也出现了一个增长的过程。所以，清初山东地区人均粮食占有量不但能够满足食用，而且还有较多剩余。乾隆时期，人口迅速增长，人均粮食占有量发生了大幅度下降，以乾隆十八年（1753年）为例，此时山东地区约有耕地99.35万亩，人口12.76万人，人均耕地7.78亩，人均成品粮占有量804斤，月均67斤，比康熙二十四年（1685年）每月少了27斤，如按每人月均需粮35斤的标准，此时山东地区粮食供给虽有大幅度下降，但食用仍绰绰有余。到嘉庆十七年（1812年），情况就大大不同了，同样按前述方法推算，此时山东地区每人年均粮食占有量353斤，月均29斤，比35斤少了6斤，粮食自给不足。同治三年（1873年）每人年均粮食占有量则下降为289

斤,月均24斤。

(三) 科学技术

山东是中国古代科学技术的发源地之一。原始社会末期和奴隶社会时期山东发现的陶器上有日、月、星等图案,显示出人们对天象的注意,而且人们对三角形、菱形、方形、矩形、圆形和多角等几何图案已经比较熟悉。但是,总的说来,五帝时乃至夏商周时期的山东科技尚处于萌芽状态。①

春秋战国时期,山东古代科技渐趋活跃,形成第一次科技高潮。《考工记》和《墨经》代表了当时山东地区的最高科技水平。《考工记》是我国最早的一部工艺著作,大约成书于春秋战国之际,是齐国人记录手工业技术的官书,作者不详。《考工记》详细记述了30种手工业生产的设计规范和制造工艺,从生产、运输工具,到兵器、乐器、容器、玉器,以及皮革、染色、建筑等等,包罗万象。它不仅全面反映了当时技术发展的卓越水平,而且堪称整个古代社会技术传统之滥觞。鲁班(今山东滕州人)和墨子(今山东滕州人)是山东乃至中华民族创新和科学精神的典范。鲁班“造云梯之械”、“作为钩拒之备”、“削竹木以为鹊,成而飞”,发明磨、刨、括、铲等工具,是手工、建筑、制造业的发明家,被后世称为“机械之圣”。墨子兼通工匠技巧,是著名的哲学理论家。他对世代相传、以鲁班为代表的工艺技巧,寻其缘故,知其然,知其所以然,从中概括出普遍规律,写成《墨经》。《墨经》记载了光学、力学和数学等方面的成就。其光学八条阐述了影、小孔成像、平面镜、凹面镜以及焦距和物体成像的关系,这些比古希腊亚里士多德的光学记载早百余年。在力学方面,对力、杠杆、滑轮、轮轴、斜面及物体沉浮、平衡、重心都有论述。此外,齐国天文学家甘德与石申共创“甘石学派”。稷下学派重要人物齐国思想家邹衍首创“大九州”学说和“阴阳五行”学说,医学家扁鹊(今山东长清人)最早倡导的“望、闻、问、切”四大诊法更是妇孺皆知。

秦汉时期,山东地区的科技有了新发展。农学家有氾胜之(今山东曹县人),医学家有最早发明诊籍即病历的仓公(今山东淄博人),算学家有徐岳(今山东龙口人)、刘洪(今山东蒙阴人)等杰出人物。

---

①马来平:《山东科技发展的三次高潮》,《春秋》2000年第3期。

《氾胜之书》代表了汉代山东地区的农业技术水平。《氾胜之书》说："凡耕之本,在于趣时,和土,务粪泽,早锄早获。""耕之本"即耕作的基本法则。"趣时",即不误农时,要求选择最佳的耕作时期,这个要求贯穿于耕作栽培的每个环节。《氾胜之书》列有 12 种作物的栽培技术。这 12 种作物中,粮食有黍、谷、宿麦(冬小麦)、旋麦(春小麦)、水稻、小豆、大豆,油料有苴麻和荏(油苏子),纤维有麻和桑树,蔬菜有瓜、瓠、芋等。每种作物都记载了具体的栽培方法,《氾胜之书》中最引人注目的是区种法和溲种法。区种法,又叫区田法,其基本原理就是"深挖作区",在区内集中使用人力物力,加强管理,合理密植,保证充分供应作物生长所必需的肥水条件,发挥作物最大的生产能力,提高单位面积产量,同时扩大耕地面积,把耕地扩展到不易开垦的山丘坡地。溲种法即将兽骨骨汁、缲蛹汁、蚕粪、兽粪、附子、水或雪汁,按一定比例,和成稠粥状,用以淘洗种子,经过淘洗的种子看上去像麦饭粒,然后再播种。《氾胜之书》不仅提出了耕作的总原理和具体的耕作技术,还列举了十几种作物具体的栽培方法,奠定了中国传统农学作物栽培总论和各论的基础,而且其写作体例也成了中国传统综合性农书的重要范本。

左伯(今山东莱州人)则在蔡伦的基础上改进了造纸术。我国造纸术始于东汉蔡伦,《后汉书·宦者列传·蔡伦》载："自古书契多编以竹简,其用缣帛者谓之为纸。缣贵而简重,并不便于人。伦乃造意,用树肤、麻头及敝布、渔网以为纸。元兴元年奏上之,帝善其能,自是莫不从用焉,故天下咸称'蔡侯纸'。"此后,纸普遍使用,造纸术也很快有了提高。不久,左伯在精研书法的实践中,感到蔡伦制造的纸(蔡侯纸)质量还应进一步提高,便与学者毛弘等人一起研究西汉以来的造纸技艺,总结蔡伦技艺的长处和不足,改进工艺,造出新纸。他以树皮、麻头、碎布、破渔网为原料采用新工艺造的纸,纤维细腻厚薄均匀,光亮整洁适于书写,深受文人墨客欢迎,被称为"左伯纸"。《后汉书补注续》云："汉人能为纸者,蔡伦之外,又有左伯。伯字子邑,东莱人。汉兴,用纸代简,至和帝时,蔡伦又为之,而子邑尤得其妙。故萧子良答王僧虔书云:子邑之纸,妍妙辉光。案韦诞亦谓:夫工欲善其事,必先利其器,若用张芝笔,左伯纸,及臣墨,兼此三具,又得臣手,然后可以逞径丈之势,方寸千言。其为时所贵重如此。"可见,左伯是继蔡伦之后高级纸的发明者。

徐岳则进一步发展了"乾象历"。汉灵帝时，著名天文学家刘洪按数术成算创造了"乾象历"，授予徐岳。徐岳潜心钻研晦、朔、弦、望、日月交食等历象端委，进一步完善了"乾象历"，后又把该历法传授给吴中书令阚泽，"乾象历"遂在吴国实行。他搜集我国先秦以来的大量数学资料，撰写出《数术记遗》、《算经要用》等具有历史意义的数学著作。在《数术记遗》中，徐岳在中国也是在世界历史上第一次记载了算盘的样式，并第一次为珠算定名。

魏晋时期，《齐民要术》和《九章算术注》代表了当时山东地区科学技术的最高水平。贾思勰（今山东寿光人）所著《齐民要术》是世界上现存最早的一部完整农书，全面总结了黄河中下游地区有关耕作、栽培、选种、饲养、兽医、蚕桑、农产品加工贮藏和野生植物的经济利用等方面的农业生产经验，并在许多方面有所创新和发展。

《齐民要术》主张集约经营，"凡人家营田，须量己力，宁可少好，不可多恶"。"多恶不如少善。"主要介绍了以下七种农业生产技术：(1)耕作技术。书中列举了形式多样的耕作方式，有深耕、浅耕、初耕、转耕、纵耕、横耕、顺耕、逆耕、春耕、夏耕、秋耕、冬耕等。(2)施肥技术。书中记载了使用绿肥的方法："凡美田之法，绿豆为上，小豆、胡麻次之；悉皆五六月中穰种，七八月犁掩杀之。为春谷田则亩收十石，其美与蚕矢熟粪同。"(3)农作物栽培技术。在选留作物良种方面，《齐民要术》记载了 97 个谷物的品种，其中黍 12 个、粱 4 个、秫 6 个、小麦 8 个、水稻 36 个(包括糯稻 11 个)。选种之后接着要播种，书中介绍了主要粮食及经济作物在具体情况下的播种比例。(4)果木栽培技术。(5)动物养殖技术。(6)农产品加工技术。(7)种桑养蚕技术。

贾思勰雕像(摄于济南泉城广场)

刘徽(今山东淄川人)所著《九章算术注》,在西汉《九章算术》的基础上,使中国古代数学理论体系得以完成。同时,刘徽创立了"割圆术",不仅出色地证明了《九章算术》所提出的圆面积公式,而且为计算圆周率建立了严密的理论和方法,奠定了我国圆周率计算领先世界千余年的基石。当代著名科学家吴文俊说:"从对数学贡献的角度来衡量,刘徽应该与欧几里得、阿基米德等相提并论。"此外,数学家张丘建(今山东临清人)有《张丘建算经》三卷传世。该书在最小公倍数概念的延展、等差数列理论和算法的完善以及不定方程问题求解三个方面,都达到了空前的高度。南朝天算家何承天(今山东郯城人)改革旧历法,撰定"元嘉历"。该历被列为创法十三家之列,为我国古代名历之一。医家王叔和(今山东邹县、微山县间人)所著《脉经》是中医史上的脉学奠基之作,张仲景的《伤寒杂病论》经王叔和编辑后得以流传。此外,还有建筑名家蒋少游(今山东寿光人),名医徐睿(今山东人)、王朴(今山东东平人)、李谦(今山东东阿人)等。

宋元时期,山东科技进入了第三次高潮。

金属冶炼技术。冶金技术方面,山东处于全国领先地位。《四库全书·萍洲可谈》载:"两川冶金,沿溪取沙,以木盘淘,得之甚微,且费力。登、莱金坑户止用大木,锯剖之,留刃痕。投沙其上,泛以水,沙去金著锯纹中,甚易得。"①山东登、莱冶金生产已普遍采用溜漕淘洗新工艺,这种新技术比之传统的木盘淘洗法具有省时、省力、效率高等特点,极大地促进了冶金技术的革新和黄金生产能力的提高。在此基础上,山东黄金制品加工水平明显提高,其镂金技术已达到相当高的水平。冶铁技术方面,冶铁业开始用煤炭作燃料冶铁。朱翌《猗觉寮杂记》载:"石炭自本朝河北、山东、陕西方出,遂及京师。"用煤炭取代木材用于冶铁及其他行业,可谓冶炼技术的重大革新。近年来,考古工作者分别在山东曲阜、嘉祥出土宋代铁犁铧、铁牛和铁猪,这些铁器做工精密,所铸铁牛、铁猪形象逼真,证明当时的冶炼技术水平比唐代大有提高。

农业技术。王祯(今山东东平人)所著《农书》系统总结了当时农业技术的主要成就。全书13万余字,主要内容分为《农桑通诀》、《百谷谱》和

①朱彧:《萍州可谈》卷二。

《农器图谱》三大部分。《农桑通诀》作为农业总论,体现了作者的农学思想体系。《百谷谱》11 集,为作物栽培各论,分述粮食作物、蔬菜、水果等的栽种技术。《农器图谱》20 集,占全书80%的篇幅,几乎包括了传统的所有农具和主要设施,堪称中国最早的图文并茂的农具史料。王祯把作物分为谷、瓜、果、竹、木、杂等 6 类,每项下面又分若干条,然后分门别类介绍了 80 多种粮食作物和经济作物的起源、品种和栽培方法。这种分类虽比较粗糙,但已具有农作物分类学雏形,比以前农书仅有各论而无明确分类要科学得多。此外,山东还有数位重要农学家,如邓御夫(今山东巨野人)著《农历》(120卷)、吴怿(今山东人)著《种艺必用》、张福(今山东人)著《种艺必用补遗》、苗好谦(今山东成武人)著《栽桑图说》等。

水利技术。李好文(今山东东明人)所著《长安志图》系统总结了当时的水利技术。该书根据河渠流量的实际情况,首次提出泾渠灌溉用水管理原则和分配原则。即以渠水所能灌田的多少为总数,分配每年参加维修渠道的丁夫户田。为做到分配合理,李好文还提出初步流量的概念,即"量初入水头,深广方一尺谓之一徼,假定渠道上广一丈四尺,下广一丈。上下相折则为一丈二尺,水深一丈,计积一百二十尺,为水一百二十徼,是水之至限也"。据此可知,"徼数"即过水断面面积,"徼"即计量单位,再与时间相联系,即为流量。[1] 李好文的水文流量理论和推算方法,在当时是最先进的。他为元代河渠治理和农田水利建设提供了科学依据,具有较高的实际应用价值,即便对于现在的水利建设,也具有一定的借鉴意义。

医学。宋元时期山东的医学成就也十分突出。如钱乙(今山东东平人),著有《小儿药证直诀》三卷、《伤寒论指微》五卷、《婴孺论》百篇等,被誉为中医儿科鼻祖。成无己(今山东荏平人)是第一位《伤寒论》注家,被誉为灵活运用辨证论治原则的楷模。

机械制造。燕肃(今山东青州人)长于机械制造,相继复制出指南车、记里鼓车,造出了精密计时器"莲花漏",著有《海潮图》《海潮论》,最先发现潮汐涨落与日月运行直接相关,等等。王祯所著《农书》也详尽介绍了当时和古代以及王祯自己创制的各种农具、农业机械、生活用具,共 257 件。

---

[1]韩儒林:《元朝史》(下册),人民出版社 1986 年版,第 380 页。

其中,《农书》附录中的"造活字印书法"是王祯把请工匠刻制的3万多个木活字以及自己发明的可减少排字工人的疲劳与提高效率的转轮排字盘,用来试印《旌德县志》成功的方法与经验的总结,是对印刷排字技术的一大贡献。

明清时代,山东科技继续发展。农学方面,汪灏(今山东临清人)奉康熙之命在明代著作《群芳谱》的基础上,增补删订,编成《广群芳谱》一百卷。这是一部包括五谷、桑麻、瓜果、蔬菜在内的植物学著作。清初大学士孙廷铨(今山东博山人)撰写的《颜山杂记》,以当时的颜神镇(即现在的博山)为对象对清初以前博山的琉璃生产作了科学总结。该书采用志书体例记述,两年写成,分四卷二册。王渔洋说:"(孙廷铨)撰《颜山杂记》四卷,极称简核。"从琉璃冶炼、制作工艺、产品特色,以及对地方经济发展的影响,书中都有系统而全面的叙述,《颜山杂记》是中国有史以来最早的一部琉璃专著。另外还有天算学家薛凤柞(今山东淄博人)、孔广森(今山东曲阜人)和医学家翟良(今山东淄博人)、黄元御(今山东昌邑人)、刘奎(今山东诸城人),以及地学家孔继涵(今山东曲阜人)、许鸿磐(今山东济宁人)等,对于中国传统科技进行了总结和发展。

三、土地赋税制度

土地是古代社会最重要的生产要素之一。土地制度是古代中国最重要的经济制度。国家的税收、百姓的生活等全部来源于土地上的农业生产。土地制度的内涵是土地所有制。土地所有制是一种财产形态,它意味着被占有的土地的经济价值能够得到实现。当土地的经济价值尚未被人们发现时,就不存在土地所有制。正是土地所有制的形式及其经营方式,决定了农业社会人们在生产中的相互关系,以及劳动产品的交换和分配关系。① 春秋战国时期,原先的宗族土地所有制逐渐转化为国家土地所有制和个人土地所有制,从而奠定了后世土地私有制的基础。与此同时,与土地制度极为密切的赋税制度也由徭役地租为主向实物地租为主转化。

---

① 林甘泉:《中国经济通史·秦汉经济卷》,中国社会科学出版社2007年版,第210页。

(一）战国时期山东的土地赋税制度

战国时期,齐、鲁等国的宗族土地所有制逐步向国家土地所有制转变,土地私有制也日益发展,并逐渐得到各诸侯国法律的认可和保护。在赋税制度方面,井田制下的徭役地租转化为国有制下的实物地租。

1. 土地制度

关于战国时期的土地制度变迁已有很多深入的研究。我们用利益集团理论重新解读此时的土地制度变迁。战国时期,各种利益集团的此消彼长,引起了土地制度的重大变迁。① 战国前后,以奴隶主贵族为代表的独占型利益集团日益衰落,以诸侯国为代表的创新型利益集团日益兴起,宗族土地所有制逐步向国家土地所有制转变,三代时的井田制度逐步瓦解。与此同时,土地的私有产权也产生发展,并逐渐得到诸侯国法律的认可和保护。齐国与鲁国作为山东境内最有影响的诸侯国,他们的土地制度在战国前后经历了这种变迁。

(1)西周贵族的没落与井田制的瓦解。西周时期,独占型利益集团主要是以王室和世卿世禄制下的奴隶制官僚组成的各级贵族,其赖以生存的基础是建立在宗族土地所有制之上的井田制。井田制是一种集土地使用、管理和赋税于一体的土地制度,其制度收益的主要内容是劳役地租。西周后期,旧的宗族土地所有制及井田制逐步瓦解,古代土地制度的变革进入僵滞阶段,并开始向创新阶段过渡,主要表现就是以奴隶主贵族为主体的独占型利益集团的既得利益开始减少,运行这种制度的成本也逐渐大于收益:

第一,不籍千亩。这是指份地上的劳动者开始大量逃亡,造成了严重的社会问题,并且直接影响了以奴隶主贵族为主体的独占型利益集团的劳役地租收益。西周末年的国人暴动沉重打击了奴隶制统治。《诗经·大雅·桑柔》这样描述当时的局势:"乱生不夷,靡国不泯。民靡有黎,具祸以烬。"周宣王继位后,社会危机并没有缓和,公社农民时有逃亡,他不得不废除了王畿的籍田制,这就是史书上所说的"宣王即位,不籍千亩",从而奏响了井田制度瓦解的序曲。

---

① 陈新岗:《周秦间土地制度变迁的动力机制和主要过程:一个基于利益集团理论的视角》,《齐鲁学刊》2009 年第 5 期。

第二,分田为县。采邑制度的破坏,集中表现为私田和郡县制的出现。《管子·问篇》云:"问执官都者,其位事几何年矣? 所辟草莱有益于家邑者几何矣?"采邑之外大量私田的出现,成为土地私有化过程的一个重要内容。

(2)诸侯国的兴起与土地国有制的建立。春秋战国时期,随着奴隶主贵族的日益衰微,作为创新型利益集团代表的诸侯国日益兴起。大多数诸侯国都站在以周天子为代表的西周王室的对立面,只有他们拥有推动制度变革的能力,于是诸侯国成为创新型利益集团,并担当起正式制度的专业供给者,从而使更深层次的制度变革具备了内部推动条件。于是,在内外部条件均已具备的情况下,制度变革从僵滞阶段进入了创新阶段。诸侯国的行为目标有两个:第一个就是界定形成产权结构的竞争与合作的基本规则,从而使统治者的租金最大化。由于前面所述的原因,宗族土地所有制显然已经不能满足统治者对租金的要求。而且,生产技术和商业技术的发展,降低了诸侯国进行制度创新的操作成本,使诸侯国建立更有控制力的基层管理机构从而控制大量的国有土地成为可能。比如管仲相齐时的"三其国而五其鄙"正是作为相地而衰征的配套措施而设立的。后来商鞅变法时的郡县制也为落实其农战思想提供了可靠的制度支撑。这样,经过反复的博弈使得不确定性逐渐减少,制度变革的交易费用也在不断地降低。最终新的土地制度取代了宗族土地所有制,国家土地所有制确立起来。诸侯国的第二个目标是在第一个目标的框架内降低交易费用以使产出最大化,从而实现国家税收的最大化。创新型利益集团毕竟属于少数人,只靠他们是无法将制度变革从创新阶段推向均衡阶段并最终完成制度变革的。所以他们必须将制度变革的收益分割,从而集聚更广泛的推动力量,形成分享型利益集团。在上述情况下,各国开始探索改变统治方式,推动制度变革的发展,并实现国家的第二个目标。

于是,随着国有土地的大量增加,授田制就开始在各个诸侯国之间实行起来。最先开始的是春秋时期作为对"井田制"的否定的授田制。而其中最典型的是晋国的"作爰田"。晋国"作爰田"的内容是:以易田之法,赏众以田。主要包括两个方面的内容:一是把原来由农民耕种的公田,赏赐给各级贵族和官吏;二是改变公社内部定期重新分配土地的制度,让农民可以永久占有自己的份地。从此之后,不论是百亩上田、二百亩中田还是三百亩下田的农民,都可以自行调整份地的耕种和休耕。这就是《汉书·食货志》所说的"三岁更耕之,自爰其处"。至战国时期,授田制又有了新的发展。其一,诸侯国授田的对象已经不是作为共同体成员的公社农民,而是一家一户的无地或少地的个体农民。《云梦秦简·魏户律》规定:"自今以来,假门逆旅,赘婿、后父,勿令为户,勿与田宇。"可见当时的授田是以户为单位的。其二,诸侯国分配给农民的土地,基本上是未垦的可耕地。授田的目的与其说是为了保证农民都有一块份地,不如说是为了增加赋税收入和招诱农民开垦荒地。《云梦秦简·田律》有"入顷刍藁,以其授田之数",可以从一个侧面说明当时诸侯国授田的目的。其三,诸侯国在向农民授田时,不仅没有打乱原来的土地占有关系,而且在授田之后,也可以向份地农民一样传给子孙后代。其四,由于诸侯国掌握的可耕地有限,并非所有的无地少地农民都可以从国家得到土地,这就促使了农民的迁徙。秦国在商鞅变法时曾实行的招徕六国流民的做法就体现了这一特点。其五,春秋以前的受田农民要为奴隶制国家和贵族耕种公田,战国时的受田农民则没有这种义务。他们更多的是带有国家佃农的性质,受赋税徭役剥削。

(3)大土地所有者的形成与土地私有化的趋势。随着授田制的实行,大土地私有者纷纷出现,他们是制度变革过程中的分享型利益集团,代表土地私有者的利益。同时,自耕农的小土地私有也开始形成并有所发展。作为分享型利益集团的主要代表,大土地私有者主要包括两个阶层。第一个阶层是军功地主,即通过军功赏田而形成的大土地所有者。军功赏田制度萌芽于春秋末年。《左传》哀公二年载,赵简子伐范氏、中行氏,誓师曰:"克敌者,上大夫受县,下大夫受郡,士田十万。"而《史记·赵世家》也记载,赵烈侯好音,曾赐歌者枪、石二人"田人万亩"。这些拥有大量赏田的军功地主,是战国时代主要的大土地所有者。第二个阶层是货殖地主,主要是指通过经营商业积累财富进而投资土地而形成的大土地所有者。关于战国时土地买卖的记载非常丰富。《韩非子·外储说左上》云:赵襄子因中牟令王登的推荐,"一日而见二中大夫,予之田宅,中牟之人弃其田耘,卖宅圃,而随文学者邑之半"。买卖宅圃,说明原授之宅地归私人所有了。《左传》襄公四年记载了晋国向戎狄购地的事:"戎狄荐居,贵货易土,土可贾焉。"范蠡也曾说过："阴且尽岁，亟卖六畜、货财，以益收五谷，以应阳之至也。阳且尽之岁，亟发籴，以收田宅、牛马，积敛货财，聚棺木，以应阴之至也。此皆十倍者也。"这说明当时确有商人资本流向土地的可能。

实施授田制的必然结果，就是以大土地所有为代表的土地私有制的迅速发展。因为授田制实际上是对国有土地的一次大规模的分配运动，在授田的同时，先以县为单位对土地进行统一的规划，进而将可耕地从国有土地中分化出来，授田则只实施于可耕地。授田的对象一般是个体农民和有功于国家的人。土地一经授予，则可以传袭子孙，以为世业，只有当无人继承时，才由国家收回。时间既久，便逐渐成为个人的私有。所以，授田制虽然是在国有土地上实施的，但其结果却是挖了自己的墙脚，使土地私有制逐步发展了起来。

2. 赋税制度

随着宗族土地所有制向土地国有制和土地私有制的转变，山东地区的赋税制度也发生了变化，井田制下的徭役地租转化为国有制下的实物地租。

（1）齐国的"相地而衰征"。即按照土地肥饶及产出多寡确定赋税轻重等级，这是我国古代财政税收制度上的一个重要变革。《管子·大匡》载："赋禄以粟，案田而税，二岁而税一；上年什取三，中年什取二，下年什取一；岁饥而不税，岁饥弛而税。"即平均税率为10%，对灾歉视情况而定减免。《国语·齐语》中记载，为了促进鱼盐业的发展，"通齐国之鱼盐于东莱，使关市讥而不征"，即鱼盐贸易只是稽查而不征收关税、市税。另据《管子》载，齐国有以"田亩籍"的田税、"邦布之籍"的户籍税、"征人籍"的人头税，还有"以室庑籍"的房产税和"以六畜籍"的动产税等各种税收。

（2）鲁国的"初税亩"。公元前594年，鲁宣公正式推翻过去按井田征收赋税的制度，改行"初税亩"，即不分公田、私田，凡占有土地者均须按亩交纳土地税。井田之外的私田，从此也开始纳税，这是历史上第一次承认私田的合法性。实行"初税亩"，标志着赋税制度从奴隶制向封建制的转化。

（二）秦汉时期山东的土地赋税制度

秦汉时期，山东地区的土地私有制日益发展，其中大地主土地所有制逐渐占据主导地位，从而成为封建经济制度确立的重要标志。在赋税制度方面,最重要的是人头税体系的建立与完善。

1. 土地制度

秦汉时期的土地所有制存在着三种基本形式:国家土地所有制、地主土地所有制和自耕农小土地所有制。

(1)国家土地所有制。秦代实行军功赏田制度,"赏爵一级,赏田一顷,盖宅九亩"①。与此同时,国家还继续推行授田制度。云梦睡虎地秦简《田律》规定:"入顷刍稿,顷入刍三石,上郡地恶,顷入刍二石,稿二石。"②实行军功赏田制的时间并不长,随着西汉王朝的建立,这一制度也就废弛了。至于授田制,东汉学者郑玄说:"汉无授田之法,富者贵美且多,贫者贱薄且少。"③说明秦亡汉兴之后,封建国家已不再普遍推行授田制。秦汉的国有土地主要有山林川泽、苑囿园地、牧苑、耕地和荒地。秦汉时期虽然存在着大量的国有土地,但是在所有制结构中,起主导作用的不是土地国有制而是土地私有制。林甘泉先生认为原因有二:一是大部分国有土地尚未开发,它们在国家经济生活中的地位和作用远远不如已经开发的垦田。而且就垦田而言,私有土地数量已大大超过国有土地。二是春秋战国以来土地私有化的历史过程已不可逆转,国家土地以各种合法和非法的方式转化为私有土地,这是土地关系发展的主要趋势。④

(2)地主土地所有制。进入两汉时代以后,土地买卖与土地兼并现象逐渐增加,土地私有化形成趋势。贵族官僚的土地除来自皇帝的赏赐外,另一种重要途径就是兼并民田。山东地区的豪强地主萌发于秦汉之际,在西汉得到长足的发展,到东汉已成为决定山东地区政治经济状况的重要势力。汉初在山东分封的齐国、淄川国、济南国、胶东国、胶西国、城阳国、东平国、鲁国等诸侯都占有大量土地,有的占田数百数千顷。东汉居于山东的诸侯王济南安王刘康,"多殖财货,大修宫室,奴婢至千四百人,厩马千二百匹,私田八百顷"⑤。另外,还有工商业地主,他们是指经营手工业、商业和高利贷起家的封建地主。他们以工商业致富,却又把所得财富用于购买土地,所

①《商君书·境内》。
②睡虎地秦墓竹简整理小组:《睡虎地秦墓竹简》,文物出版社 1987 年版,第 27—28 页。
③《周礼·地官·载师》贾公彦疏引。
④林甘泉:《中国经济通史·秦汉卷》,中国社会科学出版社 2007 年版,第 212—213 页。
⑤《后汉书·光武十王传》。

谓"以末致财,用本守之"。山东境内这类地主有鲁人曹邴氏、齐国田氏后裔、鲁人咸阳等,既是富商大贾,也是豪强地主。现代考古挖掘汉墓屡得"买地券"的明器出土。"买地券"在安葬死者时附于墓中,可见土地私有之深入人心。

（3）自耕农小土地所有制。自耕农一般拥有少量土地,自给自足,勉强维持生活。晁错说:"今农夫五口之家,其服役者不下二人,其能耕者不过百亩。百亩之收,不过百石。春耕夏耘,秋获冬藏。伐薪樵,治官府,给徭役。春不得避风尘,夏不得避暑热,秋不得避阴雨,冬不得避寒冻。四时之间,无日休息。"[1]有百亩土地的自耕农,其生计尚且如此艰难,土地不足百亩者,就可想而知了。为了弥补用度的不足,他们不得不从事一些副业和家庭手工业增加收入。有的则利用农闲外出谋生。外出谋生主要是从事各种各样的雇佣劳动,如阳城人陈涉,"少时常与人拥耕"[2],千乘人倪宽,"贫无资用",只好给地主当雇工[3],东海人匡衡"家贫,佣作以供资用"[4]。他们如果失去土地,就会租佃国家或地主的土地,成为国家佃农或私家佃农。

2. 赋税制度

秦汉时期山东的赋税有田赋和人头税。

（1）田赋。公元前216年,秦始皇令"黔首自实田",对官有土地收租,对私有土地征税,税率为土地收入的2/3左右。秦二世时,田赋更重,"收泰半之赋"。汉代田租较轻,税率开始为1/15,后为1/30。田租征收谷物,东汉曾征收过布帛和钱。均输平准政策实施后,山东漕粟一岁增至六百万石。秦汉时期,均有田亩附加税刍稿税,即秸秆、饲料等物资的征收。其税制为,秦朝时每顷田地纳刍三石和稿二石,汉代时税率为每亩加税十钱,后代田赋中马草一项,即稿税制度的延续。

（2）人头税。汉代,有口赋、算赋、更赋、献费等类人头税征收,负担沉重。其中:口赋,是对儿童征收的一种人头税。汉初规定3—14岁的未成年人每人每年纳20钱,武帝时又加3钱,元帝时改为7岁起征,但每人每年仍

①《汉书·食货志》。
②《史记·陈涉世家》。
③《汉书·倪宽传》。
④《汉书·匡衡传》。

需交纳 23 钱。算赋,是对成年人征收的人头税。高祖四年"初为算赋",算赋的课税对象是 15—56 岁的成人,税率初为每人每年一算 120 钱,贾人、奴婢倍算,即 240 钱。惠帝六年,为奖励生育,提倡女子早婚,规定对 15—30 岁的未嫁女子课以 5 算。文帝时,人口增加,算赋收入随之增加,随即把一算改为 40 钱,武帝时改为 80 钱。更赋,是对应服役而不服者征收的一种代役税。汉代徭役有三种:第一,正卒:23—56 岁,均每年服役一月;第二,更卒:25 岁以上的男子,每年为郡县服役一个月;第三,戍卒:23 岁以上的男子,每年戍边服役三天。正卒和更卒可纳钱代役。对不服正卒的,征收 2000 钱;不参加戍边的,征收 300 钱,形成一笔徭役基金。

(三)魏晋南北朝时期山东的土地赋税制度

魏晋南北朝时期,山东地区的土地私有制继续发展,对国有土地采取了屯田制、占田制、均田制等形式。[①] 赋税制度方面,主要是租调制的采用与完善。

1. 土地制度

(1)屯田制。屯田制是曹魏时期在国有土地上实行的一种土地制度。赵凯球、马新两位先生认为,屯田虽不始于山东,但山东属于较早实行屯田的地区则是肯定的。当曹操在建安二年(197 年)下令"州郡例置田官",把屯田推广到各地的时候,他所控制的地区,主要是兖、豫二州。兖州即今山东中西部、西南部,因此,这个地区无疑是推广屯田的主要地区之一。按照曹魏政府的规定,民屯的生产者称为屯田客,他们多是政府招募和强迫迁移来的流民。按照军事编制组成屯,民屯的基本单位是以五十人为一屯,屯田事宜主要由各郡国典农官主持。大的郡国设典农中郎将,小郡设典农校尉。典农官独立于郡县之外,是专为供应军粮而设的机构。曹魏向屯田民征收租税的办法,是枣祗倡导的"分田之术",即官府提供土地,收获的谷物按比例分成。用官牛者,官六私四;不用官牛者,官私对分。在民屯土地上的生产者,还有一部分是士兵家属,即兵户或称"士家"。曹魏有聚留士兵家属作"质任"的制度,当时像巨野大族李典,为了表示忠心,"徙部曲宗族万三

---

①赵凯球、马新:《山东通史·魏晋南北朝卷》,山东人民出版社 1994 年版,第 154 页。

千馀口居邺",曹操嘉之,迁破虏将军。泰山豪强臧霸等也都把宗族部曲迁居邺城,这些迁居邺城的部曲中,相对部分转化为士兵,其家属即称为士家。除民屯外,曹魏政权还实行过军屯。军屯主要在曹魏境内军队驻屯地区,特别是和吴、蜀接近的地区。山东地区亦曾实行军屯,据《三国志·胡质传》记载:胡质"迁征东将军,假节都督青、徐诸军事。广农积谷,有兼年之储,置东征台,且佃且守"。屯田制的推行,使大批脱离了土地的农民重新和土地结合起来,能够比较正常地进行生产,农民的生产积极性也有所提高,因而对农业生产的恢复和发展起到积极作用。曹魏后期,屯田的剥削越来越严重,民屯制度被正式废除。

(2)占田制。公元264年,魏元帝下诏罢屯田官,将典农官分别改为太守、令长。次年,晋武帝又重申前令,民屯制度正式废除。民屯废止以后,贵族、官僚争相侵占田地,隐匿户口。原来的屯田客或投依豪门,或游食商贩,加上服役为兵者,有一半人不从事农业生产。因此,农业荒废,国库空虚,百姓穷困。针对这种情况,灭吴以后,西晋采取了两项重大措施,罢州郡兵以归农,颁布占田制。占田制规定:凡是丁男(男、女16岁以上至60岁为正丁)立户的,每年交纳户调绢三匹、绵三斤;丁女及次丁男(男女15岁以下至13岁,61岁以上至65岁为次丁)立户的,纳半数。丁男一人有权占田70亩,丁女30亩。其中,丁男50亩、丁女20亩要向政府缴纳租税,称为课田。每亩交租谷8升,不管实际是否占足限额之田,均需按此定额缴纳。此外,还规定了士族官僚享有的占田、荫客和荫亲属的特权,一品官有权占田50顷,以下每品递减5顷,至九品占田10顷。贵族官僚还可以荫亲属,多者九族,少者三族。从一品官到九品官还可以荫佃客15户到1户,荫衣食客3人到1人。占田制下农民的负担与屯田制相比,有所减轻,并解除了屯田制下军事编制的强制形式,因此有助于提高农民的生产积极性,刺激农业生产的发展。但西晋的占田制只是规定了农民占有土地的最高数量,而多数农民的占田数量却远远达不到占田制的规定,但课田之数却不能因此递减,故农民的赋税负担还是十分沉重的。

(3)均田制。均田制是北魏政府开始实行的一种土地制度,一直沿用到唐前期。北魏统治山东地区之时,大量农民被士族庄园所隐匿,成为地主庄园的依附人口。为了把隐户争取到国家手中,太和九年(485年),北魏政府颁布了均田令,开始实行均田制。按规定,男子 15 岁以上授露田 40 亩,妇人 20 亩。在实行二圃制或三圃制轮作的地区,则加倍或加两倍授给。不准买卖,老死还田。蚕桑之乡,男子给桑田 20 亩,须按规定种植桑、榆、枣树,作为世业可以卖有余买不足。山东地区属于桑蚕之乡,一般按上述规定授田。均田制的实施,解放了一大批劳动力,把游离的劳动人手重新和土地结合起来。由于荫庇的户口逐渐减少,政府编户齐民的数字就大大增加,垦田面积也显著增多,山东的农业生产因而有了较大的发展。北魏后期,山东居民户籍猛增,这与均田制使得大批隐户在法律上获得承认不无关系。北齐建立后,在河清三年(564 年)再次颁布均田令,规定内容和北魏稍有差异:男子授露田 80 亩,妇人 40 亩,不再给倍田。丁男给 20 亩桑田,为永业田,非桑区给麻田亦为永业田。北齐后期,均田制再次遭到破坏。

2. 赋税制度

租调制是曹操进驻冀州后开始实行的一种赋税制度,为两晋南北朝时期所沿用,到隋唐时期,又发展为租庸调制度。曹魏政府对自耕农征收户调,始见于建安五年(200 年),"时操制新科,下州郡,颇增严峻,而调绵绢方急"①。山东在曹魏统治区,属于最早推行租调制的地区之一。

建安五年长广(今治山东莱阳东)太守何夔,曾以"疆域初定,加以饥馑"为由要求暂不按照统一规定征收户调,"此郡宜依远域新邦之典,其民间小事,使长吏临时随宜,上不背正法,下以顺百姓之心。比及三年,民安其业,然后齐之以法,则无所不至矣"②。这一要求得到了曹操的批准。曹操平定河北后,在建安九年(204 年)正式下达著名的田租户调令。次年,曹操完全占领青州,统一了山东,这样租调制就推行到了山东全境。户调征收先按财产多少定出户等,共分九等,然后按户等高低分摊数量不等的绢、绵,原则上富者多纳,贫者少纳,平均起来每户纳绢两匹,绵两斤。两晋南北朝时期都沿用租调制,但也有一些变化:如西晋占田制下为亩租 8 升,户调绢 3 匹,绵 3 斤,北魏均田制下为帛 1 匹,粟 2 石。征收方法梁、陈时户调变为丁调,按丁征调,自然改变了两晋时期按资产定户等,再按户等高低分派的"九品相通"之法。北魏实行均田制后,改为以授田丁口、奴婢、耕牛的数量

①《资治通鉴》卷六十五。
②《三国志·何夔传》。

来计算租调,不再实行"九品混通"。北齐时又有新变化。大致说来,北朝后期剥削量较前期加重。

(四)隋唐时期山东的土地赋税制度

隋唐时期,山东地区的均田制遭到严重破坏,土地买卖日益频繁,土地私有制逐渐占据主导地位。在赋税制度方面,租调制被租庸调制所取代,再被两税法所取代,同时工商税收迅速增加。

1. 土地制度

隋唐时期,均田制继续在山东地区实施。据《隋书·食货志》记载,均田办法为:"其丁男、中男永业露田,皆遵后齐之制,并课树以桑榆及枣。其园宅率三口给一亩,奴婢则五口给一亩。"具体分配数量为:一夫受露田八十亩,妇人四十亩;另外丁男受永业桑田或麻田二十亩,合计一夫一妇共可受田一百四十亩。"露田","不栽树者为露田",死后还官,"在还受之限"。桑田和麻田为永业,允许农家世代传袭拥有。

唐代在隋代的基础上,明确取消了奴婢、妇人及耕牛受田,土地买卖限制放宽,内容更为详备。唐代均田制与之前北朝、隋代的均田制一个巨大的差异就是:北朝、隋代以户(一夫一妻)为单位授田收税,而唐则以男丁为单位。《唐六典》卷三《户部尚书》记载:"凡天下之田,五尺为步,二百有四十步为亩,亩百为顷,度其肥瘠宽狭,以居其人。凡给田之制有差:丁男中男以一顷,老男笃疾废疾以四十亩,寡妻妾以三十亩,若为户者则减丁之半。凡田分为二等,一曰永业,一曰口分。丁之田二为永业,八为口分。"考虑到人口与土地比例并不均匀,所以朝廷又规定:"凡给口分田皆从便近,居城之人本县无田者,则隔县给受。"此外,官吏按品级不同,从160顷至1顷授田数额不等。唐代的口分田,亦即北朝齐、隋的露田,必须按丁、中和老进行授田。农民的口分田只有使用权,没有占有权。永业田归农民所有,既可传与子孙,又可以买卖。

山东地区自北朝而来的世家大族士族豪强势力比较强盛,一直把持着众多的土地,封建国家掌握的官田荒地较少,也就影响了土地的分配。再者,山东私人田产的存在,也对均田制的广泛实施造成了障碍。所以,山东在实际授田之时,广大自耕农民并没有分到法律上所规定的口分田和永业田。唐高宗咸亨年间,齐州人员半千曾上书朝廷说:"臣家赀不满千钱,有田三十亩,粟五十石。"不管怎样,唐代前期,山东农业区的均田使得部分土地分到自耕农手中,小农经济在此基础上得以发展起来。[1]

唐后期为解决军粮问题,山东地区的沧、德、青等州先后实行过屯田。唐文宗太和四年(830年)任殷侑为沧齐德观察使,他与士卒同甘苦,进行屯田,两年后,三万大军所需物资全部实现自给。

2. 赋税制度

隋唐时期,赋税制度发生了重大变化,由租调制到租庸调制再到两税法。赋税项目主要包括正税、盐铁税和其他杂税。

(1)正税。山东地区作为隋唐政权的直接统辖区,隋代的正税为租调制,唐代前期的正税为租庸调制。其中,每丁每年缴纳"租"粟二石,"调"随乡土所产,每年缴纳绢(或绫、绝)二丈、绵三两,或布二丈五尺,麻三斤。此外,每丁每年必须服徭役二十日,有闰月加二日;如果不服徭役则可以纳绢或布替代,每天折合绢三尺或布三尺七寸五分,叫做"庸"。若国家有事需增加服役者,凡加役15天,免调,加役30天则租调俱免;每年的额外加役,连同正役,不准超过50天。租庸调法还规定出依照灾情轻重,减收或免收租庸调的具体办法。当时农民除按规定纳足税额外,还要将自家所纳税输送到政府所指定的地点。山东地区送交中央的部分主要是输送到洛阳附近黄河沿岸的含嘉、成回、太原等仓,然后由政府负担转运至京城所在地的关中一带。《隋书·地理志》云"济北郡卢县有成回仓",卢县在今山东茌平县西南五十里,成回仓是黄河运道上的一个粮仓。洛阳含嘉仓始建于隋大业元年,是用做盛纳京都以东州县所交租米之皇家粮仓,隋末唐初开始使用,唐前期则规定东都洛阳以东的租米都先集中在含嘉仓,由含嘉仓再陆运至陕州,循河、渭入长安[2]。有时朝廷为减轻百姓运输负担,或因关中所输粮食已足,下令折租为绢,或输送本州。如开元二十五年四月朝廷下诏:河南、河北不通舟楫之处,可折租为绢,以代关中调课。此年九月又下诏说:河南、河北应送含嘉、太原等仓租米,宜折粟留纳本州[3]。

①陈冬生、王赛时:《山东经济史·古代卷》,济南出版社1998年版,第276页。
②《唐六典》卷三。
③高凤林:《山东通史·隋唐五代卷》,山东人民出版社1994年版,第178—181页。

安史之乱以后,均田制遭到破坏,租庸调制也无法施行,赋税制度的改革势在必行。唐德宗建中元年(780年),宰相杨炎制定实施"两税法"。两税法的主要原则是按贫富等级征财产税及土地税。具体办法是:将建中以前的正税、杂税及杂徭合并为一个总额,即所谓"两税元额"。将这个元额摊派到每户,分别按垦田面积和户等高下摊分。以后各州、县的元额都不准减少。每年分夏、秋两次征收,因此被称为两税。无固定居处的商人,所在州县依照其收入的1/30征税。租、庸、杂徭悉省,但丁额不废。"凡百役之费,一钱之敛,先度其数而赋于人,量出以制入。户无主客,以现居为薄,人无丁中,以贫富为差。不居而行商者,在所郡县,三十之一。"①两税法将租庸调和户税、地税及各项杂税合并,统一征税,且以户税、地税为基础,户税以资产分等第,没有要课户和不课户的区别。户税征钱,地税征收谷粟。征税税率,不分主户客户,一律以现在定居为依据,缴纳"居人之税"。对于两税法,后人评论不一,如杜佑、马端临等人持肯定意见,陆贽、王夫之等人持反对意见。

唐代政府颁布实施两税法时,山东黄河以北地区为河北三镇中的卢龙、魏博节度使占据,黄河以南地区12州主要属淄青平卢节度使李正己,并未实行两税法,50年间,他们自定赋额,所得收入归自己留用,不上交朝廷。宪宗元和十四年(819年),唐代中央政府平定淄青镇后,山东地区始行两税法。两税法在山东地区的实施原则是:一为命令州刺使"审量物力",根据百姓土地财产的多少制定户等;二为各州"约旧配额""比类邻州征税轻重",决定本州两税的定额;三为两税包括按资产征收的"钱物"与按亩征收的"斛斗"粮食两项;四为两税的处理分"送上都"、"留州"、"留使(节度使)"三项。但是,由于唐政府的腐败及战争延绵不断,这些规定并未实现,因此此后唐政府仍不得不对山东地区的两税制度加以整顿。如文宗太和五年(831年)十一月,唐政府下诏说:"郓、曹、濮、淄、青、登、齐、莱、兖、海、沂、密等十二州,自顷年收复已来,属中外多故,征赋轻重,或未均平。今三道(唐政府平定淄青镇后,将其所属以上十二州划为淄青、天平、泰宁三道)……须于此时,立一经制,宜令谏议大夫王彦威,充勘定两税使,仍与令

①《资治通鉴》卷二二六。

狐楚等审商量,其两税、榷酒及征物匹数,虚实估价,并留州、留使、上供等钱物、斛斗等,比类诸道,一一开项分折,平均摊配,立一定额,使人知常数,不可加减,回日具件闻奏。"①此次整顿有一定效果。五代时期,山东地区仍实行两税法。

隋唐时期山东地区是全国重要的税粮区。天宝八年(749 年)全国共有各色米粮(包括和籴、诸色仓粮、正仓粮、义仓粮、常平仓粮)9606.222 万石,而山东地区所在的河南道仓粮居全国第一位,河北道居全国第二位,两道共有粮 4350 多万石,占全国总数的 45% 强。此年正仓粮总数为 4212.6184 万石,其中河南道为 582.5414 万石,居全国第一位。义仓粮总数为 6317.766 万石,其中河南道为 1542.9763 万石,为全国第二位。常平仓粮总数为 460.222 万石,其中河南道为 121.2464 万石,居全国第二位。② 此外,除正常的税粮外,唐代政府还经常从山东调运大量粮食供应京城与战争需要,甚至有时因京师贮粮过多导致山东粮食"留纳本州"的情况。如隋文帝时期,"诸州调物,每岁河南自潼关,河北自蒲坂,达于京师,相属于路,昼夜不绝者数月"。由于京师贮藏粮食已多,山东、河北等道供应又多,于是文帝于开皇十二年(592 年)下诏:"河北、河东今年田租,三分减一。"唐开元年间,裴耀卿为江淮都转运使,"益漕晋、绛、魏、濮、邢、贝、济、博之租输诸仓,转而入渭,凡三岁,漕七百万石"。韦坚于"关中漕渠,凿广运潭以挽山东之粟,岁四百万石"。由于开元年间河南、河北两道供应外地粮食已多,因此开元二十五年(737 年)唐玄宗下诏:"今年河南、河北应送含嘉、太原等仓租米,宜折粟留纳本州。"

(2)盐铁税。隋代与唐初,政府放任民众晒盐与煮盐,不收盐税。安史之乱后,唐代财政非常困乏,唐肃宗任第五琦为度支使。第五琦作榷盐法,凡产盐地方,都设盐院,亭户(制盐户)生产出来的盐,统归官卖,严禁私盐,从此盐税成为政府的一项重要收入。元和十四年(819 年)平定淄青镇后,将其所管十二州分为泰宁、淄青平卢、天平三节度使,各置"榷盐院",由此盐利尽归朝廷。山东盐务又一次被纳入唐王朝的统一管理之下。后为了解决三镇给养问题,至长庆二年(822 年)五月,唐代中央政府又下令撤销由榷

①《册府元龟》卷四八八,《邦计部》,《赋税二》。
②高凤林:《山东通史·隋唐五代卷》,山东人民出版社 1994 年版,第 165 页。

盐院榷盐的制度,而将盐利仍交三镇。五代时期,各割据政权在山东地区实行榷盐制度,但制度十分混乱,往往税外加税,且负担不均。如后周时实行按秋苗亩数配给百姓蚕盐(因二月育蚕时配盐,六月新丝上市时收钱或绢,故称蚕盐)的制度,齐州每配盐 1 石征钱 3000 文,而沧、棣、滨、淄、青 5 州每配盐 1 石征绢 1 匹,1 匹绢的价格远远低于 3000 文。因此世宗显德三年(956 年)十月下令:齐州蚕盐价钱减放一半,即每石征 1500 文;沧、棣、滨、淄、青五州蚕盐价钱增加 1 倍,即每石征绢 2 匹。由此例更可看出当时盐价之高,盐税之重。

唐代于开元年间开始征铁税,安史之乱后实行专卖。但在山东地区,也同盐税一样,利归藩镇。至李师道时,淄青镇每年矿冶之利百余万贯。"兖、郓、淄、青、濮州界,旧有铜铁冶,每年额利百余万"①,淄青镇被平定后,利归朝廷,但州府军镇仍私自开矿冶炼。"三道十二州皆有铜铁官,岁取冶赋百万,观察使擅有之,不入公上。"②文宗太和五年(831 年),盐铁使王涯奏请将兖、郓、淄青三道私占矿冶勒还朝廷,并请求免除采炼人户杂差役,朝廷从其请。但所谓勒还朝廷,是向朝廷纳税,朝廷与三镇分享其利。五代时,各割据政权为获取厚利,在大部分时间内实行矿冶榷管制度;有时允许百姓自采、自炼、自铸、自卖,而课以重税。

(3)其他杂税。附加税指附加于租庸调、地税、户税上的税收,有脚钱、营窖、税草、加耗、裹束等,在唐前期均形成固定税制,但不是主要税种。脚钱(亦称租庸脚直)是各州租庸调和地税送纳配所以及运至两京所需加纳的运输费,"凡天下舟车,水陆载运,皆具为脚直。轻重贵贱,平易险涩而为之制。河南、河北、河东、关内等四道诸州,运租庸杂物等脚,每驮一百斤一百里一百文"③。营窖税是为了营建仓廪和保存粮食而附加于丁租、地税之上的附加税,规定征藁、橛、籧篨、苫等实物。税草是地税的附加税,始征于太宗贞观年间,同地税一样按照青苗簿每年征收,百姓均田、寺田、观田均需交纳。加耗是丁租、地税的附加税,根据谷物损耗率征收。裹束是附加于庸调的包装费。征收这些附加税,实际是征收租庸调、地税、户税的运输、保

①《旧唐书·王涯传》。
②《新唐书·王涯传》。
③《大唐六典·度支》。

管、损耗费用,使得租庸调、地税、户税成为国家财政的净收入。① 实行两税法以后,百姓本该解除一切劳役,但事实上根本做不到。封建国家很快就发现两税收入既不能满足日益膨胀的支出需求,国家又拿不出足够的钱雇用足够多的服役者。于是,安史之乱后,地方政府大肆征税,苛捐杂税名目繁杂,多如牛毛。建中三年(782 年),户部侍郎赵赞于诸道水陆要冲之地征收商税,"每贯税二十文,竹、木、茶、漆皆什税一","以充盈国库,赡济军资"。名目繁多的杂税在五代时期更为常见。见于记载出现在山东地区的,主要有淄、青、登、莱等州征收的秆草、蒿草、柴炭(于苗亩上配纳)、麦面(于夏苗上配纳)、药材(石炭、红花、紫草、唊马药等),车脚钱(于苗亩上配纳)、食盐脚钱等;郓州征收各种商税,除一般商品的交易要纳税外,丝、麻、鞋等的买卖也要收税。为了收税,政府在这里设有商税院;在魏州征收绿豆税,仅同光三年(925 年)下令减免者,即每亩 3 升,可见此税很重。此外,各州都要交纳的杂税有酒曲税、牛皮税等。酒曲税,通常以专卖形式征收,有时也允许百姓自造曲,而按苗亩交钱,如后唐天成三年(928 年)下令:秋苗每亩纳曲钱 5 文。牛皮税,因牛皮是制造衣甲不可缺少的材料,五代各朝都严禁人民私自买卖牛皮,起初,农民的耕牛死后,皮要交给官府,官府支付很少的钱。后唐明宗时,收牛皮不给钱,之后,无论有牛无牛,都要强收牛皮税。因负担较重,后周广顺二年(952 年)下令减收 2/3,其余 1 分按苗亩配纳,每夏秋苗 10 顷纳连角牛皮 1 张,从此牛皮税成为田赋附加税。

(五) 宋金时期山东的土地赋税制度

宋金时期,山东地区的土地私有制占据了主导地位。在赋税制度方面,山东地区主要推行两税法,但田赋不断增加,徭役也呈上升趋势。

1. 土地制度

北宋时期,山东地区的土地分为官田和私田两种。官田主要包括屯田、营田、逃田、马监牧地、庙田、职田、学田等。北宋屯田、营田的界限已经模糊,有时屯田役使百姓,有时营田中又有军兵。有时名为屯田、营田,实际上却是将土地出租于民。庙田是寺庙庵观占有的土地,主要由封建政府拨给。

---

①刘玉峰:《唐代税收体系和税收结构的发展变化》,《思想战线》2003 年第 3 期。

例如兖州会真宫由朝廷拨荒地作为庙田,募民耕种;齐州兴建德禅院,朝廷赐淤田 30 顷。职田不属官吏私人所有,只以收获物或部分收获物充作俸禄的一部分,官吏离任时要把职田移交给下一任。这种土地严禁买卖,也不得换易。学田开始于真宗时,兖州知府孔勖请求"建立学舍以延生徒,至数百人,臣虽以俸钱赡之,然常不给。自臣去郡,恐渐废散,乞给田十顷为学粮"[①]。自此有了"学田"。学田为官府所拨,学校只有占有权和使用权,不可买卖转让。宋哲宗元祐元年(1086 年)"拨近尼山田二十顷",以所拨尼山学田收入"充庙学生员供膳"。由于有学田作为学校的物质保证,宋代山东儒学迅速发展起来。

私田主要由大地主土地所有制和自耕农、半自耕农土地所有制两部分组成。由于宋代"不立田制","不务科敛,不抑兼并",包括赵宋开国皇帝宋太祖即说"富室连我阡陌,为国守财"。在前代名声很不好的"兼并"之于宋代,已经属于"合法"。清初顾炎武说:前代称之为"豪民"或"兼并之徒"者,"宋以下,则公然号为田主矣"[②]。由被指称"兼并之徒"到公然誉为"田主",变化可谓昭然。地权转移加速,私田数量大大超过官田,从宋真宗到神宗时期,山东地区新开垦土地达 30 万顷,其中私田 29 万顷。神宗熙宁七年(1074 年),全国垦田 445 万余顷,而当时共有各种官田 44.7 万余顷,仅占 1/10,到王安石变法,因推行出卖官田政策,官田所占比例降到 1/75。据梁方仲推算,神宗元丰年间(1078—1085 年),京东路(大致相当于今山东地区)共有垦田面积约 2671.93 万亩,其中公田约 89.09 万亩,民田约 2582.85 万亩,私田约占山东全部耕地面积的 96.67%。[③] 山东地区私田所占比例明显高于全国平均数,这些数字从一个侧面反映了山东地区大地主土地所有制的盛行和土地高度集中的趋势。在拥有私田的户主中,山东地区高官豪族地主和大商人高利贷者的人数少,却占有全部耕地面积的 50% 左右。如青州麻氏,发家于五代时期,到宋太宗时已经是良田万顷,宋真宗景德年间,宋辽之间处于战争的紧张局面,麻氏家族便率众千余人据堡自守,可见其势力之雄厚。自耕农和半自耕农约占山东耕地总数的 30%,中小地主、商人

---

① 《续资治通鉴》卷三十五。
② 《日知录·宋世风俗》。
③ 梁方仲:《中国历代户口、田地、田赋统计》,上海人民出版社 1980 年版,第 290 页。

大致拥有山东全部耕地面积的 20% 左右。

在土地兼并的浪潮下,宋代有大量无地农户需要租种土地以营生,租佃经营在宋代十分普遍。宋朝户口制度中有主户、客户之分,主户是拥有土地、住宅等不动产的家庭,客户一般是失去土地,以租佃土地生存,不需要交纳赋税的佃农。山东地区客户佃农约占总人口的 46%,其中郓州、淄州、棣州、密州、齐州、莱州客户均约占本州总户数的一半以上。① 当时全国客户约为总户数的 42%,山东地区客户所占比例略高于全国客户平均数。

金代山东地区土地兼并风气之盛,农民破产数量之多,比宋代有过之而无不及。女真奴隶主贵族入主中原后,便将大批猛安谋克户迁入山东、河北等地,专设屯田军村寨,与当地汉人杂居,政府计其户口,赐予官田。这些猛安谋克贵族通过国家赏赐、括田、刷田、搜检荒田、强占等手段,肆意兼并汉族农民土地。② 金世宗时期,遣同知中都路转运使张九思为刮地官,在山东、河北等地主持刮地。这次刮地把女真故太保阿里占夺的山东路官田百四十顷拘之入官。同时,被搜括民田多达 30 余万顷。章宗时,山东等地又有 30 余万顷民田被括充官田。至宣宗贞祐年间,山东的肥沃田地几乎尽为猛安谋克屯田军和豪род)所占有。所谓刮地,实际成了金朝在山东地区的一次次土地兼并高潮。大量自耕农和半自耕农纷纷破产,沦为女真贵族或汉族大地主的佃户,有些则成为流民。

2. 赋税制度

宋金时期,山东地区的赋税制度主要推行两税法,山东属于全国赋税负担较重的地区之一,主要赋税项目包括田赋、杂税、徭役等。

(1)田赋。宋代山东地区的田赋制度按田亩多少缴纳,政府根据主户土地数量多少和好坏分别在夏秋两季征收。田赋的征收标准,大致为中田亩收一石,输官一斗。这些赋税规定主要是向主户征收,但在实际征收过程中,有些主户凭借官僚豪势,多隐匿土地不纳或少纳田赋。山东地区不少州县的地主把土地与人丁分散为许多户头,以减轻赋税数额。有些地主为逃避赋税,还把土地假称献纳给僧寺、道观逃税漏税。仁宗时蔡挺均博平、聊城两县税,财政收入"岁增巨万",究其做法,不过是"增税"而已。故赋税负担仍主要落

---

①梁方仲:《中国历代户口、田地、田赋统计》,上海人民出版社 1980 年版,第 132、134 页。
②陈冬生、王赛时:《山东经济史·古代卷》,济南出版社 1998 年版,第 315 页。

到一般民户头上。朝廷每年从山东征调的漕粮大约有74万石左右,约占全国漕粮总数的10.94%左右①,为宋代北方漕粮征调最多的地区。

（2）杂税。宋太宗以来,两税收入不能满足国家多方面的需要。为了增收,就增加杂税。杂税名目繁多,杂变之税主要有支移税、牛税、牛租、四季盐铁钱、农税、屋税、义仓税等。支移税,即用行政手段,逼迫农民把秋税谷物或其他粮食输往边境城镇,运费完全由农民承担,不负责支移的农民要缴纳道脚钱,变相把运输粮草等部分军费转移到农民身上。宋代又有因禁榷制度派生出的杂税,如盐钱、曲钱、和预买绢、折帛钱等,它们往往也按亩征收,成为田赋的附加税。宋时赋税苛重,故南宋朱熹说:"古者刻剥之法,本朝皆备。"山东农民

中国文学四大名著

水浒传

中华书局

《水浒传》封面

的负担越来越重,甚至引发了农民起义。小说《水浒传》描写了农民不堪沉重的赋税负担,纷纷揭竿而起,最后发展为农民起义的全过程,深刻反映出北宋末年的政治状况和社会矛盾。金统治山东时期,除沿袭宋代主、杂税外,还有铺马钱、输庸钱、河夫钱、军需钱、司吏钱、桑皮故纸钱,其名目琐细,不可殚述。② 至金代后期,山东地区的赋税剥削更加繁重,"括粟、阃籴,一切掊克之政靡不为之。加赋数倍,豫借数年"。"民之赋役三倍平时,飞挽转输,日不暇给"③,以致民不堪命,纷纷弃率庐田,相继亡去。金世宗时,朝廷所派往山东的诸臣"往往以苛酷多得物力为功,弘信检山东州县尤为酷暴","妄加民产业数倍,一有来申诉者,则血肉淋漓,甚者即殒杖下"。④

---

①《宋史·食货志》。
②③④《金史·食货志》。

（3）徭役。宋代山东地区的劳役负担也相当沉重。役法分为职役和夫役。宋初职役,实行差法,由乡村主户担任,如衙前主管运送官物、看管府库等,按照规定,由第一等户轮流充当。里正、户长、乡书手负责督催官府赋税,里正由第一等户轮差,户长由第二等户轮差,乡书手由第三等或第四等户轮差。耆长、弓手、壮丁负责社会治安,由第一等或第二等户轮差耆长,第三等户轮差弓手,第四等或第五等户轮差壮丁。第三、四、五等户还轮差斗子、掏子、栏头、秤子、拣子、库子等役。夫役则是自耕农、佃农负担的无偿劳役,如修浚河道、修城建舍、运输官物等。宋神宗时,河北发民浚河,调及他路,宋政府从京东齐州一次征调役夫即达两万余人。① 夫役一般按人丁户口科差,但官户享有免役特权,实际负担夫役的是下户。客户作为国家的编户,也要按丁口负担夫役。按照宋代役法规定,担任押送官物、督催赋税差役的衙前民户,要负责赔偿损失,有时还要代垫赋税粮物。因此,许多农民为躲避此役而弃田逃亡。据《宋史》记载,京东民有父子二丁将为衙前役者,其父告其子曰:“吾当求死,使汝曹免于冻馁”②,遂自缢而死。宋代山东役法扰民之甚,由此可见一斑。上等户常因职役过于繁重,千方百计逃避,有的采用诡名寄产或诡名挟佃的办法,把全部或大部田产诡称献纳于僧寺、道院,或者假立契书,诡称典卖给官户、形势户。还有一些上户以及官户则诡立许多户名,把产业、人丁化整为零,想方设法,将本户列入贫下单丁的户籍,借以避免纳税和服役。因此,繁重的赋税和夫役,往往落到中、下户以及客户身上。金代山东地区农民的差役杂徭负担也极为繁重,除河工、牛夫、驿马、采办等差役外,还签发汉人从军应征作战或服兵役。两宋之际,金军南侵,山东成为宋金对峙的主战场,山东、河北等地15万汉人从军参战,严重影响了山东等地正常的农业生产。

（六）元代山东的土地赋税制度

元代,山东地区的贵族或官僚土地所有制非常突出,土地占有日益集中。在赋税制度方面,主要包括税粮和科差。

---

① 《宋史·曾巩传》。
② 《宋史·食货志》。

1. 土地制度

蒙古人习于游牧生活,进入中原初期,不知道农业生产的重要性。在山东,以民田为牧地的事件屡有发生。元世祖时,东平布衣赵天麟上《太平金镜策》云:"今王公大人之家,或占民田近于千顷,不耕不稼,谓之草场,专放孳畜。"①在临邑,二十余万亩田地被作为牧地侵占。汉人姜彧知滨州,看到行营军士"多占民田为牧地,纵牛马坏民禾稼桑枣",于是"遣官分画疆畔","课民种桑"。②

元代土地制度也分官田和私田,北方的官田大都是金时屯田军遗留下来的土地,南方的官田则是南宋皇室及政府所遗留下来的土地。元朝建立以后,官田或者作为军队的屯田、官吏的职田,或者赏赐给王公贵族和寺院僧侣。至于一般的私田,除去小部分为自耕农所有外,大部分都为贵族、官僚、僧侣、地主所占有。蒙古贵族和汉族地主无不大肆兼并土地,土地占有日益集中。山东大地主土地所有制的发展十分迅猛。蒙古贵族拥有最大的权势,占地最多;汉人军阀地主和官僚地主占地则次之;一般汉人地主占地又次之。地主阶层人口虽少,却占有山东大部分土地。蒙古贵族和汉族地主官僚多通过赐田、食邑封地和强占等方式,拥有大量耕地民田。益都、般阳(治今淄博淄川)一带,土地肥沃,故赐田多集中于此地。元太宗时期,山东行省都督撒吉思被赐"益都田千顷",元帅野速答尔在益都"据民田为牧地"。③ 益都世侯李璮、济南世侯张荣和东平世侯严实,皆利用权势掠夺民田,其田土民户跨州连郡。顺帝至元二年(1336 年),元惠宗将济宁路(济、兖、单 3 州,巨野、郓城、金乡、虞城、砀山、肥城、任城、鱼台、嘉祥、曲阜、宁阳、泗水 16 县)全部土地,以食邑封地名义,赏赐给蒙古贵族弘吉剌氏。④元兴佛教,给予寺庙大量田地以为供养。至顺元年(1330 年),元文宗曾括益都、般阳、宁海闲田 162090 顷,赐给大承天护圣寺院,用做寺院土地。皇庆初(1312 年)普庆寺得山东益都田七十顷;至正七年(1374 年),拨山东土地 162000 顷赐大承天护圣寺院,数次赐田数额高达 325000 顷。⑤ 这些寺

①赵天麟:《太平金镜策》,据《续文献通考》卷一,《田赋考》引。
②《元史·姜彧传》。
③《元史·撒吉思传》。
④《元史·特薛禅传》。
⑤《元史·文宗本纪》。

院掌管大量土地,已成为山东的地主庄园。

蒙汉官僚地主无限制地强占民户土地,使山东地区田地荒芜,直接危及元政府在山东的财赋税收。故政府多次诏令严禁贵族官僚地主兼并土地,重新确立了以农桑为本的政策。世祖至元元年(1264 年),忽必烈带头将皇室部分牧地"分给农之无田者"①,至元十年(1273 年)三月,将山东临邑牧地"二十万余亩,悉归于民"②。"听民耕垦"③,使一些牧场重新变为耕地。高唐州达鲁花赤忽都纳、州尹张延瑞、同知陈思济等在劝课垦荒方面政绩显著,皆得到升迁。据王祯《农书》记载,当时山东农村多自发结为"锄社"互助组织,"以十家为率,先锄一家之田。本家供其饮食,其余次之,旬日之间,各家田皆锄治,间有病患之家,共力助之,故田无荒秽,岁皆丰熟"。至元七年(1270 年),元代政府下令包括山东在内的北方汉地立社,凡 50 家立一社,择高年晓农事者为社长。社长的职责是督促农民及时耕作,开垦荒地以及修治河渠等。④这种村社制度以后遍行南北各地,在组织督导生产上起了积极的作用。山东农业由此得到恢复和发展。史称"数年间民食以足","民间垦辟种植之业,增前数倍"。⑤

2. 赋税制度

元代统治时期,赋役制度较为繁杂散乱。统治者按不同的职业以及其他某些条件,将全体居民划分为若干种户,统称诸色户计。各种户对封建国家承担的封建义务各有不同,例如,军、站户主要服军、站役,盐户主要缴纳额盐,其他赋役就可以得到宽免或优待。儒户宣扬孔、孟之道,各种宗教职业户宣扬天命论,对维护统治秩序有用,在赋役方面也得到优待。因此,户、地税对各种户来说是很不相同的。当时山东主要实行"按籍而行"即以户籍为底本参照执行。⑥ 元代山东农民的主要赋税名目是税粮和科差。

(1)税粮。税额分为丁税和地税两种。太宗元年(1229 年),命汉人以户计赋,西域人以丁计赋。"每户科粟二石","后以兵食不足。增为四

<hr>

①③④《元史·世祖本纪》。
②道光《济南府志·田寿传》。
⑤《山东通志》卷六十九,《刘事义传》。
⑥陈高华:《元史研究论稿》,中华书局 1991 年版,第 122 页。

石"①。太宗八年(1236 年),在蒙古贵族北方括户的基础上,"始定天下赋税"②。从这一年起,按户征税粮统一变成了按丁征取,原则上丁多地少的人家纳丁税,地多丁少的人家纳地税。但实际上,地主豪强虽田连阡陌,家财万贯,却往往凭借权势把所负担的赋税转嫁给自耕农,因此自耕农民户的实际负担要比税法规定的重。《元史·食货志》载:"至元三年,诏鸯户种田他所者,其丁税于附籍之郡验丁而科,地税于种田之所验地而取。"鸯户亦称鸯居人户,指的是离家到他乡生活的民户。这些人有专门机构管理,丁税要在原籍交纳,而地税要在"种田之所"即鸯户现在生活劳动的地方征收。山东益都元代《重建昊天宫碑》的碑文,有"管宁海州鸯户崔千户"一名③。这个崔千户管理的就是本贯宁海州、现居益都的人户。

元代赋役减免分为恩免和灾免。"时因庆遇,或行幸所过,恒赐差税,如大兴、开平、兴和、畿内诸县,赋税屡免。""或有灾荒,诏书送下,除其赋税以优民力。"但是,税粮负担绝不以定额为止。《元史·食货志·税粮》说:"每石带纳鼠耗三升,分例四升。"即每石税粮须加纳七升。经过层层剥削,"是国家常税本该一石,新旧并征,计以加耗,而并纳三石矣"④。正额之外的附加名目往往超过正额,成为封建赋税制度的一种普遍现象。

(2)科差。科差行于山东,主要有丝料、包银和俸钞三项,都是以户为课税对象。丝料开始于元太宗窝阔台时,两户共出丝一斤交给国家,另外五户共出丝一斤交给本领主。到元世祖时又有变化,改为每两户出丝两斤交给国家;每五户出丝两斤交给封主,称为五户丝。包银在宪宗蒙哥时,规定每户征银四两,其中二两征银,二两折收丝绢等物。至元世祖忽必烈时,每户纳银四两改为纳钞四两,由于钞与银的比价是钞二两合银一两,所以实际上减轻了一半。俸钞始于元世祖时,每户纳钞一两,用做官吏的俸禄。元世祖时,东平"岁赋丝银,复输绵十万两,色绢万匹,民不能堪"⑤。元宪宗时期,"东平贡赋率倍他道,迎送供亿,簿书狱讼,日不暇给"⑥。丝料、包银和

---

①《元史·食货志》。
②宋子贞:《中书令耶律公神道碑》,《国朝文类》卷五十七。
③《益都金石记》卷四。
④《论仓粮》,《紫山大全集》卷二十三。
⑤《元史·刘肃传》。
⑥《元史·张晋亨传》。

俸钞之外,还征收"凡洞冶盐茶酒及一切杂税,俱谓之课程",如茶课、盐课、酒课、市舶、常课、契本、洞冶、竹课、河泊、杂课十个项目。元政府在地方设置十路征收课税使,其中派"张瑜、王锐使东平","田木西、李天德使济南",①山东地区课税由东平路和济南路负责。

除了负担沉重的赋税,山东人民还要承担徭役。在元代,徭役分为军役、职役和杂泛差役。军役即有丁之家要立军籍,世代为兵。元灭金之后,调汉人为兵,兵丁充役期间,除粮食外其他一切费用均由军户自理,但军户可免4顷地的税粮。职役包括里正、主首、社长、库子等名目。里正管理里社居民,主首催办赋税,社长功课农桑,库子管理仓库,主要由上等户计充。杂泛差役是政府临时需要而征发的兴役,例如兴役造作、力役、开河、修城、筑堤、运粮等,又称杂泛劳役。根据政府规定,杂泛差应按户等征派,先尽富户,次及下户。不过,富户地主豪强用托名诡寄之法,逃避徭役,或强迫佃户代服差役,以致徭役大多落到民户自耕农、佃户头上,不少人因税赋差役繁重而家破人亡。史载,济南路有民户王瘦厮,"为家贫无钱送纳差发,卖讫二子"②。伴随着土地兼并的恶性发展,山东地区越来越多的自耕农,因自然灾害、赋役负担过重等原因而贫困破产,被迫沦为佃户或部曲、奴隶。佃农的生活状况十分悲惨,元律规定,主户打死佃客,仅例杖170下,征烧埋银50两。误伤致死的判罪更轻,至元七年(1270年),"东平路汶上县尹忙儿为带酒与妹尹三姐相争,用器仗行作,误将佃客李二嫂打伤致死",仅判决"断七十七下,追烧埋银给主"③。主人误伤佃妇致死,仅需杖77下,依例追烧埋银50两,而不需偿命。地主还可随田夹带佃户典卖,称为随田佃客,与买卖牲口无异。

(七)明代山东的土地赋税制度

明代,山东地区的土地所有制仍以民田为主。在赋税制度方面,最重要的是一条鞭法在山东地区的推行。

1. 土地制度

明代山东的土地主要分为官田与民田两类。"官田,官之田也,国家所

①《新元史》卷四,本纪第四。
②《通制条格》卷三。
③《元典章》卷四十二,《刑部》四《误杀》,《主误伤佃妇致死》。

有而耕者犹人家之佃户也。"①明代官田"皆宋元时入官田地。厥后有还官田，没官田，断入官田，学田，皇庄……诸王公、勋戚、大臣、内监、寺观赐乞庄田，百官职田，边臣养廉田，军、民、商屯田，通谓之官田"②。官田种类繁多，主要的有以下几种：

（1）还官田与没官田。所谓还官田，就是指皇帝赐田又复归于官的田地。明代初期，朱元璋一度对其亲戚赐以官田，以代替常禄。1392年，朱元璋为了控制与支配土地，恢复俸禄制，令功臣勋戚将原赐田还官。没官田是指由于犯罪或死亡户绝等诸多原因而未收入官的田地。如嘉靖《夏津县志·田土》载："没官地十三顷二十四亩"，"通折作民田招佃承种"。另外，嘉靖《临朐县志·田土》载："官田五十七顷五十一亩，抄没地八十六顷二十一亩。"

（2）庄田。又称皇庄。所谓庄田，一般是指属于具有特殊社会地位身份的皇帝、后妃、未出藩亲王、已出藩亲王及公主、外戚、宦官、公侯伯勋臣、寺院主持的庄田。这种庄田具有强烈的封建贵族和封建特权的性质。除皇庄外，明代各类庄田都是由皇帝将官有土地赏赐给有关人员而建立起来的。皇帝根据赐地、封号和品级爵位，每年支付俸禄。万历时，福王在河南、山东、湖广等地有田两万顷。鲁、德、衡、泾等王就藩山东，他们凭借政治上的特权，利用钦赐、奏讨等手段取得大量田产。《明史·食货志》曾提及德王府庄田数量："徽、兴、歧、衡四王，田多至七千余顷。"正德初御史冯曾偕中官高金奉命前往山东沂州查勘泾王府的庄田，清还了民人两千七百多顷田土。既曰清还，那必是以前侵占民人的土地。庄田之外，还有"胭粉地"、"鸡鹅食田"、"鹅鸭厂"等名目。德王曾将濮州（今河南濮阳）、范县（今河南范县）、聊城、临清一带因黄河决口退滩的免科薄地"乞为鹅鸭之厂"，按亩征收子粒银，"言其田载黄册，子粒则纳德府也"。清顺治十二年（1655年），查得衡王在昌邑、潍县、高密三县有原额"胭粉地"两千七百六十五顷余③。据清初人的估计，仅德、鲁、衡三藩王赐乞的土地就"不下万余顷"④。曲阜的衍圣公孔府，在明初也通过钦拨而拥有土地多达两千顷。为了管理

_____

①顾炎武：《日知录集解》卷十，《苏松二府田赋之重》。
②《明史·食货志》。
③故宫博物院明清档案部编：《耿火享为清丈山东明衡藩脂粉地亩事揭帖》，载《清代档案史料丛编》第4辑，中华书局1979年版。
④同上书，《噶达洪题明藩田产租银开支已有项数难以再动支事本》。

庄田,一般都建立庄所,并设置专职人员负责收田租。明代对庄田实行租佃制经营方式。佃户,又称藩邸佃户、佃客、庄人、租户、佃仆、庄农等,都是直接的生产者。他们按约定向庄田地主交纳地租,负担徭役。所以,佃户的社会地位低下,生活贫困。

(3)学田。亦称府县学田,有些地方称"供田",又可细分为书院田(学院田)、儒学田。为府州县学所有,以其租入为办学费用或资助贫困学生。据万历《兖州府志》载,该府邹县学田296亩,沂州学田840亩,汶上县学田180亩,而曹县多达1457亩。据《古今图书集成·方舆汇编》所载数据,万历时济南府28个州县学田共计5649亩,平均每个州县学田达到202亩。兖州府与济南府州县学田如此,其他府州县学田的情况大体概见。

(4)屯田。明代山东的屯田像汉以后历代王朝一样,分为军屯和民屯。军屯,就是指边郡屯田,都使用驻军。军屯是指由卫所军士屯垦戍守的土田。洪武七年(1374年),都督金事王诚往济宁负责山东军屯。据嘉靖《山东通志》载,明初,山东都司共辖有济南、沂州、济宁、兖州、平山、东昌、临清、青州、登州、大嵩、宁海、靖海、安东、成山、威海、莱州、灵山、鳌山十八卫及肥城、东平、滕县、诸城、奇山、宁津、海阳、胶州、雄崖九所。卫所设置后大都执行了明政府关于军屯的命令,在驻地附近"择州县荒地开垦立屯"①,"多卫将练兵屯田其间"②。永乐、宣德时期,山东卫所屯田计达3万余顷。民屯是明初移民垦荒的一种形式。山东的民屯主要集中在东昌与兖州两府地区。如洪武二十年(1387年)令"东昌、兖州等府劝督迁民屯田"③。二十一年(1388年),迁山西之无田者往临清等处闲旷之地置屯耕种。二十二年(1389年),又迁山西贫民安置东昌等地屯种。二十八年(1395年),迁青州、兖州、登州、莱州、济南五府无田耕者就东昌府垦田屯种。④ 明代山东地区经过移民垦荒对山东农业经济的发展发挥了积极作用。

(5)牧马草场。所谓牧马草场,就是指明政府专供官民养马放牧的场地。据《明会典》载,济南府有牧马草场地448亩,兖州府有10836亩,东昌

①(明)崇祯《郓城县志》卷三《田赋志》。
②《明史·陈修传》。
③《明太祖实录》卷二三七。
④《明太祖实录》卷二三六。

府有 8769 亩,三府共有牧马草场地 20053 亩。除民间牧养官马外,山东的德州、平山及临清军卫也承担牧养官马,三营卫共有牧马草场地 6351 亩。明中期以后,牧养官马变为折银交纳后,牧马草场也随之变为私产,成为民田。

官田中还有断入官田(指有些田户,由于争讼纠纷,其来历不明的,按《大明律》规定应列入官府的田地),还有给百官以代俸禄的职田,有给边臣养廉田,有的做御马监种植饲料的苜蓿地。

民田是指那些为封建地主或自耕农所有,依照大明律纳税的土地,实质上是明代私人占有的土地。有地主土地所有和农民土地所有两种:一种是地主土地所有,即大中小地主阶级所有的土地。其中包括:王公、贵族、勋戚、达官、显宦、地主、豪强、富贾、大贾、寺观僧道等占有的大量肥沃的土地。在明代,地主的土地约占全国耕地面积的 70% 以上。另一种是农民土地所有,即自耕农和半自耕农所拥有的小块土地,亦即直接生产者的小额土地。在山东全部在册土地中,民田数量占绝大多数,约占山东全部耕地面积的百分之八九十以上。

2. 赋税制度

(1)田赋。田赋是明代的正赋。明代田地分上中下三等九则。征收采用的是唐代的两税法,按亩分夏秋两次征收,通常夏季征收不能超过八月,秋季不能超过明年二月。明朝建立不久,通过丈量土地编制了"鱼鳞图册",通过清查户口编制了"赋役黄册",在掌握地籍和户籍的基础上,整顿田赋征收工作。明初规定田赋税率,官田亩税五升三合五勺,民田亩税三升三合五勺。民田税轻,官田税重。明代民田的绝大多数土地为地主官僚所有,所以民田税轻对大地主有利。军屯田的税率,鉴于山东沿海地区卫所土地瘠薄,弘治十八年(1506 年)议准山东登莱沿海卫所屯田照轻科则,每亩三升三合①,与一般民田税率大体相同了。对于卫所军士自开垦荒地的田赋税率,正统年间始定每亩岁纳粮五升三合五勺,比照一般官田税率。②赐乞庄田的田粮税率,因为赐乞庄田多属于贵戚地主庄园而被视为"私产",其田粮由贵戚地主自行决定,称做"庄田子粒",属于私租性质。成化年间,

①②《明会典》卷十八,《户部五》。

朝廷规定"庄田子粒"比照"官粮则例,每亩不得过五升,折银不得过三分",①但各贵戚庄田多"违例自收",田粮租额高出官定数倍。

在夏税中,山东以纳麦为主。洪武、弘治与万历三朝,全国每年实征田赋夏税麦在 460 万石至 470 万石之间。其中,征自山东的麦税额分别占全国总麦税额的 16.4%、18.49% 和 18.57%。在山东的田赋粮中,夏税麦的征收占全年田赋粮总额的 30% 以上。滋阳县、曲阜、邹县、滕县、单县等地的夏税麦地,占到了本地耕地的三成以上。②

关于田赋的种类,明初税收以征收实物为主,兼以钞钱金银绢布。如夏税种类包括米、麦、钱钞、绢等,秋粮包括米、钱钞、绢等。弘治、正统以后,随着商品货币经济的发展,其中部分田赋由实物变为折银交纳,田赋的形态开始发生变化。据万历年间统计,除原有的田赋实物外,夏税中增加了棉布,秋粮中增加了豆和芝麻。③

(2)田赋加派。所谓加派,就是在正税之外加征。由于军费开支增大,官吏俸禄增多,皇室生活奢侈等原因,明代政府的财政日益拮据,于是就有了田赋加派。加派始于正德九年(1514 年),为建造乾清宫,加赋一百万两。但加派之重,则以明末的三饷,即辽饷、剿饷、练饷的数字最为庞大,影响最为恶劣。辽饷是用于辽东所需的军费,嘉靖三十年(1397 年)采纳户部尚书孙应奎建议开始加派。从万历四十六年至四十八年(1618—1620 年)山东增银 55.5 万余两,增额每亩银 9 厘,崇祯时又加辽饷每亩银 3 厘,这样辽饷每亩共加银 12 厘。剿饷为镇压农民起义之军费。剿饷以"亩输六合,石折银八钱"④交纳。练饷为练兵之费用,"照地亩,每亩加一分"⑤。三饷并加,使得山东多数地区田赋"增益者几于正赋之半"⑥。明朝的田赋加派,是明后期的突出弊病,加派虽出于田,但负税者是广大劳动人民,因此加大了贫富差距,造成贫民生存状况的恶化。《定陶县志》记载当地"贫富失均,苦乐异情,斯民乃有饥寒流移转于沟壑者矣"。明末山东人贾三近将山东地区

①《明宪宗实录》卷八十六,成化六年十二月。
②万历《兖州府志》卷十四,《田赋志》。
③《明会典》卷二一六,《会计二·起运》。
④《明史·杨嗣昌传》。
⑤孙承泽《山书》卷十三,《议加练饷》。
⑥康熙《莘县志》卷八,《艺文志》;(明)孙愈贤:《莘县条陈时政策》。

人口大量外逃的原因归结为不堪赋税之重。①

（3）徭役。明代山东地区的徭役负担比田赋有过之而无不及。徭役分三种：里甲、均徭、杂泛。里甲役以户计，每年由里长一人和甲首一人应役，处理"一里（以一百一十户为里）"的事务，如督促公粮，传达官府命令、编排各种差役等，轮年应役，十年一轮。均徭以丁为主，验丁粮多寡、产业厚薄以均其力，由里甲编造等第，均输徭役，故叫均役。均徭之役实际是各类杂役。据对现存几地的明代山东方志粗略统计，各类杂役名目有皂隶、粮长、柴薪、斗级、驿馆夫、弓兵、闸夫、牌夫、防夫等，不下四五十种之多。② 弘治以后，均徭中的部分杂役项目变为折银代纳成为银差，而另一部分仍役使人力的杂役项目称为力差。不少地方志书在注册本地均徭时，已明确将银、力两差分开记载。如嘉靖《莱芜县志》中所列本县杂役属于银差的有：柴夫、斋夫、膳夫、布政司皂隶、泉夫、民兵等，属于力差的有：库子、禁子、门子、铺司、铺兵、巡栏、快手、民壮、鼓夫、钟夫、扫殿夫、青白夫、喂马夫、斗级等。随着银差的出现，到正德、嘉靖时已有更多的力差项目变为折银成为银差，从而出现了杂役普遍折银代纳的新变化。凡均徭以外，一切非经常科派，皆属临时编签，都叫杂泛。

关于徭役摊派，洪武十八年（1385年）规定民户分上中下三等，"凡遇徭役，发册验其轻重而役之"③。即《明会典》所说"其大小杂泛差役，各照所分上中下三等人户点差"。派役时一般以丁粮资产的厚薄即户等的高低为依据。户等高的充重役，户等低的充轻役。万历《兖州府志》云："编审均徭，有丁银、门银。"门、丁的科派是包括山东在内的北方徭役法的特点。"门"是指民户的田宅粮畜、车、船等财产，"丁"则指人丁，年及16岁成丁的男子。《利病书》所录《城武县志》称本县均徭的编派照门、丁，《汶上县志》称本县的均徭里甲二役出于门、丁，都是这一特点的实例。如当时山东益都县的门丁银分为九等，上上户的门银九两，每丁银一两七钱一分。下下户门银无，每丁银一钱九分④，二者差距极大，这也反映了二者在财产上的巨大

①光绪《峄县志》卷二十三，《艺文志》。
②参见嘉靖年间修的《青州府志》、《武城县志》、《临朐县志》、《夏津县志》、《莱芜县志》、《淄川县志》、《武定州志》等。
③《明太祖实录》卷一七〇，洪武十八年正月。
④《天下郡国利病书》卷四十二，《山东八·益都县》。

差别。蒲台县(今山东滨州)的经济落后于益都县,徭役负担要远小于益都百姓的负担,其门丁银的分配是:

> 上上户门银四两,每丁银七钱。
>
> 上中户门银三两,每丁银六钱。
>
> 上下户门银二两,每丁银五钱。
>
> 中上户门银一两,每丁银四钱。
>
> 中中户门银九钱,每丁银三钱。
>
> 中下户门银七钱,每丁银二钱。
>
> 下上户门银四钱,每丁银二钱。
>
> 下中户门银四钱,每丁银一钱五分。
>
> 下下户门银无,每丁银七分。①

门银、丁银俱照户等审编,门丁等的划分根据虽有许多款目,其中最重要的是人丁(劳动力)和地产(主要生产资料)。所以曾做过曹县知县的王圻说:"产则之低昂,不外丁地。"在人丁和地产中,又以地产为重,"门丁户则之高下,亦不过计地而等差之者耳"②。到嘉靖时期,由于在编审中各种弊端百出,故"差役则除去三等九则之名,止照丁地编派"③。人口和土地成为徭役审编的唯一基准。

(4)"一条鞭法"。"一条鞭法"是明代中期的重大赋税制度改革。明政府为增加赋税、解决赋役弊端,早在嘉靖年间,海瑞等人已试行赋役改革。把田赋、徭役和杂税合并起来,折成银两,分摊到田亩上收取。好比将三股头发梳成一条辫子,所以称做"一条鞭法"。史载:"一条鞭法者,总括一州县之赋役,量地计丁,丁粮毕输于官。一岁之役,官为金募。力差则计其工食之费,量为增减;银差则计其交纳之费,加以增耗。凡额办、派办、京库、岁需,与存留、供亿诸费,以及土贡之物,悉并为一条,皆计亩征银,折办于官,故谓之一条鞭。"④其特点在于赋役合并、计亩征银、折办于官。早在嘉靖初

---

①万历《蒲台志》。
②《天下郡国利病书·曹县赋役》。
③《西园闻见录》卷三十二。
④《明史·食货二》。

期,一条鞭法尚未正式推行于全国时,受到江南地区赋役改革的影响,山东陵县、博平县、滨州地方官员改革徭役制度,类似"一条鞭法"。嘉靖隆庆间山东汶上县知县赵可怀所立"明编法","始以丁权地,立明编法,民得据历以出役银……计岁会之需,赋人地亩,徵其直於官,而代之以吏"。① 根据《明穆宗实录》隆庆四年(1570 年)山东巡抚梁梦龙上奏:"一正分收分解之规。言往者编金大户,分定仓口。近为一串铃法,总收分解。"②万历五年(1577 年),东阿知县白栋推行一条鞭法,将全县钱粮均按地丁起科,受到当地人民的普遍欢迎。但由于这种做法触犯了官绅的利益,户科部给事中光懋称"其法在江南犹有称其便者,而不便于江北",将其弹劾。张居正及时派人前往东阿巡察,才知道光懋歪曲事实。张居正认为一条鞭法不仅不应反对,而且可以"不分南北",在全国普遍推广。万历中期以后,一条鞭法在山东各地区陆续推行。

万历十一年(1583 年),济南府章丘知县茅国缙实行"按地加徭","地愈多,银愈加","犹以其(民户)所减派之银数,加派于有地士夫之家",③减轻了广大无地或少地贫民的负担。继章丘之后,济南府的武定、新城、齐东、历城等州县也相继推行了一条鞭法改革。东昌府地区自 1573 年至 1619 年"行条鞭之法","将阖县钱粮,俱照丁地起科。其里甲供应之费,即付丁地之内。里老等役,车头等费,悉除不用,民称轻便矣"。④ 把之前里甲役合并在均徭内,变十年轮差为每年编派;原来均徭里的力差各项合并为银差,按户征收。

万历十五年(1587 年),青州府安丘知县熊元实行"通一县税粮并户口、盐钞额若干,均徭、里甲、驿传雇募加银若干,总为一条,合通县丁粮均派之,而征银在官。除起运大粮外,一切应用诸役,皆官自给募",改革彻底,实行后"民皆称便"。青州府莒州于万历二十二年(1594 年)"均丁则",徭役以丁地兼编,省去旧日九则之名,合并为一则。⑤ 莱州府地近青州,所属潍县、

①万历《汶上县志》卷五,《宦续志》。
②《明穆宗实录》卷四十八,隆庆四年八月丙午。
③万历《章丘县志》卷十二,《条鞭志》。
④康熙《聊城县志》卷一,《赋役志·里甲》。
⑤《万历青州府志》卷五,《徭役》。

高密、昌邑、平度等地,大都是万历十五年(1587年)"初行条鞭法"①。万历十八年(1590年),山东巡抚宋应昌建议登州实行条鞭法征派,登州府遂作出改行条鞭法的决定,并将新定条鞭决定撰文勒石,刊布推行。不过从后来的情况看,一条鞭法在登州府地区推行得也并不是很顺利。登州府治地蓬莱县,万历二十七年(1599年),知县马行健鉴于本地赋役之弊,才重新"议为条鞭之法,令人岁每赋银,钱余而民力苏,积弊除"②。此外,在宁海、黄县、莱阳、福山、即墨等地,条鞭法也都是时行时止,直到万历后期才在登州府地区普遍推行开来。

万历二十年(1592年)以后,兖州府也陆续改行条鞭法征派,如二十二年(1594年),平阴知县姚宗道新定役法,均徭征派改以丁田分担。二十四年(1596年),沂州知州宋大训"申准条编",人丁不分等则。每丁派银一钱二分。③ 二十五年(1597年),寿张知县马时叙也"首行条鞭法","收解悉出官府召募"。对此,万历《兖州府志》评论道:"三等九则……积习既久,弊端渐生,于是一二有司,更为条鞭之法,以为划一之制。见谓改弦易器,耳目一新。"④以后,阳谷、宁阳、费县、邹县、郓城等地也相继推行了条鞭法。

一条鞭法的优点之一,在于简化了过去繁杂的赋役项目及征收手续,"差不分户则,以丁为准","粮、差合而为一,皆出于地"。⑤ 徭役的一部分转加于土地,部分大土地所有者也成为徭役的负担者,从而扩大了徭役的负担面,也就或多或少地减轻了拥有少量土地或无地贫民的徭役负担。他们可以比较安心地致力于生产,对促进社会生产的发展有积极的作用。如在商河县,过去征调徭役,"视户之高下,丁之多寡,有一人兼三四役者,民甚病之"。改行条鞭法后,"按户丁地亩征银入官,自行招募……自是游惰之人争兑应募,而秉耒者始免叫骚之扰矣"。⑥ 在曹州,自条鞭法实行后,官方描述"民如释重负,皆晏然歌南亩"。⑦ 登州府蓬莱县,过去因"征发赋

---

①乾隆《高密县志》卷十,《杂稽志·纪事》。
②顺治《登州府志》卷二十,《艺文志》,[明]徐逢聘:《蓬莱县均徭记》。
③《万历沂州志》卷三,《田赋》。
④万历《兖州府志》卷十五,《户役志》。
⑤(明)于慎行:《谷城山馆文集》卷三十四,《与宋抚台论赋役书》。
⑥万历《商河县志》卷三,《食货志·徭役》。
⑦康熙《曹州志》卷十七,《艺文志》,(明)何应瑞:《郡守周公生祠碑》。

役繁重,百姓弃遽庐去者什四五,垅亩芊芊悉为草莱"。实行条鞭法后,人民不必为逃避差徭而四处躲藏,"流移者归,荒芜者垦"①,农业生产又见起色。东阿县,过去因赋役繁重而逃避的贫苦人民也纷纷回归自己的家园,"其归业者万有余计",出现了"昔也,去之如遗;今也,归之如市"②的兴旺局面。

一条鞭法将差役合为一条,统一征收,在一定程度上也制约了吏胥里手在征收过程中上下其手、贪污中饱与飞洒诡寄的种种弊端,可以减轻农民的负担。如在馆陶县,一条鞭法实行后,赋役"各条目总为一则,无纷出之名,有汇征之实,民颇称便"。③在安丘县,条鞭征收,"名目不杂出,蚩蚩之民皆知。……而乡者里甲、均徭、驿站诸弊,一切洗之……民皆称便"④。"夏税、秋粮、均徭、带征确有定额,里胥无由飞洒,奸豪无从规避,简易均平,允为不刊之典也。"⑤实行后暂时缓解了社会矛盾,不少地区一时出现了较安定的社会局面。万历《东昌府志》载:"条鞭法行,吏无巧法,民鲜危役,合境帖然,如就衽席。"其他地区也出现了人民"若出水火,就衽席"⑥,"境内称平"⑦的安定局面。社会经济有了明显发展,章丘甚至出现"间阎殷富,地价腾踊"⑧的现象。

但是,一条鞭法也因在山东的推广中暴露出许多弊端而受到批评。北方初行条鞭之时,山东淄川的士人认为"壤有白、有黑、有沙、有咸,且有不犁者,不为区别,而堤岸蹊径之处,一切与科,则亦未免为少失其均者",这样不分土质特点的均平赋役,其结果就是导致"民之奸弊百出矣"⑨。而且,一条鞭法也无妨真正消除胥吏舞弊,"东省赋役,从来人多称便……不知何故偶变为一条鞭法","谓旧法当以户则为轻重,书手得以上下舞弊,一条鞭……岂能尽革也?且谓书手作弊者,不过为卖富累贫也,一条鞭则明宽富

①顺治《登州府志》卷二十,《艺文志》,(明)徐逢聘:《蓬莱县均徭记》。
②《天下郡国利病书》卷三十七,《山东·东阿县》。
③雍正《馆陶县志》卷六,《赋役志·田赋》。
④万历《安丘县志》卷八,《赋役考》。
⑤《天下郡国利病书》卷三十七,《山东》。
⑥雍正《山东通志》卷三十五,《艺文志》,(明)于慎行:《平阴姚令役法记》。
⑦光绪《平阴县志》卷八,《杂文》,(明)孙珫:《姚侯创行役法记》。
⑧万历《章丘县志》卷十二,《条鞭志》。
⑨嘉靖《淄川县志》上卷《食货志·土田》,上海古籍书店1981年重印本。

累贫矣"。①

客观上讲，山东地区一条鞭法实施后的社会效果确不如明代江南地区，江南地区商业发达，实行一条鞭法后，商贾无田或少田，赋役负担远轻于农民，还可以以银代役，劳役由政府雇人承担。而山东土地不及江南肥沃，实行将户丁役和人头税摊入田亩的赋役制度，必然使农民的负担更为沉重。"齐鲁土瘠而寡产……故赋主田而役主户，赋轻而役重，以轻带重，田不足供，安得不困?"②

中国古代统治者为克服胡征乱派之弊、减少税收中途流失和官吏层层贪污中饱，进行了多次税制改革，并税——除费——简化税则，就成为主流的改革思路。仅在明清两代，就有"征一法"、"一串铃"、"一条鞭"、"地丁合一"等等。其宗旨都是要求把从朝廷到基层的明暗正杂诸税(赋、役)"悉并为一条"，"一切总征之"。并同时下令不得再征他费，往往还给农民发放"易知由

黄宗羲画像

单"(法定税目表)，允许农民照单纳税并拒纳所列税目以外的杂派。一般说来，上述改革大都可以在短期内使"向来丛弊为之一清"。然而它的中长期效果却无例外地与初衷相反。原因很简单:原来税种繁多时虽有官吏易于上下其手之弊，但这些税种包括了能够"巧立"的一切"名目"，也使后来者难以再出新花样。如今并而为一，诸名目尽失，恰好为后人新立名目创造了条件。时间稍移，人们"忘了"今天的"正税"已包含了以前的杂派，一旦"杂用"不足，便会重出加派。著名思想家黄宗羲精辟地把它总结为"积累莫返之害"③。

①《葛端肃公集》之《与沈对阳方岳论赋役》，《皇明经世文编》卷二七八。
②顾炎武:《天下郡国利病书·常镇》，齐鲁书社 1997 年版，第 298 页。
③当代学者秦晖先生拓展了黄宗羲的研究，对历代税制改革的过程进行了公式化的解释，将历代税制改革的结果称之为"黄宗羲定律"。有兴趣的读者可参阅秦晖《"黄宗羲定律"与税费改革的体制化基础:历史的经验与现实的选择》一文，载于《税务研究》2003 年第 7 期。

唐初立租庸调之法,有田则有租,有户则有调,有身则有庸。租出谷,庸出绢,调出缯纩布麻……杨炎变为两税,人无丁中,以贫富为差。虽租庸调之名浑然不见,其实并庸调而入于租也。相沿至宋,未尝减庸调于租内,而复敛丁身钱米。后世安之,谓两税,租也,丁身,庸调也,岂知其为重出之赋乎?使庸调之名不去,何至是耶!故杨炎之利于一时者少,而害于后世者大矣。有明两税,丁口而外有力差,有银差,盖十年而一值。嘉靖末行一条鞭法,通府州县十岁中,夏税、秋粮、存留、起运之额,均徭、里甲、土贡、雇募、加银之例,一条总征之。使一年而出者分为十年,及至所值之年一如余年,是银力二差又并入于两税也。未几而里甲之值年者,杂役仍复纷然。其后又安之,谓条鞭,两税也,杂役,值年之差也。岂知其为重出之差乎?使银差、力差之名不去,何至是耶!故条鞭之利于一时者少,而害于后世者大矣。万历间,旧饷五百万,其末年加新饷九百万,崇祯间又增练饷七百三十万,倪元璐为户部,合三饷为一,是新饷练饷又并入于两税也。至今日以为两税固然,岂知其所以亡天下者之在斯乎!使练饷、新饷之名不改,或者顾名而思义,未可知也。……嗟乎!税额之积累至此,民之得有其生者亦无几矣。

秦晖先生依据黄宗羲的总结,将历代税制改革的结果称之为"黄宗羲定律"。

用公式表示如下:

$b_n = a + nx$,其中 b_n 为改革后的新税额,a 为原始税额,n 为改制次数,x 为杂派。

两税法 = 租庸调 + 杂派

王安石免役钱法 = 两税法 + 杂派 = 租庸调 + 杂派 + 杂派

一条鞭法 = 王安石税法 + 杂派 = 两税法 + 杂派 + 杂派 = 租庸调 + 杂派 + 杂派 + 杂派

倪元璐税法 = 一条鞭法 + 杂派 = 王安石税法 + 杂派 + 杂派 = 两税法 + 杂派 + 杂派 + 杂派 = 租庸调 + 杂派 + 杂派 + 杂派 + 杂派

地丁合一 = …… = 租庸调 + 杂派 + 杂派 + 杂派 + 杂派 + 杂派

通式:$b_n = a + nx$。式中 b_n 为经过 n 次改制之后的新税额,a 为原始税额,x 为杂派,n 为改制次数。显然,这是个累进的算术级数。

一条鞭法上承"两税法",下启"摊丁入亩",是封建赋税制度的一大变革。但它作为社会改良的产物仅是一种封建财政的调剂制度,虽然暂时缓解了封建赋役中的矛盾,却不能从根本上解决封建社会的固有弊端。在明代后期,"各州邑当甲供亿如故"①。清人刘武仲在所写的《赋役论》中指出:"条鞭既属正供,遇度外事,不得不额外羡取,条鞭未行不过取之额外而已,至是则额外之中又额外焉。"条外有条,编外有编,因而又出现了"仆仆称不便者与曩时无异矣"②的状况。受害最深的仍是广大贫苦的农民。

(八) 清代山东的土地赋税制度

清代,山东地区仍以民田为主,赋税制度沿袭明朝。

1. 土地制度

清代的土地也分官田、民田两大类。清代官田的名称没有明朝那么多,它也不是按土地来源区分的,而是以它的用途来定名。官田主要包括:(1)皇室庄田:是清朝皇帝占有的土地,简称皇庄,直属内务府。皇庄大都集中在畿辅、锦州、热河等地。(2)宗室庄田:是清朝皇帝赏赐给王公、贵族的土地。如孔氏庄田"汤沐地"共计 391 顷。(3)八旗庄田:是分给旗籍兵丁,即满洲八旗、蒙古八旗和汉军八旗成员的庄田,作为八旗兵丁在职时的衣食之资。(4)学田:以其收入供学校开支费用的田地。清代是学田制度发展最为完善并走向终结的时期。清前期朝廷赐田在各类学校中占据主导地位,中后期捐田则跃居首位。乾隆十八年(1753 年)山东共有学田 417 顷。清代学田的经营管理主要采取官营和民营两种形式,且民营化倾向日益明显。其土地亦采取契约租佃方式经营,实物定额租占据主导地位,货币地租得到进一步发展。(5)祭田:赏赐给圣贤后代,用做祭祀费用的田地。清代孔府祭田"坐落兖、曹、泰三府,郓城、鱼台等十六州县境内","分五屯、四厂、十八官庄"。五屯为郓城屯、巨野屯、平阳屯(菏泽等州县)、东阿屯、独山屯(鱼台等

---

① 万历《东昌府志》卷十二,《户役志》。
② 顺治《堂邑县志》卷二,《田赋志》。

县）。四厂为郓城、巨野、平阳、独山四厂。十八官庄有曲阜的张羊庄、大庄、春亭庄、红庙庄、齐王庄、南池庄、安基庄、颜孟庄、齐王坡、马草坡、下地屯、胡二窑，泗水的西岩庄、安宁庄、魏庄、戈山厂，邹县的鲁源庄、黄家庄。

民田可分为地主所有和农民所有两种。主要有：（1）民赋田，即民间恒产，任凭买卖转让，承担赋税的土地。孔府除了接受朝廷赐予的众多田产外，又不断私自购买农田，从清初顺治年间到乾隆年间，孔府购买农田约达40万亩，仅在兖州府曲阜县内就达30多万亩。（2）更名田，即清代改为民田的明朝藩属所有领地，归并卫所地，即明末清初归为民田的原卫所所管辖的土地。更名田主要分布在直隶、山西、山东、河南、陕西、湖北、湖南、甘肃等省，共计约17万余顷。（3）退圈地，清初已圈占给旗丁，后又退还的土地。清代的民田，以土质分上、中、下三种，以耕种情况和用途分为：荒地（未开垦的土地）、荒田（垦而未种的土地）、熟地、小地（畸零地）、灶地（直隶、沿海煮盐的土地）、备荒地（专用以备荒），其余皆称为白地。清代屯田它既不属官田，也不属民田，可把它单列一类。概括清代的官民田地，可以民、屯、庄、灶来表示。乾隆十八年（1753 年），山东省各项田地数及其百分比是：民田 9710.54 万亩，屯田 220.1 万亩；乾隆三十一年（1766 年）民田 967.14 万亩，屯田 220.1 万亩；光绪十三年（1887 年）民田 12360.08 万亩（98.14%），屯田 228.89 万亩（1.82%），学田 4.1742 万亩（0.033%），其他官田 0.99 万亩（0.007%），总计 12594.13 万亩。①

2. 赋税制度

清代前期的赋役制度沿袭明制，即按明末的一条鞭法进行征收。顺治三年，清政府免除了明末天启、崇祯年间的杂派。户部编订了《顺治赋役全书》，作为征税准则，于顺治十四年（1657 年）颁布天下。《赋役全书》编成后，每县发两本，"一存有司，一存学宫"，以便士民查核。同时，编制了鱼鳞册（即丈量册），详载上中下田则；又立黄册（又叫户口册），每年登记户口的增减。鱼鳞册和黄册与《赋役全书》相表里，成为征收赋役的主要根据。为了防止地方官吏的"私派"，清政府还向纳税户（旧称花户）颁发了征收田赋的通知单（旧称"易知由单"或"易知单"、"由单"），通知上记载本州县上中

①梁方仲：《中国历代户口、田地、田赋统计》，上海人民出版社 1980 年版，第 384、394、396 页。

下则地亩,正、杂、本、折、钱、粮数额,最后缀以该户庄纳税项。除此之外,清政府还在开征时发给"截票"(又称"串票"、"二联印单"),作为缴纳钱粮的凭证。截票开列地丁钱粮的实数,分为十分。每月限完一分。票为两联,骑缝盖以钤印,官民各执一联。① 顺治年间减轻人民负担的政策对恢复农业生产,促进经济复苏起了相当重要的作用。

清代的田赋仍然分为夏秋两季征收。除交纳部分粮食外,大部分征收银和钱,其中以征银为主。清代的丁徭形式中,按丁征收丁银是最主要的。康熙中叶后,清政府规定,编审户丁只限于土著,客籍户口并不计入;又规定,"其在仕籍者及举贡监生员与身隶营伍者,皆例得优免,而佣保奴隶又皆不列于丁"②,于是,缙绅地主勾结官吏庇荫户口,诡避和侵吞丁银,造成"丁额无定,丁银难征"的后果。济宁地区紧邻曲阜、邹县衍圣公孔府和亚圣孟子后裔所在之处,而封建国家准许他们的府庙属官和庙佃户人有优免差徭的特权,所以孔孟"庄头门下"和"假充庙户"的冒免活动十分猖獗。还有利用客籍不编丁役的政策使"奸猾之徒,因而托名影射",冒充客籍,使得该地区穷丁、虚丁越来越多。大批自耕农民及部分中小地主往往连自身的生活都难以维持,而封建国家却没有因此放松对他们征收丁银,甚至把主要负担落在他们头上。这种舍富就贫的做法,当然只能使矛盾更加激化。济宁在康熙中期,原编人丁二万六千六百余丁,"内有地之丁不及一万","无地之丁乃至一万六千有奇",其中故绝逃亡老病孤贫之丁及虚丁、朋丁"不啻数千"。③ 为了消除因人丁变动而带来征收田赋的弊端,康熙五十一年(1713 年)开始实行"滋生人丁,永不加赋"的办法,规定以康熙五十年的人丁数(人丁 2462 万,丁银 235 万多两)作为每年征收丁银的依据。

"永不加赋"政策,部分地取消了人头税,但依然是丁赋分征。山东的一些地方官在具体政务中感到,丁赋分征是导致赋役不均的主要原因,而且在征收中有诸多不便。文登知县王一夔主张"丁徭之宜摊入地亩"。④ 御史

---

①《顺治朝圣训》卷六。
②《张文贞公集》卷七,《纪顺治间户口数目》。
③《牧济尝试录·编审议》。
④雍正《文登县志》卷九,《艺文志》。

董之燧首先提出"统计丁粮,按亩征派。"其后在广东、四川、浙江等省试行。雍正元年(1723 年),山东巡抚黄炳奏请将山东省丁银"援照浙省之例,摊入地亩输纳",雍正不准。① 雍正三年(1725 年),山东巡抚陈世倌再次奏请将"山东通省丁银,请摊入地亩之内征收"②。户部议准。于是雍正四年(1726 年)起山东全省摊丁入地,即按统一科则,每地赋一两,摊入丁银一钱一分五厘,丁随地起。至此,几千年的人头税终于被废除。

山东摊丁入地的办法是全省通筹匀摊。具体到各州县,也还另有摊计的标准。像鱼台、齐河等县就采用了按亩摊征的办法。鱼台县"于雍正四年奉文,通省应征人丁银摊入地亩征收。每亩征银二分六厘二毫五忽,共征银二万六千二百八十两(零)"③。齐河县也是"每亩摊征丁银五厘九毫一丝(零)"④。起初,孔府凭借特权自视例外,并不执行,乾隆七年(1742 年),朝廷明令孔府"摊丁入地"。山东核定每地银 1 两,摊入丁银 1.15 钱。各县执行不甚一致。潍县、益都、临朐每两田赋银摊入地丁银 1.15 钱,高密则摊入 1.1581 钱,昌乐摊入 1.15614 钱。

实行摊丁入地,大大简化了税收手续,"济之改九则(即三等九则制)行条鞭已百年矣。……然时役在赋中,时或役在赋外。……一省之内,则例各殊。……至此始归划一,从古未有之善政也"⑤。全国范围内赋役制度的相对统一,不仅有利于封建国家财政法令的贯彻,而且对于促进各地社会经济的发展也发挥了重要作用。夏津县实行"摊丁地"后,当地反映田赋虽"较诸原额为过之,然一切杂办丁徭尽为除豁,民止知有田赋一项,而吏胥不得以为奸,则浮费省无算,岂不名增而实减哉"⑥。在胶州,摊丁入地后,"民咸乐从之,以其道至公,政至均也"⑦。因为"摊丁入地"免除了人头税的摊派,隐漏已无必要,这样也加速了人口的增长。如夏津"自钦奉恩诏永不加赋,又奉文丁徭并入地粮,法令划一,百姓之扰累尽蠲,户口之实数亦出"⑧。摊丁入地,丁随地起,由以前的土地、人丁双重征税,变为按土地数量单一标

---

①《雍正朱批谕旨》,雍正元年六月初八日山东巡抚黄炳奏。
②《清世宗实录》卷三十四,雍正三年正月。
③乾隆《鱼台县志》卷六,《赋役》。
④乾隆《齐河县志》卷三,《赋役》。
⑤乾隆《济宁州志》卷五,《舆地》。
⑥⑧乾隆《夏津县志》卷四,《食货志·田赋》。
⑦道光《胶州志》卷十六,《赋役》。

准征税,农民对封建统治者和地主的人身依附关系松解了,表明官府在法律上正式承认取消了劳役制。摊丁入地改变了赋役不均的严重状况,完成了中国历史上赋役制度的重大改革。

摊丁入亩后,不再另征丁赋,统称田赋。清代的田赋分地丁、漕粮、租课3种。地丁是摊丁入亩后的合称,也称正税。正税有直接交纳谷米的叫本征,有用银钱折纳的叫折征。清代山东济南、东昌、武定、泰安、曹州、兖州6府及临清、济宁两直隶州所属的69州县以本征(征粮)为主,登州、莱州、青州及沂州4府所属州县则以折征(征银或物)为主。以谷米完纳的,一种必须解送北京,叫漕粮;一种则不需解送。以银钱完纳的又分丁银和租课。丁银即赋课之普通的民田;租课课之于民赋以外的地,如学田、芦地等。正税之外,还有各种附加税,以谷物交纳,则有雀鼠耗,交纳银两,则有火耗。明已有之,本为州县私加附税,清初屡次禁征,禁令不行,又实行限征,限征不成,雍正年间遂确定火耗数额收归公有,供文职养廉及各项公费所用。[①]田赋根据田类不同征收标准也不同,具体为:

民赋田,每亩科银三厘二毫至一钱九厘一毫零不等,麦一勺至四合三勺零不等,米二勺至三升六勺零不等;归并卫所地,每亩科银一分至六分五厘零不等;更名田,每亩科银一分至三钱七毫零不等,麦三合二勺零,米一升八合零;学田,每亩科银九厘至三钱不等;灶地,每亩科银二分六厘五毫至四分四厘一毫不等,麦一勺至四合一勺零不等,米一升八合至二升八合四勺零不等;卫所军屯粮田,每亩科银一分至五分三厘八毫不等,条银一分二厘至二分四厘不等;卫所更名籽粒等地,每亩科银六厘至一钱二分不等。这一田赋科则率,一直实行到清末。

清代山东田赋总额是随着田地面积的变化而有增减。截至道光二十年(1840年)以前,大致以顺治时最少,顺治十八年(1661年)共征银238.01万两,粮39.54万石,其他各朝相差不大(见表3-11)。除正赋外,山东各地的耗羡等征收数量也较大。如道光十六年(1836年)济南各州县赋税总额中,耗羡的比例始终在10%以上(见表3-12)。

---

①朱亚非:《山东通史·明清卷》,山东人民出版社1994年版,第245页。

表 3-11　清中叶以前山东田赋统计表①

朝　代	额征地丁		资料来源
	银（两）	米（石）	
顺治十八年	2380091	395400	《清文献通考》卷一《田赋》一
康熙二十四年	2818019	506965	《清文献通考》卷一《田赋》二
雍正二年	3007946	508784	《清文献通考》卷一《田赋》三
乾隆十八年	3346257	597680	《清文献通考》卷一《田赋》四
乾隆三十一年	3332879	506095	
乾隆四十九年	3390379	471500	
嘉庆二十五年	3344061	429743	《嘉庆重修一统志》

表 3-12　道光十六年济南各州县赋税统计表②

州县	正　赋	杂　税	耗　羡	收并济南卫所赋税
历城	银 64291 两 5 钱 1 分 4 厘 麦改米 1130 石 4 斗 9 升 3 合 6 勺 米 11089 石 9 斗 3 升 6 合 9 勺	课程税银 24 两 牛驴税银 3 两 牙行税银 17 两	8986 两 4 钱 6 分 1 厘	正银 1262 两 7 钱 2 分 7 厘 耗羡 176 两 7 钱 8 分 1 厘
章丘	银 73565 两 9 钱 6 分 4 厘 米 16198 石 8 斗 4 合 8 勺	课程税银 33 两 1 钱 牛驴税银 10 两 5 分 牙杂税银 3 两 9 钱	10299 两 2 钱 3 分 4 厘	正银 127 两 1 钱 4 分 耗羡 17 两 8 钱
邹平	银 37120 两 4 钱 7 分 2 厘 麦 65 石 5 斗 5 升 6 合 4 勺 米 6230 石 4 斗 4 升 1 合 2 勺	课程税银 20 两 4 钱 牛驴税银 3 两 1 钱 牙杂税银 3 两 1 钱	5196 两 4 钱 1 分 8 厘	
淄川	银 40926 两 2 钱 9 厘 米 2123 石 2 斗 3 升 1 合 3 勺	课程税银 14 两 5 钱 牛驴税银 4 两 5 钱 牙杂税银 3 两 1 钱	5728 两 1 钱 2 分 5 厘	
长山	银 39689 两 2 钱 8 分 4 厘 米 6043 石 2 斗 4 合 6 勺	课程税银 8 两 4 钱 牛驴税银 3 两 牙杂税银 6 钱 2 分	5555 两 6 钱 9 分	

①朱亚非：《山东通史·明清卷》，山东人民出版社 1994 年版，第 247 页。
②朱亚非：《济南通史·明清卷》，齐鲁书社 2008 年版，第 222—225 页。

（续表）

州县	正赋	杂税	耗羡	收并济南卫所赋税
新城	银 23971 两 1 钱 6 分 7 厘 米 1674 石 3 斗 3 升 9 合	课程税银 49 两 4 钱 牛驴税银 13 两 1 钱 牙杂税银 3 两 9 钱	3355 两 2 钱 9 厘	
齐河	银 28538 两 4 钱 1 分 1 厘 米 8332 石 7 斗 8 升 3 合 4 勺	课程税银 61 两 5 钱 牛驴税银 9 两 6 钱 牙杂税银 4 两 2 钱	3993 两 6 钱 7 厘	正银 4773 两 3 钱 5 分 6 厘 耗羡 668 两 2 钱 7 分
齐东	银 35481 两 9 钱 7 分 5 厘 麦改米 70 石 9 斗 6 升 7 合 9 勺 米 9421 石 7 斗 4 升 9 合 3 勺	课程税银 18 两 牛驴税银 1 两 1 钱 牙杂税银 1 两 4 厘	4967 两 4 钱 7 分 6 厘	
济阳	银 38357 两 5 钱 7 分 1 厘 麦改米 1231 石 6 斗 7 升 67 合 2 勺 米 11770 石 8 斗 4 合 5 勺	课程税银 18 两 3 钱 牛驴税银 14 两 9 钱 牙杂税银 1 两 4 钱	5370 两 5 分 9 厘	正银 704 两 2 钱 5 分 7 厘 耗羡 98 两 5 钱 9 分 6 厘
禹城	银 19412 两 1 钱 6 分 米 7039 石 4 斗 1 升 2 合 9 勺	课程税银 17 两 3 钱 牛驴税银 13 两 9 钱 牙杂税银 8 两 6 钱	4117 两 7 钱 2 厘	
临邑	银 21861 两 5 钱 2 分 麦改米 1531 石 5 升 3 合 3 勺 米 8595 石 7 斗 6 升 2 合 4 勺	课程税银 57 两 2 钱 牛驴税银 15 两 9 钱 牙杂税银 3 两 3 钱	3056 两 4 钱 1 分 2 厘	
长清	银 44900 两 1 钱 4 分 5 厘 米 10221 石 8 斗 9 升 3 合 9 勺	课程税银 4 钱 5 分 牛驴税银 5 钱 5 分 牙杂税银 4 钱 5 分	6286 两 2 分	正银 1209 两 7 钱 7 厘 耗羡 169 两 3 钱 5 分 9 厘
陵县	银 16709 两 7 钱 7 分 9 厘 麦改米 1222 石 1 斗 3 合 3 勺 米 9408 石 3 斗 2 升 8 合	课程税银 15 两 6 钱 牛驴税银 6 两 1 钱 牙杂税银 5 两 7 钱	2338 两 3 钱	

（续表）

州县	正　赋	杂　税	耗　羡	收并济南卫所赋税
德州	银 32362 两 15 钱 7 分 2 厘 麦改米 1169 石 8 斗 6 升 2 合 米 10781 石 1 斗 5 升 9 合 8 勺	课程税银 6 两牛驴税银 52 两 7 钱 牙杂税银 6 两 3 钱	4530 两 7 钱 4 厘	
德平	银 23643 两 9 钱 5 分 8 厘 麦改米 1536 石 9 斗 8 升 5 合 6 勺 米 6293 石 9 斗 4 升 4 合 3 勺	课程税银 18 两 牛驴税银 3 两 5 钱 牙杂税银 1 两 4 钱	3309 两 7 钱 5 厘	
平原	银 31869 两 6 钱 6 分 麦改米 2061 石 7 斗 3 升 9 合 3 勺 米 14460 石 2 斗 3 合 5 勺	课程税银 46 两 1 钱 牛驴税银 20 两 6 钱 牙杂税银 30 两 9 钱	4461 两 7 钱 5 分 2 厘	

四、农业

班固《汉书·食货志》云："《洪范》八政，一曰食，二曰货。食谓农殖嘉谷可食之物，货谓布帛可衣，及金刀龟贝，所以分财布利，通有无者也。二者，生民之本。"可见，食者，农也；货者，工、商也。农业"是整个古代世界的决定性的生产部门"①。山东自古就是农业发达之地，是中国的农业中心之一。古代山东人民创造了农业文明的辉煌。这里不仅有全国最高的粮食产量，还有一系列的农业技术创新及重要的农业著作。古代山东农业的发达，一直影响到现代，直至今天山东农业仍在全国农业中处于领先地位。

（一）农业生产工具

秦汉时期，农业为"天下之大业"。衡量农业发展水平的标志就是农业生产工具。农业生产的发展得力于生产工具的改进，而生产工具的改进也是农业发展的见证。秦汉时期，见诸文献记载的山东地区的农业生产工具

①《马克思恩格斯选集》第 4 卷，人民出版社 1972 年版，第 145 页。

颇多,如:“臿……东齐谓之梩①”,“佥……齐楚江淮之间谓之柍”②,“欘,斫也,齐谓之镃錤”③,“锄,助也,去秽助苗长也,齐人谓其柄曰橿,橿然正直也”④。文献所记还仅是一小部分,更多的生产工具不断地从地下被发掘出来。秦汉时期,在山东铁制农具已成为主要农业工具。汉代普设铁官,铁制农具得到推广普及。“铁器者,农夫之死士也,死士用则仇雠灭,仇雠灭则田野辟,田野辟而五谷熟。”⑤《汉书·地理志》中记载全国设铁官49处,山东就有12处。汉代山东铁器出土地点,至少在十几处以上,其中炼铁遗址3处。从南部的滕县、苍山、莱芜,到北部的临淄,从西部的济宁、济南、章丘,一直到东部的青岛、莱西和烟台附近的福山,全省范围内都有汉代铁器出土。铁农具无论在品种,还是在质量上都比战国时期有很大增加和提高。山东汉代所出土的铁制农具,有犁、铧、镢、锸、双齿镢、三齿镢、五齿镢、铲、锄、镰诸类,不仅数量多,农具种类也很齐全,已非常普遍地应用于农业生产的各个方面。⑥ 铁犁是汉代最重要的农业工具之一,山东各地都有出土。1972年,莱芜县牛泉公社亓省庄村出土汉代农具铁范二十四件,完整的有犁范,二合四件;双镰范,一合两件;镢范,一合两件;大铲范,三合六件;耙范一件。⑦ 这些铁范不知铸造了多少犁、镰、镢、铲、耙。其中,耙是汉代出现的新农具。滕州市也曾出土一批汉代铁制农具,有铲、犁等,其中有一件边长48厘米、底宽45厘米、高13厘米的大铁犁。这种大铁犁在山东沂水、安丘也曾出土过。据模拟实验,大铁犁可能是“开田间沟渠及作陆堑”用的⑧。山东省博物馆的

汉代铁制犁范(莱芜)

①②杨雄:《方言》卷五。
③《说文解字·木部》“椆”条。
④刘熙:《释名·释用器》。
⑤《盐铁论·禁耕》。
⑥房道国、刘会先:《山东地区汉代农业考古资料概述》,《农业考古》2006年第4期。
⑦山东省博物馆:《山东省莱芜县西汉农具铁范》,《文物》1977年第7期。
⑧参见张传玺:《两汉大铁犁研究》,《秦汉史论丛》第3辑。

研究报告认为：“从莱芜铁范的种类和形状看，犁范所铸的还是铁口犁，接近河北燕下都及河南辉县固围村出土的战国铁犁……双镰范和镢范与兴隆发现的战国双镰范、镢范形制基本相同。”①这些农具铸范的发现，说明汉代铁制农具的普遍使用。

山东的耕犁形制和南方的耕犁形制有所不同，犁床和犁梢连成一体呈弓形，是用一根弯曲木头制成，看不出明显的犁床，故亦称为无床犁。有用二牛牵引的长直辕犁和用一牛牵引的短直辕犁。长直辕犁适于在大块田地上使用，短直辕犁转弯灵活，适于在小块田里使用，是一种因地制宜的发明创造。滕州市宏道院出土的汉画像石上的“牛耕图”，是一牛挽一犋双辕犁。一农夫扶犁执鞭，一孩童在前牵牛。一牛挽犁耕田，说明犁铧更加锋利，重量减轻。②

其他铁制农具如铁锸，形制均为凹口形，圆弧刃，是汉代的主要挖土工具，在兴修水利取土时发挥很大作用，故有“举臿为云，决渠为雨”③的民谣。在济南章丘东平陵城、长清双乳山等地均有出土。又如铁锄，济南市长清区大觉寺村二号汉墓发现1件，出土于前、中室之间的石门梁上。凹形，内侧有三角形槽，内残留有木痕；长14厘米、高10厘米、厚1.6厘米。济南东平城遗址、长清小王庄汉墓也有发现。又如铁镢，汉代的主要农具之一，济南东平陵遗址出土双齿镢2件，三齿镢2件。又如铁铲，在汉唐以后一直是主要的挖土工具之一，在宋元时期称为铁锹。从山东出土的铁铲来看，其形制大小都与现在的铁锹相似，说明铁铲到此已经定型。

除铁制农具外，汉代山东居民还使用石制或陶制的农业生产工具。当时农业有了长足的进步，故粮食加工工具如石磨、臼、碓等相应地有了发展。济南东平陵遗址出土石磨两件，皆仅存上扇。以其中一件标本0329为例，磨顶凸起一周，中心形成一圆形凹槽，中间有一道隔梁，将其分成两部分，每部分各有一长方形漏孔；底部中央也有一圆形榫槽，其外密布长条形磨齿；磨侧边，有两对称的长方形榫孔，可以纳柄。平陵城发现的陶磨，夹砂灰陶，仅存上扇，磨顶外侧凸起两周，其间形成深槽，磨顶中部也为圆槽，其中心尖

①山东省博物馆：《山东省莱芜县西汉农具铁范》，《文物》1977年第7期。
②蒋英炬：《略论山东汉画像石的农耕图像》，《农业考古》1981年第2期。
③《汉书·沟洫志》。

凸,圆槽外侧有对称的两个圆形漏孔;磨顶外缘还有二圆形榫孔,可以纳柄,磨底内凹,中心有一圆形榫孔,以与下扇结合。直径 40.8 厘米,厚 11.6 厘米。① 另外,临淄等地的东汉墓还出土过几件陶风扇车模型,证明早在汉代黄河流域即已使用风扇车。风扇车也叫风车、扇车,古代称飏扇,是专门用来扬弃谷物中糠秕杂物以清理籽粒的农机具。全部由木材制成,车身后面有扇出杂物的出口,前身为圆鼓形的大木箱。箱中装有 4 至 6 片薄木板制成的风扇轮。手摇风扇轮轴的曲柄,使扇轮转动。扇车顶上有盛谷的漏斗,脱落后或舂碾后的谷物从漏斗中经狭缝徐徐漏入车中,通过转动风轮所造成的风流,将较轻的杂物吹出车后的出口,较重的谷粒则落在车底,流出车外,从而把杂物和净谷净米分开。

为了推广代田法,赵过还发明了一系列与之配套的农具,耧车便是其中之一。耧由耧架、耧斗、耧腿、耧铲等构成。有一腿耧至七腿耧多种,以两腿耧播种较均匀,可播大麦、小麦、大豆、高粱等。耧车的三个耧脚可以一次性开出三条沟来,同时完成的还有播种和覆土等项作业,因此大大提高了效率。

魏晋南北朝时期的耕犁基本上是继承汉代的,但犁的形制还是有所变化。从魏晋墓壁画牛耕图看,当时的耕犁还是二牛挽拉的长辕犁。但《齐民要术》已指出:"长辕耕平地尚可,于山涧之间则不任用,且回转至难、费力,未若齐人蔚犁之柔便也。"说明山东一带已出现适应多种地形使用的蔚犁。因记载不详,只能推测蔚犁为一种性能先进的短辕犁,这种犁的出现可能为唐代曲辕犁的诞生奠定了基础。《齐民要术》中多次提到"铁齿楱",它是由畜力牵引的铁齿耙,将土地犁出并把土块耙碎。畜力耙与牛耕相结合,标志着山东旱作农业技术的成熟。锸在南北朝时期继续使用,但出土的实物远少于汉代,《齐民要术》中没有提到锸,说明锸已不是主要农具。隋唐以后,锸已很少出土。

唐宋时期山东地区的农业生产工具,与全国情况是一致的,各种农具一应俱全。农具的发展主要是对原有农具的改进和完善。在山东具有典型意义的农具是由耧车改进而来的耧锄、下粪耧和开垦荒地的"犁刀"。元代山东主要中耕农具有耘锄、耘荡、镫、锄等,旱地则多用犁铧。农谚"谷锄八遍

①郑同修、袁明:《山东章丘市汉东平陵古城遗址调查》,《考古学集刊》第 11 集,中国大百科全书出版社 1997 年版。

饿死狗"，即反映了元代山东地区农村对中耕的重视。此外，农业机械和灌溉工具也有所改进。收割用的镰刀种类齐全，并创制出收割荞麦用的推镰。水利灌溉工具中，除传统的提水工具外，尚有牛转翻车、水转翻车、水转连磨、水轮、水转鬲车、多转筒车等。

明代前期，山东各地使用的犁具，体积较大，犁铧头圆秃。在平原土质松软的地区，挖土较易；但在丘陵和土质硗薄板结的地区，使用这种犁具发土浅且迟钝。一般一具犁需用四牛力，一天仅耕二三亩，效率低且费畜力。而牛力

明代的铁斧头、铁铲、铁镢头、铁锹（梁山县）

不足的农户只能数家合犋，从事耕垦，严重影响了广大贫苦农户的正常生产。有鉴于此，万历十七年（1589年），日照知县杜一岸通过实际观察，对当地流行的旧式犁具进行了改进。改进后的犁具，"其铧头尖锐而旁锋，入土甚便"，"一犁只用如大牛一"或"小牛二，驴羸马匹，无不效力"，并且"所耕之地且倍于四牛"。新式犁具的使用，不但大大提高了耕地的效率，而且也避免了"合犋之害"，"所费之功半，所得之利倍"。[1] 新式犁具在日照推广后，得到上级官府的肯定，很快就在山区丘陵地区推行开来，从而促进了山区丘陵地区农业生产的发展。

（二）农业技术

农业技术也是农业发展水平的重要标志之一。农业技术具体包括农业耕作技术、施肥技术、农产品加工技术等。

秦汉时期的农业耕作技术，一般都是"深耕概种，立苗欲疏；非其种者，锄而去之"[2]。"深耕概种，立苗欲疏"的耕作技术在西汉时已成为农民的常识。汉武帝后，耕作技术有两大改进，即代田法和区种法的采用。

①康熙《日照县志》卷十一，《文苑志》。
②《史记·齐悼惠王世家》。

代田法是汉武帝时赵过发明的,一种适应北方旱作地区的耕作方法。武帝末年西汉政府下令大力推广。由于在同一地块上作物种植的田垄隔年代换,故称为"代田"。据《汉书·食货志》载:"过能为代田,一亩三畎。岁代处,故曰代田。古法也。""古法"就是春秋战国时盛行的"畎亩法",韦昭解释说:"下曰畎,高曰亩。亩,垄也。""一亩三畎"就是在一亩地里作三条沟、三条垄。即把耕地整成沟垄,而逐年互换,今年为沟之处,来年成垄;今年为垄之处,来年成沟。沟垄逐年更换,使土地都有一次休耕的机会,以此来恢复与保持地力,整个土地不换。这是同休耕制不同的地方。代田法有利于恢复和保持地力,不浪费土地,比以往的耕作法更进步一些。赵过在推广代田法时,首先在空地上试验,证实确比"旁田"多收一斛以上,"用力少而得谷多";然后对县令长、乡村中的"三老"、"力田"和有经验的老农进行技术训练,"受田器,学耕种养苗状",再通过他们把新技术逐步推广出去。代田法的推行取得显著成效,尤其是与之相辅而行的耦犁、耧车等新式农具由此得到推广,使山东等黄河流域的农业生产力上了一个新的台阶。

区种法由汉成帝时氾胜之发明。区种法是农业上进一步精耕细作的一种耕作方法。这种方法主要是按土质把土地分为三等:上农夫区、中农夫区和下农夫区。区田或长方形,或小方块形,然后分区种植各种不同的农作物。分区后种植的农作物靠施肥和灌溉以保证农作物所需的充足养料和水分,从而提高农作物的产量。《后汉书·刘般传》"通使区种增耕"句下注云:"《氾胜之书》曰:上农区田法,区方深各六寸,间相去七寸,一亩三千七百区,丁男女种十亩,至秋收区三升粟,亩得百斛。中农区田法,方七寸,深六寸,间相去二尺,一亩千二十七区,丁男女种十亩,秋收粟亩得五十一石。下农区田法,方九寸,深六寸,间相去三尺,秋收亩得二十八石。旱即以水沃之。"其基本原理就是"深挖作区",在区内集中使用人力物力,加强管理,合理密植,保证充分供应作物生长所必需的肥水条件,发挥作物最大的生产能力,提高单位面积产量;同时扩大耕地面积,把耕地扩展到不易开垦的山丘坡地。"区种法是播种于区内沟中的,区内除有实际播种之沟外,一亩地的区内有十四条人行道,道广一尺五寸,沟与沟相去一尺,留此空地以堆积挖沟之土,不能容纳时还要展宽二尺,这样,区内不耕之地占了一个很大的比重。"①区种法较代田法又有很大的进步,这主要表现在亩产量的提高上。

春秋战国时期,山东已经畜养牛。据《史记·齐太公世家》注引《括地志》云:"齐桓公墓在临淄县南二十一里牛山上,亦名鼎足山,一名牛首岗,一所二坟。"从"牛山"、"牛首岗"的山名可知,是以牛外形命名的。秦汉时期,山东地区已经广泛

汉画像石上的"牛耕图"(滕州汉画像石馆)

地使用了牛耕,牛耕技术也有了进一步的发展。在山东出土的汉画像石上常见"牛耕图"。大多数"牛耕图"都是二牛抬扛式的,这是秦汉时期流行全国的一种牛耕方式。

施肥也受到人们的普遍重视。人们对积肥和土地施肥也极为重视,有农谚为证:"粪如药,粪田胜买田,惜粪如惜金。"在滕州市龙阳庄出土的汉画像石上,刻有一人在马后拾粪的图像。此外,在滕州黄家岭出土的汉画像石上,有一幅"农活图",一个男子操一耩犁耕地,另一男子操一耩耙耙地,三个妇女在锄地,还有一个男子端着水罐或汤罐向田间走来。这幅"农活图"形象地展示了秦汉时期山东农民在田间劳动的情况。

魏晋南北朝时期,山东旱地耕作技术基本定型。山东的农业生产技术集中体现在《齐民要术》中。《齐民要术》针对黄河中下游的地理环境,对抗旱保墒作了详尽探讨,总结了耕、耙、耱、锄、压等一整套保墒防旱技术。《齐民要术》中还重视作物的选种和良种培育工作,书中提到"粟、黍、穄、粱、秫"的选种,"常岁岁别收,选好穗纯色者,劁刈,高悬之。至春,治取别种,以拟明年种子","其别种种子,常须加锄。先治而别埋,还以所治襄草蔽窖"。选种、留种,建立"种子田"进行良种繁育和精细管理,具有相当的科学性,至今仍有沿用。山东地区施肥的技术水平也有了很大的提高,《齐

---

①傅筑夫:《中国封建社会经济史》第2卷,人民出版社1982年版,第317页。

民要术》记载了使用绿肥的方法。贾思勰还提到为土壤提供适当肥力的前茬作物,专门比较了诸如大豆、小豆、绿豆等豆科作物轮作对谷物产量的影响。

此期在农业虫害的防治上取得了多项新的进展。人们一方面培育了一些新的免虫品种;另一方面采用了轮作防病栽培法,创造了食物诱杀法,应用了盐水浸种和捕食性天敌除虫,从而为病虫害防治开辟了新的途径。

隋唐宋元时期,农业技术的发展体现在重视农田水利的兴修以及农书的总结。最有代表性的农书是唐代韩鄂的《四时纂要》,对包括山东在内的黄河中下游农事活动进行了辑录。

明清时期,山东农业生产技术又有进一步提高,在麦作生产日益扩大的基础上,两年三熟制的麦——豆——秋杂轮种日益普及。康熙《巨野县志》记载:"种植五谷以十亩为率,大约二麦居六,秋禾居四","二麦种于仲秋,小麦更多,先大麦播种,历冬至夏五月收刈,大麦先熟,小麦必夏至方收","秋禾以高粱、谷豆为主,其次黍稷,沙地多种棉花,芝麻与稻间有种者","初伏种豆,末伏种荞麦,多用麦地,俱秋杪收刈"。咸丰年间沂水县令吴树声《沂水桑麻话》记载的是鲁中沂州府一带的情况:"坡地(俗谓平壤为坡地)两年三收,初次种麦,麦后种豆,豆后种蜀黍、谷子、黍稷等","涝地(俗谓污下地为涝地)两年三收,亦如坡地……麦后亦种豆"。无论哪一种搭配都是以豆麦复种为中心,即先种越冬小麦,麦收后复种大豆,晚秋收获,翌春种植大秋作物,如高粱、谷子、棉花等等。小麦在粮食作物中品优价高,是北方旱地农业中收益最高的作物;小麦又是越冬作物,农历八月播种,来年五月收获,可合理利用地力、农时。大豆则生长期短,且有很强的固氮作用,能够提高土壤肥力,在两季大粮作物中插入一季大豆,可以在不增加肥料投入的前提下提高土地总产量,在经济上是十分划算的。正是由于麦豆复种的这一优越性,使其经过长期发展最终成为山东两年三熟制的核心。

在传统农业生产技术的基础上,明代山东精耕细作、土壤改良等技术得到有效提高。天启年间曾任临淄、寿光两地知县的耿荫楼发明了"亲田法"。这是他针对两地部分农民"种广收微"的粗放式经营提出的一种农业经营方法。他在《国脉民天》里提出对耕种的一部分耕地"偏爱偏重,一切俱偏,如人之有所私于彼,而比别人加倍相亲厚之至"。具体做法是农民将自己耕种的农田分为五份,五分之四的田亩正常耕种,五分之一的田亩做"亲田",进行精耕细作,重点管理。遇到丰年,这二十亩的收获,必比一般措施的八十亩也高数倍。倘若遇水旱虫灾,全家可弃五分之四全力保五分之一"亲田","易于捕救,亦可免蝗"。其余八十亩荒歉了,这二十亩照常丰收。而且"五年轮亲一遍,而百亩之田,即有碱薄皆养成膏腴"之田矣①。"亲田法"的实质就是精耕精种,农民可根据自己的地亩、劳力、肥水条件进行耕作,在有限的耕地面积上,控制经营规模,进行人力、物力和财力的倾斜投资,以少胜多。"亲田法"促进了临淄农业的发展,使临淄物阜民丰,百姓富足。

明清时期山东地区土壤改良技术得到有效发展。在山东"黄泛区"及沿海部分地区,土壤盐碱化程度比较严重。古代把盐碱地称为"斥卤",盐碱地的广泛存在成为阻碍山东地区农业开发的不利因素。从明代起山东居民就进行盐碱地区改良技术,不断提高土地利用价值。农民创造出"赶盐"、"压盐"、"压青"、"泡茬"、"躲盐"、"放淤"等办法,把许多斥卤不毛之地改造成为能种植的农田。清代农学家盛百二,长期客居山东,著有《增订教稼书》,对北方农业生产中治沙和灌溉尤为关注,因此书中碱地、沙地、沟洫三条写得特别详尽。山东盐碱地的改造,在多水地区多用引水洗盐、种稻洗盐等传统方法。种稻必须水溉,而水有溶解盐碱及洗碱的属性和作用。明人王应蛟从天津以稻治碱中发现"斥卤可变为膏腴也"②。如青州府的高苑县,嘉靖年间知县葛臣为改造本地盐碱土地,劝民"兴改稻田"。万历年间,地处小清河流域的博兴县,县丞郑安国引导人民"建地漏引水"改种稻。在水源比较缺乏的盐碱地区,不能实行引水浸灌种稻洗盐的方法,而是采用种植树木以达到改良盐碱的目的。在盐碱地将"如鸡卵粗"柳橛深压入地,"插下九分,外留一分","得一二个月芽出,任其几股,二年后就地砍之,第三年发出,粗大茂盛"。"十年后,沙地、碱地如麻林一般矣。"③长期生活在盐碱地区的人民,通过实践,还利用换土掘沟和种苜蓿的方法治碱,掘沟可以通过深耕深翻破坏盐碱土的盐根层,提高淋盐效果,用下层土壤改良表

①耿荫楼:《国脉民天·亲田》。
②《文献通考·田赋·屯田》。
③吕坤:《实政录》卷二。

土,加快改良效果。通过种稻、植树、深翻等方式进行盐碱土地改良是古代山东人民的宝贵经验。通过改良而获取的土地,为山东经济进一步拓展了发展空间。

明代山东桓台人王象晋在农业实践的基础上著《群芳谱》一书,是我国 17 世纪初期论述多种农作物生产技术的巨著。如甘薯种植的最佳土壤、管理方法以及留种、育苗、繁殖技术、储藏等。果树种植方面提出嫁接可以改变果树品质,书中记载了 6 种嫁接方法:身接、根接、皮接、枝接、搭接和靥接。著述所及植物种植内容之周详,为其他农书所不及。

清代中期马益著的农村启蒙读物《庄农日用杂字》,对清代山东中部地区施肥有颇为生动的记录。"开冻就出粪","养猪图攒粪,挣钱是枉然。达张铁粪叉,买个荆条篮。早起拾大粪,春季种庄田"。开春山东农民要做的第一件事就是把粪肥从猪圈中清理出来,并用扁担挑到"南场"的宽敞地带晾晒,捣碎晾干后再用手推车运到田地中去。除养猪积肥外,农民还会通过拾粪的方式来获取肥料。手拿叉子、肩背筐子的拾粪情景在近现代的山东农村依然常见。

(三) 农作物

秦汉时期山东是重要的农业产区之一。司马迁写道:齐鲁"宜五谷桑麻"[①]。何谓"五谷"? 秦汉时有不同的解释,或谓"麻、黍、稷、麦、豆"[②],或指"黍、稷、菽、麦、稻"[③],有稻而无麻。从司马迁"宜五谷桑麻"一语来看,他说的"五谷"当属后一说。黍、稷、菽、麦,是北方传统的农作物。当时山东地区黍、稷、小麦、大豆、水稻等"五谷"作物已齐全,水稻的种植量较大。例如,史载:琅琊郡的稻城县(今高密西南),"蓄潍水溉田……旁有稻田万顷,断水造鱼梁,岁收亿万,号万匹梁"[④]。齐鲁以盛产桑麻而闻名。司马迁说:"齐带山海,膏壤千里,宜桑麻。"[⑤]班固也说:鲁地"地狭民众,颇有桑麻之业,亡林泽之饶"[⑥]。《史记·货殖列传》论各地物产云:"燕、秦千树栗;

①⑤《史记·货殖列传》。
②《周礼·天官·疾医》郑玄注。
③《周礼·夏官·职方氏》郑玄注。
④《读史方舆纪要》卷三十六。
⑥《汉书·地理志》。

蜀、汉、江陵千树橘;淮北、常山以南,河、济之间千树萩;陈、夏千亩漆,齐、鲁千亩桑麻;渭川千亩竹。"齐鲁桑麻的种植量居全国第一。另外,汉宣帝时,龚遂为渤海太守,"(龚)遂见齐俗奢侈,好末技,不田作,乃躬率以俭约,劝民务农桑,令口种一树榆,百本薤,五十本葱,一畦韭。家二母彘、五鸡"①。除种谷杂以五种外,还要求种植与百姓生活直接相关的榆、薤、葱、韭等,饲养一定数量的猪、鸡等家畜家禽。

魏晋南北朝时期,山东地区土质肥腴,易植五谷。《宋书》记载:"泰山以南,南至下邳,左沭右沂,田良野沃。"②泰山以北的青齐地域,也是"青、齐沃壤","土方二千,户余十万,四塞之固,负海之饶,可谓用武之国"。③ 就粮食作物而言,以粟为主,麦类的种植逐渐普遍,大有追赶粟类之势。从《晋书·五行志》所记载的山东地区的自然灾害情况来看,各州郡的农作物主要都是麦和豆。这一时期涌现出了大量的农作物新品种。如粟类以成熟时间的先后分为早谷和晚谷品种,以谷粒的颜色分又有黄谷、青谷、白谷、黑谷等品种。据《齐民要术·种谷第三》记载,"按今世粟名,多以人姓氏为名目,亦有观形立名,亦有会义为称",即以培育者姓名命名和品种性状及性能命名的方法。水利资源充足的地段也偶有水稻种植。山东居民的主食以面食和豆类为主,杂粮为副,以麦面加工而成的"饼"成为千家万户的通用食物。

就经济作物而言,据《齐民要术》记载,蔬菜、果木、油料、染料等作物种植较为普遍。蔬菜瓜果作物多沿袭前代,《齐民要术》所记山东出产的蔬菜有 30 多个品种,其中包括茄子、冬瓜、胡瓜、瓠、芋、葵菜、蔓菁、芜菁、菘、芦菔、蒜、泽蒜、葱、韭、芸苔、芥菜、胡荽、姜、芹菜、苜蓿、菫、莴苣等常用蔬菜。山东地区栽培的果木有枣、梨、樱桃、杏、桃、奈、栗、柿、榛、安石榴、林檎等品种,收获量极为可观。有些果品不但产量大,而且品质优良,往往居全国同类产品之首。例如枣就是山东的著名特产,丰年可作果品佳味,荒年可代粮食充饥,故栽培者不计其数。《齐民要术》卷四记载:"按青州有乐氏枣,丰肌细核,多膏肥美,为天下第一。……齐郡西安、广饶二县所有名枣即是也。

①《汉书·龚遂传》。
②《宋书·何承天传》。
③《晋书·慕容德传》。

今世有陵枣,嬽弄枣也。"魏晋南北朝时期花椒等调味品走进了人们的生活。《齐民要术》"作鱼鲊第七十四"、"腊脯第七十五"、"羹臛法第七十六"、"蒸鱼法第七十七"等篇中均是椒姜并提,绝大多数是姜椒、橘皮、葱、小蒜一起配伍。花椒就是当时山东新引进的一项物品。《齐民要术》卷四记载:"按今青州有蜀椒种,本商人居椒为业,见椒中黑实,乃遂生意种之。凡种数千枚,止有一根生。数岁之后,便结子,实芳芬,香、形、色与蜀椒不殊,气势微弱耳。遂分布栽移,略遍州境也。"人们还对花椒叶进行了有效的利用,"其叶及青摘取,可以为菹,干而末之,亦足充事"。油料作物有胡麻(芝麻)、荏等,其中胡麻从汉代时移植我国,到北朝时期已普遍种于山东地区。另外,染料作物出现了红蓝花、栀子、蓝、紫草等,饲料或绿肥作物有苜蓿、芜菁、苕草等。这些经济作物的引进与广泛培植,大大提高了山东农产品的竞争能力。

隋唐五代时期,山东的小麦、小米、水稻和豆类等农作物的种植极为普遍。从在山东地区征税多为征收谷粟、免税多为免收谷粟、运送军粮多为"飞刍挽粟"等记载中可以证实,山东地区的农作物仍以种植谷粟为主。唐开元年间棣州的赋税中,除征粟外,还有小麦和豆类诸项。五代的统治者也曾强迫山东百姓缴纳麦面、曲(麸曲)钱等,这说明小麦是当时山东地区普遍种植的农作物,其产量很可能仅次于谷粟。圆仁在《入唐求法巡礼行记》卷二曾提到:文宗开成五年(840年)他在齐州禹城县时,曾听到这里的粮价是"小豆一斗十五文"。山东农业区的水稻生产较前代增加,开元时期张九龄鼓励河南诸州大植水稻,其中就包括了山东南部的许多地区。延至青州一线,水稻遍及农田。圆仁曾记载他在登州府城正东市集上看到这里"粟米一斗三十文,粳米一斗七十文"。到青州后得知:"从登州文登县至此青州,三四年来蝗灾起,吃却五谷。"说明当时青州地域,谷子与水稻都是间种并植。

就经济作物而言,主要有桑柘、果木和中药材。(1)桑木与柘木。唐代山东各地桑柘繁茂,收获丰硕,到处都呈现出兴旺景象。这一点,可以从唐人诗咏中得到充分印证。如密州"落晖隐桑柘,秋原被花实"①。青州"农

---

①《全唐诗》卷七十三,第797页。

桑连紫陌,分野入青州"①。单县"秋山入远海,桑柘罗平芜"②。可以看出,横贯齐鲁东西,到处都是农桑喜人的美丽田园。神龙年间,尹思贞任青州刺史,"治州有绩,蚕至岁四熟"③,桑柘及养蚕业的发展,为山东丝织业的进步奠定了重要基础。(2)果木。唐代山东果木的种植进一步扩大。山东出产的果品以枣、梨、杏、栗、柰为主,其中不乏全国知名的优良品种。比如山东的枣就始终盛名不衰,享誉神州。《全唐诗》卷九五沈佺期《夜泊越州逢北使》云:"饥共噬齐枣,眠共席秦蒲。"可见,山东出产的枣远远地输送到了浙江一带。另外,山东水果其他名品尚有水梨、杏等。青州出产的水梨为"应天下州县旧贡滋味食馔之物",每年都要"有取于民家"④,贡送于朝廷。"济南郡之东南有分流山,山上多杏,大如梨,色黄如橘,土人谓之汉帝杏,亦曰金杏。"⑤这也是山东水果中的稀有品种。唐代山东还引入西域的葡萄。"贝丘之南有葡萄谷,谷中葡萄,可就其所食之"⑥,贝丘,即今山东博兴县郝乡境内。可以说,山东果品生产在农业多种经营中占有较大的分量。(3)中药材。作为经济作物的补充,山东还是全国中药材的重要产地。当时天然药材的主要集中地是生态环境比较好的泰山周边地域及沿海丘陵山区。如从事药材生意的个体经营者仆仆先生"家于光州乐安县黄土山,凡三十余年,精思饵杏丹,衣服饮食如常人,卖药为业"⑦。东阿阿胶是唐代山东药材制售的典型,"生东平郡,煮牛皮作之。出东阿,故名阿胶"⑧。据《元和郡县志》记载,山东出产的许多中药材都被政府列为重要的土贡物品,每年定期定额上交朝廷。其中包括郓州的防风,齐州的防风、滑石和云母,曹州的葶苈和蛇床子,青州的红蓝、紫草、红花和菜青定麻,淄州的防风,登州、莱州、密州的牛黄,兖州的云母和防风,沂州的紫石和钟乳,济州的阿胶和鹿角胶。

宋代,山东地区农作物的种类比前代有所增多,一些农作物优良品种得

---

①《全唐诗》卷二八五,第 3264 页。
②《李太白全集》卷二十一,《登单父陶少半月台》。
③《新唐书·尹思贞传》。
④《全唐文》卷一二二,后周太祖《却诸道贡物诏》。
⑤《酉阳杂俎》卷十八,第 174 页。
⑥《酉阳杂俎》卷十八,第 175—176 页。
⑦《太平广记》卷二十二。
⑧《唐·新修本草》阿胶条。

到进一步推广。农作物种植以粟、黍、麦、豆为主,兼及蔬菜、瓜果、桑麻、枣树等经济作物。鲁北博、棣、德、滨地区还利用当地自然优势,引水灌田,种植水稻。宋神宗以后,山东的水稻种植面积不断扩大,许多州县都相继开辟了稻田。地处鲁中丘陵的齐州济南,每到夏秋季节,便"下田满粳稻,秋成比禾菽",呈现出一派稻菽丰收的景象。位于鲁西平原的梁山泊地区水稻生产兴旺,神宗时已成为"远控江淮粳稻秋"的著名粮仓。① 沂州也是"田兼备鱼稻之饶"②,水稻产品极为丰富。

金代山东地区农作物种类大致与北宋相同,粮食作物主要有粟、麦、稻、豆、荞麦、稗等,经济作物主要有桑麻、枣柳、瓜果、蔬菜等。金代山东水稻产区主要分布在单、沂、曹、邳等州,其中单州诸县陂湖,"水至则畦为稻田,水退种麦,则所收倍于陆地"③,"邳、沂近河,布种豆麦,无水则凿井,灌之计六百余顷,比之陆田所收数倍"④。

元代山东地区农作物种类在前代的基础上有所扩大。主要粮食作物有大麦、小麦、大豆、粟、水稻等,经济作物有麻、桑、西瓜、蚕豆、红花等。其中麻桑的种植在全国居于重要地位。养蚕缫丝和麻织是山东农民家庭的主要副业。史载,潍县"桑枣荣茂",定陶由"蚕桑久废"变成了"桑林"。高伯温在长清教民植桑达17万余株。王祯在《农书》中曾提出用鲁桑和荆桑嫁接改良桑树品种,可见山东桑是极为优良的品种。元代山东还引进一些新的经济作物,如棉花、西瓜、亚麻、红花、蚕豆等,这些经济作物自元代开始在山东种植。

明代山东地区的粟和小麦依然是两大主要粮食作物。小麦在耕地中的种植比例在30%上下。嘉靖年间,山东东昌府武城县德王府庄田,夏麦地约占28.7%⑤。万历中期,山东曲阜孔府张阳庄庄田,大、小二麦种植面积达41%;至清初顺治年间,已将近占60%。⑥ 就粮食作物而言,除传统的麦、粟、豆、黍、稷等旱作作物外,稻谷的种植有了较大的发展,种植的地域已

①苏辙:《栾城集》上册,上海古籍出版社1987年版,第141、167页。
②刘颁:《彭城集》卷二十一。
③《续通典·食货》。
④《续文献通考·田赋考》。
⑤嘉靖《武城县志》卷二,《户赋》。
⑥《曲阜孔府档案史料选编》第二编《明代档案史料》,第三编《清代档案史料》第11册。

遍及六府。济南府地区,自成化年间疏浚大、小清河后,历城县"得湖田数百顷,历城之有稻实自兹始",此后"粳稻之美,甲于山左"。莱阳县的"稻种分水旱、早晚",莱州府稻谷已为本地五谷之首。其中,昌邑县的"永安稻"颇负盛名。在青州府地区,嘉靖年间高苑县始"兴稻田以致务农"。博兴县自万历年间县丞郑安国"教民渠种"水稻后,"稻粳之利甲于一方"。在兖州府地区,滕州西近运河地带,成为"千亩麦,千石稻"的富庶粮仓。巨野、宁阳、滋阳、济宁、沂州等地,沿河地带"嘉种播来禾满野,陂田秧处稻成畦"①,一派江南风光。

就经济作物而言,以棉花最为突出。山东地处华北平原,这里的土质非常适于植棉。在明代,山东的棉花质量好产量大,徐光启说"北花出畿辅山东,柔细中纺织,棉稍轻",还说"亩收二三百斤以为常"。② 在个别地方甚至出现了植棉达"万亩之家"的大规模经营。在明政府强制性植棉政策下,山东植棉业发展更为迅速。据《明太祖实录》载,洪武二十八年(1395 年),"东昌等三府屯田"棉产达 124 万公斤。次年,明政府又令北平都司所用"布六十万匹,棉花三十四万斤",辽东都司所用"布五十五万匹,棉花二十万斤,俱以山东布政司所征给之"。北方边地的军需用棉主要依赖山东的棉产,表明在洪武后期山东部分地区的植棉生产就已具有一定的规模了。洪武以后,赋税征收的变化,促使山东植棉业有了进一步发展。嘉靖《山东通志》载:"棉花,六府皆有之。"滕县"妇女辑布,夜纺车之声比屋相闻"③,定陶"所产棉布为佳,他邑皆转鬻之"④。东昌、济南及兖州三府所属州县植棉最盛。山东已成为北方地区最大的棉花产区。

除棉花的种植扩大发展外,各地因地制宜,大力发展其他各种经济作物。明代山东地区种植最为普遍的蔬菜是白菜、菠菜、芹菜、韭菜、葱、蒜、萝卜等。长山县吴氏,世代以"种菜为业",菜园规模多达百余亩,主要种植菠菜。⑤ 胶州的大豆是当时闻名远近的重要的贸易商品。当时"胶之民以醃膷米豆往博淮之货,而淮之商亦以其货往易胶之醃膷米豆,胶西(指胶州)

①万历:《兖州府志》卷四十九,《艺文志》。
②徐光启撰、石声汉校注:《农政全书校注》卷三十五,《木棉》。
③万历《滕县志》卷三,《风土志》。
④万历《兖州府志》卷四,《风土志》。
⑤嘉庆《长山县志》卷十二,《艺文志》。

由此稍称殷富。……今虽有防海之禁而舡之往来固自若也"①。每年二月至五月间汇聚于唐头寨的山东、辽东、天津等地商人"贩运布匹、米豆、曲块、鱼虾并临清货物,往来不绝"②。像茜草、蓝靛、红花等染料作物,梨枣桃栗等果木,以至园圃蔬菜、花卉草木等业,都有不同程度的发展,已呈现出一派多种农业经营生产全面发展的景象。

清代山东地区,就粮食作物而言,小麦、豆类和谷粟是最主要的农作物,番薯、玉米等也大量种植。这个时期小麦和大豆种植实现了从一熟制向两年三熟制的转变,从而提高了土地复种率。小麦种植面积迅速扩大,并成为最主要的粮食作物。康熙《巨野县志》记载"种植五谷以十亩为率,大约二麦居六,秋禾居四";《峄县志》亦载,"二麦则阖境有之,视他禾十居六七";稍晚的记载如乾隆年间鱼台县,"谷之品,惟麦收独厚,小麦尤多";光绪时菏泽县"通计小麦居十之六七,余谷居十之三四"。鲁北平原种植比例稍低于鲁西,但也达50%左右。如嘉庆年间寿光县,"十亩之田必种小麦五亩,其收早而利赢也"。甚至土质条件较差的山东半岛招远县,冬小麦所占比重也已"大率于百谷居十之四"。麦地复种大豆比例的提高直接影响着两年三熟制的普及率。如康熙年间邹县毛家堂100亩耕地中,每年约有70亩左右种植冬麦,其中有20%—30%复种大豆,70%左右休耕;夏家铺的比例稍高些,在38亩耕地中一般总有20亩种植小麦,麦后复种大豆者10—15亩,另有少数麦地复种荞麦,麦地复种率约70%,休耕部分为30%。③ 粮食种植结构的上述变化,使小麦、大豆取代粟谷成为山东的主要农作物,提高了小农的经济收益。这一变化以农业种植条件较好的鲁西南平原开始最早,也最为显著。如万历十九年(1591年),在曲阜县孔府屯庄张阳庄的161亩分种地中种麦66亩,占40.9%;顺治十年(1653年)汶上县孔府12个屯庄的1220余亩耕地,共种植小麦947.95亩,种大麦84.93亩,两者合计已占播种面积的72.3%,占耕地面积的80%以上(汶上县孔府各庄二麦种植比例详见表3-13)。

---

①许铤:《即墨县志》卷十,《艺文·地方事宜议》,万历七年刻本。
②梁梦龙:《海运新考》,四库全书存目丛书本。
③许檀:《明清时期山东商品经济的发展》,中国社会科学出版社1998年版,第19页。

表 3-13　顺治十年汶上县孔府屯庄二麦种植比例统计　　（单位：亩）

屯　庄	耕地面积	播种面积	复种率	种植小麦	种植大麦	二麦合计	占耕地面积
陈家闸	181.0	183.0	1.0%	165.0	10.0	175.0	96.7%
胡城口	96.0	148.8	55.0%	80.69	3.43	84.12	87.6%
马村庄	123.03	148.5	20.7%	91.76	8.0	99.76	81.1%
高家庄	179.4	179.4	–	150.0	5.0	155.0	86.4%
罗庄	64.5	78.5	21.7%	41.0	1.5	42.5	65.9%
鹿家庄	115.0	123.1	7.0%	82.3	12.9	95.2	82.8%
瞳里庄	82.5	117.7	42.7%	58.0	5.0	63.0	76.4%
檀家庄	69.9	112.8	61.4%	47.5	1.2	48.7	69.8%
游村庄	58.0	62.0	6.9%	49.1	3.9	53.0	91.4%
西平原庄	53.0	53.0	–	48.0	–	48.0	90.6%
东平原庄	125.0	125.5	0.4%	86.5	34.0	120.5	96.4%
所庄	73.0	95.1	30.3%	48.1	–	48.1	65.9%
合计	1220.83	1427.4	16.9%	947.95	84.93	1032.88	84.6%
占耕地面积	–	–	–	77.6%	7.0%	84.6%	–
占播种面积	–	–	–	66.4%	6.0%	72.4%	–

　　资料来源：据《曲阜孔府档案史料选编》第三编第 11 册，第 44—150 页各庄春秋总账统计。[1]

　　番薯是一种高产粮食作物，山东俗称地瓜，易于利用沙瘠土地，且单产较高。山东在清代前期引入番薯，一直到 1978 年，仍是山东的主要粮食品种之一。番薯的原产地在美洲。15 世纪末，欧洲人发现新大陆，把这个物种引到欧亚大陆，同时也辗转传到中国。番薯引入山东约在乾隆初年。乾隆《胶州志》称，番薯由闽人余瑞元、陈世元等"移种于胶，滋息适合土宜"。据《金薯传习录》记载，陈世元乾隆十四年（1749 年）到胶州，其时正值"东省旱涝蝗三载为灾"，他乃"于次年捐资运种，及应用犁锄铁钯等器，复募习惯种薯数人同往胶州之古镇，依法试种。始人尤不信可佐谷食，秋间发掘，

　　① 转引自许檀：《明清时期山东商品经济的发展》，中国社会科学出版社 1998 年版，第 20 页。

子母钩连,如拳如臂,乃各骇异,咸乐受种",至道光年间已是"番薯与五谷等"了。安丘县"乾隆十四年有越人携种至北郭",至道光年间"已蕃衍域内"。运河沿线番薯的传入也在乾隆初年,乾隆十六年(1751年)河北无极县令黄可润"忧归"故里时途经德州,见番薯"甚多且贱","问之,云四、五年前有河南浙江粮艘带来,民间买种以为稀物,今则充斥矣",番薯的传种之速实在惊人。又如沂州府费县系"道光以后始盛行种植,同治六年荒歉,人赖全活"。在民间自然传播的同时,清政府也在山东大力推广番薯种植,并颇获成效。如泰安府,"自乾隆十七年各县奉文劝种,于高阜沙土地依法种植",至乾隆末年已是"所在有之";鲁西南济宁、巨野、郓城等州县也是"乾隆十七年奉文劝种",道光年间"遍于中土"。清代中叶,山东至少已有三十余州县推广了番薯种植。番薯传入山东后之所以能在很短时间内得以迅速推广,主要是由于它产量高于一般粮食作物数倍乃至十倍,而对土地的要求甚少,因而很快成为解决日益膨胀的人口对粮食需求的有效手段。

玉米原产地在美洲。15世纪末,由欧洲人带到欧亚大陆,同时也辗转传入中国。玉米名称很多,以棒子、包米、包谷、苞芦、六谷等称呼较为普遍。历城县在崇祯年间编纂的县志中已将玉米明确列入当地物产当中,招远县引进是在顺治十七年(1656年)①。乾隆至道光年间,玉米在山东十六府州县得到广泛种植。番薯和玉米在山东的引进与扩大种植,丰富了粮食的品种,促进了山区及丘陵地区的开发和对山区等贫瘠土地的利用,为缓解因人口增长所造成的粮食不足发挥了重要作用,在山东农业发展史上具有重要意义。②

就经济作物而言,棉花种植在山东很多地区占据了绝对优势,大豆、花生、烟草、果木种植面积及产量也有了迅速发展。山东植棉州县增至90余个,达州县总数的87%,以至于取代了粮食作物的主导地位。如康熙年间鲁西南曹县,木棉之利"几与九谷平分轻重";乾隆间,鲁北沾化县"通县所赖惟小麦、棉花二种"。鲁西北棉花种植比重更高,清平县棉花"连顷遍塍,大约所种之地过于种豆麦",夏津县则以棉花收成的好坏作为衡量"年之丰歉"的标准,高唐州更是"种花地多,种谷地少",道光年间棉花种植排挤粮

①顺治《招远县志》卷五。
②陈冬生、王赛时:《山东经济史·古代卷》,济南出版社1998年版,第534页。

食作物的现象曾引起地方政府的极大担忧。棉花抗旱喜光,适宜在肥沃沙质微碱性的土壤中生长。鲁西、鲁北平原地区的土壤条件更加适宜棉花的种植。因此,到清代中叶,近代山东三大棉区已基本形成①,依次为以高唐、临清为中心,包括夏津、清平、恩县、冠县、武城、馆陶、丘县、堂邑等州县的鲁西北棉区;以滨州为中心,包括惠民、乐陵、蒲台、利津、沾化、商河以及博兴、高苑、临邑等州县的鲁北大清河棉区,包括曹县、郓城、巨野、单县、定陶等州县的鲁西南棉区。

其他经济作物中,大豆也成为最重要的农作物之一。山东原是以春播豆为主,而春播豆三四月份下种。但由于小麦、高粱、棉花等播种面积的扩大,使耕地在各类作物间分配不足,于是,大豆被排挤出春播作物的行列,明清时期逐渐向夏播转化。万历年间东昌府恩县一带,黄、黑、绿诸豆已是"俱五月初种,九月中收";清康熙年间淄川蒲松龄《农桑经》更进一步总结麦茬复种大豆的经验,"五月……留麦茬骑垄耩种豆,可笼豆苗"。五月种植大豆不但节约土地资源,且有恢复和提高地力之效。

花生是清代引入山东的新品。山东花生栽培最早记载于《宁阳县志》(光绪十三年本),"落花生,土名长生果,本南产。嘉庆初,齐家庄人齐镇清试种之,其生颇蕃,近年则连阡接陌"。《费县志》(光绪二十二年本)载:"落花生,一名长生果,蒙山以南,俊河以北,地多沙土,不蕃五谷,而宜此种,土人呼为果子地,百年前仅有种者,今则连阡累陌。"按照"百年前仅有种者"上推一百年,已是1797年了。山东早期栽培的花生为龙生型小粒种。大花生原地在南美洲,大约在明嘉靖年间传入我国东南沿海一带,在1876年前后引入山东。1936年的《续修平度县志》有:"六十年前,宋哥庄人袁克仁从美国教师梅里士乞得大花生,种仁极肥,硕植之良,逐盛行境内,旧种几绝。"光绪年间,山东大花生种植已发展到40余州县,其中鲁中山区的兰山、费县、莱芜、新泰,山东半岛的平度、胶州、鲁西南的宁阳、峄、滕等县产量较丰。

清顺治二年(1645年),山东鲁中南一带的人民就已有"吃烟"的习惯,可见烟草在明末已有种植。山东烟草以兖州府、滋阳、济宁一带种植最早。

---

① 许檀:《明清时期山东商品经济的发展》,中国社会科学出版社1998年版,第30页。

如兖州府的滋阳县,“自国朝顺治四年(1647 年)间,城西三十里颜店、史家庄创种,相习渐广至今遍地栽蔫烟”①。随着烟草商品化的发展,人们发现种烟草比种粮食容易获利,于是许多农民弃粮种烟。“大约膏腴尽为烟所占,而五谷反皆瘠土。”“观济宁种烟者,其工力与区田等,而不畏其难者,为利也。”②清代学者包世臣记载济宁所产“以烟叶为大宗,业此者六家,每年买卖至白金两百万两,其工人四千余名”③。六家烟坊有 4000 工人,交易额达两百万两,可见规模之大。乾隆以后,山东与直隶、江南、福建、湖广并称为全国著名烟草产区。到清末英美烟草公司在山东推广美烟种植之前,山东已有 40% 左右的州县种植烟草。

山东果树种植以枣梨为最,核桃、柿子等次之。嘉靖《山东通志》称,梨“六府皆有……出东昌临清、武城者佳”;枣“六府皆有之,东昌属县尤多”,“商人先岁计其木,夏相其实而值之,货于四方”。运河沿岸的临清、聊城、张秋、济宁、峄县等都有果品集散市场。据不完全统计,乾隆年间山东经运河输往江南的枣梨等干鲜果品每年即有五六千万斤之多④。

此外,明中叶以后山东桑蚕业逐渐衰退,山蚕业的发展与桑蚕业的衰退恰形成鲜明对照。山东的山蚕业主要分布于鲁中山区的沂州、泰安二府和山东半岛青莱登三府的部分州县。康熙时临朐人张新修所著《齐雅》记载:“山桑,叶大于常,登莱青兖四府凡有山谷之处无不种植。不论顷亩,以一人所饲为一把手,有多至千手之家。不供赋税,坐享千金。”康熙年间沂州府已是“各属山中多种树畜蚕,名为蚕场”,“弥山遍谷,一望蚕丛”;又有记载说,“山蚕,齐鲁诸山所在多有……而沂水所产为最”。稍后,登州府山蚕业也迅速发展起来,各州县农均以“养蚕为业,种柞为本,依此山茧以为养生之源”。除民间自行传播外,山东地方官也加以提倡。乾隆二十四年(1759 年)山东巡抚阿尔泰下令济南、泰安、兖州府属各州县地方官购买勃罗树(即槲树)种,“发给百姓种植”以发展山蚕养殖。山东半岛莱州府宁海州种柞养蚕,也是乾隆年间知州李湖所倡导,邑民“世受其利”,故立生祠以

①康熙《滋阳县志》卷二,《物产》。
②乾隆《济宁直隶州志》卷一,《域地志》。
③包世臣:《安吴四种》卷六,《闸河日记》。
④许檀:《明清时期山东经济的发展》,《中国经济史研究》1995 年第 3 期。

祀之。

（四）农田水利

山东历来是农田水利事业较发达的地区之一。水利是古代农业的命脉，凡有水利资源的地方，人们都要千方百计地加以利用，使之有益于农业生产和交通运输。传说大禹治水，主要活动地方就在今山东兖州一带。正是由于居住在山东的以伯益为首的东夷族的帮助，大禹才平息了水患。山东地处黄河下游，河水经常泛滥成灾，山东人民为克服水患，保证农业生产丰收，跟黄河进行了长期斗争。黄河治理只是山东人民重视农田水利的一个方面，历代山东人民还治理过大运河，开凿过许多人工水渠，垦辟出许多荒田。从某种意义上讲，正是由于农田水利的发达，才造就了古代山东农业的辉煌。

秦汉时期，中央及地方政府非常重视农田水利建设，主要表现是对山东境内黄河的治理。西汉时期，山东大的治河工程有四次：第一次是在汉武帝元光三年（前 132 年），"河决于瓠子"。《汉书·食货志》记述当时的情形说："是时，山东被河灾，乃岁不登数年，人或相食，方二三千里。"严重的水患给劳动人民的生命财产和农业生产带来了极大的灾难。后来，汉武帝封禅巡祭山川时，"使汲仁、郭昌发卒数万人塞瓠子决"，"令群臣从官自将军已下皆负薪填决河"，终于"卒塞瓠子"。自瓠子口以下的山东黄河三角洲一带大受其益。第二次是堵塞瓠子决口之后 10 余年，黄河在又在北面的馆陶县决口，大水漫野，灾害十分严重。山东人民便在决口处顺水势开凿了一条与黄河深、宽相等的屯氏河，自馆陶向东北经流经山东之东昌、临清，河北省大名、河间、天津诸府州，入天津，流入大海之中。经过这次治理，"兖州以南六郡无水忧"①。此后，山东大约 30 余年没有发生大的水患。第三次是汉成帝建始四年（前 29 年），黄河从馆陶及金堤决口，洪水泛滥兖州、豫州以及平原郡、千乘郡、济南郡，共淹了四郡三十二县，十五万余顷土地变为泽国，水深的地方达三丈。"坏败官亭室庐且四万所"，9 万余口流离失所，

①《汉书·沟洫志》。

人畜伤亡惨重。① 河堤使王延世于危难之间担起治理黄患的重任。他吸取了前任御史的教训,亲临现场勘察,找出症结,毅然决定在馆陶、金堤垒石塞流。他制成长 4 丈、大 9 围的竹笼,中盛小石,由两船夹载沉下,再以泥石为障。王延世带领军民昼夜操劳,奋战 36 天,河堤始成,终于在公元前 28 年 3 月初堵住了决口。4 月,为纪念治黄成功,汉成帝改"建始"五年为"河平"元年。王延世受到汉成帝的嘉奖,"赐爵关内侯,黄金百斤"②。第四次是汉成帝河平三年(前 26 年),黄河又在平原郡决口,汉成帝又一次派王延世主持治河事宜。他经过精确的测量计算,仅用了半年时间,就修复河堤,恢复了正常的生产,使两岸百姓安居乐业。

公元 11 年,黄河决魏郡,洪水淹清河郡以东数郡。由于王莽不堵决口,听任洪水泛滥,致使兖豫平原受灾长达 60 年之久。在这样的形势下,东汉明帝下决心治理黄河,并于永平十二年(69 年)春,命王景与王吴一起共同主持治理河、汴工程。由于工程浩大,动用人力物力甚众,"修渠筑堤,自荥阳东至千乘海口千余里。(王)景乃商度地势,凿山阜,破砥碛,直截沟涧,防遏冲要,疏决壅积,十里立一水门,令更相洄注,无复溃漏之患。景虽简省役费,然犹以百亿计。明年(70 年)夏,渠成"③。从此以后,河流规顺,在八九百年间史书上少见有关黄河改道的记载。

魏晋南北朝时期,农田水利建设有所发展。西晋咸宁四年(278 年)秋,兖豫诸州郡连降暴雨,晋武帝下诏求计。度支尚书杜预上书朝廷,请把兖州一带的湖陂蓄水外泄,将大片水泽改造良田。他认为山东兖州与河南豫州一带水泽太多,百姓"既以水为困,当恃鱼菜螺蚌,而洪波泛滥,贫弱者终不能得",因而提议"今者宜大坏兖、豫州东界诸陂,随其所归而宣导之……水去之后,填淤之田,亩收数钟。至春大种五谷,五谷必丰"。他率领山东居民泄泽造田,引流灌溉,造就了大量良田。除了泄泽造田,山东百姓还大力兴修各种水利工礮建堤蓄水,引流灌溉,发展农田水利事业。如阳谷县的阳都陂、济阳县的石历陂都是当时于民有益的水利设施,在农业生产中发挥了重要作用。许多水利设施延用数代,给当地居民的经济生活带来诸多便利。还有一些开明的地方官,积极组织民力,不断完善与新修水利项目,如刘怀

①②《汉书·沟洫志》。
③《后汉书·王景传》。

慰任齐郡太守时,"怀慰至郡,修治城郭,安集居民,垦废田二百顷,决沈湖灌溉"①,使济南一带的许多农田得到充足的水利资源。在水利资源得到广泛应用的同时,人们还使用水力机械来加工农田收获物。三国时期韩暨在乐陵(今山东惠民)所制作的水力机械甚有名气。《三国志·魏书·韩暨传》记载:暨"迁乐陵太守,徙监冶谒者。旧时冶,作马排,每一熟石,用马百匹;更作人排,又费功力。暨乃因长流为水排,计其利益三倍于前。在职七年,器用充实,制书褒叹"。山东居民还根据水力运动原理,制造出一些靠水力发动的农产品加工器械,其中最重要的器械就是水碓。水碓的构造是水轮的横轴穿着四根短横木,旁边的架上装着四根舂谷物的碓梢,横轴上的短横木转动时,碰到碓梢的末端。把它压飞,另一头就翘起来,短横木转了过去,翘起的一头就落下来,四根短横木连续不断地打着相应的碓梢,一起一落地舂米。杜预总结了水排原理加工粮食的经验,运用一个大水轮驱动数个水碓,发明了连机碓,使运转鼓风与舂米磨面实现半自动化。

隋唐时期是黄河干流河道的大体稳定时期。隋炀帝四年,屯氏河被开凿为永济渠,经武阳郡、馆陶、清河、武城等县,至德州进入天津而折向西北,经永清县直达蓟城。隋炀帝开凿永济渠的目的是为了军事运输之便,但凿成后却成为连接鲁西北与京津地区的重要通道。黄河的灌溉工程在隋唐之际,更为兴盛。隋朝时,薛胄任兖州刺史,他到任后,勘察地势,利用地形,垒石为堰,使水西流,以分其势,这样不仅免去了水患,又使很多被水淹没的田地显露出来,"陂泽尽为良田"。之后,薛胄又进一步发展水利,开通淮河至海的通路,以方便海上贸易,这样兖州渐渐富裕起来。百姓们高兴地将薛胄为沟通淮河至海所挖之渠称为"薛公丰兖渠"②。牟州刺史辛公义也在境内兴修水利,有一年普降暴雨,"自陈、汝至于沧海,皆苦水灾",而独牟州无损。贞观年间,沧州刺史薛大鼎重开无棣河,达于沧海,运鱼盐于内地。又因州界地势低洼,决长芦、漳、衡三河,分泄夏洪,自此境内无水患。开元十三年(725年),济州刺史裴耀卿主持修建了济州黄河大堤。济州大堤"成之不日,金堤峨峨,下截重泉,上可方轨",屹立于黄河之北,不但使济州一带减免了黄河水灾,而且原来的一些黄泛区也由此改为良田,"北河回其竹

---

①《南史·刘怀珍传》。
②《隋书·薛胄传》。

箭,东郡郁为桑田"①。自唐以来沂州丞县(今峄县)地农田灌溉很发达,正是"青徐水利,莫与为匹"②。北海县令窦琰修"窦公渠",莱芜令赵建盛开"普济渠"。水利的兴修,为农业生产提供了有力保障。

　　两宋时期,山东水利灌溉工程又有新的发展,主要有开挖新济河、治理黄河、引黄淤灌土地、兴建农田水利等工程。太祖初年,黄河下游地区水患仍十分严重,自乾德五年(967年)起,山东各级地方政府每年征发民工数万人,对黄河下游各段进行有计划的治理。庆历年间,黄河夺御河(即永济渠)入海,使水量泥沙骤强,而因黄河所经,堤防随之增高加固,使得分水渠道先后都被堵塞,结果这一条黄御合一的巨川,"横遏西山之水,不得顺流而下,瀍溢于千里,使百万生齿,居无庐,耕无田,流散而不复"③。宋真宗曾专门派遣官员,来山东"导治积水",兴修水利。济水失故道,不复能流入海,天圣年间山东地方政府发民3万人开挖新济河,疏济故道,通济入海。经过宋代各朝的有效治理,黄河水患有所减轻。此后相当长一段时间内,山东黄河沿岸的农业生产基本上摆脱了河患的困扰。宋代山东人民还在黄河沿岸开渠筑堰,兴建引黄淤灌工程,用浑浊的河水淤灌盐碱斥卤之田。史载,京东西路碱卤洼地,经累岁淤变后,"尽成膏腴,为利极大"④。宋代把开垦荒地与兴修水利结合起来,宋太宗任水利专家陈省华为京东转运使。"时遇水灾","河缺郓州"。陈省华"尽去壅遏,水利均及","复流民数千户,殍者悉瘗之,诏书褒美"。⑤王安石变法期间,山东农田水利兴建达到了高潮。神宗熙宁十年(1077年)七月己丑,"河大决于澶州曹村,澶渊北流断绝,河道南徙;东汇于梁山张泽泺,分为二派:一合南清河入于淮,一合北清河入于海。凡灌郡县四十五,而濮、齐、郓、徐尤甚,坏田逾三十万顷"⑥。鲁西南地区有不少湖泊洼地和盐碱地,经疏泄导引积水而逐渐得到垦辟,许多低山丘陵州县也开垦出不少荒田。据统计,从熙宁三年至九年(1070—1076年)短短6年时间内,山东各地兴修的水利工程达188处,受益田达45393

---

①《王右丞集·裴仆射济州遗爱碑》。
②《天下郡国利病书》卷三十八,《山东四·兖州府志》引《漕渠图说》。
③《宋史·河渠志》。
④《宋会要辑稿·食货七》。
⑤《宋史·陈省华传》。
⑥《宋史·五行志》。

顷。

金代山东地区的水利事业有一定程度的恢复和发展。章宗明昌五年（1194 年），"言事者谓郡县有河者可开渠，引以溉田，诏下州郡"①。泰和八年（1208 年），章宗又诏令诸路按察司规划水田，根据当地条件开河或掘井溉田。山东邳、沂沿河州县广开水田 600 余顷，改变种植结构，取得丰硕成果。无水之地则凿井灌田，"比年邳、沂近河布种豆、麦"，"比之陆田，所收数倍"。豆类本身有肥田功能，豆麦轮作，又有水浇灌，产量因而大增。宣宗元光元年（1222 年），金政府又遣户部郎中杨大有等前往京东、西、南三路开水田。②世宗大定八年（1168 年），黄河在河南李固渡决口，山东曹、单二州遭受水灾，河南统军使宗叙奏言："今曹、单虽被其患，而两州本以水利为生，所害农田无几。"③

元代山东农田水利的兴修也取得显著成绩。元初对水利极为重视，中央设有都水监，山东地方又特设河渠司、行都水监。据嘉靖《山东通志·名宦》载，元世祖时，长清"境内潴水没田百顷"，县尹高伯温"乃立表，相地开渠泄水，悉为膏腴之地，民乐其业"。另据乾隆《定陶县志·名宦》载，"陶故临河数被河患"，王瑶"捐俸召民，起高堰重门以严启闭，分闾巷以复互市补丁壮"，"始筑河防塞津口，所调杂草七万束，河夫五百人，察其勤惰，差其等役，河不为害民"。

明代山东地区的农田水利建设相当活跃。既有国家参与的大型水利工程，也有各级地方官府举办的中小型农田水利建设，这些农田水利事业都直接或间接地促进了农业生产的发展。由于元以后黄河长期夺泗入淮，不时破坏和威胁着大运河山东河段的安全。所以明中期以后，山东集中治理运河。运河的南段为"避黄改运"，不断改建新道，由原经昭阳湖西的泗水故道，改经昭阳湖东的南阳新河，以后又增修泇河、中河，目的都是为了避开黄河的干扰。京杭运河在山东境内的一段称会通河，自元代开通会通河后，因济宁地势较低，水量不足，不能保证正常的运输。明成祖迁都北京后，决定重新治理运河。永乐九年（1411 年），命工部尚书宋礼"发山东及徐州、应天、镇江民三十万"④总理河道，驻于济宁。宋礼采纳了汶上县白英老人的

①②③《金史·食货志》。
④《明史·宋礼传》。

治水方案,在东平县汶水筑坎拦水,引汶水和附近诸泉沿走高地直达南旺交于运河,解决了会通河的水量调节问题。南北大运河基本贯通,洪武十三年(1380年)明廷遂罢海运而专任河运。宋礼与白英设计建造的引汶济运工程为世人称誉。嘉靖四十四年(1565年),又对山东运河的南段进行了治理改造,从而避开了黄河泛滥对运河的威胁。①

明代的漕船(梁山县出土)

自永乐年间,大、小清河就常常淤塞不通,"水失其经,一值大雨,茫茫巨浸,坏民田庐",沿岸地区如新城、高苑、博兴等地受灾极为严重。成化九年(1473年),山东巡抚牟俸和劝农参政唐虞调发5.7万民工,先后疏通河道250余公里。同时还在两河上建置了储水闸、减水闸及叠闸等设施,以调节河水水量。大、小清河的治理取得成功,两河皆得以全线畅通,退出可耕田地数万顷。嘉靖十二年(1533年)和嘉靖二十三年(1544年)对大、小清河进行过再次治理,都对当地农业发展起到促进作用。

除此,山东地方官还积极兴修农田水利工程。永乐年间,东阿知县贝恒引导本地人民挖沟挑渠,导涝洼地水入大清河,"得腴田千余顷,民获利焉"②。嘉靖年间,恩县县丞杜杰,带民"开渠泄水","厚筑河防凡五处",从此减少了本地农田的水患。③ 淄川知县侯居良"相度水利,度地势于邑南二里许,般溪上流筑石为堰,障水引流绕东郭,折而北下,经北门外西注,汇入孝河。居民灌圃种树,呼为官坝"④。隆庆、万历时期,滨州知州万鹏程、阎司讲督率本州人民"挑浚沟渠",排泄低洼地水入大清河,400余顷涝洼之地"无复水患,渐渐可望桑田矣"⑤。万历时期,不少地方的水利建

①《明史·河渠志·运河》。
②道光《东阿县志》卷十一,《宦绩志·贝恒传》。
③万历《恩县志》卷六,《词翰志》,丁懋儒:《恩县丞杜君去思碑记》。
④乾隆《淄川县志》卷一,《续山川》。
⑤咸丰《滨州志》卷十一,《艺文志》。

设已从单纯的防治变为反害为利,在治理盐碱的同时利用本地水利资源,改旱田为水田,发展稻作生产。如前所述小清河流域的博兴县,过去"邑多洲渚,而水利不兴",县丞郑安国改种水稻,博兴沿河地区变为水田,"颇以殷饶"。①

清初,清统治者在实行招抚流亡、垦辟荒地的同时,也加大对农田水利进行修复与治理。如康熙中期莱州知府柴望修筑"柴公堤",昌邑知县孟寅生督修"抚宁堰",潍县知县李景隆修复"白杨白河岸"等多处水利设施。农田水利的治理与修复,使山东农业抗御自然灾害的能力大大增强。

五、手工业

中国古代的经济结构以农业为主,手工业是一个仅次于农业的生产部门。"男耕女织"就是农业与纺织手工业相结合的典型形式。中国古代手工业生产历史悠久、技术高超、工艺精湛、质地优良,长期居于世界前列。古代山东地区同样有着先进的手工业,纺织业的"鲁编"、"齐纨",淄博的冶铁,登、莱的采金,滨海的制盐业,都代表了古代山东地区手工业的发展水平。到了明中叶,山东手工业逐渐形成了手工工场的形式,出现了一定的资本主义萌芽。

(一) 纺织业

纺织业是古代山东乃至全国最重要的家庭手工业。在先秦"冠带衣履天下"蓬勃发展的基础上,再加上历代政府的扶持,山东丝织业不断发展。

秦汉是古代山东丝织业发展的鼎盛时期。借助于发达的农桑业,山东不仅是全国的丝织业中心,更是丝绸之路的重要源头。山东丝织品所受赞溢多不胜举。如《论衡·程材篇》:"齐郡世刺绣,恒女无不能。"《史记·货殖列传》:"齐带山海,膏壤千里,宜桑麻,人民多文彩布帛鱼盐。"《汉书·地理志》:"其俗弥侈,织作冰纨绮绣纯丽之物。"《玉海·急就篇》:"齐国给献素缯帛,飞龙凤凰相追逐。"

---

① 道光《博兴县志》卷十,《宦绩志·郑安国传》。

山东纺织业分为官营纺织业和私营纺织业。山东境内的临淄、定陶、亢父（今济宁）是汉代官营纺织业的三大中心。汉代山东是丝织业中心之一的标志就是西汉政府在齐郡临淄（今山东淄博东北临淄镇北）设置服官，产品专供宫廷使用。李斐注《汉书·元帝纪》说："春献冠帻縰首服，纨素为冬服，轻绡为夏服。""冠帻縰"即头纱，这种纱叫方目纱或方孔纱，是平纹组织，经纬密比较稀疏；"纨素"即今日的绢；"轻绡"是轻薄似纱的薄绢。故临淄服官又称齐三服官。齐三服官主管长及丞，织工主要召集民间技术过硬的工匠和女工，产品质量很好。山东琅琊人贡禹在汉元帝即位时的奏言中说："故时（汉武帝之前）齐三服官输物不过十笥，方今齐三服官作工各数千人，一岁费数巨万，三工官费五千，东西织室亦然。"三服官分设三处，各处有织工数千人，每年花费数亿钱。其织工人数和花费资金远远超过设在京都长安的东西织室和设在陈留郡襄邑的服官，可见其规模之大。贡禹建议道："深察古道，从其俭者，大减损乘舆服御器物"，汉元帝听从了他的建议，于初元五年（前44年）诏罢齐"三服官"①。"绮绣"五彩绸是齐国丝织品中的佼佼者，绮是"织素为文"，即素地织纹起花的丝织物。绣是"刺彩为纹"，即用彩色丝线在丝织物上刺绣出各种图案或文字。在临淄生产的高级丝织品中，并有冰纨、方空縠、吹絮纶等名色。"冰纨"是指细致、鲜洁、纯白的丝织品，"方空縠"是指花纹方空、纱薄如空的丝织品，"吹絮纶"是指轻薄似絮、细致轻柔的丝织品。这些都是汉代最精美的高级华丽织物，反映了汉代丝织品的水平，因而备受皇室的青睐。东汉时齐地仍生产供皇室的丝织品。直到建初二年，汉章帝才下诏省齐国冰纨、方空縠、吹絮纶②。

秦汉山东地区的私营纺织业更为发达。山东人民以娴熟的技巧和辛勤的劳动纺织出一匹匹布帛，刺绣出一匹匹锦绣，使山东成为全国最大的丝绸布帛生产地。山东民间生产的丝织品还是官府征收的重要物品。《盐铁论·本议》说："间者，郡国或令民作布絮，吏恣留难，与之为市。吏之所入，非独齐、阿之缣，蜀、汉之布也，亦民间之所为耳。"

在纺织工具方面，山东较普遍地使用了纺车、纺织机和提花机。关于纺车，在临沂金雀山九号汉墓帛画中，一劳动妇女正在操一架纺车，右手用力

---

① 《汉书·贡禹传》。
② 《后汉书·章帝纪》及注。

运转,左手执一工具扬起抽纱。"画中的纺车,基本结构与使用方法同近代民间使用的木制纺车极其相似。"①画中的纺车是手摇木制纺车,这种纺车,直到新中国成立初期,在山东偏僻的农村仍在使用。在武梁祠(位于今山东济宁紫云山)东汉石刻画像上,存有纺织机的图案。滕州地区也出土过纺织画像石。《西京杂记》卷一记载巨鹿陈宝光家使用 120 镊的织机织散花绫,这种织机实际上就是一种提花机。巨鹿,在今河北省南部,距山东西界只有 70 公里,由此推测,向以纺织历史悠久、主作天子之服、全国著名丝织品产地的齐地必定也在使用提花机。

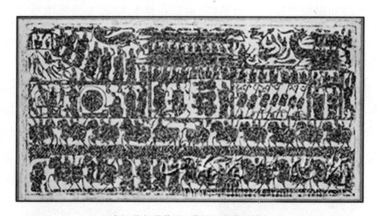

东汉纺织画像石(滕州汉画像石馆)

魏晋南北朝时期,山东地区的植桑养蚕技术及丝织业生产居全国之首。据《周书·武帝纪》载,山东出产的丝织品有衣绸、绵绸、丝布、圆绫、纱、绢、绡等 7 种。这些丝织品中的精品还要定额上交朝廷。北齐时,祖珽就曾调用山东出产的优质绫罗。当时仓曹"受山东课输大文绫并连珠孔雀罗等百余匹"。为了加强山东地区绫罗精织品的生产,北魏政权曾多次搜括丝织工匠,使之注籍为官方织户。史载"民户隐匿漏脱者多,东州既平,绫罗户民乐葵因是请采漏户,供为纶绵。自后逃户占为细茧罗縠者非一"②。北朝时期,山东的绫罗户、织锦户都很有名气,其中青州的"齐纨"、东阿县的"阿缟"等丝织物誉满天下。除了千家万户的农民家庭丝织业外,一些官僚贵

---

① 逄振镐:《两汉时期山东纺织手工业的发展》,《齐鲁学刊》1983 年第 1 期。
② 《魏书·仇洛齐传》。

族和富商大户还开办了丝织业作坊，家住在兖州北境的北齐官僚毕义云，即
"家有十余机织锦"①。在当时的南北贸易中，山东丝绢是最受南朝欢迎的
商品，"青州绢号称天下第一"，商人们大量购入。起初，北魏尚对此加以限
制，称南朝丝绸走私商人为"伪梁细作"，到北魏末年，则"罢细作之条"②，
默认了这种交易的合法性。

赵凯球、马新先生的研究成果表明，这一时期青州丝绢的大量西销，使
得青州成为丝绸之路的一个重要源头。③ 在青州出土的一座北齐石室墓
中，墓主人是一个丝绸商人，该墓出土的八幅画像石中，有两幅极其生动地
反映了当时的丝绸贸易。一幅是《商旅驮运图》，细致入微地描绘了墓主当
年亲率商队远征西域，从事丝绸外销的生活片段；一幅是《商谈图》，描绘了
一位远道而来的胡商，正谦恭地向墓主诉说着什么，他的仆从还托着一份红
珊瑚。从胡人的容貌、服饰和所携带珊瑚分析，这是一位来自波斯萨珊王朝
的商人，目的是求购丝绢。当时山东的麻织业也相当发达。在没有棉花之
前，人民难以尽穿绸罗，不得不借助于麻织物以御风寒，所有麻是丝织物以
外的主要衣着材料。据《齐民要术》载，山东地区广植麻作物，并且掌握了

商旅驮运图石刻(青州市博物馆)　　　　商谈图石刻(青州市博物馆)

---

①《北齐书·毕义云传》。
②《魏书·前废帝纪》。
③赵凯球、马新:《山东通史·魏晋南北朝卷》，山东人民出版社1994年版，第167页。

获取麻纤维的操作技术,同时对雌雄两种麻的不同性能和用途辨认得非常清楚。当时,麻织业出产枲布、葛布和麻布,主要属于小手工业者的纺织领域。

隋唐五代时期,山东桑蚕业仍居全国首位,是国家纺织品的主要供应地。从《元和郡县志》"唐代贡赋丝锦和丝织品州府分布图"上可以看出,山东的桑蚕业在全国属首位。以家庭手工纺织为主的机织操作分布在齐鲁各地,人们不断改进纺织机械,利用一切可以调动的劳力,全力投入到纺织生产中去。杜甫诗云:"齐纨鲁缟车班班,男耕女织不相失"①,表明山东地区民间纺织业之发达。《太平广记》卷二十七所引《玉堂闲话》载,"兖州有民家妇姓贺氏",人称"织女","其姑已老且病……妇佣织以资之,所得佣直,尽归其姑"。可见,当时兖州的家庭纺织,由于规模扩大,还常常吸引外家妇女为之操作,付给的佣资可以赡养亲属。由于山东纺织业发达,所以唐中期以前,山东各州始终是国家纺织品的主要供应地。《新唐书·地理志》和《元和郡县志》载,山东 14 州,贡绫绢者 9 州,贡丝绵者 9 州,贡贵布者 3 州,其中兖州的镜花绫和双距绫、青州的仙纹绫,都是驰名全国的纺织品。青州的纺织业实力在山东境内首屈一指,不但向全省乃至全国输送精美的纺织品,而且本地百姓的衣着也是千变万化,引领服装潮流。"物饶三服丽,居乐五民游",就反映了这种情形。这时,山东优良的蚕种和先进的养殖技术纷纷引入江南等地。"安史之乱"爆发后,我国经济重心南移,山东桑蚕业渐渐由盛转衰。

北宋时期,山东地区所产纺织品统称"东绢",与"蜀锦"、"婺罗"鼎足而立,是全国三大纺织业中心之一。青州织锦院是主要的官营纺织基地,专门织造供皇室宫廷需要的高级纺织品。私营作坊及家庭副业织作遍布山东各地,其中亦不乏精美之品。如单州成武县所织布缣,其尺寸与官府所织相同,而重才百铢,望之如云雾一般,其织作技术真可谓达到炉火纯青的地步。在各地上贡朝廷的纺织精品中,有青州贡仙纹绫、兖州贡大花绫、淄川贡绫、密州贡绢、滕县贡绸绢、曹州贡绢、东平府贡绢、德州贡绢、恩州贡绢、棣州贡绢、乐陵贡绢、济南府贡锦绢、博州府贡平绢、潍州贡综丝素絁等。宋真宗大

---

① 《全唐诗》卷二二〇,《忆昔二首》。

中祥符九年(1016年),"和买绢"制度①首先在山东地区推行,宋政府每年从山东"和买"的绢帛,每年达30万匹左右,另于青、齐、郓、濮、淄、潍、沂、密、登、莱各州"和市"素绝。仅以绫、绢、绸3项为例,到北宋末年山东每年向官府缴纳的税额,即分别占全国赋税总额的41%、16%和13%,使山东地区成为宋政府绢帛收入最多最集中的地区之一。山东地区也最先出现专营作坊"机户",这些机户拥有独立的家庭手工业作坊,机户织造的产品,主要由官府收买。机户的出现,标志着山东民间丝织业发展水平的提高。山东麻织业在宋代也较为发达,麻布产地主要分布在山东淄、莱、沂等州,其中以登莱端布、沂州沂布最负盛名。据《宋史·食货志》等书记载,宋代布价一般为每匹布高达300钱左右,而登莱端布布价在仁宗咸平年间每匹高达1360钱,沂布布价每匹约为1100钱,可知其质量优良在全国首屈一指。山东的麻布大部分用于缴纳赋税,少量剩余产品供生产者自己留用。宋政府于登、莱、密、沂等州"和市"端布,夏、秋税"折纳布",亦达数十万匹甚至更多。

金代东平所产丝、绵、绫、锦、绢以及夏津、临清、冠氏、朝城所产绸、绢等,远近闻名。山东路统军司发放给镇防甲军、马军、猛安谋克的廪给,即钱、米和山东绢3项。官府也在山东地区征收"丝绵绢税"。由于山东人"富家尽服纨绮",以致金人认为"山东富庶甲天下"。金章宗问山东参知政事张万公说:"山东风俗如何?"张万公仅回答了一个字:"奢"。② 济南府的济阳"有桑蚕之饶"。金熙宗天眷二年(1140年)夏,宋将岳飞率兵10万攻东平府,金军仅5000,"时桑柘方茂",金帅使人在大面积的桑柘林间广布旗帜以为疑兵,竟使10万宋军不敢进攻,相持数日而退,可见这片桑林之广。

元代时,山东是全国的丝织中心之一,产地主要分布在济南、益都、泰安、东平、德州、济宁、濮州、宁海、高唐等地。元朝建立后,颁行《农桑辑要》一书和农桑杂令,各地区大量植桑。史载,滨州"昔无粗麻今纩缯,新桑遍野"③。临清"有丝及香料不少,并有其他物产及贵重货品甚多"。济南"产丝之饶竟至不可思议。……产丝过度而获利甚巨"④。文天祥被押解北上

---

①和买绢制度:在春天青黄不接时,由国家借给农民一些钱,到了夏秋蚕丝收获时,用绢偿还,称为预买绢,公私两利。后来,和买绢变为无偿收购,成为国家的一项收入,农民负担日益沉重。

②《金史·舆服志》。

③赵孟頫:《松雪斋文集》卷八。

④冯钧译:《马可波罗行记》中册,商务印书馆1936年版,第515—516页。

经过山东时,对此有感而发,如《新济州》言济州"时时见桑树,青青杂阡陌",《发东阿》言东阿"秋雨桑麻地"。① 元文宗至顺二年(1331 年),冠州发生桑树虫灾,受灾桑树就多达 40 余万棵。桑蚕业的兴盛,为山东的丝纺织业的繁荣奠定了基础。元代山东的官营丝织业规模较大,品种最为齐全。元政府在山东设立的官营纺织手工业局院即有恩州织染局、恩州东昌局等,负责朝廷、官府所用名贵丝织品的生产。② 丝织品种众多,各种规格约有 10 余种,主要包括丝、

元代的梅雀纹绫袍(邹县文物管理所)

绵、绫、绢、罗、绮、绸等,这些丝织品不仅产量大,花色品种多,而且质地优良。1975 年,考古工作者在山东邹县李裕庵墓出土 50 余件纺织品,其中大部分是丝织品,主要有绸、罗、缎。其中一幅绸织方巾人物、鸟兽、花纹图案连同框内文字同时织成,针线细密匀称,采用了辫绣、平绣、网绣、打籽绣等多种绣法。针线细密,整齐匀称。在仅有 1 厘米左右的人物上,附加一根丝线,便显出人物面部的眉眼、口鼻和袍服上的束带、交领以及手中的拐杖,具有较典型的"鲁绣"特点,堪称丝织佳品,显示了元代山东丝织技术的高度发展。③

在元代政府的赋税中,丝料为主要税赋之一,山东亦为元代政府赏赐诸王贵戚"五户丝"的主要地区。元仁宗延祐年间,山东益都路每年纳丝11425 斤,济南路每年纳五户丝 9648 斤,般阳路每年纳五户丝 3656 斤,东平路每年纳五户丝 3524 斤,德州每年纳五户丝 2948 斤,泰安州每年纳五户

①《文山全集》卷十四。
②《元史·百官志》。
③山东邹县文物保管所:《邹县元代李裕庵墓清理简报》,《文物》1978 年第 4 期。

丝 2425 斤,高唐州每年纳丝 2399 斤,济宁路每年纳五户丝 2209 斤,濮州每年纳五户丝 1836 斤,恩州每年纳五户丝 1359 斤,宁海州每年纳五户丝 1812 斤。① 从各州、路所纳五户丝的数量可以看出,山东民间产丝地区较为广泛,且量很大。产品除缴纳赋税外,另有部分丝织品销往外地。

明清时期,山东的纺织业体现在棉纺织和丝织两个方面。我国的棉纺织业,历经宋、元,在江南地区得到了迅速的发展,明清时期逐渐由江南向江北扩展。明初政府植棉法令促进了山东棉纺织业的广泛发展。如在东昌府地区,种棉"尤多","居人以此致富"。兖州府地区也是"地多木棉","五谷之利不及其半矣"。棉花种植面积的扩大为新兴的棉纺织业提供了条件,山东适宜种植棉花的农家,在明初开始习学纺棉和织布。明中期以后,赋税征收改折银两,加之国家对棉制品的需求,极大地刺激了家庭棉纺织业在山东的普及与发展。山东棉布质量有了大幅度提高。像濮州织的棉布,"其坚密不在南织下"②。定陶"所产棉布为佳,它邑皆转鬻之"。历城等地织的"平机布"、"阔布"、"小布",更是边防军需不可缺少的用品。鉴于山东棉纺织业的发展,明代政府也扩大了对山东棉布的征调数额。弘治年间,从山东征调的棉布为 298180 匹,到万历初增至 605861 匹,增长一倍多,这一数额占从全国征调棉布总数的 1/3 强。③ 随着山东棉纺织业的广泛发展,昔日棉花"泛舟而鬻诸南,布则泛舟而鬻诸北"的现象,已逐渐被"今北方自出花布,而南方织作几弃于地矣"④的状况所代替。山东棉花棉布的征收量已居北方之首。

与棉纺织业一样,丝织业在明代后期的山东是农家重要的家庭手工副业。像兖州府"妇女务为蚕桑,织丝为绢,亦能为绫",滋阳县产的"文绫","有镜光双距之号,雅称轻靡,盖鲁缟之遗焉"。东昌府临清州的"帕幔","备极绮丽"。另外,像济南府的"齐河绢"、青州府的"寿光绢"等丝织品,也都是著名的畅销品。据《明会典》记载,洪武时,山东额定夏税纳绢 2.39 万余匹,弘治年间增加到税丝 2000 余斤、丝棉折绢 2.21 万余匹。农桑折绢

---

①《元史·食货志》。
②嘉靖《濮州志》卷二,《食货志》。
③《明会典》卷二十六,《户部十三·会计·起运》。
④万历《嘉定县志》卷七,《田赋考》。

3.28万余匹。以后此数遂成定额。除桑蚕丝织外，明代山东还是全国柞蚕丝织业最发达的地区。柞蚕俗称野蚕或山蚕，是放养在山区树丛中的野蚕。利用柞蚕丝纺织成的丝织品称山茧绸。在多种山蚕中，"山东茧绸，集蚕茧为之，出于山东椒树者为最佳，色苍黑而气带椒香。污秽着之，越岁自落，不必浣濯而洁"①。明代山东丘陵山区的农家人工放养柞蚕、缫丝织绸极为普遍。如在登、莱地区，农家也都以"山茧丝缕缕积之，织为山绸"。鲁西南的兖州府所属山区的农户"以野茧为绸"更为普遍。② 由于柞蚕比桑蚕放养面积大，饲养成本低，因而获利也较高。到明中后期，山东的部分农户中，已出现了"不力耕而力织"的"织绸之家"，开始了从家庭副业到家庭丝织专业化的变化，进而在部分丝织专业的农户中，还出现了个别"有起家至巨万者"的富户。③ 丝织业内部出现的分化，表明山东丝织业在更深层次上的发展变化。

清代前中期，山东棉纺织业的生产技术水平越来越高，人们将传统的葛、麻、丝、织、绣工艺揉于棉织工艺，形成棉锦，鄄城鲁锦被当地官吏作为贡品，上献朝廷。这种土生土长的农家织锦，在锦衣玉食的统治者面前，成为珍贵的宝物。棉纺织业作为传统的家庭手工副业，随着专业化生产，已由过去的自给性生产向商品性生产方面转化。如在武定府地区，乾隆时期，农家所织棉布，除"既以自给"外，还有相当数量的布是作为商品"抱而贸于市"，"商贩转售，南赴沂水，北往关东，闾阎生计多赖焉"。④ 在济南府地区，农家"皆抱布以期准集市场"。仅齐东县一地出产的棉布，"通于关东，终岁且以数十万（匹）计"。在东昌府各县，农户"治机织布，或售或留，一家衣被日用皆取给焉"。由于大量棉布投入市场，以致在本府各县的"市集，以布行为大宗"⑤。棉布商品化的普遍发展在明代还是不多见的，而在清代却是比较常见的现象了。在棉纺织商品性生产发展的基础上，乾隆以后，山东棉纺织业内部呈现出由自纺自织到纺、织分离的分工分业趋势。临清的棉纺品市场设有专供织布用的"线子市"，"凡女红所需，每日辰刻，携线而至者，约一

---

① 叶梦珠：《阅世编》卷七。
② 顺治《登州府志》卷八，《风俗》。
③ 宋起凤：《稗说》卷三，《山茧》。
④ 咸丰《滨州志》卷六，《风俗志》。
⑤ 宣统《茌平县志》卷二，《职官志·宦绩》。

二千斤",以供临清及附近地区的机织户采购。棉纺与棉织的分离,促使一些专事棉布生产的地区相继出现。长清县,因"机户甚多",专织阔布,遂成为官府采办布匹的主要地区。章丘县龙山镇,当地"皆以织卖花布为业",以致形成了"纷纷机匠织龙山"的局面。到清代中叶前后,山东已有六十余州县有较发达的棉纺织生产,并形成几个重要的商品布输出区。如济南府齐东、章丘、邹平、长山一带所产棉布多汇集于周村输往关东,亦销华北;鲁西北陵县、平原、馆陶、恩县、聊城、清平、茌平等县所产多运销辽沈和北口外;武定府蒲台、滨州、惠民、利津、乐陵等县棉布北销关东、直隶,南销鲁中山区;青州府寿光、博兴、高苑一带所产棉布也是南北兼销,北上直隶,南下鲁中山区和山东半岛。大体而言,到乾嘉年间山东已由明代的棉布输入区转为棉布输出区,从 18 世纪后期开始大约一百年时间,是山东土布生产最发达的时期。

清代山东的桑蚕丝织业主要分布于济南、东昌、兖州等府的二三十个州县。如济南府丝织品以齐河县所产最佳,名"齐河绢"[1];邹平县"贸丝织绢颇饶",尤以"辛家寨之绢"为著[2];章丘县之清平乡地宜蚕桑,织纱绢"为利不赀"[3]。东昌府冠县、堂邑、馆陶及临清都有丝织生产。临清是鲁西北最主要的丝织品产地和集散地,其丝织产品种类甚多,如首帕、汗巾、帕幔、帛货(哈达)、绫绸、绵绸、茧绸、丝布等等。山蚕丝织业随山蚕养殖的发展逐渐发展起来,虽起步较晚,但从一开始就以商品性生产为主。据不完全统计,清末山东山蚕养殖已发展到 30 余州县,其中至少一半以上的州县具有相当规模的茧绸生产。特别是在青州、沂州、登州、莱州与兖州等地的山区,山蚕放养已成为农家一项重要的商业性农业经营。这些地区的山蚕放养户,利用山蚕茧缫丝织绸,名曰山绸,向以色泽光亮、经久耐用著称,与江南的绸缎、山西的泽绸同被清政府定为与新疆及边疆地区进行经济贸易的主要商品[4]。特别值得提出的是,乾隆以后,山东的丝织业中,也开始出现了缫与织的分工分业趋势。如在博山县,备养蚕之家"有直接卖茧的,有缫丝

---

① 乾隆《山东通志》卷二十四,《物产》。
② 康熙《邹平县志》卷八,《物产》。
③ 康熙《章丘县志》卷一,《风土》。
④ 中国第一历史档案馆:《乾隆朝内地与新疆丝绸贸易史料》,载《清代档案史料丛编》第 12 辑,中华书局 1978 年版。

卖丝的",蚕丝并不在本地织绸,而是"大都向周村丝庄去"。缫与织的分离,促进了专事织丝业的发展,在济南府的长山县,自乾隆以后,当地居民"俗多务织作",然而"茧非本邑所出,而业之者颇多,男妇皆能为之"。[①] 而位于本县的周村镇,更是集中了大批的丝织机户,吸收了来自山东及邻省的大量蚕丝,而成为清代山东最大的丝绸织造中心。

(二) 矿冶业

古代山东地区矿产资源丰富,主要有铁、金、银、铜、铅、煤等。与之相应的矿冶业也蓬勃发展。山东的冶铁业起源最早。"铁"字在古文作"銕",从字的构造上说明铁可能是山东的夷族最早发明的。山东其他矿产也很丰富,宋时登、莱二州产金,黄金产量曾占全国的90%。明初,济南、青州、莱州三府岁采铅32万余斤。清朝山东煤矿动辄数百万石。丰富的自然资源,为山东古代经济的发展奠定了基础。

秦汉时期,山东地区是全国重要的冶铁基地。1973年在山东文登县发现有秦始皇诏文的秦代铁权。铁权俗称秤砣、秤锤、秤权,是悬挂在秤杆之上可以移动的铁质秤砣,这是秦始皇统一度量衡时铸造的衡具。文登秦权呈馒头状,上铸桥形把柄,重32公斤,高19.4厘米,底径25厘米。权旁镶铜片一处,上铭秦始皇40字诏文。秦代铁权是秦始皇推行

秦代的铁权(文登)

"一法度量衡,车同轨,书同文"等重大社会变革的证物。文登铁权的出土,不仅说明秦始皇度量衡制度的统一,而且从铁权制造的精致程度看,也反映了秦代山东冶铁业的发展,并深入到山东半岛的最东端。

秦汉时期,山东既有私营冶铁业,也有官营冶铁业。秦亡汉兴,"开关

---

① 道光《济南府志》卷十三,《风俗·物产》。

梁,驰山泽之禁","纵民得铸钱、冶铁"。与其他地区一样,山东的一些豪强大家也聚众"采铁石鼓铸"。如鲁国有铁矿,当地豪强曹邴氏聚众采矿冶铸,"富至巨万",是秦汉时期屈指可数的豪富之一。1972 年莱芜牛泉镇亓省庄出土的农具铁范,铸有"山"、"汜"、"李"等字,当为私营冶铁手工业作坊主的姓氏,说明了当时私营冶铁业的存在及发展。

汉初诸侯王纷纷设置铁官,聚众采矿鼓铸。齐国官营冶铁业发展迅速,且冶铁规模相当大。1978 年临淄齐王刘襄墓随葬坑考古出土铁制兵器戟、铍、矛、杆等,共计 350 件;传世的封泥有"齐铁官印"、"齐铁官长"、"齐铁官丞"、"临淄铁丞"、"临淄采铁",皆为齐悼惠王及齐哀王时物。到元狩三年(前 120 年),汉武帝将冶铁收归官营,官府在产铁矿的地方设置铁官,统领刑徒等采矿鼓铸。全国共设铁官 48 处,分布在 40 个郡国。其中,设置在山东的有 12 处,分布在 11 个郡国:千乘郡之千乘县,济南郡之东平陵、历城县,齐郡之临淄县,东莱郡之东牟县,胶东国之郁秩县,泰山郡之嬴县,城阳国之莒县,鲁国之鲁县。在山阳郡、琅琊郡和东平国也设有铁官。沂水县出土铁锛上铸有"济"字铭文,"济"表示应是济南郡铁官作坊的产品。① 滕县薛故城冶铁遗址中的铸范上有"山阳二"字样②,这当是山阳郡铁官所在地。东平陵故城冶铁遗址中标本内侧铸有"大山二","大山"即泰山,"大山二"应为汉代设立的泰山郡铁官之标志,"二"为泰山郡铁官下辖的第二号冶铁作坊。1972 年,在临淄城内勘探出的西汉铁官冶铁遗址有六处,有的面积达 40 万平方米,是已知冶铁遗址中规模最大的③。设置在山东的铁官数量占全国铁官总数的 24%,这个数字足以说明山东冶铁业在全国的地位。官营冶铁工人主要是刑徒和更卒。更卒是每月一更的服役农民,刑徒是被罚服劳役的罪犯,从事冶铁的刑徒也叫"铁官徒"。入东汉后,冶铁官营政策改由铁官征税政策,允许私人冶铁。所以在《后汉书·郡国志》中就不再有各地设铁官的记载,而是改由以"有铁"之名。记载了东汉时期全国主要产铁和冶铁的地点共 32 处,其中在山东地区设置的征税铁官有 5 处,分布在4 个郡国:济南国之东平陵、历城县,鲁国之鲁县,泰山郡之嬴县,琅琊郡之

①李京华:《汉代济南郡铁官铭文》,《华夏考古》1998 年第 4 期。
②李步青:《山东滕县发现铁范》,《考古》1960 年第 7 期。
③群力:《临淄齐故城勘探纪要》,《文物》1972 年第 5 期。

莒县。

山东秦汉时期冶铁业的发展是与鼓风机的发明、改进相联系的。这个时期，鼓风机进一步推广，性能也有改进。传世仅存的滕州宏道院汉墓出土了一幅"鼓铸图"石画像，图的左部有一椭圆形的鼓风机，有二人鼓风，二人休憩，中部三人做打铁状，从人数上看，所使用鼓风机

汉代铁锄范（莱芜）

为大型鼓风机，右部的图像不太清楚，似乎是从矿井中开矿或运矿石。在冶铁技术上，也达到了较高水平。以烤蓝和淬火为例，在秦汉山东冶铁业中，这两道铁器防锈和提高硬度、强度的技术处理工序已达到相当高的水平。1978 年，在莱西岱野西汉木椁墓中出土钢剑、刀各一把，削一件，研究鉴定表明：这些兵器"全系烤蓝处理，锈迹很少，淬火度很强，锋刃犀利"①。铸铁的柔化技术处理水平也很高。薛城冶铁遗址出土的西汉铁斧范，已全部消灭了白口组织，成为很完善的铁素体基体黑心可锻铸铁（或称展性铸铁）。生铁中含硫量的高低是冶铁技术高低的一个标志，据鉴定莱芜牛泉公社亓省庄村出土的西汉农具铁范，含硫量仅为 0.028%。研究者指出："就是从现代冶铁标准看，含硫量也是低的，这说明两千多年前我国劳动人们已经积累了丰富的冶铁经验。"②

除了冶铁业外，秦汉山东的其他矿冶业也有所发展。汉初，政府"弛山泽之禁"，对制铜、铸币行业也推行"使民放铸"的自由经营政策，所以各地的冶铜业以及铸币业迅速发展。比如齐王直接经营制铜和铸币业。齐国在临淄、安平、阻上、淳于、姑幕、高密、临朐等地均设有铸币作坊，还设有"齐·钟官长"管理王国铸钱工作。齐国政府曾仿汉中央四铢钱币，自铸"临淄四铢"、"临朐四铢"、"阳丘四铢"、"姑幕四铢"等数种四铢钱币。汉代山东的

①烟台地区文管组、莱西文化馆：《山东莱西岱野西汉木椁墓》，《文物》1980 年第 12 期。
②山东省博物馆：《山东省莱芜县西汉农具铁范》，《文物》1977 年第 7 期。

制铜业也发展迅速。刘襄墓中出土的铜器达 6751 件,其中容器及生活用具 75 件,乐器 2 件,车马器 4352 件,兵器 1904 件,仪仗器及其他 481 件。章丘洛庄汉墓 5 号坑出土的 95 件青铜器,包括鼎、钵、盆、匜、勺、釜、权、量等,以及大量青铜乐器,被考古学家誉为"2000 年前的地下音乐厅"。这些乐器中最大最重的叫做淳虞,最小的叫做铎,只有半个手掌大,内部有一个金属条,一摇晃就能发出很有节奏感的声音。洛庄汉墓的乐器坑,集我国汉代青铜乐器之大成,表现出汉代山东高超的冶铜业技术。

魏晋南北朝时期,山东地区成为全国最重要的铁器生产基地之一。"西至长安,东尽即墨,营造器甲,必尽坚精。"山东的冶铁业在这段时期基本都由政府控制。北魏政权在山东境内凡有铁可采的地方,即设立铁官,用官方的力量大规模采矿、冶炼,铸造兵刃和其他铁器。山东成为北魏政权出产金属兵器物资的主要基地,许多城镇中都准备了大量的铁器,作为战略物资。如北魏大将慕容白曜攻克青州东阳城,即"获仓粟八十五万斛,米三千斛,弓九千张,箭十八万八千,刀二万二千四百,甲胄各三千三百,铜五千斤,钱十五万"[1]。刘宋北伐时,一举攻克北魏重镇碻磝(今山东茌平县),获得"铁三万斤,大小铁器九千余口,余器仗杂物称此"。

随着北魏政权在山东统治的稳固,矿冶行业也逐渐从军用领域走向民用领域,统治者开始组织农具的生产。孝文帝延兴中,崔鉴为东徐州刺史,"于州内冶铜,以为农具,兵民获利"[2]。太和年间,崔挺为光州刺史,先是"州内少铁,器用皆求之他境",崔挺上表"复铁官,公私有赖"。[3] 在当时山东的矿冶行业中,铁冶占第一位,铜冶占第二位。在此基础上,铸钱业也相应发展起来。《魏书·食货志》载崔亮所奏云:"南青州苑烛山、齐州商山并是往昔铜官,旧迹见在。谨按铸钱方兴,用铜处广,既有冶利,并宜开铸。"

隋唐时期,山东矿冶业得到更加充分的发展。当时兖州是山东地区的矿冶中心,而兖州的矿冶又主要集中在莱芜。莱芜矿冶以铁、铜为大宗,锡次之,矿区及冶炼工场格外密集,可谓冶金中心。山东矿冶的产量和利润相当高。淄青镇割据后,矿冶收入被军镇截留长达 50 年之久,当时"兖、郓、

---

① 《魏书·慕容白曜传》。
② 《魏书·崔鉴传》。
③ 《魏书·崔挺传》。

淄、青、濮州界,旧有铜铁冶,每年额利百余万"①,收复淄青镇后,这"三道十二州皆有铜铁官,岁取冶赋百万"②。齐州的历城县、淄州的淄川县、莱州的昌阳县、沂州的丞县和兖州的莱芜县均为冶铁基地。此外,沂州的沂水县出产铜,莱州的昌阳县出产银金矿。《元和郡县志》载,昌阳县有黄银坑。隋开皇十八年(607年),"牟州刺史辛公义于此坑冶铸,得皇银献之",这是胶东采金最早的记载。唐代中期以后,山东矿冶业更加发展,"兖海等道,铜铁甚多……审见滋饶,已令开发"。不过此期山东矿冶仍使用较为简单的露天开采技术,1986年考古工作者在莱芜西部共发现采矿、冶炼遗址34处,其中属唐代的有西温石遗址。西温石遗址位于莱芜市西北4公里的羊里镇铁矿区,矿石含铁量为45%—55%。在距地表25米的断面上,可见唐代采矿遗址为露天开采。③

隋唐时期山东的炼钢技术出现了由冶铸工艺到锻制工艺的技术转型。随着这一技术转型,运用锻制工艺制作刀剑、手工工具与农具的铁匠铺便大量出现在乡村镇市。尉迟敬德就是隋末唐初山东运用锻制工艺的著名铁匠,圆仁所借宿的淄州僻远山村长山县古县村郭家就是锻工。锻工在山东的普遍出现,表明山东地域冶炼及器具制作已使用了当时最新的行业技术。

宋金时期,山东地区的冶铁业得到进一步发展。北宋山东铁产量居全国第三位,闻名全国的冶铁4大监,兖州莱芜监即其一。登、莱、淄、齐、沂诸州亦为主要产铁之地。据载,莱芜监所属铁矿,共有18冶,有冶工千余户。不过,官营矿冶多经营不善,效益低下,如"莱芜冶铁为民病,当役者率破产以偿"④。"兖州道士冶,岁课铁二万余斤,主者尽力采炼,常不能及,有座是破产者。"⑤对此,宋政府曾对铁冶经营实施改革,改劳役制为招募制,刺激了劳动者的生产积极性,各地冶务渐渐恢复。据元丰元年(1078年)官府的年课数字:登州年收铁课3775斤,莱州莱阳县年收课额4290斤,兖州年收额24万余斤。按当时官府收税制度"二八抽分"计算,莱芜监年产铁120

①②《旧唐书·王涯传》。
③泰安市文物考古研究所:《山东省莱芜市古铁矿冶遗址调查》,《考古》1982年第2期。
④《宋史·梁适传》。
⑤《长编》卷一〇五,天圣五年九月。

余万斤。铁产量的提高,推动了铁器制造业的发展,涌现出远近闻名的铁器制造作坊,如莱芜大冶铁家吕氏,"募工徒,斩木锻铁,制器利用,视他工尤精密"①。到金朝,诸处铁冶"废置不常",最后亦"听民煽冶,官为抽分"。

登、莱地区的采金与采银业有了初步发展。宋太祖建隆元年(960年)全国采金的监(主管)、税(税务)、冶(冶厂)、场(采场)、坑(矿坑)分布于四州一郡,并不包括胶东登、莱二州,到北宋中期英宗治平年间(1064—1067年)将登、莱二州包括进来,六州中山东已占其二。宋人吴曾《能改斋漫录》记载:"登、莱州产金,自太宗时已有之,然尚少。至皇佑中,始大发。四方游民,废农桑。来掘地采之,有重二十余两为块者,取之不竭。"从宋初到宋仁宗时期,登、莱二州的金矿开采一直呈上升趋势,发掘者一夜暴富。天圣年间,仁宗欲嘉奖登、莱两州官吏,宰相王曾却认为:"采金既多,则农民皆废业而趋利,不当更诱之。"于是此年罢莱州莱阳等地采金场。明道二年(1033年)又"禁登州民采金"。景佑年间,登莱发生灾荒,遂开金禁,"听民采取"。此后时禁时放,仍以官榷为主。到了宋神宗元丰元年(1078年)登、莱两州黄金年产量高达9583两,占全国总产量的89.5%,胶东产金在全国居于举足轻重的地位。此外,登、莱、密等州又是银的主要产地。如"密州民田产银","莱阳产银砂,民有私采者"。关于银矿的开采与经营,一般是民户开采、政府银课的方式。北宋政府年收银课,登州为500余两,莱州最高额为340余两,全京东路岁收银课可达4400余两。金、元之际经历战乱动荡,山东地区的矿冶业生产逐渐衰落下来。

元代山东矿冶业由官营转为允许私人采炼,缴纳矿课,提高了生产者的积极性,促进了矿冶业的发展,一度恢复到了北宋时期的水平。元代山东地区的冶铁矿区主要分布在济南、莱芜。《元史·食货志》记载:"产铁之所,在腹里曰济南。"济南冶铁产品种类"有生黄铁,有生青铁,有青瓜铁,有简铁。每引二百斤"。元朝政府专门设立有济南、莱芜铁冶提举司,职掌冶铁。世祖中统四年(1263年),在济南等处将一些"漏籍户"为冶户;至元五年(1268年),又立济南等处铜冶总管府。武宗至大元年(1308年),复立济南都提举司,设立宝成、通知、昆吾、元国、富国等5处冶铁监。元代山东金

---

① 李昭玘:《乐静集》卷二十九,《吕正臣墓志铭》。

矿产区主要在登、莱、益都等地。《元史·食货志二》载："初,金课之兴,自世祖始。其在益都者,至元五年(1268年),命于从刚、高兴宗以漏籍民户四千,于登州栖霞县淘焉。十五年,又以淘金户二千签军者付益都淄莱等路淘金总管府,依旧淘金,其课于太府监输纳。"元世祖至元五年(1268年),元政府命益都漏籍民户4000户,于登州栖霞县淘金,每户岁输金4钱。①凡是产金的地点,官方都设置了场务机构,如"林寺山,在莱阳县东八十里,山多林木,上有古寺。元时尝置金场"②。对于银矿的开采与经营,元政

元代济南、莱芜等处铁冶都提举司管辖碑(莱芜)

府设立银场提举司,招募淘银户,政府销售。政府在般阳(治所今淄博淄川)、济南、宁海等路设银场提举司,开矿冶银。世祖至元十六年(1279年),还拨户1000在临朐县七宝山等处开采铜矿。

明代山东的铁矿开采和冶铁生产主要集中在济南府的泰安、莱芜和青州府益都县的颜神镇等地。据《明会典》载:"国初,定各处炉冶该铁,一千八百四十七万三千二十六斤。"其中山东炉冶的冶铁额为"三百一十五万二千一百八十七斤",占全国冶铁总数的1/6,足见当时官营铁冶生产规模之大。洪武七年(1374年),朝廷在全国13处主要铁冶生产之地设立铁冶所,"每所置大使一员,秩正八品,副使一员,秩正九品",山东铁冶所设于莱芜。洪武二十八年(1395年),明朝廷下令罢各布政司官冶,同时又"令民得采炼

①《元史·食货志》。
②嘉靖《山东通志》卷六,《山川》。

出卖,每岁输课三十分取二"①。表明此时官营铁冶生产已走向衰落,而民营铁冶生产有了显著发展。明中期以后,泰安、莱芜、颜神镇等地的民营铁冶生产已普遍使用焦炭冶炼技术,民营铁冶生产技术已达到较高的水平。

明代山东铜矿的开采,较前代为多。周村还有铜响器加工作坊。明清之际泰安人王启贵、王启朴兄弟原来是制作铜盆、铜勺、铜镜等铜质生活用品的,后来见民间铜响乐器需求较大,便在周村专门从事铜响器的生产。

明代铅矿主要采自山东。洪武十五年(1382年),征集民工2660户,在山东济南、青州和莱州境内采铅32.3万余斤。后以"凿山愈深,而得铅愈少"遂罢采。此后,官营铅矿逐渐衰微,而各地民营铅矿生产日益发展起来。对待民营铅矿,官府也是采取收取课银、听民自行开采的政策。据文献记载,明代山东民营铅矿点不下十五六处,遍布山东鲁中南及胶东地区,主要集中在益都、沂水、临朐、莒州、费县、福山、济宁、沂州及颜神镇等地。

明代山东金矿仍分布在登州与莱州两府地区,为官府把持,不许民间自采。此时仍能发现自然金块,"山东登州卫军曲秉善于将军校场中取土,得金叶二十二块以进"②。但胶东的黄金产量已明显不如前代。据《明世宗实录》卷四五四嘉靖三十六年十二月记载,这一年山东产金总量852两,比之宋元时期已不能等量齐观。山东其他地区也有新的金矿被发现,如"三山,山有三峰,故名。……此山采金,东慧多金穴,沙石皆赤色"③。嘉靖三十五年(1556年),沂州宝山发现金矿,同年采金217两。天启元年(1621年),又派太监魏忠贤来招远玲珑山督采黄金,金矿地域和规模有所扩大,据《招远县志·艺文》:"明季金穴千百处,樵夫持斧砍秦松",反映了当时开采之盛况。

明代山东银矿分布比较广。全省除东昌府地区没有银矿点外,其他5府均有银矿开采。对于银矿,官府也是实行严禁政策。明中期以后,随着白银成为货币,各地官府纷纷驱使人民进山采银。嘉靖三十六年(1557年),山东共采银8143两。万历年间,矿监陈增督理山东矿政,在济南、青州、兖州、登州、莱州5府所属州县,各"置棚厂开采"银矿,"富者编为矿头,贫者

---

① 《明会典》卷一九四,《工部一四·冶课》。
② 《明英宗实录》卷九十九,正统七年十二月癸巳条。
③ 乾隆《掖县志》卷六,《艺文》。

驱之垦采"。由于银矿之利独厚,人民往往无视官府禁令,私自进行"盗采"。如在银矿集中的临朐,"银矿独易发,土人之顽者时聚啸邻邑","多至数千为群,相与盗采"。在沂州,"山出金银矿石","揭竿鼓铸之奸,时时啸聚,为有司忧"。

清代山东采矿业也有所发展。在选矿冶炼方面,青州黑山地区曾在康熙二年(1663 年)向山西人学习熔铁之法:"凿取石,其精良为矋石,击而碎之,和以煤盛以筒置方炉中,周以焦火。初,犹未为铁也,复碎之,易其筒与炉加大火,每石得铁二斗为生铁。复取其恶者置圆炉中,木火攻其下,一人执长钩和搅成团,出之为熟铁。"①这说明冶铁水平在逐渐提高。清代山东金矿主要分布在登州府的招远、栖霞、蓬莱、文登、宁海及青州府的益都、淄川等地。青州金矿到乾隆时"已开采殆尽"②。对于银矿,清初"听民采取输税于官"③。顺治初开临朐、招远银矿,顺治八年(1651 年)罢采。康熙间派官开采山东莱阳银矿。康熙二十二年(1683 年)又令停止,以后多有禁令。冶铜和制铜业也有所发发展。康熙皇帝在私访中,曾亲眼看到过周村冶铸业的盛况。

总之,山东矿产特色鲜明,矿冶业在经历生产技术的局限、战火蹂躏后,不论是数量还是规模都在继续发展,从一个侧面反映了社会经济的进步。

(三)采煤业

中国在西汉时已经正式用煤炼铁,但元代以前,山东地区只有零星的煤炭开采。山东淄水"土石黑,数里之中,波流若漆,故谓之淄水"④,此黑土石,即煤炭层。今在博山的周家地、田家地、走马岭等地考古发现自唐代以来就有煤矿开采,只是限于技术条件,采煤数量甚少。到五代后周慕容超据青州,煤炭开采才有所增加。《续修博山县志》载,淄川寨里镇"相传自宋代即有用煤炭下层之土,制粗罐、碗、盆,以供乡人需用者"。

元代以后,山东煤炭开采始有规模。山东产煤地区主要分布在峄州和

---

①咸丰《青州府志》卷三十二,《风土考》。
②乾隆《青州府志》卷二,《物产》。
③《清史稿·食货志》。
④李吉甫:《元和郡县图志》,第 310 页。

博山。峄州境内煤炭资源丰富,加之水陆交通便利,为煤炭的开采运销提供了良好的地理条件。考古工作者曾在枣庄发现甘泉寺雕龙石碑,该碑明确记载,元代峄州采煤业已有一定程度的发展。① 淄川煤炭在宋金时期即有开采,至元代有所发展。1976 年,考古工作者在淄川磁村华严寺发掘元墓两座,墓葬周围有挖煤坑,证明元代淄川即为重要煤炭产区,其开采已有一定规模。② 博山煤炭开采始自元代,据《博山县志》记载:"邑煤采自元代,多在春冬两季,土人挖作燃料,时作时辍。"③由于元朝统治者对煤炭业控制甚严,只许官府开矿,不许民间采掘,所以各地的煤炭业亦不能例外。④

明代政府对煤矿的开采不像对金银矿那样严禁,而是允许民间自由经营,这是采煤生产比其他矿业生产发展迅速的一个很重要的原因。泰安、莱芜、淄川、颜神镇、峄县是明代山东煤矿生产的主要产地。在这些地区,煤炭储量丰富,质地优良,从而集中了大量民营矿井从事采煤生产。如在峄县,产"石、焦二炭","炭石可薪而焦良于冶,颇为民利"。⑤ 甘泉寺窑神庙碑文中记载:"吾邑之煤窑,开自前朝万历间,迄于今掘取殆遍",可见这里煤炭业的繁荣。在颜神镇,由于煤炭储量丰富,"隔府人民相挽,各县流移杂处"⑥,因此吸引了大批贫苦人民来此采煤谋生。这里开采的煤,"坚硬耐炼",且有数种,"或谓之煤,或谓之炭,块者谓之碎,或谓之砟","炼而坚之,谓之礁"。⑦ "大车小车,皆所取给。"而淄川煤井开采的煤,也足"以需上下之求"。这些都表明了明代山东民间采煤规模之大与采煤之盛。随着民间采煤业的兴盛发展,山东地区的采煤技术也有了很大的提高。孙廷铨在《颜山杂记》中记载,勘查煤矿可以根据地表层岩石的走向与品种,准确地判断出矿脉,即"脉炭者,视其山石,数石则行,青石、砂石则否;察其土有黑苗,测其石之层数","因上以知下,因远以知近,往而获之",意即有页岩的地方,往往有煤脉存在,有石灰岩(青石)的地方则没有煤。对于煤井的选

---

①枣庄市文物管理站:《山东枣庄古窑址调查》,载《中国古代窑址调查发掘报告集》,文物出版社 1984 年版,第 383、384 页。
②山东淄博陶瓷史编写组:《山东淄博市淄川区磁村古窑址试掘简报》,《文物》1978 年第 6 期。
③民国《续修博山县志》卷七,《实业志》。
④陈冬生、王赛时:《山东经济史·古代卷》,济南出版社 1998 年版,第 377—378 页。
⑤万历《泰安州志》卷一,《舆地志·物产》。
⑥李开先:《闲居集·颜神事宜》。
⑦孙廷铨:《颜山杂记》。

址与开凿,也有很高的技术要求:选择井址,必须注意"避其沁水之潦";开凿煤井,必须做到"确而坚也,否,则削";井下的隧道,必须保证"燥以平也,否,则研"。为了能使井下通风,"故凿井必两,行隧必双,令气交通,以达其阳。攻坚致远,功不可量,以为气井之谓也"①。这些采煤经验与开凿技术,是明代山东采煤生产的一大技术进步,充分反映了明代山东民营采煤生产已达到了一个新的发展水平。

清代采煤业得到进一步发展。乾隆时下令:"凡产煤之处,无关城池龙脉及古昔帝王圣贤陵墓,并无碍堤岸通衢处所,悉听民间自行开采,以供炊爨,照例完税。如有豪强霸占,地棍阻挠,悉置于法。"②可以看出,清政府对合法的采煤是支持和保护的。随着清政府对民间采煤生产政策的放宽,自乾隆以后,山东的采煤生产遂进入了一个空前发展的时期。煤井数量不断增加,开采规模不断扩大。如峄县矿区,自乾隆以后,"煤之利,人争焉"③,每年都有几家经济殷实的富户合伙开采地表浅层煤炭,开采出的煤炭,仅装载漕船通过运河南下北上的外运量即达"数百万石"④之多。有诗人描写峄山当时的情景:"磨塘山欲尽,煤井地皆空",受技术所限,常发生透水、塌方事故,因此人们修建窑神庙,求神庇佑。其他地区,诸如济南、淄川等地数以百计的劳动力也分班、昼夜操劳,凿矿运煤。⑤ 山东境内采煤点遍及绝大部分府县,这标志着清代采煤业出现前所未有的盛况。同时,煤炭勘探、开采技术不断提高,生产分工进一步细化。专门从事勘探开凿的专业技术人员在开井之时,能够做到"深若干尺有何石,又若干尺有何土,又若干尺有何水与泥,至水过大,须若干工可得煤"。"盖其精,西国之深于矿务者不能过也。"⑥由于生产规模的扩大,煤矿工人分为井上工和井下工,井上工主要从事搬运、装卸、提升出井的煤炭等,井下工主要从事攻采、运煤等。随着采煤生产的发展,采煤业内部的两极分化日趋严重,一部分以采煤起家的矿主,使用雇佣劳动,扩大生产规模,从而引起了生产关系的变化,标志着在采煤

①孙廷铨:《颜山杂记》。
②《清高宗实录》卷一一〇。
③乾隆《峄县志》卷一,《地理志·物产》。
④光绪《峄县志》卷七,《物产略·峄县炭窑创设官局记》。
⑤王培荀:《乡园忆旧录》卷三。
⑥光绪《峄县志》卷七,《物产略》。

业中已出现了资本主义生产关系的萌芽。

（四）制盐业

盐是人类不可或缺的生活必需品。"十口之家,十人食盐。百口之家,百人食盐。"①管仲认为"守之本,其用盐独重"。"民之大命系之,军之命脉赖之。"②东汉班固称盐为"食肴之将"③。医学家陶弘景将其列为"五味之本"。科学家宋应星更感叹:"口之于味也,辛酸甘苦年绝一无恙。独食盐禁戒旬日,则缚鸡胜匹,倦怠恹然。"由于食盐在人类生活中不可一日或缺的独特重要性,加上食盐生产因受资源储藏的地域限制而具有自然垄断性,多数地区"虽贵数倍,不得不买"④。因此,食盐产地往往可以借此"利薮"而富甲一方。

先秦时期,山东地区就已成为全国重要的食盐生产区。姜太公封齐之初,便因地制宜,"通工商之业,便渔盐之利",使渔盐业成为齐国称绝于列国的优势产业与立国之本。《管子·戒篇》称齐国"盐者之归也,譬若市人",形容煮盐人员多得如赶集一般。而齐国的产盐区主要位于黄河三角洲的渤海近岸。《管子·轻重丁》记载:"北方之萌者,衍处负海,煮沸为盐。"《管子·地数》亦称:"阳春农事方作……北海之众毋得聚庸而煮盐。"齐人所言北方,主要指齐国北部的黄河三角洲地区,所言北海是指渤海。这里土地斥卤,盛产鱼盐,百姓多煮海为盐以谋生。齐君曾因担心延误农事,特意下令除农闲的十月至来年三月之外,禁止豪民聚众煮盐。齐桓公之所以首霸中原,齐国之所以跻身战国七雄,很大程度上依赖于黄河三角洲发达的制盐业。

战国秦汉时期,山东的煮盐业已有很大的发展,秦始皇统一天下后,将盐业收归国有,盐业由郡县的守、令管理。秦亡汉兴,开放山林川泽,纵民煮海水为盐。齐悼惠王和齐哀王时,山东的一些豪强也聚众煮盐,某些诸侯国也设置官吏,使民煮盐,传世的封泥有"琅琊左盐",铜印有"琊左盐印"。在煮盐业自由经营的政策下,山东也出现了许多私营煮盐业大富豪。著名的

---

①《管子·海王》。
②《管子·地数》。
③④《汉书·食货志下》。

有汉代初年的齐之刀间和东郭咸阳。刀间"起富数千万"。东郭咸阳是"齐之大煮盐"①,在汉武帝时期任大农丞,总领全国盐业事务。元狩三年(前120年),汉武帝在实行冶铁官营的同时,也将煮盐收归官府经营,在产盐区设置盐官,统领盐工煮盐。全国共计有盐官35处,分布在27郡。其中,山东有盐官11处,分布在4郡:北海郡之都昌县、寿光县,东莱郡之东牟县、曲成县、弦县、昌阳县、当利县,琅琊郡之海曲县、计斤县、长广县,千乘郡也有一处盐官,具体地点不详。汉武帝推行盐铁官营后,对制贩私盐的予以严惩,"敢私铸铁器煮盐者,钛左趾,没人其器物",由官府铸造"盆",发给各地盐官使用。有的"盆"容量达25石,重350斤。由此可知,官府招募平民煮盐,必须用官府给予的生产工具——牢盆,才能煮盐。盐民的生活资料也由官府供应。只要领到官府的牢盆,就说明煮盐已得到政府的承认。官营煮盐业,政府提供生产工具,并垄断销售环节,生产环节由盐民自行安排。王莽末年,废止盐铁官营。入东汉,"废除专卖法,青、齐盐的产制运销,听民自由。官府于产盐地区设官征税"②。

北魏时期,山东地区的盐业生产一直以官方为主导。其方法,或是彻底垄断,政府置盐池都将,自产自销;或是允许民间采盐,官方收取一定的税和盐户的贡物。从开国到灭亡,盐业政策变来变去,一直都没有找到一个两全其美的好办法。所以赵凯球、马新先生认为,北魏的盐业政策五收五放。③在东魏前期,青州、光州、胶州、南青州(沂州)东部沿海四州的海盐生产完全是民间自营,政府不予征税。到东魏末孝静帝武定年间,崔暹建议上述四州实行官煮,至此东魏朝廷开始向青州以外的山东产盐区征税。东魏前期海盐的免税政策对盐业生产的刺激与推动是难以估量的。

隋唐五代时期,山东地区旧有的盐产区仍在发挥作用,而新辟的盐区也在不断扩大,使山东海盐产量不断上升。高沐盛赞"山东煮海之饶,得其地可以富国"④。棣州所属的渤海县和蒲台县产盐尤多。地处黄河三角洲的棣州是这一时期最重要的食盐产地。唐贞元年间(785—804年),年产量达

①《史记·平准书》。
②无棣县《盐业志》。
③赵凯球、马新:《山东通史·魏晋南北朝卷》,山东人民出版社1994年版,第165页。
④《新唐书·高沐传》。

数十万斛①,以致这里成为平卢、成德、幽州三镇竞相争夺的目标②。青州北部沿海区域,到盛唐之际,产盐源源不绝。《通典》卷一八零《青州》载:"青州古齐,号称强国,凭负山海,擅利盐铁。"莱州的掖县、即墨、胶水(今山东平度)和昌阳(今山东莱阳)四县境内均有盐业资源,号称取之不尽。《元和郡县志》卷一一一记载平度故城,"在县西北六十七里,城西北有土山,古今煮盐处"。密州产盐也很丰富,有卤泽9所,盐场130多处。可见,隋唐时期山东产盐区分布广泛,从业人员众多,产业发展历史悠久,构成山东煮盐业的优势。山东盐除制作白盐供日常食用外,还专门制作黄盐以供杀茧等手工业用。腌制酱醋盐菜也以山东海盐为佳,酱醋盐菜成为山东居民常年所需,家家制备。圆仁和尚曾经在牟平县东南方向民居家中"乞酱醋盐菜"。"此间东海盐、官盐白,草粒细。北海盐黄,草粒大。以作鱼颢及咸菹,乃言北海胜。"③日常生活及手工业、农业用盐所需,使山东海盐的需求量相当大,煮盐业成为隋唐时期山东区域经济的重要产业部门。

煮盐业也为唐朝中央政府提供了一项重要的财源。唐代宗宝应元年(762年),盐铁使刘晏改食盐直接专卖制为民制、官收、商运、商销的"间接专卖制"。即在产盐地区设置盐官,向盐户收盐,再将税加入卖价售予商人,所过州县,不再收税,此为就场专卖之始。为加强对盐业的管理和征收盐税,唐后期曾在兖、郓二州设盐法监院,于郓、青、兖3州各置榷盐院,于河北置税盐院与税盐使、榷盐院与榷盐使。仅在穆宗长庆二年(822年)所收盐税即达70万贯(1000钱为一贯)。五代时期山东的盐业管理趋于严厉,后汉高祖天福十二年(947年)规定,对贩运私盐者,不计斤两,均处极刑。

宋金时期,盐税是宋政府在山东地区的重要财政收入之一。宋太宗雍熙元年(984年)对食盐推行"折中法",即由政府控制盐产,换取商人物资,以供边塞军需。当时山东地区设立盐场或盐务的有密州、登州、青州、莱州、滨州及沧州等。著名的场务有密州涛雒场,年产盐3.2万石(每石50斤);滨州场,年产盐2.1万余石。神宗元丰三年(1080年)山东盐

①《民国盐法通志·疆域》。
②《旧唐书·李师古传》。
③苏敬、尚志钧:《新修本草复本》(第2版),安徽科学技术出版社2004年版,第287页。

税收入达 27.3 万余贯。但"盗鬻私贩者"自宋至元始终不绝。宋仁宗庆历八年(1048 年)由于"折中法"弊端较多而改行"盐钞法",即由政府卖钞给商人,钞中载明盐量(每钞一席 220 斤)及价格,商人持钞至产地交验,领盐运销。据知密州苏轼所言:京东河北由官榷改为私贩后,"盐课日增。原本两路祖额三十三万二千余贯,至熙宁六年,增至四十九万九千余贯,七年亦至四十三万五千余贯",密州盐税亦"比祖额增二万贯"①。宋徽宗政和三年(1113 年)食盐运销改行"引法"。"引"分"长引"和"短引"。"长引"销外路,"短引"销本路。商人凭"引"支盐运销。此为"盐引法"之始。商人运盐皆以袋装,谓之"官袋",每引 1 袋,限定 300 斤。此为食盐袋装之始。② 宋钦宗靖康二年(1127 年)为便于缉私,在无棣县盐场四周修筑墙堑,此为盐场坨垣之始。

金代"国家经费唯赖盐课",以盐税为收入大宗,而山东食盐产量之丰富、盐区分布之广阔,在北方地区首屈一指。故金代在山东实行民制官买的榷盐制度,并不断增加税课。至金章宗承安三年(1198 年)山东的盐税收入为 433.4184 万贯左右,约占全国盐税收入的 40%。金代山东地区盐价每斤在 30 文至 44 文之间。为加强对山东盐业的管理,金朝设山东盐司,职掌盐的生产与销售。著名盐场有涛雒场、信阳场、西由场、衡村场、宁海场、黄县场、巨风场、福山场、文登场等,盐产量占金朝全国盐产总额的 1/4 以上。该地区所产食盐不仅自给有余,还远销河北、河南和南京诸地,其行销路线主要通过海路及大清河、小清河运往各地。史载,金代小清河素有"运盐河"之称,即为当时山东海盐从沿海地区向内地运输的重要渠道。食盐外运旺季时,曾出现"盐舟梗阻"景象,足见当时山东食盐运输和盐业贸易之繁忙盛况。

元代山东制盐业在全国各盐区中名列前茅。元初设山东盐运司,下辖永利、宁海、官台等 19 场,盐产量逐年增加。元代盐的流通主要有两种方式:一种是"商运商销"方式,即由商人向国家买盐,运往各地,再按国家规定的价格卖给百姓。其具体办法有两种:行盐法与和籴法。所谓行盐法,即商人到盐运司交钱买引,然后凭盐引到盐仓支盐;所谓和籴法,是因为元军

---

① 《苏轼全集》卷七十五,《奏议六首》。
② 无棣县《盐业志》。

队粮食所需量大,其招募民之粟草,发给盐引,到盐司支盐。另一种则是"官运官销"方式,即由国家有关机构将盐运往各地,卖给百姓。其具体办法亦有两种:食盐法和常平盐局法。所谓食盐法,即按户籍分配盐额,按盐额征价款,这是一种强制性的摊派,如世祖中统四年,下令"益都山东民户自买食盐三斤"①;所谓常平盐局法,即为确保盐之所需,存盐于局,盐价涨时低价售出,以利百姓之法。山东部分地区实行过,但随着常平盐局法的制定者卢世荣在政敌的攻击下丧命,常平盐局法也在很短的时期内废止,行盐法大行其道。至元十二年(1275 年)设立山东都转运司,"岁办盐一十四万七千四百八十七引。十八年,增灶户七百,又增盐为一十六万五千四百八十七引……二十三年,岁办盐二十七万一千七百四十二引。二十六年,减为二十二万引。大德十年,又增为二十五万引。至大元年后,岁办正、余盐为三十一万引"②。元政府垄断盐的生产,每年都掌握有数以百万引计的盐,每引 400 斤,如此大数额的盐,除了极少一部分用于供皇室、军队、工匠食用之外,绝大部分都用来投入流通过程,换取货币,作为国家财政收入的一个重要来源。从元代开始中国古代私盐越来越泛滥,一次贩私数额动辄上万斤的情况并不少见,如元顺帝至正年间,山东、河北沿海私贩勾结盐场官吏、灶户,用海船公然贩私,"每船少者买贩数百引,多者千余引"③。

明代山东地区是全国食盐主产区之一,并获得了很大比例的盐税收入。明初,在山东设立都转运盐使司,"山东所辖分司二,曰胶、莱,曰滨、乐;批验所一,曰泺口;盐场十九,各盐课司一"④。即胶莱分司(治在胶州西关)下辖 7 场,分别为信阳场(位于诸城县)、涛雒场(位于日照县)、石河场(位于胶州)、行村场(位于莱阳县)、登宁场(位于福山县)、西由场(位于掖县)、海沧场(位于掖县);滨乐分司(治在乐安县东北 60 里)下辖 12 场,为王家冈场(位于乐安县)、高家港场(位于乐安县)、新镇场(位于乐安县)、官台场(位于寿光县)、固堤场(位于潍县)、宁海场(位于利津县)、丰国场(位于利津县)、永阜场(位于利津县)、利国场(位于沾化县)、丰民场(位于

---

①陈垣:《沈刻元典章校补》,第 51—54 页。
②《元史·食货志》。
③《永乐大典》卷二六一〇,《南台备要·菱言盐法》。
④《明史·食货志四》。

沾化县)、富国场(位于沾化县)、永利场(位于沾化县)。明太祖洪武三年(1370年)仿宋代"折中法",实行"开中法"。后改为"纳钞法",按户发盐,计口收钞,每户成人月供食盐1斤,未成年人减半。宣德五年(1430年)朝廷核准对"山东信阳等场盐课,每二大引折阔白棉布一匹",这在全国各大盐场中首开盐课折色之例;正统年间,盐课折色又扩大到官台等盐场;弘治年间,朝廷开始对涛雒、富国、高家港三盐场的盐课改折银两,"每一大引,折征银一钱五分";正德三年(1508年),折银范围又扩大到西由、信阳、登宁、行村、海沧、固堤、官台等八场。山东各盐场在官方督导下从事盐业生产,产量基本保

历城县山东盐课泰山十足七两银锭

持稳定。《明太祖实录》卷四十七洪武二年十一月己丑条记载:"岁办大引盐一十四万二千五引有奇。"

　　明代随着盐场规模的持续扩大,不仅食盐总量提高,而且相关的食盐制造技术水平也不断提高。明代的海盐生产技术有煎盐法和晒盐法两大类型。煎盐法是山东制作海盐的传统方法。"煎盐之法,率以天时为本,而成之以人力。""每岁春夏间,天气晴明,取池卤注盘中煎之。"①煎盐法的基本流程是先要准备含适当卤量的卤水,将卤水置于敞口容器中,再利用火力将卤水煎制成盐,前后需五六道工序。煎盐生产劳动强度较大,旧时灶户为此颇费功力。明代后期晒盐法从福建盐场传入山东,"其晒法,亦聚卤地之尤咸者,晒曝令极干,实于漏,渗入溜池,复取池中水浇之,如是者再,则卤可用矣。晒卤之盘,石砌,极坚密,为风约水,故广狭无过数尺。一夫之力,一日亦可得二百斤。宋时盐价,斤为钱十,贵倍之。今日价极高不过钱二文,以

---

① 汪砢玉:《古今鹾略》,载顾廷龙、傅璇琮主编:《续修四库全书》,上海古籍出版社2002年版,第11页。

晒法无柴薪费故也"①。晒盐法也需要准备含适当卤量的卤水,但因省却了利用火力将卤水煎制成盐这一程序,不再需要柴薪,所以降低了生产成本和食盐价格。此外,晒盐法不需要集体劳作,"一夫之力,一日亦可得二百斤",所以盐产量也随之增多。到清朝时,晒盐工艺在山东盐产区内占有绝对优势。

嘉靖以后,山东沿海私自制盐及贩盐者增多,据明人黄祯记述:"东方之患,盐人盗水,矿人盗山","盐之于人,譬水火也。官盐之法,害于私贩,民嗛其情,是故贩者假水火以剽窃,人所谓潢池之盗也"。当时,私自制盐及贩盐者来自四面八方,"或曰,盐徒者,东西南北人也,其散若飚,其合若乌,勔勔勤勤,出没无常,不为之所"②,他们与官府周旋,自取盐利,活跃在海滨地带。这些制盐及贩盐者游离于官营体制之外,促进了民营盐业的发展。明神宗万历四十五年(1617 年),明代政府改行"纲法",官不收盐,由商人自行赴场购运。从此盐商得专引岸之利,子孙相承,成为专商。

清朝初年仍然维持山东 19 场旧制,后来屡加裁并。据《清稗类钞·矿场类·山东产盐区域调查记》资料表明,光绪末年,"山东盐场凡七处,沟滩二百九十七副,井滩一千三百三十一副,大小池一千二百二十六副,斗子五百十一副,产盐总额四万万斤"。清代盐务管理的主要形式是在承袭明代盐制的基础上,实行官督商销的管理体制,即政府控制盐的专卖权,通过设立相关的盐政机构,签商认引,划区行销,并对商人的纳课、领引、配盐、运销进行监管。清代在山东设立了都转运盐使司,"掌山东全省并河南商邱等九州县、江苏铜山等五县、安徽宿州一州、涡阳一县,督催引票,行销课程完欠事宜。辖一分司、两所、八场,二首领官,驻山东省城"③。盐运使具体掌管食盐的运销、征课、钱粮的支兑拨解,盐属各官的升迁降调,各地的私盐案件,以及缉私考核等,运司驻扎济南。清代山东的滩晒制盐工艺不断改进,滩晒产量明显提高,每副盐滩池可晒盐 1250 公斤—1350 公斤。嘉庆时,山东各盐场的晒盐滩池已达 2000 余副。

清初山东制盐灶户负担与明代相同,雍正以后开始减轻。雍正四年

---

① 何乔远:《闽书》卷三十九,《版籍志·盐课》。
② 光绪《日照县志》卷十,《艺文》,黄祯《巨峰寨记》。
③ 《清盐法志》卷六十七,《山东十八·职官门》。

(1726年)清查灶地,摊丁入亩,灶丁原有的"丁银"有一半被摊入地亩征收,到乾隆二年(1737年),灶丁的另一半丁银"全摊地亩"。从此,官方彻底取消了灶丁的人头税,有利于灶户生产积极性的提高。大量山东沿海居民涌入盐滩灶地,从事盐业开发。据嘉庆《山东盐法志》记载,康熙末,山东额定盐引为45万道,盐票10万余张。雍正七年(1729年),又增盐引49452道,增盐票52092张。乾隆以后,又先后多次增加盐引和盐票。这样,山东共行盐引55多万道,盐票25.4多万张。如果连同"随时接济,不在现行之额"①的15万道盐引,山东共行盐引已达70万道。这是清代山东盐引额的最高峰,标志着山东盐业生产达到了鼎盛阶段。

(五)制陶业

山东陶瓷生产历史源远流长。后李文化时期,境内先民们就开始掘地筑窑,焚柴而陶。大约四五千年前,山东人民创造了光辉的黑陶文化,黑陶漆黑发亮,表里光滑,譬如蛋壳,所谓"黑如漆,明如镜,薄如纸,硬如壳",受到中外考古学家的赞扬。山东临淄郎家庄、章丘女郎山和泰安康家河出土的战国陶俑,是中国考古发掘中发现年代最早的陶俑。整个封建社会,山东的陶瓷业都走在全国的前列。

两汉时期,同其他手工业管理体制一样,山东制陶业也有官营和私营两种。官营制陶手工业作坊生产的陶器有一个特点,就是往往在陶器上印有戳记。据出土陶器实物看,这种戳记大都印有"亭"、"某亭"、"市"、"某市"等字样。如曲阜汉城遗址就出土戳印"市"字的豆柄。② 戳印中的亭和市都是指汉代各地城市中的手工业和商业区,它们是由官府来管理的。汉代山东地区还存在着大量私营制陶业。如在曲阜汉城遗址出土的陶器支座内壁有阳文"丁复孺印"的印记③,说明曲阜汉城一带除官营陶器作坊外,还有私营制陶作坊的存在。根据现有出土资料看,山东出土的汉代陶器地点是:胶东6处,鲁北6处,临沂3处,泰安3处,济宁8处,枣庄2处,菏泽4处,聊城1处,共33处,遍布全省各地。出土的陶器有陶厨、陶灶、陶俑、陶磨、陶

---

①嘉庆《山东盐法志》卷九,《转运上·引额》。
②山东省文物考古研究所:《曲阜鲁国故城》,齐鲁书社1982年版,第201页。
③同上书,第200页。

马、陶猪、陶鸡、陶狗等形制,合计上千件。2002 年发掘的济南危山汉代兵马俑是我国继秦始皇兵马俑、陕西咸阳杨家洼兵马俑之后的第三大兵马俑坑。坑长 9.7 米、宽 1.9 米、深约 70 厘米,共出土彩绘陶质兵马俑 100 多具。山东汉代陶器的制作方法有轮制、模制和手制,以轮制为主。就胎质来讲,有白陶、红陶和灰陶,数量最多的是灰陶,灰陶中又以泥质灰陶为大宗。另外,彩绘陶也比较流行。汉代制陶手工业者不仅发明了在陶器上髹漆的新技术,而且还发明了在陶器上施釉的新技术。临沂的金雀山、银雀山和济宁、崂山、宁津、禹城、章丘、嘉祥、滕县等处都出土过釉陶。尤其是高唐县固河汉墓中出土的绿釉陶楼最为杰出,楼高 140 厘米,共分四层,结构十分雄伟,釉陶表面光滑,硬度和防水性增强,便于擦洗,反映出汉代山东陶工的技术水平。釉陶为陶器发展史上的一大进步。特别是结合后来瓷的发展史来看,更可看出汉代釉陶出现的重大意义。

济南危山汉代兵马俑

砖瓦制造也是汉代制陶业发展的一个重要方面。如曲阜纪庄汉墓,全墓用 12 块空心砖砌成。汉瓦在山东滕县、邹县、曲阜等地都有出土,特别是曲阜故城周公庙上层宫殿建筑遗址等地更有大量出土,出土的汉瓦有板瓦、筒瓦和瓦当三种。①

隋唐时期,山东陶瓷业有了进一步的发展。高凤林先生的研究结果显

---

①山东省文物考古研究所:《曲阜鲁国故城》,齐鲁书社 1982 年版,第 201—203 页。

示,山东已发现的隋唐时期的瓷窑遗址有 30 多处。其中比较著名的是淄博的寨里、磁村,泰安的中淳于,新汶的磁窑头,泗水的尹家城、大泉,宁阳的尹寨、西磁、沙河,枣庄的凤凰岭、钓鱼台等遗址。① 隋唐时期山东地区瓷窑烧造的瓷器,釉色以青瓷为主,白釉、黑釉、酱釉、黄釉、褐釉等多种釉色并存,造型美观、质地精良的瓷器不在少数。如泰安出土的隋代青釉龙柄蹲猴盘口壶、曲阜出土的青瓷双系瓶、苍山出土的青釉瓷瓶、平阴东天宫出土的青釉瓷盂等作品,造型生动,妙趣横生,堪称隋代瓷器中的精品。淄博磁村窑盛产黑釉瓷,品种主要是日用瓷,有瓶、壶、罐、炉、灯、碗及各类摆件玩具等,胎质坚实,雕、贴、镂等装饰工艺技法已很普遍。现代出土的唐代磁村窑油滴黑釉瓷,其釉质晶莹剔透,色黑如漆,工艺水平很高。除黑釉产品外,磁村窑也生产白釉瓷和酱釉瓷,并且盛行在白釉上点绿彩,开创了中国北方瓷器生产彩瓷的先河。唐代晚期磁村窑开始试烧雨点釉瓷器和茶叶末釉瓷器,并在窑址发现了我国目前所知最早的雨点釉黑瓷和茶叶末瓷标本。著名的唐三彩在山东地区也有发现,如青州出土的唐三彩双鱼瓶、烟台出土的唐三彩镇墓兽、济南凤凰岗出土的唐三彩陶盘等。唐三彩双鱼瓶高 24.5 厘米,口径 4.1 厘米,口上有附盖,盖上有一圆孔方钮,便于启开。腹部由双鱼组成,圆而鼓起,腹部两侧犹如鱼脊,上有横贯耳与下部圈足上圆孔相对应,可系绳索。器物中部有一竖线,为双鱼分界线,足为鱼尾。器物通体施黄、绿、赭三彩,色彩雅致,造型生动,为唐三彩陶器中的名品。隋唐时期山东地区是当时重要的瓷器生产基地。平度县大苗家村泽河东岸发现隋船,上有若干瓷器残片,可知,当时山东地区瓷器已经作为商品参与省际贸易。

宋金时期是山东陶瓷业的鼎盛时期。山东地区的窑场均属民窑,产区主要分布在淄博、泰安、青州、枣庄、德州等地。山东地区规模稍大一些的窑场主要有:淄博市磁村窑、淄博市坡地窑、淄博市博山大街窑、枣庄市中陈郝窑、柏山窑、雷村新村窑、泰安市中淳于窑等。其中淄博磁村窑除集各地名窑所长外,还具有淄博窑的独特风格,宋、金时期以烧白瓷为主。烧瓷品种有带剔花、刻花装饰的白瓷碗、盘、双系罐、灯、钵、盏托、壶等。造型上一般具有北方地区瓷窑的共同风格,灯、钵等与北方磁州窑器造型相近。磁村窑

①高凤林:《山东通史·隋唐五代卷》,山东人民出版社 1994 年版,第 169 页。

烧制的三彩器造型生动,釉色艳丽,后人称之为"宋三彩"。"宋三彩"既有汉族传统文化的特点,又有浓厚的北方女真民族的文化特色,时代特征十分鲜明。与唐三彩不同,淄博的三彩瓷,不是陪葬用的明器,而是当时人们日常生活中的用器。宋金官府都曾在磁村设官收税,足见其制瓷业之发达。此外,枣庄市薛城区、齐村区及市郊、青州都发现宋代古瓷窑址,所制瓷器以白瓷和碗、钵、罐等日常生活用具为多,器物造型朴实稳重,产品讲究实用。青州白瓷为专供朝廷瓷器库的精品,具有极高的工艺水平和艺术价值。山东地区瓷窑常见的装烧方法有裸烧、对口套烧、匣钵单烧、器皿状窑具支烧等。金代磁村窑比北宋期间有较大发展,已普遍使用煤炭作燃料,并采用匣钵叠烧新工艺进行烧制,所制瓷器胎骨坚致,釉面光洁,制作规整,种类增多。主要的装饰技法有白地黑花彩绘、墨书题字、刻花、黑釉粉杠等,表现出较高的制作技巧和工艺水平。

元代山东陶瓷在造型、纹饰以及烧成等制瓷工艺方面也创造出了自己的特色,对后世产生了深远的影响。元代山东地区的陶瓷产地主要分布在淄博、枣庄等地,其生产规模比宋金时有所扩大。但淄博磁村窑的产品变得粗糙而单调,呈现出衰落的迹象。随后西河坡地窑、博山万山窑相继昌隆,出品瓷碗、盆、罐、杯、灯、钵、瓶、碟、盖、俑、球、壶、玩具等瓷器和窑具,所制瓷器以生活用品为多。这些瓷器以白釉为主,其次为黑釉、白地黑花釉、酱釉,黄釉数量较少。白釉白度很高,釉面光洁,胎骨白而坚致,胎质薄而匀,制作规整,种类众多。其装饰技法丰富多彩,尤其是淄川坡地窑所制瓷器,纹饰粗放,造型优美,主题花纹有花卉、水草、浪花、荷花、水波、鱼纹、弦纹等。元末明初,山东地区战火纷起,山东的陶瓷业一度受到严重破坏,磁村等窑就此先后停烧。

明清时期,山东地区的陶瓷业日渐恢复。明嘉靖年间,山东"其利民不下江右之景德镇"①。随着人民生活的安定、社会经济的恢复,新的原料资源的开发,陶瓷业空前繁荣。临清砖是明清时期山东陶冶业最著名的产品,也是官营制陶业的代表。据《明实录》载,永乐四年(1406年)朱棣下诏建造北京宫殿和城池时,曾派多名大臣前往全国各地筹工备料。经考察,将水

---

① 乾隆《临清直隶州志》卷十一,市廛志;吴中孚:《商贾便览》卷八。

土精良的山东临清选为宫廷用砖指定生产地,随后官府调发"二百"窑户在临清设置官窑砖厂,以"工部营缮分司督之,岁额城砖百万"。① 临清的砖窑,明代系官办,业陶者系匠籍,每座窑内,都由"窑户"、"作人"、"匠人"及工人四种人组成,一座"窑"实际上就是一个较大的官营手工作坊。官窑大部分分布在运河两岸,窑窑相连,常以群聚。官窑多以万计,窑工达几十万之众,火热繁盛的场景备受世人注目。到清代,随着北京对临清砖需求的减少,乾隆四十一年(1776 年)临清工部厂机构始取消,改为官督民办,每年由工部发砖价,"开窑招商"烧造。清代业陶者近万人,均为民户。

明清时期民用陶瓷的制造则以颜神镇(今博山)为著。嘉靖《山东通志》记载:"陶器出青州颜神镇,居人相袭善为陶,其规制如缸、如罂、如釜、如缶之类。""陶者以千数",清代颜神由镇升为博山县,业陶者分布更广,北岭、山头、务店、窑光、八陡、西河等庄居民均以制陶为业。博山陶瓷业多属家庭手工业,其产品质坚价廉,很受一般百姓欢迎,其产品远销关外及黄河流域诸省。大约从元末明初起,琉璃业开始兴起。琉璃又叫做料货,从事烧制琉璃业的人被称为炉匠。颜神镇境内有岱庄蟠龙山、岳家庄东南山、东石马南山和岳阳山、黑山多处生产,并且原料色泽丰富。颜神镇不仅是山东琉璃制造的中心,也是明代全国琉璃生产的基地。嘉靖《青州府志》载:"琉璃器,出颜神镇。以土产马牙、紫石为主,法用黄丹、白铅、铜绿,焦煎成珠,穿灯屏、棋局、帐钩、枕顶类,光莹可爱。"在明代中期以前,颜神镇的琉璃制造原为官手工业,产品主要有青帘、佩玉、叮当、连珠等,多用做官服及官府宫廷的装饰物。废除匠籍制之后颜神镇的琉璃业转为民营,大街以西地区,"其民多业琉璃",是民营琉璃炉冶的集中之地,有"西冶"之称。② 其产品也多作为商品面向民间,并畅销"北至燕,南至百粤,东至高丽,西至河外","其行弥远"。③ 其他如兖州府峄县、东昌府莘县、青州府安丘县等地也出产陶瓷,多有陶人、陶匠。大量民窑陶瓷业的兴盛,是明清山东陶瓷业兴旺发达的重要表现。

①乾隆《临清直隶州志》卷七,《关榷志·工部关·临砖》。
②(清)孙廷铨:《颜山杂记》。
③淄博市博物馆:《淄博市博山大街窑址》,《文物》1987 年第 9 期。

（六）其他手工业

除以上主要手工业产品外，封建时代的山东还在某一时段盛产其他手工业产品，如漆器、石器、玉器、船舶等。

1. 漆器

战国时期山东的漆器业就很发达。到汉代，漆器在山东被作为日用器具，日渐普遍。《史记·货殖列传》说："山东多鱼盐漆丝声色。"《盐铁论·本议》曾言，"兖豫之漆丝"是全国著名特产。1973 年临沂银雀山四号汉墓出土了五件有铭文的漆器。其中一件褐漆耳杯有"市"戳记，另一件残黑漆彩绘耳杯有"筥市"、"市府草"、"市"等戳记。"筥"，即"莒"，"筥市"即"莒地的市"。

汉代山东的漆器种类繁多，有陶胎漆器，即在陶骷上髹漆，使暗色的陶器变得颜色鲜艳，光彩照人。临沂银雀山四号西汉墓，出土的陶胎漆器多达21 件，它们表里均髹红褐色漆，器形有鼎、盒、鯆、壶、盘、匜等；木胎 4 件，是用斫、剜、削、凿、刨等方法制出胎型。西汉中期，还有用缯帛作胎，缯帛柔软细密，能使漆器表面更加光洁美观，大大提高漆器的档次。临沂金雀山汉代周氏墓的漆冠，即缯帛髹黑漆。诸城西郊杨家庄汉墓中，出土一卷漆纱。另外，当时漆兵器是官营漆工业的主要部分之一。淄博市西汉齐王墓出土各种实用漆兵器近两千件，这些兵器的柲、鞘、箭杆，均髹黑褐色漆。山东曲阜九龙山汉墓出土漆车 12 辆。漆器业在战国秦汉时代的山东达到发展的顶峰。之后，山东漆器制作进入缓慢发展时期。

2. 玉器

山东玉器生产的历史非常悠久。从大汶口文化中期开始，海岱地区出现绿松石的镶嵌工艺。如山东泰安大汶口遗址出土一件骨指环，最早出现镶嵌工艺。商代遗物中，多次发现"玉蚕"。智慧的山东先民发现了玉的光泽与质感，仿佛具有灵气，因此逐渐将崇拜、礼仪等概念赋予玉石。巨野县红土山汉墓，共出土各类文物 1056 件，其中玉器就有 50 余件。这些玉器，按其用途分，计有玉礼器（又称"玉六器"）包括玉璧（含玉瑗、玉环）和玉圭两种，玉具剑饰物中有玉剑首、玉璏（玉制剑鼻）、玉璲、玉珌（刀鞘下端的装饰）四种，玉葬器中有玉琀、玉九窍器和玉握猪三种，玉佩饰中有玉蝶、玉带钩两种，其他玉器中尚有玉印章 1 枚和玉马 1 件等。

3. 采石业

山东多山,多丘陵,拥有相当丰富的石材资源。如新泰县"障山,在县东南八十八里,出销石、石脑、炬火等石,居人常采为货"。销石、石脑、炬火在古代多为药用。真正的石器制作,主要出于莱州、登州。《云林石谱》记载莱石"莱州石色青黯,透明斑驳,石理纵横,润而无声,亦有赤白色。石未出土最软,土人取巧镌砻成器,甚轻妙。见风即劲。或为铛铫,久堪烹饪,有益于铜铁"。淄川还出一种铜矿石,色青黑,可为砚。宋王辟之《渑水燕谈录·事志》:"淄州县梓桐山石门涧有石曰青金,色青黑相杂,其文如铜屑,或云即自然铜也,理细密。"范仲淹"知青,遣石工取以为砚,极发墨,颇类歙石。今东方人多用之,或曰'范公石'"。唐宋时期,莱、登地区的石器和沂州的钟乳石、青州的玉石、兖州的贡云母都成为山东主要的贡品。

4. 造船业

山东有漫长的海岸线,造船业历史悠久,公元前485年吴国大夫徐承统帅战船从长江口出海北上,远程奔袭地处山东半岛的齐国,结果被早有准备的齐国舰队在波涛翻滚的黄海海面拦腰截住,大败而归。隋伐高丽时即大集船工于山东造船舰,唐时山东船舶修理与制造仍为人熟知。密州大珠山有船舶修理场,圆仁所在的遣唐使船队便于密州东岸大珠山修理船舶。唐开元时任齐州刺史的裴耀卿利用山东善制船舶的便利在黄河、济河间造永久浮桥三座,"西自於阳谷,东尽於长清,造舟为三桥,置骑为万驿"。明代中叶以后,长期的海禁政策,使其日趋衰落。

六、商业与城市

古代山东发达的农业和手工业,为商业的繁荣与发展创造了条件,尤其是明清时期活跃于中华大地的山东商帮,更是与当时的晋商、徽商齐名。商业的繁荣也带动了城市的发展,从先秦时期的临淄与曲阜,到魏晋隋唐时期的青州、济南,再到明清时期的运河沿岸城市,再到晚清时期的沿海城市,古代山东的城市经历了自己的变迁过程,也印证了山东经济重心的变化。

(一) 秦汉时期山东的商业与城市

秦汉时期山东地区的商业是极其发达的,商业经营模式主要有官营与私营两种。官营商业主要是铁器与漆器的经营与管理,私营商业中涌现了大批大商人。在《史记·货殖列传》和《汉书·货殖传》记载的秦汉 30 余位著名工商业者中,曹邴氏、刀氏、姓伟均为齐鲁之人。"鲁人俗俭啬,而曹邴氏尤甚,以铁冶起,富至巨万。然家自父兄子孙约,俯有拾,仰有取,贳贷行贾遍郡国。邹、鲁以其故多去文学而趋利者,以曹邴氏也。"齐刀间收留使用"桀黠奴","起富数千万"。汉代临淄人姓伟至汉成帝、哀帝时,家势衰落,他以商贾致富,家资五千万,闻名齐地。《汉书·货殖传》载:"临淄姓伟,资五千万。"汉武帝时的大农丞东郭咸阳,也是"齐之大鬻盐","资产累千金"。

1. 商品种类

秦汉时期山东的商品种类繁多。一是海盐。秦汉时期,山东是全国最大的产盐区。盐也就成为山东商品贸易的大宗。山东商人如刀间、东郭咸阳多靠经营盐获取高额利润。二是鱼。山东滨海,渔业资源丰富,是重要的产鱼区。在商品贸易中,鱼也是大宗。大富商刀间"逐鱼盐商贾之利"。三是铁器。山东是全国最大的铁器产地。秦汉时期,冶炼、铸造铁器和出售铁器大多是配套的。如以盐铁起家、富至钜万的曹邴氏,就是集冶炼、制造、销售于一体。汉武帝盐铁官营后,铁官负责冶炼、制造和销售。山东铁官数量占全国的 24%,是最大的官营铁器销售市场。四是纺织品。秦汉时期,山东是全国最大的纺织品产地。在商品贸易中,纺织品与鱼盐一样,也是大宗。《汉书·地理志》:"(齐)俗弥侈,织作冰纨绮绣纯丽之物,号为冠带衣履天下。"山东的纺织品畅销全国,并销往国外。20 世纪英籍匈牙利人斯坦因曾在敦煌发现任城亢父缣,上面还有题字:"任城亢父缣一匹,幅广二尺二寸,长四丈,重二十五两,值钱六百一十八。"[1]济宁丝织品"亢父缣"在敦煌的发现充分说明,山东丝织品不仅畅销国内,而且又沿丝绸之路倾销于国外。正如逄振镐先生认为山东不仅是"丝绸之路"西路的源头,也是"丝绸之路"东路的源头。[2] 五是漆器。秦汉之后山东漆器制造远比南方落后,所以对山东以及北方其他地区来说,漆器是较为珍贵的物品,贩卖漆器盈利很大。从南方贩运漆器到山东出售者,为数不少。考古发现的漆器,分布在文

---

[1] 罗振玉、王国维:《流沙坠简》(线装本),中华书局 1993 年版,第 43 页。
[2] 逄振镐:《"丝绸之路"与山东的丝织业:"丝路探源"》,《丝绸史研究》1991 年第 2 期。

登、莱西、福山、长岛、莱州、安丘、临沂、济宁、东平、梁山等地,保存完整的有240多件。这些漆器,有的产自山东,有的来自南方。六是陶器。秦汉时期,从日用器皿到房屋建造,大多使用陶制品,故陶器是商品贸易的大宗。陶器易碎,且各地都能烧制,故长途贩运者较少。考古发现的数以百计的陶器,大多是山东各地制造并在当地销售的。

2. 货币

秦半两钱在秦和西汉早期墓中多有发现。山东也有秦钱的出土。如1970年发掘的曲阜九龙山汉墓中就出土秦半两钱多枚。[①] 汉初,铸钱业混乱,朝廷、郡国、私人均可铸币。济南郡即铸有"阳丘四铢"、"骀四铢"等货币。此外还有"临淄四铢"、"东阿四铢"、"临朐四铢"、"姑幕四铢"、"安平四铢"等。[②] 汉初铸币多用铜范、石范。山东出土汉初钱范的地点有多处:临淄阚家寨,发现汉初半两钱铸址,并出土成批的"半两"钱范[③];青岛楼山后出土汉四铢半两阴文石范,全范4方,碎范多块,钱范为石质[④];山东安丘葛庄出土一批四铢半两钱石范;章丘曾出土不到一铢重的半两钱石范。山东出土汉初半两钱币的地点有:昌邑东侯村出土250余公斤、10万余枚[⑤];临沂银雀山1号汉墓出土半两钱35枚,三铢钱1枚,2号墓出土半两钱38枚,三铢钱1枚[⑥],4号墓出土半两钱49枚[⑦]。汉武帝货币改制后,五铢钱成为流通全国的唯一合法货币。从山东省内出土五铢钱的资料看,几乎所有发掘的西汉中、晚期墓中,或多或少都有五铢钱作为随葬品。其中最多的是1970年曲阜九龙山西汉2—5号墓出土五铢钱191枚。东汉的五铢钱在山东地区也有不少出土,主要有东平、曲阜、宁津、济南、章丘、崂山、福山等地,其中出土最多的是1958年东平王陵山汉墓出土东汉五铢钱226枚。[⑧]货币流通是商业发达的重要标志。山东地区出土的汉代钱币及铸币用具,从一个侧面反映了当时该地的商业发展状况。

①山东省博物馆:《曲阜九龙山汉墓发掘报告》,《文物》1972年第5期。
②丁福保:《古钱大辞典》(下册),中华书局影印本1982年版,第517页。
③群力:《临淄齐国故城勘探纪要》,《文物》1972年第5期。
④朱活:《青岛楼山后出土的西汉半两钱范》《文物》1959年第8期。
⑤曹元启:《山东昌邑县发现窖藏十万枚汉半两钱》,《文物》1984年第1期。
⑥朱活:《谈银雀山汉墓出土的货币》,《文物》1978年第5期。
⑦山东省博物馆:《临沂银雀山四座西汉墓葬》,《文物》1975年第6期。
⑧山东省博物馆:《山东东平王陵山汉墓清理简报》,《考古》1966年第4期。

3. 城市

秦汉山东商业发达的另一个表现是古代城市的繁荣。当时山东最主要的城市是临淄。在始元六年(前121年)召开的盐铁会议上,御史大夫桑弘羊叙述海内的商业都会时说:"燕之涿、蓟,赵之邯郸,魏之温、轵,韩之荥阳,齐之临淄,楚之宛丘,郑之阳翟,三川之二周,富冠天下,皆为天下名都。"①在这些海内著名的商业都会中,临淄最为繁盛。从交通运输条件看,临淄与外界的交通十分便利,陆路交通可由临淄经定陶,洛阳、函谷关而达长安。早在春秋时期齐国就已开辟了一条自齐东渡渤海,经朝鲜半岛而达日本的海上贸易航线。元朔三年(前126年),临淄人主父偃对汉武帝说:"齐临淄十万户,市租千金,人众殷富,巨于长安,此非天子亲弟爱子不得王此。"②临淄的人户数和商品贸易额都超过了都城长安,居全国之冠。班固在《汉书·地理志》中说:"临淄,海岱之间一都会也,其中具五民云。"对临淄城中的五民有不同的解释,服虔说:"士、农、工、商、贾也。"③如淳说:"游子乐其俗,不复归,故有五方之民也。"④繁华的临淄城吸引着全国各地的士民。

(二)魏晋南北朝时期山东的商业与城市

魏晋南北朝时期,山东商业发展的一个比较突出的特点就是城市的军事化与商业发展的曲折性。⑤ 这个时期连年战乱,山东地区饱受战火蹂躏,城市与商业遭到极大破坏。一些比较重要的城市都是以军事据点的面目出现。如汉献帝初平四年(193年)秋,曹操进兵徐州(治郯,今山东郯城),略地至东海。所过大肆杀戮,一路上"鸡犬亦尽,墟邑无复行人"。兴平二年(195年)夏,曹操与吕布大战于巨野(今山东巨野南)。魏、宋对峙时山东城市往往是双方争夺的重镇,"自江、淮至于清、济,户口十万,自免湖泽者,百不一焉"⑥。之前比较繁盛的临淄、任城、高唐等地纷纷凋零。战火迫使大批山东人加入流民大军。曹魏统一北方后,开始注重经济发展,山东地处曹魏内地,在相当一个时期内无兵火之祸,因此城市与商业得到一定的恢

①《盐铁论·通有》。
②《史记·齐悼惠王世家》。
③④《汉书·地理志》注。
⑤赵凯球、马新:《山东通史·魏晋南北朝卷》,山东人民出版社1994年版,第168页。
⑥《宋书·索虏传》。

复。青州治所临淄城、清河郡治所清河城（今临清北）、济阴郡治所定陶城以及北海平寿城、琅琊开阳城等都初具规模。清河的缣,东莱、乐安的鱼盐都是山东地区的重要输出商品。山东地区主要流通前代的五铢钱,并有一定的铸钱业,据《魏书·食货志》载,"南青州苑烛山、齐州商山并是往昔铜官,旧迹见在。谨按铸钱方兴,用铜处广,既有冶利,并宜开铸"。

西晋时,山东的城市与商业继续缓慢发展。上自皇帝,下至百官,从乱世的惊吓中得到喘息以后,迅速开始了对财富的追逐。琅琊人王戎"家有好李,常出货之","恐人得种,恒钻其核"。[1] 乐陵（今山东惠民东）、平原（今山东平原南）、清河、临淄、高苑（今山东桓台西）、莒县、郯县（今山东郯城）、开阳（今山东临沂北）、东莞（今山东沂水北）等城市规模较大,商业也比较活跃。

东晋十六国时期,战争和割据又使山东地区的城市和商业遭到极大破坏,也直接导致了某些城市的兴废。如西晋末年,刘聪部将青州刺史曹嶷占据齐鲁诸郡后,在今青州市境内另筑一座城池,叫广固城,把青州、齐郡、临淄县三级政府都迁进城里,广县也并入临淄县。"有大涧甚广,因以为固",所以称广固城,该城的建立和选址、布局,具有明显的军事据点色彩。但到义熙六年（410年）东晋刘裕攻破光固,灭掉南燕后,随着割据时期的结束,广固城也被予以平毁,另筑东阳城（今青州为治所）。

南北朝时期,山东地区经过最初30年比较安定的时期,许多城市和商业有所恢复。但元嘉末年,宋魏之间的战争,再次导致了城市和商业的衰退。魏军大举南下,兖、青、徐、豫等州首当其冲,"破南兖、徐、兖、豫、青、冀六州,杀伤不可胜计……所过郡县,赤地无余,春燕归,巢于林木"[2],造成极大的破坏。直至北魏占领山东后,孝文帝改革,对山东实行了一些有利于商业发展的政策,如放松对手工业户、商户的控制,统一度量衡,山东城市与商业才又逐渐恢复。大城市有乐陵、平原、泰山、（今山东泰安东南）、鲁县（今山东曲阜）、高平（今山东邹城西南）、无盐（今山东东平东）、临淄、平寿（今山东潍坊南）、济南、太原（今山东长清西）、掖县、长广（今山东平度）、东牟（今山东蓬莱南）、平昌（今山东潍坊南）、兰陵、左城（今山东定陶西）、东阳

①《晋书·王戎传》。
②《资治通鉴》卷一二六。

（今山东青州）、兖州等。在山东等地的大小城邑中聚居着各行各业的手工业户，自产自销，亦工亦商，以其产品供应着城市居民的消费需求。除奢侈品与高级消费品外，绢布与一般民众所需商品量增长较快，绢价从北魏初年的每匹千钱降到二三百钱。一些官员也参与到商业的经营中去，如西兖州刺史郑羲"政以贿成，性又吝啬。民有礼饷者，皆不与杯酒脔肉"。他多所受纳，"西门受羊酒，东门酤卖之"①。行青州刺史卢文伟"经纪生资，常若不足，致财积聚，承候宠要，饷遗不绝"②。崔季舒为齐州刺史，"遣人渡淮互市，亦有赃贿事"③。官员经商，冲击与影响了正常的商业发展。在北朝时代，山东与朝鲜半岛、日本列岛的海上交通日益发达，主要是丝绸贸易。在青州附近的石窟中，还有为数不少的胡服供养人造像。北朝晚期的青州，如同北魏都城洛阳一样，汇集了各路前来贸易的外商，他们在此设店开铺，长期定居。青州已成为黄河下游最为重要的繁华的商业经济中心之一。

但是，不断的战乱和频繁的王朝更替给社会经济造成严重危害，也打断了商品货币流通的正常发展。山东地区的货币流通主要以北魏太和五铢为主。由于经济恢复得还不够充分，钱币也不规范，因而影响了流通效果。孝明帝熙平（516—517 年）初，尚书令、任城王元澄言："太和五铢虽利于京邑（洛阳）之肆，而不入徐（治今江苏徐州市）扬（治今安徽寿县）之市。土货（指各地自行铸造的土钱）既殊，贸鬻亦异，便于荆（治今河南鲁山县）郢（治今河南信阳市）之邦者，则碍于兖（治今山东兖州市）豫（治今河南汝南县）之域。"④

（三）隋唐五代时期山东的商业与城市

隋唐五代时期农业和手工业的发展，促进了山东地区城市与商业的发展，扭转了北朝时期商业萧条、贸易萎缩的局面。⑤

1. 城市商业

---

①《魏书·郑羲传》。
②《北齐书·卢文伟传》。
③《北齐书·崔季舒传》。
④《魏书·食货志》。
⑤高凤林：《山东通史·隋唐五代卷》，山东人民出版社 1994 年版，第 170 页。

隋唐时期,山东商业繁荣的城市有济南、益都、任城等。

济南当时是齐州的治所,号称历下名城,隋代最繁华时居民多达 10 万户。所以史称"历下咽喉,华泉襟带"。地势险要,是齐鲁东西南北交通的枢纽。《元和郡县志》卷一零引《述征记》云:"历城到营城三十里,自城以东,水弥漫数十里,南则迫山,实为险固也。"《酉阳杂俎》卷一二云:"至于山川沃壤,衿带形胜,天下名州,不能过此。"

青州治益都,是一座千年古城,十分著名,史称其"凭负山海,擅利盐铁",农桑簇拥,织业发达,尤以丝绫衣物的华丽和丰足称雄海内。"海岱贡篚,衣履天下,俗尚夸侈。"①

唐朝时济州城(遗址在今山东茌平县西南)一度繁荣,居民殷实,粮仓遍布,鲁西地区视其为农商中心,行旅往来,络绎不绝。《王右丞集》卷二一《裴仆射济州遗爱碑》云:"土卒林会,马牛谷量,皆投足获安,端拱取给。"同书卷九《被出济州》诗云:"间阎河润上,井邑海云深。"可见盛唐时代的济州城房屋连绵,人烟稠密,一派兴旺景象。

任城(今山东济宁)也是一座大城市。"万商往来,四海绵历,实货帛之橐。"②诗人李白曾到此停居,对当地的富庶状况作过许多描述。其《任城县厅壁记》云:"鲁境七百里,郡有十一县,任城当其要冲。东盘琅琊,西控巨野,北走厥国,南驰互乡",地理位置十分重要。而当地的风土人情则更有特色:"土俗古远,风流清高,贤良间生,掩映天下。地博厚,川疏明。汉则名王分茅,魏则天人列土。所以代变豪侈,家传文章,君子以才雄自高,小人则鄙朴难治。"任城的城市建筑规模也相当宏伟,不但屋舍栉密,而且池阁亭台,交错其间。

唐代的郓州坐落在今山东东平县西北,是一座繁华的城市,农工商诸行业均较为兴盛。《王右丞集》卷一九《郑郓州须昌冯少府赴任序》云:"予昔仕鲁,盖尝之郓。书社万室,带以鱼山济水;旗亭千隧,杂以郑商周客。有邹人之风以厚俗,有汶阳之田以富农。齐纨在笥,河鲂登俎,一都会也。"唐朝中期以后,郓州城扩展速度很快,民众辐辏,商贸集聚,所以淄青节度使一度移镇郓州,在郓州设天平军,统辖山东 12 州,长达 50 年之久。唐代平定淄

———————————

①《全唐文》卷三九〇,《李公神道碑铭》。
②《全唐文》卷三五一。

青镇后,重新恢复了郓州的繁华。除此,还有临清、登州、曹州、密州等城市比较繁荣。

按唐政府的规定,在都督府及州、县治所皆可置市,并设市令、丞、佐、史、帅、仓督等员吏进行管理。这种市大致自午时开市,至日落前7刻结束,每天都有。当时山东境内的县以上的治所大都有这种市的存在,有的设在城内,有的设在城外。圆仁在其《入唐求法巡礼行记》中更多记载了山东境内这种州、县的设市情况。如该书卷二开成五年(840年)三月二日条记载:"(登州)城正东是市。"三月十五日条记载:"莱州……州城外西南置市",四月八日条记载:"到(齐州)临济县,入尹家断中,便发,有商人施米五升,过市。"四月十日条记载:"平明发,正西行四十里,未时到(齐州)禹城县,县市粟米一斗卅五文,梗米一斗百文,小豆一斗十五文。"这里不仅记载了一些州、县商人和交易的粮食品种、价格,还指出了市的位置。此外,在各大城市中,店铺林立,邸馆栉比,货物充盈,商贾云集,到处都有商品交易活动,把城乡之间的经济生活调节得异常活跃。与此同时,也造就了一些富商大贾,如北海人李清,代传染业,子孙和姻亲数百家,都经商益都,家中集财百余万。① 齐州的刘十郎,以卖醋为业,"渐习商估。数年之内,其息百倍,家累千金"②。

2. 集市贸易

隋唐五代时期,山东境内的农村集市贸易也相当发达。这种集市叫做"草市"或"墟市"、"虚市"。草市大都离州县城较远,兴起于交通要道或津渡、驿站所在地。在交通便利的地方,完全是由于商品交换的需要而自然形成的定期交易市集。有的草市后来随着当地经济的发展而逐渐形成新的城镇,如《唐会要》卷七十一《州县改置下》记载,"德州安德县,渡黄河南与齐州临邑县邻接,有灌家口草市一所",后来发展为福城。

3. 对外贸易

隋唐时期山东地区与国外的贸易,见于史书记载的,主要是与日本、新罗的贸易。日本先后派出15次较大规模的遣唐使团,在这15次使团中,有7次是从山东沿海登陆,8次从山东沿海返航。从山东沿海登陆的日本遣

---

①《太平广记》卷三十六。
②同上书,卷一三八。

唐使团,上岸后沿登州、莱州、青州、齐州(今山东济南)、曹州(今山东菏泽)进入河南境内,经汴梁(今河南开封)、洛阳,最后到达长安。这也是盛唐文化输入朝鲜、日本的重要通道。山东半岛登州沿海一带,也是唐与新罗往来极为便利的地方。圆仁在《入唐求法巡礼行记》一书中提到:从牟平县唐阳陶村之沿海乘船,"得如风,两三日得到"朝鲜沿海。而从赤山浦渡海东行,也仅需两三天就可望见新罗西南沿海之山。由于山东沿海所处的这种地理位置,唐与新罗间一些重要的政治、经济活动都发生在山东半岛。开成四年(839 年)六月,新罗清海镇镇将张宝高(又译为张保皋)派船二艘来赤山(今山东荣成石岛镇),后又派其兵马使崔晕到赤山从事商业贸易。

　　位于山东半岛的登州、莱州二州在海外贸易中也起着重要的作用。登、莱二州地处胶东半岛北立岗,扼锁渤海之口,与朝鲜半岛相对,是隋唐时期与日本、朝鲜半岛通商的重要口岸,也是东南沿海各口岸与东北亚国家海外贸易的中转港。自唐初至唐末,新罗与唐的海路贸易增多,大部分货物都在登、莱二州入港。仅开元年间,新罗商人就运来了牛黄、人参、朝霞绸、鱼牙、金银等货物。这些海外奇货通过登、莱港口,转运到长安。同时,大批的中国货物通过这里运往渤海、新罗和日本。国内外商贾们为了获得第一手的商品物资,常常事先聚集于港区附近,久而久之在登、莱二州形成了以港区为核心的大型贸易中心。在这一区域,仓库、馆舍、旅店、酒肆和各项服务行业应运而生。登、莱港区交易中心所容纳的交易商品种类很多,从谷物、果品、木材、茶、丝、绢、瓷器、金属制品、染料、文具、书籍、佛具、化妆品等,应有尽有。其中最值得提及的是奴婢贸易。唐代法律规定,奴婢不属于良人,可以作价买卖,因此,海内外的奴婢贸易都集中到登、莱二州的商业区。交易范围扩大时,唐还专门设立监站,收取双方贸易的巨额利润。①《新唐书·张廷珪传》载,武则天时期,"诏市河南、河北牛羊、荆益奴婢,置监登、莱,以广军资"。奴婢贸易利润巨大,因此吸引了许多海外冒险者。唐中后期,新罗的强盗们就在本国掠夺人口,并把它们贩卖到中国充当奴婢,而交易地点就在登、莱二州。《唐会要·奴婢》载:"有海贼掠新罗良口,将到当管登、莱

①陈冬生、王赛时:《山东经济史·古代卷》,济南出版社 1998 年版,第 308 页。

州界,及缘海诸道,卖为奴婢。"长庆三年(823年),淄青节度使薛苹上书朝廷,"新罗国虽是外夷,常禀正朔,朝贡不绝,与内地无殊。其百姓良口等,常被海贼掠卖,于理实难"。恳请朝廷禁止奴婢贸易。这样,在长庆年间,新罗远海贩运来的奴婢人口都被登、莱官府没收,放为良民。有些新罗人不愿再回本国,就在登、莱二州永久居住下来。登、莱二州各乡镇中的"新罗坊"就是为安置新罗人而建造的永久性住宅区。安寓他们的旅店称为新罗馆或新罗院,管理新罗人的机构为勾当新罗所。另外,二州还是东南沿海联系中原和与北方经商贸易的必经之地,极其重要。如闽王王审知及后继者们进贡中原、闽国,新罗、高丽、日本诸国的密切往来,无不是通过福建至登、莱航线,再以登、莱为中转实现的。应该说,登、莱二州在唐代为中国与朝鲜半岛、日本岛的文化、商品交流发挥了极其重要的作用。

4. 货币

唐高祖武德四年(621年)进行币制改革,废除流通700多年的五铢钱,改钱文为"开元通宝",是为通宝钱制。开元钱被视为继五铢钱之后又一理想的钱币。其时山东地区也通行开元通宝,如1966年山东省粮食厅工地出土"开元通宝"160斤。① 1986年10月,微山县欢城镇东田陈村出土古币104公斤,2万余枚,其中有隋五铢、唐代开元通宝、乾元重宝两种,五代十国货币有后汉汉元通宝、后周周元通宝,前蜀货币有通正元宝、天汉元宝、光天元宝、乾德元宝、咸康元宝,南唐货币有开元通宝对钱、楷书唐国通宝和大唐通宝。②

(四)宋元时期山东的商业与城市

宋元时期山东的商业贸易和城市经济比唐代更为发达,城乡之间农副手工产品交换极其频繁,区域性短途贸易、全国性长距离贩运贸易和海外贸易均得到长足发展,山东在宋元时期成为黄河下游地区商业比较繁荣的区域。

1. 城市商业

从宋代起,山东地区原有的城市仍保持繁荣的景象,同时也出现了许多

---

① 济南市金融志编纂委员会:《济南金融志》(1840~1985),1989年印刷,第64页。
② 济宁市金融志编纂委员会:《济宁市金融志》,山东人民出版社1995年版,第61页。

新的城市,有的还成为国际贸易市场。济南是宋元时期山东的政治文化中心,同时亦为重要的商业贸易中心。元代学者于钦曾在济南路山东廉访司任职,在所著《齐乘》卷五中说:"济南水陆辐辏,商贾所通,倡优游食颇多,皆非土人。"①《马可波罗游记》中记载济南为"此地一带最大之城,有商人无数,经营大规模之商业,产丝之饶竟至不可思议。"由此可证济南商业的繁荣景况。济南刘家

济南刘家功夫针铺(山东省博物馆)

功夫针铺的雕版印刷广告是我国现存最早的平面印刷广告,印制于北宋时期,比西方印刷广告早三百多年。这则广告上面刻有"济南刘家功夫针铺"的字样,中间是一只正在捣药的白兔,商标两旁写着"认门前白兔儿为记",下面刻有:"收买上等钢条造功夫细针,不误宅院使用,客转为贩,别有加饶。请记白兔。"从广告设计的角度出发,这则广告画面布局合理,构图严谨,借神话传说为商标图案。可见,宋代济南商人经营水平非常高超。元代时,临清、济宁等成为元代山东新兴的商业城市和物资集散中心。运河山东段"始开河时,止许行百五十料船,近年权势之人,并富商大贾,贪嗜货利,造三四百料或五百料船,于此河行驶,以致阻滞官民舟楫"②,可见运河上商业营运繁忙的景象。临清地处运河交通咽喉,大运河通航后,商业迅速发展起来,史载:"当其盛时,北至塔湾,南至头闸,绵亘数十里,市肆栉比。"《马可波罗游记》记载临清附近的运河"其运赴上下流之商货,有丝及香料不少,并有其他物产及贵重货品甚多"。位居南北水陆要冲的济宁,不仅成为"陆交汇,南北冲要之区"和"引江淮咽喉"带,同时又成为漕河管理中心和鲁西南的政治、经济中心。至元二十二年(1285年),政府在济宁"增济州漕舟三千艘,役夫万二千人",每年经这里运往首都的漕粮达30万石③,有力

---

① 于钦:《齐乘》卷五,《风土》;同书卷四《亭馆》。
② 《元史·河渠志一》。
③ 咸丰《济宁直隶州续志》卷一,《大事》。

地带动了济宁经济的发展和工商业的繁荣,出现了"官舸商舶鳞集,麻拥于济城之下"的兴旺景象。此外,密州(今山东胶州)地处南北海运枢纽,由于海上运输业的兴盛而迅速发展起来。商贾荟萃,船舶云集,成为北方沿海地区重要的商业贸易中心和对外贸易港口。

2. 市镇经济

关于宋元时期的山东市镇之形成,张熙惟先生曾有专文论述。"民聚不成县而有课税者,则为镇,或以官监之。"①这一制度规定,实质上反映了当时新的市镇得以设立的三个基本条件:(1)"民聚",说明置镇之地须有一定的人口规模。(2)"不成县",说明置镇地一般位居重要的地理位置,即使还不能设县,但已经是一个区域的政治、经济、文化中心。(3)"有课税",更反映出置镇地必定具有一定的工商业基础且达到一定的繁荣程度。故此后人称"市会聚之区曰镇"。② 宋元时期的山东市镇正是在这样一些基本条件下形成并发展起来的。从宋元时期山东市镇的地区分布来看,呈现出山东西部地区的市镇分布密度远远高于东部地区的特点。这一分布特点亦与当时山东各地区社会经济发展的总体水平基本上是吻合的,也就是说这一时期山东经济的发达地区主要位于山东西部。故宋代判大名府贾昌朝曾在上书朝廷中的奏疏中说:"取财用以馈军师者,惟沧、棣、滨、齐最厚。"宋元时期山东商业经济的发展,在封建王朝政府的商税中也有充分反映。③ 宋代的商税收入主要是通过设在城市、市镇中的商税组织——场务来征收的。据统计,宋政府在全国先后设立过 1790 个商税场务,在相当于今山东地区的京东东路、京东西路和河北东路中京东东路设有 93 个场务,京东西路设有 62 个场务,河北东路设有 146 个场务。宋神宗熙宁十年(1077 年),诸州商税收入额 1 万贯至 3 万贯的有密州等 6 个州,3 万至 5 万贯的有青州等 8 个州,5 万贯以上的有郓州等 4 个州。熙宁以前,京东东路商税总额为 51 万余贯,至熙宁十年增为 74 万贯,年商税收入在全国各路中居第三位。密州的 8 处场务的商税收入总额是 8.7 万余贯,在全国的 232 府州军中,除使用铁钱的四川地区外,位居榜首。金元两朝亦在山东设立使、局、院、务征收

①(宋)高承:《事物纪原》。
②张熙惟:《宋元山东市镇经济初探》,《山东大学学报》1998 年第 1 期。
③赵继颜:《山东通史·宋元卷》,山东人民出版社 1994 年版,第 150 页。

商税。到元文宗天历初年,山东各路商税额,东平路 7141 锭、东昌路 4879 锭、济宁路 12403 锭、曹州 6017 锭、濮州 2671 锭、高唐州 4259 锭、泰安州 2013 锭、冠州 738 锭、宁海州 944 锭、德州 2919 锭、益都路 9477 锭、济南路 12752 锭、般阳路 3486 锭,各路商税总和占当时全国商税收入总额的 9.2% 以上,仅次于江浙行省、河南行省和大都而居第四位。故宋元时期,山东是封建王朝政府商税收入的主要地区之一,从一个侧面反映了山东市镇经济商业的发展。

3. 内陆贸易

宋元时期,山东与周边内陆贸易繁盛,商品种类范围很广。宋真宗时期,开放山东粮食市场,诏令"京东民以车汆粜种粮者,缘河津渡勿收其算"。很多农产品都已成为流通中的重要商品。官府生产的铁制品亦更多地作为商品投放市场。如宋初"官榷铁造器用以鬻于民,至元祐罢之"。宣和元年(1119 年)开放金禁,"许民随金脉淘采"。纺织品也成为商品流通中的重要商品。真宗大中祥符年间,"青、齐间绢直八百,绅六百",因价格低廉、质量精美而行销四方。仅官府每年从山东采购的布帛即达 70 万匹,后增至 200 万匹,由此可见当时纺织品上市数额之巨。从宋代起,山东地区开市出现大批专业商贩。如登州黄县人宗立本,"世世为行商","贩缣帛抵潍州"。元代山东商贩把丝线、纺织品贩卖至江浙一带。元代善于经商的回回人更遍居山东运河沿岸城市,有的深入山东内地。如元朝名臣赛典赤·赡思丁的子孙就在济南定居经商,成为今天济南回族的赛氏家族。东平府亦多"随城郭居住别投下开铺营运之家"。此谓"投下"户即指蒙古、回回等各族贵族,"开铺营运"即谓之经商求富者。

4. 海上贸易

入宋以后,山东地区进一步开通了南往江浙、福建、两广,北往辽东的海上商业通道,海上贸易更趋繁荣。密州商贾乘海道往辽境兴贩贸易。到北宋中期,密州板桥镇(今山东胶州)更成为南北商贾所会之处,"其人烟市井,交易繁多,商贾所聚,东则二广、福建、淮、浙之人,西则京东、河北三路之觽,络绎往来"[1]。板桥镇从而成为沿海地区的主要通商口岸之一。由于与

---

[1]《续资治通鉴长编》卷三四一。

高丽、日本的互市贸易获利丰厚,各阶层竞相投身海外贸易。于是,时任知密州的范锷上书奏请朝廷在贸易量最大的板桥镇设立市舶司。宋哲宗元祐三年(1088年)朝廷于板桥镇置密州市舶使司,作为管理海外贸易、外商和征收关税的专门机构。密州港成为宋代长江以北唯一设市舶司的港口,取代了登州港和莱州港的地位而发展成为南北海上交通的枢纽、对外经济交流的基地。南宋初年,"明、越濒海村落间,类多山东游民航海而来,以贩籴为事"。"海、密等州米麦踊贵,通、泰、苏、秀有海船民户贪其厚利,兴贩前去密州板桥、草桥等处货卖。"从金至元,此种海上贸易一直持续未断。元代山东时期,统治者曾希望借用山东人的航海经验,探索通往外海的航线。《元史·王国昌传》所载反映了当时的航海情况:"王国昌,胶州高密人。……至元五年,人有上书言高丽境内黑山海道至宋境为近。帝命国昌往视之。……遂至黑山乃还,帝延见慰劳。元朝与日本交通时,王国昌再度帅水军出海。""东夷皆内属,惟日本不受正朔,帝知隋时曾与中国通,遣使入日本,乃命国昌屯于高丽之义安郡以为援。"王国昌最终病死于出海途中。从王国昌传记来看,其时山东与朝鲜、日本有一定的贸易往来。但元代将对外贸易的重心设在了南方沿海地区,山东不再承接远洋来舶,所以元代山东的海外贸易比较稀少。正如王赛时先生所云:"北宋以前,山东沿海各大港口一直是中国通往外海的始锚基地,其吞吐能力不但在北方居于领袖地位,比之南方沿海也毫不逊色,然而金元以后,浙、闽、粤地区的航海活动迅猛发展,而山东的航海能力则相对下降。"①

5. 货币

宋代是我国古代社会商品经济空前繁荣的时期。随着商品交换关系的发展,四川地区开始印行世界上最早的纸币——交子,但山东地区仍主要使用铜钱。近年来,考古工作者先后在济南、福山、胶县、广饶、沂南等地陆续出土大批宋代铜钱。如1972年,济南西郊丰齐出土一瓮古钱,重424斤,其中大部分为北宋时期的铜钱。1977年,山东福山县八角公社小赵家村出土一批铜钱,重27公斤,约9000余枚,这批铜钱以宋代的居多。1982年,山东胶县出土1200多公斤古钱,其中除少量汉五铢钱和唐开元通宝外,大量

①王赛时:《山东沿海开发史》,齐鲁书社2005年版,第223页。

是宋钱,而北宋钱又多于南宋钱。该地还发现金代海陵王时期的"正隆元宝"铜钱。1988年,山东广饶县出土700多公斤窖藏古钱,据有关专家考证,这批铜钱为宋金时期一钱庄收藏。2009年山东省沂南县杨家坡镇一村民在清理大棚周围的树根时,挖出一批北宋铜钱。这些考古资料证明,宋代山东的商品货币经济是十分发达的,其货币铸造量、流通量均远超唐朝。元代主要使用纸币,初期一度禁用铜钱,后虽恢复铸行,但种类和铸额远不及唐宋。

(五)明清时期山东的商业与城市

明清时期,山东地区的商业日益繁荣,运河沿岸城市成为最繁荣的城市,同时鲁中地区的城市与沿海城市也日益发展,从而形成了山东城镇经济发展的新格局。①

1. 运河沿岸城市的繁荣

随着明清以来南北商品交流的加强,在运河航运的刺激下,位于运河沿岸城市的经济有明显的发展,特别是康乾盛世时期,发展更是明显。临清、济宁和德州即是其中的较著者。② (1)临清。临清在元代以前"无商业可言",自明代会通河漕运畅通以后,才凭借地处会通河与卫河的交点,成为北方的水运枢纽,进而成为明清时期山东最大的商业城市。《利玛窦中国札记》载:"临清是一个大城市,很少有别的城市在商业上超过它,不仅有本省的货物,还有大量来自全国的货物都在这里买卖。"明清时期的临清主要有三个特点:一是成为运河沿岸最重要的粮食转运枢纽。到了成化年间,临清仓已成为运河沿岸的第一大仓,被称为"常盈仓"③。二是成为朝廷最重要的税收来源地之一。明间临清钞关所征商税每年达八千三百余两,超过京师所在的崇文门钞关,居全国八大钞关之首。④ 清初,临清钞关继承明制,到清中叶关税收入大约为4万—6万两。(见表3-14)三是成为运河沿岸最繁华的工商业城市之一。直到咸丰年间黄河改道,使运河逐渐淤塞

---

①许檀:《明清时期山东经济的发展》,《中国经济史研究》1995年第3期。
②《明宣宗实录》卷五十载有当时全国著名工商城市33座,其中分布在大运河沿岸的即占1/3。
③《明史·食货志·漕运》。
④许檀:《明清时期运河的商品流通》,《历史档案》1992年第1期。

临清舍利宝塔

停运之前,临清一直是华北平原最大的商业城市之一。① 据《临清县志》记载,临清"北起塔湾,南至头闸口,绵亘数十里,市肆栉比"。景德镇的瓷器、辽东的毛皮、河南的牲畜、天津的百货、济宁的布匹,物货盈街。到清代成为"富庶甲齐郡"的州城。(2)济宁。位于运河南段的济宁,因其北通京津,南贯江淮,是山东西南地区的商品集散中心。康熙年间,苏州船户戴氏来济宁经商,开创"姑苏戴玉堂"酱菜。至道光年间发展为济宁独一无二的大字号。济宁通过运河吸收了来自江南、中原的木材、竹材,闽广及浙江的红白糖,江西的瓷器,湖北的桐油,山西的铁器,江浙绸缎等大量货物,向鲁西南及河北、河南等地输运。同时,又将鲁西南地区的棉花、干鲜果品、烟草、药材、粮食、布匹、煤炭等集中运往江南及河北等地。因此,济宁的运河码头异常繁忙,各种"车行"、"船行"②应运而生,发挥着商品集散的重要作用。(3)聊城。聊城是东昌府治,其商业发展可能稍晚些,主要是清代发展起来的,而以道光年间为最盛。清代中叶,仅在聊城经商的山陕商人字号就有三四百家,主要贩运铁货、板材、茶叶等外地商品赴山东售卖,同时大规模收购、加工本地所产棉布、皮毛、毡货等运销西北、口外。(4)张秋。张秋位于临清、济宁之间,为东阿、寿张、阳谷三县所共辖。万历年间该镇已有商业街市数十处,牙行二三十家,商业店铺则"以数百计"。

---

①方行等:《中国经济通史·清代卷》中册,中国社会科学出版社 2007 年版,第 786 页。
②道光《济宁直隶州志》卷三,《食货志》。

表 3－14　乾隆、道光年间临清关关税税额统计　　（单位：两）①

年代	户关税额	工关税额	两关合计
乾隆六年至十年平均	54566	7996	62562
十一年至十二年平均	49649	8705	58354
二十一年至二十九年平均	46089	7362	59451
四十年至四十九年平均	50079	9086	59165
五十一年至五十八年平均	50459	9122	59581
道光四年至九年平均	46678	5784	52462
十一年至二十九年平均	46138	5737	51875
二十一年至二十七年平均	46339	3416	47616

2. 鲁中地区的商业中心

明初以后,随着政治中心移至济南,山东东西两部的联系通过鲁中大道日益频繁,因而也促进了这一地区商品经济的活跃与发展。这主要表现在该地区的工矿手工业与农业多种经营生产的活跃与发展方面。(1)周村。周村在明代叫周村店,有居民"三百家"。入清以后,周村凭借交通要冲的优越地理位置和发达的丝织手工业,发展成为一座工商业"大镇"。康熙时期,周村镇就已"商贾云集","天下货物聚焉"。② 乾隆年间,周村被"御赐"为"天下第一村"。周村的市镇经济达到鼎盛。嘉庆六年(1801年)《长山县志》记载:"周村烟火鳞次,泉贝充轫,居人名为旱码头。"时人把周村与汉口、佛山、景德等全国著名工商大镇相提并论,由此可见周村市镇经济之繁盛。周村还有闻名全国的五行(丝行、粮行、钱行、布行、杂货行)、八作(丝绸、铜器、木器、浆麻、腿带、首饰、毡帽、剪锁等),成为"百货丛积、商旅四达"的重要商镇。(2)颜神镇。位于鲁中山区的颜神镇是山东省手工业重镇,自明代以来,陶瓷、琉璃、煤炭是颜神镇的三大产业。入清以后,鉴于颜神镇的重要经济地位,雍正末,颜神镇改为博山县,升为县治。在清代前中期,颜神镇(博山)"虽僻处岩阿",但发达繁盛的市镇工商业经济对周围各

①转引自方行等:《中国经济通史·清代卷》中册,中国社会科学出版社2007年版,第787页。
②康熙《长山县志》卷八,《艺文志》;金铽镂:《周村义集记》。

县地产生了巨大的辐射力,"四方辐辏",已成为山东著名的工商业"都会"①。(3)潍县。潍县位于鲁中大道东端的潍县,是沟通山东中西部与东部地区经济联系的枢纽,其商业经济也相当繁盛。乾隆年间曾任潍县县令的郑板桥盛赞潍县的商业"若论五都兼百货,自然潍县甲青齐"②。当时,潍县被称为"小苏州"③,其城市经济的繁华程度,由此可见。

3. 山东半岛主要商业中心

随着山东东部半岛地区经济的崛起,一批沿海城镇的经济也呈现了繁荣景象。(1)胶州。北濒渤海,南临黄海,"舟航之利捷于他郡",故"民多逐利四方"。明代嘉隆年间即为"商贾辐辏"之所,也是山东大豆、海产输往江南的主要码头,"商船往来终年络绎"。康熙十八年(1679年)开海禁,一度中断的沿海贸易迅速恢复,康熙末年贸易范围已扩大至闽广。雍正年间重定船税,胶州每年征银7540两,这一数额相当于清初山东沿海18州县船税总额的9.6倍,足见胶州海贸发展之速。清代中叶胶州沿海贸易进一步发展,上海、苏州均有胶州帮商人开设的会馆。(2)莱阳。莱阳也是山东半岛重要的商业码头,"凡平(度)、掖(县)、栖(霞)、招(远)之土产,江浙闽广之舶品,皆以此为集散所"。(3)黄县。半岛北岸的商业码头则以黄县为最。该县地寡人众。"丰年之谷不足一年之食",却号为东海"富庶之区",其原因即在于商业繁盛,居民多习贸迁之利。

4. 对外贸易

明代实行严厉的海禁政策,山东的对外贸易受到严重制约。正如王赛时先生所言:"虽然登辽航线的频繁往来还能点缀一下空荡的海面,但海禁政策所造成的负面影响却让众多的沿海居民远离了海洋活动。对于航海而言,明代山东的海洋总量就是那样灰暗和沉闷。"④明代山东的对外贸易见于记载的大都是因为军事、战争所引发的商业活动。如后期明朝与日本在辽东半岛的战争,明朝与日本在朝鲜半岛的战争,这些战争都以山东沿海作为重要根据地,故而军事商业也得以发展。但由于海禁,明代山东民间对外贸易影响甚微。清朝前期也实行了严厉的海禁政策。虽然沿海贸易有所发

①乾隆《博山县志》卷三,《乡社》。
②③《郑板桥集·补遗·潍县竹枝词》。
④王赛时:《山东沿海开发史》,齐鲁书社2005年版,第279页。

展,但对外贸易始终没有起色。其时,山东与朝鲜有一定的海外贸易,与日本的贸易几乎消失。鸦片战争后,晚清政府被迫开放了山东沿海的一些港口,山东的对外贸易才得以迅速发展。

5. 货币

明代山东地区通行的纸币是大明宝钞,同时铸造流通各种铜钱,如弘治通宝、嘉靖通宝、万历通宝等,明中期以后白银成为主要货币,形成"朝野率皆用银,其小者乃用钱"的格局。清代鸦片战争以前,实行银钱并用政策,大数用银,小数用钱,铜钱如康熙通宝、雍正通宝、乾隆通宝等,此外外国银元在中国的流通范围日广。如济宁地区发现的明代货币主要有嘉靖通宝、万历通宝、天启通宝、泰昌通宝、崇祯通宝。1964 年,微山县文物工作者在南四湖的南阳岛上发现明代银元宝两个,元宝呈"V"形,高 4.3 厘米,长 7 厘米,宽 4.1 厘米,底部呈蜂窝状,面部各有戳记,一个是"山东盐课李金城",一个为"天祥银炉"。文物工作者考证这两枚银元元宝为明代盐税税银。①

6. 明清时期的资本主义萌芽

资本主义萌芽是指是资本主义生产关系萌发而尚未定型的一种社会经济现象。它具体表现在资本积累程度、雇工人数、雇工与雇主的人身关系等向机器大工厂转变时的初始形态。"资本主义生产方式开始于工业,只是到后来才使农业从属于自己。"中国资本主义萌芽在明代中期最早出现在江南地区手工业部门,山东地区资本主义萌芽的条件在清代前期已经具备。乾隆时期,不少部门中已出现了资本主义的萌芽,在采煤、丝织及烟草加工业和农业生产部门中表现得比较明显。

(1)采煤业。采煤业是清代山东发展较快的行业。乾隆以后,采煤业内部两极分化的现象日趋严重,往往是"井成得炭多者利数倍,井不成或炭少而瀹浸于地水者,家产多荡然"②,以致形成"获利者十之一,败产者十之九"③。

少数以采煤起家的矿主,拥有巨资,利用掌握的生产资料,采取雇佣

---

①济宁市金融志编纂委员会:《济宁市金融志》,山东人民出版社 1995 年版,第 61 页。
②马国翰:《对钟方伯济南风土利弊问》,《皇朝经世文编补》卷二十八。
③王培荀:《乡园忆旧录》卷三。

劳动的方式剥削佣工,从而具有资本家的属性。如峄县"煤矿最盛、岭阜处处有之。人采取者、任自经理、不复关诸官吏。方乾嘉时,县当午道,商贾辐辏,炭窑时有增置。而漕运数千艘,连樯北上,载煤动数万石,由是矿业大兴"。煤矿的大规模开采,出现了众多拥有巨额资本的煤炭窑主。"县诸大族,若梁氏、崔氏、宋氏,以炭故起家,与王侯埒富。"①而被雇佣的矿工依靠出卖自身的劳动力而得到工资报酬,从而也具备了工人的属性。当时在山东各大矿区,都普遍采取了雇佣劳动的形式,这在清代的档案及文献中都有所反映。如据嘉庆《刑科题本》载,嘉庆十年(1805 年),在淄川的煤矿区,有"煤炭厂佣工李斯孔,为康甫得说合亦雇入厂内工作,议明每日工价京钱二百五十文,康甫得预支京钱十千文",双方协议商定工价,而且刚入厂就预支工钱,反映了当时雇佣关系的非强制性。再如,道光年间,在济南地区的煤矿中,"出炭之井,豪族驵侩数人庐其上,畚拘上下,率以百计,凡佣工必书身券,戕生矢勿问,然价极丰,贫民竞赴焉"。从"价极丰,贫民竞赴焉"中可以看出,在济南的矿区中,采煤生产也采取雇佣劳动形式。

清政府的矿业政策对雇主雇工双方有着明确的规定。"每窑立一窑户,民地以地主为窑户,其官山官地,以领贴输税之人窑户,照当税之例,领贴输税,凡有雇用人夫,必用本籍之人,取具地邻等各结,无许外方人等冒充致生事端。"②博山的煤矿"其主事者必曰井头;率徒下攻者曰洞头;收发钱财者曰账房;此三人者,权莫大焉。输钱出份者谓之攻主……山场业主办赋而无从矣"。从上面的史料中可以看出,在博山的采煤业中,主要有以下四类人组成:一矿区地皮的所有者,即"山场业主"。这是出租山场土地的地主,不管矿事,只是收田赋而已。二是"输钱出份"的"攻主",这是煤矿资产的出资人,当是原始的资本家。三是"井头"、"洞头"及"账房"。其中,"井头"是矿井的实际经营者,类似经理;"洞头"是管理矿工的工头;"账房"是管理矿井财务的人,这三种人是管理与组织煤矿生产的主要资方代理人。四是被称为"徒"的直接下井采煤的矿工。很明显,在博山的矿井中,"徒"是财富的主要创造者,而前三种人都直接或间接参与瓜分由矿"徒"创造的

①光绪《峄县志》,卷七。
②《清文献通考·征榷六》。

剩余价值。井头、洞头以及账房等人控制了煤井实权,并往往以此挟制攻主。"井、洞头则一文不费,公私十倍坐获。及日久见疑,从而察之,账房又意为舛错,遂使攻主倾家入井……于是作奸偷采,或攘臂明争,甚至放水淹人。"这说明,在山东采煤业作坊中,出资者与经营者,即所有权与经营权发生了分离。"井头"、"洞头"及"账房"与"攻主"、"山场业主"之间的这种类似委托代理关系,存在着经济分配的矛盾。但这些掩盖不了他们与矿工之间剥削与被剥削的关系。在矿井劳动的矿工,已不是受封建土地权力的支配,而是受雇于资本了。由此说明山东煤矿业已萌发资本主义生产关系的萌芽。

(2)丝织业。乾隆以后,山东丝织业也开始出现资本主义萌芽。在丝织业颇为兴盛的淄川县,栗家庄经营地主树荆堂毕家,以一架"木机子"开始逐渐由家庭副业向丝织手工作坊方面发展,到嘉庆、道光时期,拥有20余架织机;到光绪年间已成为拥有场房26间,织机72架,雇工100多人进行生产的小型手工工场——恒盛丝织机坊。这时的恒盛丝织机坊实际上已是带有了某种程度的资本主义生产因素的生产实体①。在手工工场中,原来的机户变成了机场主,是织机的拥有者。工匠或帮工是被雇佣的,以出卖自己的劳动力维持生活,他们之间的关系已是"机户出资,机工出力"的资本主义性质的雇佣关系。

(3)烟草加工业。清代前期,山东的烟草种植已成为一项重要的商业性农业经营。此时山东出产的"黄县烟"②、"所烟"③及"济宁烟"④,已作为商品出现在全国各地的市场上,表明山东的烟草加工业已具有一定的发展规模了。烟草加工,是一项工序较复杂、需用人力较多的行业。据当时人的记载,烟叶收获后,应根据采摘的季节与烟叶的不同部位,分为伏烟、秋烟、顶烟、脚烟等不同的种类与等级,然后再进行作烟、打捆、包烟等各道工序。⑤每处工序往往需用众多的劳力人手,实行连续作业,才能加工出成品。据道光年间著名经济学者包世臣的记载,在盛产烟草的济宁,烟草加工

①罗仑、景甦:《清代山东经营地主经济研究》,齐鲁书社1985年版,第87页。
②康熙《延绥镇志》。
③金埴:《巾箱说》。
④刘廷玑:《在园杂志》卷三;陆耀:《烟草谱》等。
⑤包世臣:《安吴四种》卷二十六,《齐民四术》。

场平均每家拥有烟草加工工人近千名,从济宁的烟草加工规模及巨额利润来看,烟草加工业中已出现了资本主义萌芽。

(4)农业生产部门。清代在山东农业生产中普遍出现了雇佣劳动,如淄川毕家在光绪二十年前后,雇佣长工三十多人,夏秋农忙时间,经常雇短工五十余人。山东地方志中多有述及类似的雇佣劳动。如武定府,秋后"田家设酒肴犒佣工"①,兖州府"十月朔……农家皆设酒肴,燕佣人"②,青州府每年秋收后,即刻"饷佣工人以酒饭,酬其三时之劳"③,《青州府志》载:"遇农夫八九人,枕锄午睡,向之,皆佣工偷闲者。"现存清代档案材料反映出,乾隆时期农业雇佣关系比传统租佃关系平等,雇工人身是自由的。如山东沂水县刘玘山佃种马进朝地亩,佃户刘玘山因事"殴马进朝毙命",山东巡抚判案定议"查刘玘山虽系马进朝的佃户,并无主仆名分,应以凡斗论"④。雇主与雇工建立的是货币雇佣关系,据《山东通志》载,在济宁直隶州,乾隆五年(1740年),"黄孙康雇孙四种园,每月工价小钱二千文,并无文约,系属短雇"。这些雇佣劳动中,有些已具有资本主义自由雇佣劳动的性质。农业雇佣工人,往往是丧失生产资料者,在登州府"农无田者,为人佣作曰长工,农日暂佣者曰忙工"⑤。康熙初年任山东青州海防道的周亮工所写《劝施农器碑》,其中说,"东省贫民,穷无事事,皆雇于人,代为耕作,名曰'雇工子',又曰'做活路',每当日出,皆鹤立集场,有田者见之,即雇觅而去",这些"穷无事事"之人,为北方各省短工市场提供了雇佣劳动力。清代山东农业生产部门的资本主义萌芽特征还表现在农业经营主要是从事商品生产上。据《清代山东经营地主的经济研究》一书中关于山东章丘县太和堂李家、旧军镇进修堂孟家及淄川县树荆堂毕家的调查材料显示,康熙以后发展起来的这三家经营地主在生产过程中显示出相对进步性,除生产的棉花、蔬菜、烟叶等经济作物明显地作为商品出卖外,大部分的粮食也作为商品粮运往集市销售。因为粮食是从事酿酒、榨油、制醋、酱、淀粉、熟食等手工业作坊的主要原料,也是广大人民群众的生活必需品。由此可以看出,清

①乾隆《惠民县志》卷一,《地理志风俗》。
②⑤《古今图书集成》卷二十三,《职方典·兖州府风俗考》。
③康熙《清城县志》卷二,《岁时》。
④钱泳:《履园丛话》卷五,《景贤》。

代山东的农业雇佣劳动中也出现了资本主义性质的萌芽。总之,到清代中期,资本主义萌芽已出现在手工业和农业生产部门之中,这是山东社会经济发展变化的重要表现。它的出现宣告了在古老的齐鲁大地上,传统的自给自足的自然经济开始走上缓慢解体。

第四章　近代的山东经济

　　英国著名经济学家、诺贝尔经济学奖获得者约翰·希克斯（John R. Hicks）认为，从传统经济向现代经济的过渡，就是从习俗经济、命令经济向市场经济的过渡。传统经济或表现为以习俗进行资源配置的经济形式即习俗经济，或表现为通过行政命令进行资源配置的经济形式即命令经济，现代的经济形式表现为通过市场来进行资源配置的经济形式即市场经济。传统的习俗经济或命令经济存在了很长时间，人类社会跨入近代社会之前，这两种经济形式都存在着。由传统经济向现代经济的过渡，最重要的表现就是市场渗透，即市场机制在多个领域发生作用并逐渐占据主导作用的过程。主要资本主义国家大都在 19 世纪末 20 世纪初即已形成了这种过渡，而中国在 19 世纪的后半期才开始这种过渡，直至今天仍没有结束。近代山东地区的这种过渡，或者说山东经济的现代化进程，始于 19 世纪末期。其时市场机制在农业、工业、商业、财政、金融等领域都出现了一定程度的"渗透"，市场化、工业化和城市化都有了一定程度的发展。山东区域经济中市场经济的成分增多，山东经济的现代化水平有了相应的提高。关于近代的山东经济，我们以经济现代化为主线，描述并分析近代山东各产业部门的市场化、工业化水平以及不同区域上的城市化水平。

一、山东经济现代化

　　经济现代化是人类经济从传统迈向现代的必由之路，它包括工业化、市场化和城市化等内容。鸦片战争以来，中国社会各个阶层为了现代化的目标，提出了不同的社会改革主张，进行了很多领域的现代化实验，取得了一定程度的现代化成绩。作为沿海省份，山东省也开始了从传统经济向现代经济的过渡。近代山东地区有较大的人口规模，拥有相对丰富的土地资源和各种矿产资源，加上优越的地理位置和地方政府的经济鼓励政策等，为近代山东经济现代化起步提供了很好的条件。山东经济现代化主要表现为农业现代化、工业现代化、商业现代化、金融现代化以及其他部门的现代化。山东经济现代化主要经历了三个阶段，即从传统迈向现代的开始阶段（1840—1911年）、经济现代化的发展阶段（1912—1937年）、经济现代化的衰落阶段（1937—1949年）。山东经济现代化的过程主要有五个特点，即产业结构低度化、经济发展非均衡性、外国资本的强烈干预、政府经济职能的强化、政治因素的严重干扰等。

（一）基于工业革命视角的近代山东经济发展——以周村为例

近代山东经济起步之际，外国列强大都已完成工业革命，并且把商品和资本输出的触角延伸到中国山东沿海地区。面对外国列强的经济入侵，近代山东很多城市被迫或主动进行开放，由此展开了山东经济现代化之路。近代山东城市的开放大致可分为两种类型：一种是条约开埠，如烟台、青岛、威海等沿海城市，它们的近代化进程是"冲击—回应"模式的典型代表。这些城市大都通过不平等条约而对外开放。城市开放以后，外国资本、技术、制度等纷纷传入，对这些地区的传统政治、经济、社会结构产生了严重冲击，从而开始了其现代化进程。沿海城市的兴起，使得山东的经济重心由西部运河沿岸移至东部沿海地区，这一变化，也代表了山东经济现代化的重大成果。另一种是自开商埠，如济南、潍县、周村、济宁等城市，它们的现代化进程虽也受到西方冲击的影响，但更多是其内在发展的要求。大量的内陆城市自开商埠，是山东经济现代化区别于其他沿海省份的重要特征。无论是条约开埠的沿海城市，还是自开商埠的内陆城市，它们的开放与发展，都是置于世界范围内的工业革命浪潮中的，它们代表了落后国家或地区从传统经济向市场经济过渡的两种模式。关于冲击—回应模式，学界多有论述，我们不再赘述。下面我们以周村为例，说明近代山东内陆城市的现代化进程。

中国现代化的起步，不同于西方国家依靠社会内部的启动因素由中世纪步入近代，由农业文明转向工业文明。在某种程度上，是由于西方国家的外部冲击而导致的一种变革。19世纪后半期的洋务运动,就是这种冲击的一种反应。西方列强的冲击从东南沿海,继而向北方和长江口岸扩展。就周村所在的山东省来说,它的现代化程度固然不及东南沿海,却明显高于内陆省份。它同样是在外力冲击下,从烟台、青岛这些沿海城市开始的。而周村既不沿江,更非沿海,它的现代化历程,虽也有西方冲击的作用,但更多的是经济发展的内在要求。

周村的开埠,如上所说,是由于包括胶济铁路修筑在内的外来因素的刺激,但是晚清政府之所以选择将周村辟为商埠,却另有周村自身的内在理由。周村有历史悠久的手工业和繁荣昌盛的商业,至清代中叶,已成为省内著名的商业中心,与佛山、景德镇、朱仙镇并称中国四大"旱码头"。据考证,开埠前周村在山东省的经济地位仅次于青岛、济宁,高于济南,每年货币流通量1000多万两白银,数倍于济南。周村手工业的发达,商业的繁荣,市场的扩大,都表明周村的商品经济已发展到推动它从传统经济向近代经济转变的前夜。①"以商兴市",周村正遵循中国许多城镇发展的规律前进。优越的地理和交通条件是周村商品经济高度发展的一个重要条件。周村位居青州、济南两府东西大道的要冲,作为陆路交通枢纽,长期被称为"三齐重镇"。"金周村"与"银潍县"同样闻名遐迩,"山东有一村,河北有一集",反映了它和皮毛集散中心的河北辛集在华北区域贸易中的重要经济地位。凡此足见晚清政府选择它与济南、潍县同时辟为商埠,并非偶然。周村辟为商埠后,传统经济中开始引进近代因素。在传统手工业仍然存在并有所发展的同时,出现了以机器生产为基本特征的近代工业。机器缫丝厂和丝织厂构成了周村工业的主体,从德国、法国和美国引进的动力设备和机器部分地取代了缫丝业的手工操作,近代企业组织和管理形式开始被广泛采用。开埠的最直接而显著的效果体现在贸易方面,它作为商品集散中心的地位进一步强化,同青岛、上海等地的埠际贸易进一步发展,并且通过埠际贸易进一步密切了同国内市场和国际市场的联系。为适应贸易发展的需要,各式金融机构纷纷设立。除旧式金融机构诸如票号、钱庄和银号等外,山东银行和中国银行都在周村开埠后10年左右设立了分行。近代民族工商业的产

①山东省政协文史资料委员会等编:《周村商埠》,山东人民出版社1990年版,第1页。

生和发展,为周村经济注入了新的活力。

周村等内陆城市开埠代表了民族资本和地方政府的双重要求。不同于烟台、青岛等地的条约开埠,周村开埠既顺应了工商各界发展经济的要求,又是地方政府实现区域经济现代化的一种尝试,也是从传统经济迈向现代经济的开始。烟台、青岛等早期对外开放城市的经济实践证明,主动对外开放是必要的,也是必需的。封闭的经济发展模式,不仅无益于民族资本的崛起与发展,也不利于区域经济现代化的实现。周村开埠的历史证明,政府应在经济现代化方面做出努力。洋务运动时期,以奕訢为首的总理衙门和以曾国藩、左宗棠、李鸿章为代表的一批地方督抚,是推动中国早期现代化的领导力量。"新政"时期袁世凯和周馥联名奏请开辟济南、潍县和周村为商埠,同样说明官僚阶层推动现代化的努力。尽管奏请周村开埠时,袁世凯已早由山东巡抚(1899—1900)调升直隶总督兼北洋大臣,但是他和他的继任者周馥(1902—1904)、杨士骧(1905—1906)为周村开埠建议的提出和实施所做的一切,都表明他们在革新精神和开放意识方面,在晚清官僚中属于屈指可数的佼佼者。当然,必须承认他们所从事的现代化改革势必要破坏他们原来的地位,因此,"这种类型的改革者往往是不彻底的","这些改革尽管意义深远,但很可能具有有限性、保护性、防御性和贵族性"。① 周村开埠以后未能获得更大的发展,与晚清现代化本身的局限性有着密切的关系。

(二)山东经济现代化的初始条件

山东经济现代化的兴起与发展,既有外部因素的刺激,也有传统经济的内在要求。西方国家经济发展的历程告诉我们,一个国家或地区的工业化或经济现代化需要一定的资源基础,包括土地资源、劳动力资源和矿产资源等。同样,山东经济现代化也具备了一定的资源基础。迅速增加的人口为近代经济发展提供了重要的劳动力来源;相对比较充裕的土地与矿产资源,为近代经济发展提供了重要的自然资源;但频发的自然灾害却是山东经济现代化的重要阻碍因素。

---

①布莱克:《现代化的动力:一个比较史的视角》,浙江人民出版社1989年版,第90—91页。

1. 人口与耕地

（1）近代山东的人口情况。近代以来，省内人口迅速增加。1840—1850 年，山东年均人口 3246 万，与前 10 年相比，增加了 100 万。1851 年达到 3338 万人，1872 年达到 3522 万人。此后几乎每 10 年人口便增加 100 万，1898 年达到 3792 万人。民国时期，经过审定的山东人口数字有六个：1912 年 3137 万，1919 年 3323 万，1925 年 3488 万，1928 年 3075 万，1931 年 3377 万，1936 年 3949 万。从 1912 年到 1936 年，山东人口增长 800 万，其中仅 1928 年由于战乱和严重的自然灾害，人口有所下降。山东人口占全国总人口的比重，1912 年为 7.66%，1936 年上升至 8.42%。1912 年人口密度为 203.7 人，1936 年增至 256.4 人，仅次于江苏，列全国第二位。从 1936—1949 年，中间虽经 8 年的抗日战争和 4 年的解放战争，山东总人口仍增长 600 万。① 1939 年，《申报》社编制 5 个人口最多省份户口数，其中山东 3650 万，是仅次于四川的第二大人口大省；1949 年，山东人口总量已达 4549 万人；到 1985 年山东在占全国 1.6% 的土地面积上已经养育了高达 7695 万的人口，占全国人口总数的 7.4%。另外，据山东 106 县的报告，1873 年—1933 年农村人口的增减趋势，1873 年的人口指数为固定基年作 100，则 1893 年为 119，1913 年为 122，1933 年为 128.2。②

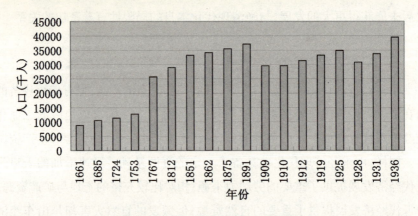

图 4-1　清代以来山东地区人口变化图

①山东省地方史志编纂委员会编：《山东省志·人口志》，齐鲁书社 1994 年版，第 4、6、7 页。
②《中华民国统计提要》据中农所《农情报告》第二、第五期编制，转引自农业部编：《中国农业生产统计资料》之一（1951 年 8 月），编号 1150，第 3 页。

（2）近代山东的耕地情况。近代山东人口上升速度很快，但耕地面积的增长却极为有限。1685 年山东有耕地近亿亩，到 1887 年增加到 12594 万亩（见图 4 - 2）①，200 年间耕地面积只增加了 26%，而人口却增加了近 4 倍。1914 年，据《第五次农商统计表》报告，山东的耕地面积为 204832 万亩，1934 年山东的耕地面积为 102030 万亩，②1949 年为 124454 万亩③。其中，1914 年数据被后来研究者认为存在谬误。据严中平等编的资料，中国除东北、新疆、西藏外，其他各省耕地面积指数，如以 1873 年的耕地指数为固定基年作 100，则 1893 年为 101，1913 年仍为 101，1933 年为 99，半个世纪并没增加耕地面积。④ 土地兼并愈演愈烈，无地少地的农民超过半数。据南开大学 1926 年对"山东 1149 户移入东北的农民"的调查，其中因苛捐杂税繁重，生活困难移入东北的有 737 人，占调查总数的 64.1%。因水、旱、蝗虫等灾害移入东北的有 164 人，占调查总数的 14.3%。因兵灾匪患移入东北的有 150 人，占 13%。因土地缺乏移入东北的有 56 人，占 4.9%。⑤

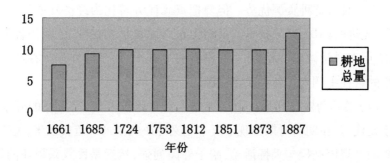

图 4 - 2　清代山东地区耕地总量图（单位：亿亩）

（3）马尔萨斯陷阱。近代山东人口呈递增趋势发展，而粮食产额却增减不定，并且总体水平并未增加，这意味着相同的粮食被更多的人口瓜分，也就是说人均占有量在一直下降。而且由于调查手段的落后以及种种原因

---

①资料来源：梁方仲：《中国历代户口、田地、田赋统计》，上海人民出版社 1980 年版，根据甲表 78、82、85、乙表 61 绘制而成。
②1935 年《申报年鉴》。
③国家统计局：《全国农业生产恢复时期基本统计资料》。
④严中平等：《中国近代经济史统计资料选辑》，第 357 页，转引自杜修昌：《中国农业经济发展史略》，浙江人民出版社 1984 年版，第 219 页。
⑤王成敬：《东北移民问题》，《东方杂志》1947 年第 43 卷，第 14 号。

导致的逃避调查现象的存在,人口统计应当远远低于真实数字。在有足够资源的条件下,农业人口的增加有利于促进农业生产力的发展;反之,如果土地资源有限,人口增长过快,就会导致土地资源不堪重负。世界上很多国家在由农业社会跨入工业社会之前,都存在着人口与粮食供给的矛盾,经济学界将这种现象总结为"马尔萨斯陷阱"。"马尔萨斯陷阱"导致的结果就是经济的低水平重复,要想摆脱这种陷阱的约束,这个国家必须进行农业产权制度、农地耕地制度等的重大创新,进而实现农业的集约化经营。农业的集约化经营又是与工业革命联系在一起的。近代西欧国家在工业革命之前已完成了农业集约化经营,而近代山东乃至中国仍然处在"马尔萨斯陷阱"的约束之下。

2. 矿产资源

矿产资源之于现代工业,犹如粮食之于人体,在现代经济发展中占有至关重要的地位。山东自古拥有丰富的矿产资源,如煤炭、铁矿、有色金属等,近代依然具有这种资源优势。但要把资源优势转化为经济发展优势,需要科学、先进的勘探、开采技术。虽然山东居民很早就在开采、利用各种矿产资源,但在科学调查、勘测方面并没有明显进展,而外国列强则在经济入侵山东的过程中调查了各种矿产资源。

(1)煤矿勘探与开采。山东省煤炭资源比较丰富,有规模的开采活动始于元代,并在明清时期出现了资本主义性质的生产。近代以来,关于山东煤矿的大规模勘探与采掘活动,始于外国列强,然后是民族采煤业的发展。烟台开埠后,英国传教士威廉臣曾于1865年前后遍游山东各地,调查山东矿产,发现了不少已经开采和尚未开采的煤矿。几乎同时,英国驻烟台领事马奇雅木也曾深入山东内地,对山东煤矿进行调查。德国地质地理学家李希霍芬(F. von. Richthofen)则成为德国资本在山东扩大侵略的急先锋。从1868年到1872年,他在中国共作了七次旅游,到过13个行省。他在第三次来华时调查了山东的矿产。1869年3月,他由上海到镇江,然后沿运河北上经临清到济南,再东行到烟台。所到之处,他特别注意调查山东的煤炭资源,同时还对沂州、济南、莱州、芝罘(烟台)等地金矿进行了考察。后来他发表5卷本的《中国:亲身旅行和据此所作的研究成果》(1877—1912),其中专门有《山东地理环境和矿产资源》的报告。一战以后,日本占据了山东,不仅派员进行勘探,还加强了对坊子、淄川等省内煤矿的掠夺开采。山东煤矿分布甚广,全省计有 10 多个煤区,原煤储量估计在 16.7 亿,矿区面积约有 1.32 万公顷,其中采矿面积为 1.08 万公顷。

(2)铁矿勘探与开采。山东省铁矿资源比较丰富,历代的冶铁手工业经久不衰,兖州、莱芜等都曾是山东乃至全国的冶铁中心。19 世纪 60 年代以后,李希霍芬、英国学者布切(H. M. Becher)以及民国初年著名地质学家丁文江都调查过山东的铁矿。1917 年,谭锡畴受农商部派遣调查山东地质矿产时,详细查勘了胶县七宝山铁矿、临淄金岭镇铁矿;1919 年,谭锡畴与瑞典地质学家安特生再次赴鲁考察时,调查了金岭、历城、章丘、济南、峄县等处铁矿。20 世纪初期至 40 年代,日本派员进行了大量调查,并以物探、钻探方法勘探了金岭镇铁矿。抗日战争中,金岭铁矿被日本侵占达 8 年之久,一些富矿体被采掘一空。20 世纪 30 年代,张会若等人对省内铁矿也作过调查,调查成果辑录在《山东矿业报告》中。

(3)金矿勘探与开采。山东省金矿资源比较丰富,远自宋代就已开始采掘。除李希霍芬外,1887 年布切在《山东东部矿产》一文中,对鲁东金矿作了评述。英国侵占威海卫后,于 1906 年派爱尔兰采矿工程师邓汉姆·沃尔斯科尔考察了该地金矿。20 世纪初至 30 年代,日本人也相继到山东调查。其中,矢部茂对招远金矿调查尤详,他在《山东省招远金矿调查报告》中,提出了开采井湾坡富矿带的方案。同一时期,国内一些地质工作者也到山东作过一些调查。较早的有王臻善,于 1918 年调查了平度、牟平两县金矿。1928—1930 年,马浚之、严坤元调查了牟平县金牛山金矿。1930 年,张善铭在《栖霞县唐山砂金矿床探矿法》一文中,记述了 1920—1922 年发现砂金矿的经过,并对这一发现给予很高评价。20 世纪 30 年代以后,当时的山东省建设厅在全省开展过包括金矿在内的矿产调查。

尽管这些中外地质学家们的调查并不十分精确,然而山东矿业资源十分丰富已确定无疑。这些地质调查不仅为外国列强掠夺山东矿产资源提供了理论依据,也为晚清洋务派和民族资本开办近代矿业提供了理论支持。

3. 自然灾害

自然灾害是影响近代山东经济发展的阻碍因素。近代以来,山东自然灾害地域分布广,发生也较为频繁,对山东经济现代化进程产生了一定的负面影响。

(1)水灾。水灾是近代山东所遭受的主要天灾,而黄河水祸又是历次水灾的主要祸源。自1855年黄河改道山东入海以来,山东黄河水患频仍、剧烈。据统计,山东黄河年均每年决溢的州县3.3个,这还不包括其他受波及的州县。另据《清史稿·河渠志》记载,自1855年至1911年,黄河在山东境内河决18次。由于洪水爆发突然,来势凶猛且持久不退,每次水灾都给沿岸人民带来巨大灾难。民国以来,发生较大涝灾的有6年,分别为1914、1921、1926、1935、1940、1947年,都是由于数日大雨,黄河、淮河洪水泛滥所致。1921年,"菏泽等地伏天大雨,一连三日余,黄水暴发,六月十一日河决,八月中旬又降大雨,昼夜不停,一片汪洋,颗粒不收","济宁、曲阜、滕县夏秋淫雨50多日,泗水河溢,秋禾尽淹没,岁大饥"。1935年7月10日,黄河决口于鄄城县董庄,大股黄水漫菏泽、郓城、嘉祥、济宁、巨野、金乡、鱼台等县,经南阳、昭阳、微山等湖,淹丰县、沛县、铜山,山东受灾面积7700平方公里,波及15县,淹没耕地810万亩。同年,泰安、馆陶等地也大雨成灾。1940年6月,乐陵连阴雨7天7夜,"淹死庄稼十之五"。1947年夏,"北镇、阳信、金乡、临朐等地阴雨连绵40余日,平地积水一尺,秋减收"。

(2)旱灾。民国至建国前夕36年间,山东省发生较大旱灾的年份就有1929、1930、1931、1936、1942、1944年,其中尤以1930年、1931年两年最重,全省48个县的收成仅一至三成,受灾人口达410万余人,占全省总人口的12%以上。

(3)其他灾害。第一,蝗灾。如1928年临沂大旱并引发蝗灾。县境东南部(今临沭县)一带尤甚。各村捕杀,无济于事。田间各类作物全被吃光,又危及豆类作物。秋季,多数农田绝产,沭河以东数十里遍地蓬蒿,不见人烟。第二,雹灾。据《夏津县志续编卷十》载:"1910年4月狂风大作后,空中若瓦砾声,倏雨雹,大者如碗、如拳、如卵,时值麦收,凡未割麦者,催倒一空,林树枝干多折残。城乡房舍间有倾倒者。"又据《莱芜县志卷三》载:"四月二十六日雨雹,长六十余里,宽十余里。麦禾靡烂,禽鸟多毙,屋瓦尽毁。"第三,海潮灾。1845年山东特大潮灾,波及寿光、无棣、利津、沾化、广饶、潍县、昌邑7县,远离海岸的阳信、博兴两县也出现"海水溢"。海潮内侵达百余里,仅无棣、沾化、利津3县淹废农地6.5万亩。第四,地震。据《山东省志·地震志》统计,山东从1811年到1948年有记录的地震达59次。如"曹南地震灾变记"载,1937年8月1日,菏泽一带发生7.0级地震,菏泽、嘉祥等11县受灾严重,"房屋十去三四……损失之巨,殆不可以计数矣。此次人民压毙者五千余人,受伤者不计其数,房屋倒塌十万间"。菏泽城内尽成一片瓦砾,单县、成武、定陶、东明、东平等县都被波及。震区有全家死者,有全家只剩一二人者,未死者也处于无衣无食的境地。

(三) 山东经济现代化的主要阶段

历史无法割断,山东经济现代化是在传统社会的约束下起步的。山东是儒家文化的发祥地,重农抑商传统在山东牢固地扎下了根基,这是影响近代经济转型的传统因素。山东又是近代中国最早条约开埠的几个沿海省份之一,西方列强的技术、制度、设备等开始陆续传入山东,这则是影响近代经济转型的现代因素。近代山东经济的现代化进程,逐渐突破了传统因素的约束,而在现代因素的引导下快速发展。纵观整个近代,山东经济现代化主要经历了三个阶段:

1. 从传统迈向现代的开始阶段:1840—1911年。第二次鸦片战争后,随着烟台开埠,外国经济势力开始渗入山东沿海乃至内地,从此山东被迫向世界列强打开了门户,山东经济现代化进程也得以开始。1875年由山东巡抚丁宝桢创办的山东机器局,是山东第一家初步具有资本主义性质的近代工厂,从此拉开了山东经济现代化的序幕。此后,通过官办或官督商办的形式,先后兴办了电报、邮政、矿产等行业的民用企业,从而使传统的山东经济向现代化迈出了艰难的一步。在晚清"新政"时期,山东巡抚袁世凯提出慎号令、教官吏、崇实学、增实科等十条建议。山东当局设置了大量与经济有关的政府机构,在总结烟台、青岛等城市开埠经验的基础上自开济南、周村、潍县等商埠从事对外贸易,积极引进外国先进农作物品种以及农业技术,开始自主修建铁路,现代交通通讯体系初步建立。这些新政措施,进一步刺激了山东经济现代化的起步。

2. 经济现代化的发展阶段:1912—1937年。20世纪10至30年代,山东经济现代化取得较大成就。这一时期的现代化过程可分为北洋政府时期和南京国民政府时期两个阶段。第一,北洋政府时期(1912—1928 年):山东经济现代化蓬勃发展。辛亥革命与民国政府的成立,改变了中国历史的发展进程,封建帝制被民主共和政体所取代,在一定程度上激发了资产阶级投资于民族工商业的热情。随后五四运动所掀起的大规模的抵制洋货、提倡国货运动,又给民族资本主义的发展创造了较为有利的外部环境。因而国内民族工商业获得了前所未有的发展机遇,这一时期也被学界称为中国资本主义发展史上的"黄金时代"。北洋政府时期的山东经济大体上保持了与全国经济同步发展的水平,整个经济呈现一种上升的趋势。这主要表现在:现代金融业日益繁荣,新式银行业、保险业、证券业及同业组织有了明显发展;制造工业有很大进步,现代化的纺织业、面粉业、火柴业、酿酒业等纷纷建立;现代交通网络开始构建,铁路、公路、航运、邮政、电话、电报等部门得以建立;农作物商品化程度日益提高,小麦等粮食作物种植面积不断扩大,棉花、花生、烟草等经济作物产量不断提高。第二,南京国民政府时期(1928—1937 年):山东经济现代化高峰。1928 年国民党入主山东后,政局渐趋平稳,中央政府、山东地方政府采取了一些恢复和发展社会经济的措施。如农业改良与推广进一步扩大;机器工业有了较大幅度的发展;交通建设初步形成了水陆空立体网络;商业贸易较前发达,形成了现代商贸中心城市的雏形;财政状况渐趋好转,并开始建立现代化的财政管理体制;以新式银行业逐步取代旧式金融业为主要内容的金融现代化趋势也日益明显。凡此,均大大推动了从晚清开始艰难起步的山东经济现代化的进程,使山东经济现代化达到新中国成立前的最高峰。

3. 经济现代化的衰落阶段:1937—1949 年。期间,先是抗日战争,后是解放战争,山东经济现代化进程遭受了战争的极大影响。抗日战争时期,日本对山东地区的经济掠夺计划和经济统制政策,导致山东经济发展严重受挫。第一,工业经济萎缩。一方面,胶济铁路沿线和沿海地区等近代企业集中地区,遭受了战争的极大破坏;另一方面,山东经济直接遭受日本侵略者的经济掠夺与统制,导致省内很多民族资本企业大量破产、倒闭。第二,日本控制财政金融。为达到"以战养战"的目的,日本侵略者控制了山东的关税、盐税等重要税收来源,并通过建立日伪银行体系、发行"联银券"等方式实施金融垄断。此外,日本侵略者的经济统制政策还导致山东沦陷区的商业萧条及农业经济的衰退。解放战争时期,山东地区是主战场,农业、工业、商业等遭受进一步的打击,山东经济现代化进程再次受阻。

(四) 山东经济现代化的主要表现

从传统经济向现代经济的过渡,或者说经济现代化的实现,是一种过程,更是一种趋势。在这个过程中,不同的区域、不同的产业部门有不同的速度和表现。在这种趋势中,有的区域崛起,有的区域衰落,有的产业部门兴起,有的产业部门衰亡。从过程上看,近代山东东部地区的现代化进程明显快于西部地区,商业及金融业的现代化水平明显高于农业、工业的现代化水平;从趋势上看,山东东部地区崛起而西部地区落后了,一些传统产业如钱庄、土纱、牙行等日益衰亡,而一些新型部门如银行、机器纺织、大型百货公司等日益发达。近代山东经济现代化的主要内容包括:

1. 农业现代化

近代以来,山东农业的商品性生产比例日益增大,这不仅因为世界市场的快速发展,同时因为国内资本主义工商业的发展也提供了一定的国内市场,因此传统的自然经济结构进一步解体,农业现代化逐渐孕育并缓慢发展。近代山东农业现代化主要有以下表现:

(1)农业改良与农业新品种的引进。近代山东农业改良大多在政府主导下进行,不仅引进了先进的农业技术、设备等,也适应了市场化与工业化的要求。首先,通过农业改良,传播了先进技术,培养了专业人才。农业改良采用科学试验的方法,如在省内各地建立了各种实验所;引进了先进的技术、新式农具和优良品种,如美国棉种和花生的引进,传播了近代农业科学知识。同时农业改良培养了一批专业技术人才。这些农业技术人才接受过程度不同的科学教育和训练,具备一定的实践经验,在当时艰难的条件下,通过不断的探索取得了一批研究成果,推动了农业生产的技术进步。其次,农业改良与市场经济变迁和工业化进程相互影响。一方面,内外贸易和工业化的发展对农产品的品种、规模提出了更高的要求,为农产品提供了连接市场的机制和进行技术革新的工具;另一方面,改良以后的农产品为工业生产提供了更多、更适用的原料。

(2)农垦公司的建立与新式农业学堂的设立。新式农垦公司将股份制公司管理机制渗入农业生产中,它的出现对近代中国来说是一件新事物。1897 年德国侵占胶州湾后,出于长期殖民统治的需要,德国人于 1898 年设立林务署,规划植树造林。林务署设立森林学校,训练造林艺徒,设立"树木园"。到 1913 年,造林成效显著。1904 年,山东巡抚周馥倡办山东树艺公司,招官股银 30 万两,并拨出官荒地数百亩,引导民间效仿。在洋人和地方官绅的带动下,山东私人林业公司相继成立。迄至 1949 年,全省已有森林公司 47 家。自晚清政府颁布《奏定学堂章程》后,各地都以此为依据兴办了一批农业学堂。山东 1905 年成立农桑会,1906 年以农桑会为基础创办山东农林学堂,设农、蚕、林三科。1907 年改称"山东高等农林学堂",但仅将农科改为高等程度,蚕、林两科仍为中等程度。学堂设有农场,供学生实习。新式农垦公司和近代农业学堂的兴起,全面推动了山东农业现代化的进程。

(3)政府新式农业管理机构的成立。清末新政时期成立的商部成为全国最高农政机关。山东当局则先后成立了垦务局、湖田局、垦丈局等机构,来开垦荒地和滩涂;设立了农林试验机构;成立了河务局、运河工程局、小清河工程局等兴修水利。大量新式农业管理机构的设立,从组织层面上对山东农业向近代转型起到了一定的推进作用。

2. 工业现代化

近代山东的工业化进程以传统手工业的衰落与新式工业的兴起为主要内容。由于外国资本的侵入,更由于与世界市场的进一步联系,近代山东的传统手工业日益衰落,如土布业、土铁业等。新式工业部门中轻工业发展比较明显,如机器纺织业、机制面粉业等现代化水平不断提高,但重工业部门发展缓慢,诸如机器制造业、石油采炼业等。从西方国家工业化历史看,重工业部门的建立与发展是整个工业化的基础。所以,近代山东工业化进程总体虽呈前进趋势,但成效并不明显。近代山东工业化的成就主要有以下表现:

(1)传统手工行业的衰落与转型。以手工棉纺织业、手工冶铁业为代表的传统手工业逐渐衰落。某些手工业适应对外贸易需要,实现了自身的转型与发展,例如手工织布业和缫丝业的发展。

(2)新兴手工业行业的出现。一些新兴的手工业部门,如草辫业、花边业、发网业适应对外贸易的需要而迅速崛起,从而改变了山东手工业的原貌,给山东经济带来了一些新气象。

(3)近代工业各部门的建立与发展。山东不仅在官办工业、外资企业中采用机器生产,在民营企业中也出现一些机器工业,如烟草制造、酿酒,从而为山东工业经济的起步开辟了一条新的道路。重工业有电力工业、制盐工业、机器制造业和采矿业等。轻工业有纺织业、食品工业等。其中,纺织工业是近代山东最为发达的工业。1915 年全省第一家华商纱厂济南鲁丰纱厂开始筹建,1919 年投产,资金 186 万,有纱锭 208 万枚。另外,各地也陆续建立了一些小型棉纱厂 200 多家。面粉业是一战时期发展起来的工业部门,也是近代山东较为发达的工业。一战爆发后,西方诸国急需从中国进口大量面粉,从而促进了中国面粉业的发展。山东是沿海省份,对外交流的方便,为面粉业的发展提供了条件。

3. 金融现代化

近代山东金融业处于过渡阶段,既有传统金融机构诸如钱庄银号等,又有新式金融机构诸如银行保险公司等。由于产业结构的变化及本身的制度组织缺陷,传统金融机构日益衰落。而新式金融机构却由于符合市场的需要而日益发展。同其他部门的现代化水平相比,近代山东金融业的现代化水平是较高的。近代山东金融业的现代化主要有以下表现:

(1)传统金融业的衰落与转型。清末民初,社会经济处在新旧交替状态,旧式银号、钱庄仍大量存在。据统计,1912 年山东有钱庄 977 家,资本总额 430 多万元;1913 年有 944 家,资本总额 390 多万元。这些钱庄多集中在商业发达地区,开展兑换银元、铜元、纸币和存放款及少量外埠汇兑业务,资本数量、经营规模远不及新式银行。同时,也有一些传统金融机构,面对市场的变化,向银行业转型,但少有成功的案例。

(2)新式金融业的兴起。近代的新式金融业有较大发展。国家银行诸如交通银行、中国银行,均在山东设立分行。地方银行诸如山东银行、青岛地方银行、西北银行山东分行及官办山东省银行。1912—1924 年期间,在济南设立总行或分行的商办银行有 18 家,青岛、烟台、聊城、威海卫等地也出现了一批商办银行的分支机构。外资银行诸如德国的德华银行、英国的汇丰银行和麦加利银行也在山东各地增设分支银行,扩大业务规模。新式银行业逐渐取代旧式钱庄、银号,成为社会经济发展的显著特征。当时,济南是山东金融业的中心,1911 年到 1924 年,济南共设立官办和商办银行 18家。这些银行均开展存放款、汇兑、发行纸币、兑换货币、工商业贷款等业务,其经营范围和规模远非银号、钱庄可以比拟。

（3）金融同业公会的普遍设立。为了适应市场发展的需要,各种金融同业组织纷纷建立,主要有当业同业公会、钱业同业公会、银行公会、保险业同业公会等。近代山东地区金融同业组织的蓬勃发展,也可视为区域金融现代化的重要内容。

4. 商业现代化

近代山东商业与对外贸易的发展,既是山东经济现代化的一项重要指标,又为山东工农业生产的现代化提供了重要条件。

（1）新型商业组织的建立。近代以来,传统的商业组织如牙行、旧式零售批发商号等日益衰落,而大型百货公司、商品博览会、物品交易所等新型商业组织却日益发展。其中大型百货公司在资本来源、组织制度、经营模式等方面完全不同于传统的商业组织。商品博览会则是评判商品质量、促进商品信息交流以及传播商品知名度的有力平台。物品交易所不仅是大宗商品的交易场所,也是商品价值实现的场所。

（2）商会的普遍设立。传统的商帮会馆由于不适应市场经济的发展要求日益衰落,而作为新型工商社团组织的商会却日益发展。近代山东各县基本上都有商会或商务分会组织。1914 年北洋政府公布《商会法》,规定商会为法人,是一个独立组织,为商人自己的"合群组织"。商会在协商促进商务活动中,逐渐改变了一些类似官署的性质,但也存在着严重的行帮习惯。

（3）对外贸易的扩大。烟台口岸开放后,对外贸易迅速发展,成为近代山东第一个贸易大港。青岛开放后,由于胶济铁路和津浦铁路相继通车,整个华北地区纳入青岛商务范围,使青岛港进出口贸易以 13% 的年平均增长率迅速发展,并超过烟台港成为仅次于天津的北方第二大港。济南、周村、潍县、龙口等城市自开商埠后,对外贸易也有了很大的发展。

5. 交通运输业现代化

随着对外开放的进行,交通运输部门也呈现出一定程度的现代化发展。

（1）铁路。近代山东不仅收回了胶济铁路，还自主修建了台枣铁路，从而在铁路建设方面迈出了重要的一步。

（2）公路。继德国人在山东修建现代公路后，山东当局也通令各县修建县道及镇道、村道，并要求各县将旧有官道改善加宽作为县道，使各县、各镇之间有完备的公路网络。

（3）水运。水运方面主要是海运。除烟台、青岛设有较大规模的轮船公司外，威海卫、牟平、掖县、海阳、诸城、日照、无棣等地也实现通航。海运线路的相继开通，促进了对外贸易的发展。第一次世界大战期间，除个别年份，山东对外贸易多为出超。

（4）邮政。作为传递经济信息的载体，邮政事业以其独特的功能促进了经济现代化。抗战之前的山东邮政，与全国其他各省相比，处于领先地位。与此同时，山东的有线电报事业、无线电报事业、电话通讯等领域也都有长足的发展，处于全国前列。

（五）山东经济现代化的主要特点

与国内其他省份相比，近代山东经济发展在呈现经济现代化共性特点的同时，也表现出自己的个性特点，主要有以下方面：

1. 产业结构低度化

1840 年以前，中国大部分地区都没有或很少有机器工业。洋务运动以后，随着机器工业的引入，近代工业开始了曲折发展，产业结构也开始发生变化。产业结构变化是指经济发展过程中生产要素在各产业部门间流动所引起的社会总体生产效率提高的过程，主要表现为农业部门实现的国民收入及农业劳动力占全部劳动力比重的相对下降，工业和服务业部门的国民收入及劳动力比重相对上升的过程。产业结构低度化是近代中国产业结构演进的一个共性。王玉茹先生在《中国经济史》中给出了近代中国的产业结构变化情况。[①] 从 19 世纪 80 年代至 20 世纪 30 年代期间，中国产业结构变动不大，工业服务业比重只由 30.38% 上升为 35.5%，增加了 5 个百分

---

①王玉茹：《中国经济史》，高等教育出版社 2008 年版，第 150 页；刘佛丁：《中国近代经济发展史》，高等教育出版社 1999 年版，第 240 页。

点,农业比重由 69.62% 下降为 64.5%(见图 4 - 3)。至 1936 年,中国仍然是一个落后的农业国,远未实现国家的工业化。在现代化过程中,产业结构的变化不仅表现为第一、第二和第三产业比重的变化,还表现为近代生产的迅速增长及其与传统生产比重的变化,这反映了生产力的进步。1887 年以前,近代工业虽然已经出现,但其产值在国民生产中的地位可以忽略不计;至 1914 年,近代工矿交通运输业产值达到 2.9 亿元(1936 年币值),在全部生产总值中所占比重不到 2%;至 1936 年,产值增加到 13.12 亿元,比重上升了 4.46 个百分点。

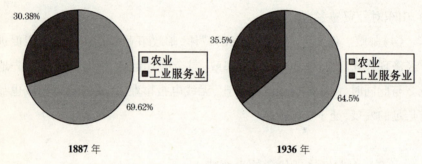

图 4 - 3 1887 年、1936 年农业、工业服务业在国民收入中所占比重

同全国的情况类似,山东的工业现代化虽然有一定的发展,但是在国民经济中只占很小的比例,经济上还是以农业为主。民族资本企业分为官营企业和私营企业两种类型。官营企业在山东工业化的初始阶段,曾居于主导地位,但大都经营不善,举步维艰;私营企业在进入民国以后成为山东工业的主体,但普遍存在投资较少、规模小的缺陷。大部分企业虽然都采用了机器设备,但在整个生产过程中所占比例有限,很多企业的生产环节离不开手工生产,有的企业虽然部分使用了机器设备,但基本上仍属于手工作坊,尚不能称之为机器工厂。而且各工业部门的发展极不平衡,企业多数集中于日用消费品生产领域,生产资料部门的发展极为缓慢,而作为工业基础的钢铁、水泥等重工业部门基本上是空白,导致山东工业化先天性结构缺损,后劲不足。

2. 经济发展的非均衡性

近代以来,山东沿海经济带迅速崛起,而西部运河沿岸经济带的地位日益下降。李平生先生认为,对外贸易改变了山东原有的经济结构和商品流通体系。① 鸦片战争以后山东出现的对外贸易,成为推动山东经济走向现代化的最初杠杆和主要动力。这不仅表现为它输入了以前不曾有的新商品,引发了一般贸易的急剧增长,甚至也不仅仅表现为它以新的贸易结构逐步替代旧的贸易结构,更为重要的是,对外贸易输入物美价廉的机器产品,显示了工业生产的先进力量,实质上是在变相地引进一种新的生产力。对外贸易已成为国内资本移植西方先进技术的最初渠道。从某种意义上讲,近代山东兴起的对外贸易,促使了山东原有经济格局的变化,进而推动了山东产业结构的变迁。以烟台、青岛为代表的东部沿海港口城市,由于对外贸易的需要,其农业、工业、商业及交通运输等行业得以发展,在某种程度上实现了从传统经济向市场经济的过渡;而中部、西部城市地处内陆地区,信息不畅,交通不便,经济上仍是以农业为主业,辅之以自给自足为基础的手工业,现代工业很少,商业流通不大。在这些因素的制约下,中、西部内陆地区发展较为缓慢,使其经济现代化的进程要落后于东部城市。

3. 外国资本的双重影响

在近代山东经济发展中,外国资本扮演了重要角色。他们既促进了经济现代化的发展,又阻碍了经济现代化的发展。

(1)外国资本的促进作用。第一,通过投资设厂,带来了先进的设备与技术。如烟台港和青岛港的兴建、胶济铁路和津浦铁路的修筑,都采用了先进的科学技术和机器设备,施行了当时国际上通用的技术标准,某些设计能力甚至达到当时的国际领先水平。又如在坊子、淄川煤矿,金岭镇铁矿等矿山的开采中,对山东矿产资源进行了科学勘探,并在开采过程中引用了先进的机器设备和人才。第二,通过建立新式企业,带来了先进的企业组织形式和经营技术。除一般商业企业外,外资银行、保险公司、各种交易所纷纷设立,给民族金融业的发展提供了很好的示范作用。第三,通过修建港口与铁路,加强了与世界市场的联系。港口与铁路的联运,不仅使山东与全国的市场保持了更为密切的埠际联系,而且加快了山东经济与世界经济接轨的步伐。

(2)外国资本的阻碍作用。近代外国列强在山东的经济活动,在某种程度上为山东经济现代化的启动与发展提供了一些便利条件。但这并不是

---

①李平生:《论晚清山东经济现代化》,《文史哲》2002 年第 6 期。

他们的本意,外国列强在山东从事经济活动的目的是倾销商品、掠取利润和殖民占领。所以,外国资本在刺激山东经济近代转型的同时,也在很大程度上延缓了山东经济现代化进程。甲午战争前外国资本的主要目的是通商,向山东倾销商品,掠夺原料。甲午战争后转向向山东投资,利用山东丰富的自然资源、廉价的劳动力、广阔的市场掠取利润。在山东从事经济活动的资本主义国家主要是德国、日本,其次是英、美、法等欧洲列强。① 日本取代德国在山东的势力范围后,随即在山东大肆进行经济掠夺和资本渗透,致使民族经济遭受巨大损失,山东半殖民地化的程度进一步加深。外国的经济掠夺主要表现为控制山东财政收入、垄断进出口贸易、掠夺工业原料和农产品等方面。

4. 地方政府经济职能的强化

近代山东历届政府围绕振兴实业的目标,不断改革近代经济管理机构,转变政府职能,增加制度供给,从而推动了山东经济现代化的进程。(1)设置各种经济机构。商业方面如商务局、物产调查局等;金融方面如改山东官钱局为山东官银号,并在周村、济宁、潍县等工商业发达的城镇陆续设立了分号;工业方面如工艺局、教养局、习艺所等;农业方面如农桑总会、湖田局、垦务局、矿政调查所、商品陈列馆等。后来又合并上述机构,设立劝业道作为推动实业的总机关。(2)成立商会。近代山东各地商会等团体的出现,表明工商阶层已经开始有了自我关怀意识;而政府设立各种工商管理机构,则表明山东当局已经自觉地将倡导和保护工商视做重要的行政内容。这些均为山东经济现代化提供了制度性的保障,为工商业的发展营造了良好的社会环境。(3)建立示范企业。为促进民众对新技术的应用,推动工业发展,山东地方政府创办了很多企业以示模范,现代技术得到重视与应用。如山东工艺传习所在博山设立陶瓷工艺传习所,研究改良陶器的生产技术,这对提高山东的生产工艺和生产水平均有较大帮助。

5. 政治因素的严重干扰

政治因素一方面是指战争因素。近代山东是全国的主战场之一,一战的爆发、辛亥革命、北伐战争、抗日战争、解放战争都在一定程度上影响了经

---

① 赵葆慧:《近代外国资本主义势力在山东的经济活动》,《齐鲁学刊》1992 年第 2 期。

济现代化的进程。另一方面则是地方当局主政者的人为因素。近代山东民主政治发展极其缓慢，"人治"仍是政治体制的主体，因此无论是北洋军阀时期，还是南京国民政府时期，山东的经济发展始终受到当政者个人因素的影响。这些军阀在山东地区横征暴敛、穷兵黩武，增加了山东现代化的不稳定性，阻碍了经济现代化的进程。

二、近代山东的农业

山东是中国农业经济开发最早的地区之一。跨入近代社会以后，作为传统社会经济主导部门的农业，在国民经济中仍然占据着重要地位。相对于发展迅速的工业，山东农业现代化的速度极为缓慢，农业耕作工具仍以传统的人力、畜力为主，现代化的农业机械并不多见，这种局面一直持续到新中国成立前后。在此期间，由于市场的发展，山东农业也出现了一定程度的商品化倾向。抗日战争期间，日本侵略者在山东极力推行殖民政策，控制棉花产销，以低价搜刮粮、棉、油、蚕丝等农副产品和皮革、羊毛等畜产品，使山东农业日趋畸形和殖民地化，农业遭到严重损失。抗日战争和解放战争期间，山东革命根据地的农业经济不断发展，通过开展减租减息、互助合作和大生产运动，使根据地和解放区农业经济得到了迅速恢复和发展。关于近代山东农业的发展，我们主要分析土地关系的演变、田赋收入的变化、主要农作物的构成、商品性农业的发展以及农业现代化的表现。

（一）土地关系的演变

近代以来，山东地区的土地占有呈分散化趋势，自耕农占有较大比例。罗仑、景甦先生的调查结果显示，晚清山东地区自耕农所占比例大多占50%以上。（见表4-1）①民国初年这一趋势愈益明显，20世纪30年代自耕农比例占到70%以上，抗战期间进一步加快，以至于1945年土改开始后，土改工作队在有的村落几乎找不到一户像样的所谓"地主"。②

---

①②张佩国：《近代山东农村土地占有权分配的历史演变》，《齐鲁学刊》2000年第2期。

表 4 – 1　1897 年前后山东 42 县 191 村阶级构成情况表

地　区	调查县村户数	自耕农	雇农	佃农	地主	其他
济南周村区	10 县 80 村 11774 户	65%	13%	10%	6%	6%
运河区	6 县 25 村 3219 户	61%	16%	12%	8%	3%
鲁北区	7 县 38 村 4872 户	53%	30%	11%	5%	1%
山东半岛区	9 县 30 村 4502 户	55%	13%	24%	7%	1%
鲁西、鲁南区	10 县 24 村 2788 户	40%	12%	30%	17%	1%

表 4 – 2　1937 年山东省 10 类地权形态农户户数百分比[①]

农户类别(总数为 255692 户)	百分比
地主	1.46%
地主兼自耕农	1.37%
地主兼自耕农兼佃农	0.04%
地主兼佃农	0.01%
自耕农	74.73%
自耕农兼佃农	10.38%
佃农	4.61%
佃农兼雇农	0.01%
雇农	2.26%
其他	5.13%

1. 封建租佃关系

除自耕农外,1942 年以前,近代山东最重要的土地关系是传统的封建租佃关系,主要有雇工制、定额租制和分成佃租制。

(1)雇佣制。简单地说就是地主雇佣雇工为其打工,只要雇工按照双方约定的条件付出劳动,地主就支付雇工一个固定的报酬,周扒皮和高玉宝就是这种形式的合同关系。由于支付的是固定报酬,因此在雇工制中,雇工缺乏劳动积极性,地主必须付出足够的监督成本才能保证自己的收益。雇工分短工和长工两种。短工多在农忙时雇用,以劳动日计算,或给粮,或给

①张佩国:《近代山东农村土地占有权分配的历史演变》,《齐鲁学刊》2000 年第 2 期;中国第二历史档案馆:《中华民国史档案资料汇编》第五辑第一编,江苏古籍出版社 1994 年版,第 5 页。

钱,雇主与短工之间是较为单纯的雇佣关系。雇长工,情况则复杂些。如"东阿县之长工雇主只管食住,不给工资,而抽田地出产十分之一给长工,以为工资,邱县亦有如此者"①。这种雇工经营方式颇类似于流行山东各县的"二八种地"的租佃经营方式。"二八种地"是一种租佃经营与雇工经营结合的形式,种子、肥料、生产工具等全部由地主提供,农工只负责生产各环节。"田地之出产地主得八成,农工得二成。而郓城县之农工,仅负耘获之责者,则得二成,若兼负耕种之责,须得三成"②。此外,山东还存在"抵工资制"与"种地头制"两种雇工与租佃结合形式。"抵工资制"即地主给长工土地使用权以代工资的经营方式。这种结合方式在临邑、郯城、长清、峄县、德县、金乡、平阴、恩县等地较为流行。"此种长工,乃雇主给以田地若干亩,使其耕种收获,为其所有,以代工资。地主除给雇工田地耕种外,尚需给房屋居住。然亦有不给房屋者。所给田地之亩数,大抵皆在壮农每年能耕亩数之百分之五十以下,间有超过百分之五十者,其在各省颇为稀少。"③"种地头制"即经营地主出让部分土地管理权的一种雇工经营制度。这种结合方式主要流行于鲁西平原地区。这一地区的地主土地极少出租,而是同时雇请长工和"种地头"耕种。长工由地主供给饭食住宿,按年支付货币工资。"种地头"是在自己家里吃饭,也不拿工资,只在秋后分取二成或三成粮食,俗谓"二八(或三七)劈粮食"。

(2)定额租制。定额租制的基本方式是地主将土地租给佃户,每年的地租是一个固定数,剩余的土地收成全部归佃户。定额租制的特征是:第一,佃户不需要监督。因为佃户拿的是剩余,他多付出劳动多收获的粮食全部归他,他偷懒导致的粮食减产也全部由自己承担。对佃户来说,劳动付出和个人收益是完全对应的,因此他会以最有效率的方式进行生产,他的劳动投入会达到最优水平。所以,从激励的角度讲,定额租制对佃户的激励效应最强。第二,佃户承担农业生产中的全部风险。近代山东的定额租制分谷租和钱租两种。一种是谷租。如历城县,每亩收租一至两斗。该县冷水沟

①陈正谟:《各省农工雇佣习惯之调查研究》,《中山文化教育馆季刊》创刊号,1934 年 8 月,第353 页。

②同上,第 356 页。

③同上,第 335 页。

村旱地二年三作,上等田头一年种小麦及谷子,每年交租二斗五升;第二年种大豆,收一斗五升租。像靠近大中城市的郊区村落,一般土地较肥沃,水源较充足,粮食产量常有保证,故多征收定额地租。另一种是钱租。货币地租又称钱租,地租不缴农产品而缴货币,一般有一定的额数。货币地租制因所纳地租为货币,故多在商业性农作物种植较为广泛的地区如胶济铁路沿线各县流行。抗日战争前,这种形式占30%左右,战争爆发后,物价飞涨,钱租大都改为物租。

(3)分成佃租制。分成租佃制介于雇佣制和定额租制之间。基本方式是地主将土地租赁给佃户耕种,最终的土地收成双方按约定的比例分成。显然,分租制下佃户的劳动积极性比雇佣制下的雇工要高,因为其增加劳动投入带来的产出增加有相当一部分归自己所有,这使其有积极性并增加劳动投入。分租制下的地主依然需要对佃户进行必要的监督,其中最关键的是地主必须亲自测量最终的产量以确保足额拿到自己那一份分成。当然,其监督力度和成本要低于雇佣制下的地主,因为佃户有劳动积极性,而且,在分成佃租制下,地主和佃户共担风险。分成佃租制的收益分配形式,一般以交纳一定比例的收获物为主,故称实物分成租,这类租佃形态占全省各类地租的39.1%。以分成租制为主的,有博山、峄县、济宁、郯城、莒县、沂水、曹县、城武、定陶、茌平、安丘等县。分成租佃制在各县乡间又有不同的惯例,有的叫外分子牛,即一切农具、牲畜、种子、肥料全部由佃户出,收获后佃户与地主平分,这在土地肥沃的地方较为通行;有的叫里分子牛,地主养牛,佃户使用,牛草归地主,佃户负责铡草垫栏,肥料归佃户使用;有的叫赔牛客,地主买一头牛,借给佃户用,作价要佃户逐年偿还,而佃户有好多年还不清者,实际上带有高利贷性质。还有叫估租,名义上是平分,实际上是由地主估计产量,向佃户多要粮或要好粮;有的叫抽陇子,地主看好哪几拢就割哪几陇,剩下的归佃户。这种分租制,名义上是平分,但享有土地所有权的出租地主一般在收益分配中占据有利地位。

2. 减租减息运动中的租佃关系

封建的租佃关系,加重了农民负担,也不利于抗日根据地的壮大与发展。为减轻农民负担,省内各抗日根据地开展了减租减息运动。1940年,山东省战时工作推行委员会根据中共中央《十大救国纲领》中减租减息的主张,颁布《减租减息暂行条例》,部分地区进行了减租减息工作。1942 年中共山东分局作出《关于减租减息改善雇工待遇开展群众运动的决定》,省战时工作推行委员会发布实施《租佃暂行条例》《借贷暂行条例》《改善雇工待遇暂行办法》,以及《关于减租减息改善雇工待遇的补充指示》,把发动群众减租减息作为建设山东根据地的第一位斗争任务。租佃条例规定,凡公私租佃之土地,均须实行"二五"减租(即按抗战前原租额减少 25%),租地者均须按约交租。定租因天灾人祸致收成全部或大部被毁时,得由双方协议减付或停付地租,承租人确无力缴纳,积累至三年以上之欠租,得予免交,如有争议由政府调处之。减租后救国公粮由业佃双方负担,土地税由土地所有人负担。借贷条例规定,凡抗战前成立之借贷关系,应以清理旧债为原则,并历行分半计息(即年息减为一分五厘);债务人付息达原本一倍者,停利还本,付息达原本二倍以上者,债务消失。对雇工待遇规定,以能再供养一个人之最低生活必须费用为标准,绝对禁止打骂、虐待、侮辱雇工。据不完全统计,1942 年山东抗日根据地减租土地 393482 亩,减租粮 1603641公斤,减息粮 12674 公斤,增加工资的雇工 40406 人,增加工资粮 4096480公斤,增加工资款 23016 元(北海币)。

减租减息运动,不仅减轻了农民的负担,还导致农村地权的显著变动。其表现是土地由集中到分散,从地主手中转到农民手中。王友明的研究结果显示,中共山东分局在莒南县实施的减租减息运动,造成了各阶层地权占有的显著变化。[①] 由于中共土地政策的实行,加之战争对农业生产的影响,地主、富农负担加重,莒南县各阶层土地占有状况发生了实质性的变化(见表 4-3)。该 3 区 11 村自 1938 年至工 1945 年地主净减地 22073 亩,富农净减地 1023 亩,地主富农合计减地 23096 亩,而中农贫农等其他阶层则明显上升,增地 6590 亩。另据滨海区对沭水、临沭、莒南的 11 个村庄 3142 户的调查显示,农村地权也发生了明显变动,地主富农占有土地日益减少,中农贫农占有土地日益增加(见表 4-4)。据中共山东分局的调查,省内其他抗日根据地的情况,大体也如此。

---

①王友明:《抗战时期中共的减租减息政策与地权变动:对山东根据地莒南县的个案分析》,《近代史研究》2005 年第 6 期。

表 4 – 3 　大店、筵宾、沟头 3 区 11 村土地变化表(1938—1945 年)[①]

阶　层	增　地	减　地	增减总亩数
地主	328	22401	− 22073
富农	634	1657	− 1023
中农	2792	1134	+ 1658
贫农	3713	567	+ 3146
雇农	650	12	+ 638
手工业者	581	95	+ 486
商人	325	84	+ 241
自由职业者	35	3	+ 32
流氓	180	171	+ 9
外出			
外来	392	12	+ 380
合计	9630	26136	− 16506

表 4 – 4 　1937 年与 1944 年沭水、临沭、莒南 11 村 3124 户各阶层
平均户数与平均亩数的百分比对照表[②]

	1937 年		1945 年	
	户数(%)	亩数(%)	户数(%)	亩数(%)
地主	7.58	59.11	6.14	30.39
富农	5.79	8.48	4.36	9.44
中农	27.00	18.69	37.52	38.11
贫农	41.71	12.24	44.81	20.73
雇农	9.36	1.07	2.17	0.44
其他	8.56	0.43	5.00	0.89

3. 土地改革后的租佃关系

减租减息并不能从根本上废除封建生产关系,也不利于解放战争的顺利进行。于是解放战争至新中国成立前后,山东各解放区开展了土地改革运动。至 1951 年,全省的土地改革完成。

按照中共中央和华东局的指示精神,山东省政府于 1946 年 10 月颁发

---

① 《山东革命历史档案资料选编》第 15 辑,第 367 页。
② 同上书,第 368 页。

了《土地改革暂行条例》和《关于实行土地改革的指示》，土地改革运动陆续在解放区展开。土地改革的重点是从地主手中取得土地，分配给无地和少地的农民，主要方式是说理清算。除了汉奸和恶霸的土地明令没收外，对于一般的地主，采取算账的方式收回，其土地归农民所有。土地分配后，地权即归分得土地的农民所有。做法大都是首先在发动群众的基础上，召开斗争大会，对恶霸地主进行诉苦、说理、清算其剥削账，然后对清算出的土地进行分配处理，很多地主都献出了自己的土地。至 1946 年 12 月，山东解放区的土地改革取得巨大成就，广大农民获得大量土地。如东海县的调查结果显示，地主和赤贫完全消失，中农、贫农数量迅速增加（见表 4 - 5），基本实行了"耕者有其田"的历史任务。

表 4 - 5　东海县土改前后各阶层变动表①

阶层	地主	富农	中农	贫农	赤贫
土改前	104	313	898	1391	49
土改后	0	251	2023	495	0

1947 年国民党军队对山东进行重点进攻，山东土地改革的部分成果遭到破坏。同年中共华东局发出《关于目前贯彻土地改革、土地复查并突击春耕的指示》、《关于山东土改复查新指示》，对土改复查进行了部署，在土改政策上作了相应调整。到 1949 年底解放区内 53272 个村全部进行了土改复查，占全省总村数的 72%。其中有 39.8% 的村庄斗争果实已处理完毕，全部完成了土改任务；有 22.4% 的村庄，还有一些遗留问题，在作善后处理；有 9.8% 的村庄存在的问题较多，需作大的调整。

1950 年中央人民政府政务院颁发了《中华人民共和国土地改革法》，同年 10 月，山东省人民政府颁布《关于今冬明春完成与结束土地改革的指示》和《山东省土地改革具体实施办法》，对全省新老解放区的土地改革运动作了部署：凡是基本完成土地分配的老解放区，其任务是确定地权，发展生产；凡未处理地权的恢复区，要在保护过去土地改革成果的基础上，完成土地改革；凡新解放区和未分配过土地的恢复区，均遵照《土地改革法》，没

---

①资料来源：日照市档案馆资料，中共山东分局农村工作委员会编：《土改通讯》第 8 期。

收地主阶级的土地,分配给无地或少地的农民。在土改全面铺开前,先在150多个乡进行了典型试验。在试点取得经验的基础上,各地土改工作转入点面结合、逐步推广阶段,1951年3月,全省土改基本结束。

土地改革的完成,改变了山东农村各阶层的土地占有状况(见表4-6),从根本上改变了几千年来土地占有极不合理的状况,传统租佃关系就此终结,实现了耕者有其田。土地改革使遭到战争破坏的农业生产迅速得到恢复与发展,1952年全省粮、棉、油生产都超过了战前的最高水平。

表4-6 土改结束后山东各阶层土地占有情况表①

成　分	人口百分比	地亩百分比	人均地亩
贫雇农	48.72%	43.04%	2.82
中农	44.90%	49.77%	3.53
富农	2.62%	3.05%	3.7
地主	3.16%	2.36%	2.39
小土地出租者	0.23%	0.27%	3.85
其他	0.37%	0.14%	

(二) 田赋收入变化

近代以来,山东历届政府的财政支出一般都大于财政收入,财政状况有逐渐恶化的趋势(见图4-4)。由于工商业发展之缓慢,工商税收占政府财政收入的比例都在50%以下,所以传统的田赋收入仍是政府财政收入的最重要来源。如1912至1923年间,田赋收入占山东财政总收入的份额,均超过半数以上,最高年份(1912年)占比91.37%,最低年份(1922年)占比58.57%。一般情况下,田赋征钱,有时还征收实物,比如抗战时期。在近代山东的很多年份,虽然正税呈增长态势,但田赋附加税的增长幅度明显大于正税的增加幅度,故近代山东民众的赋税负担非常大。

晚清时期,山东田赋主要包括地丁、漕粮和租课三种形式。(1)地丁。地丁分为正赋、耗羡、杂赋、驿站钱粮等。1900年,经山东巡抚袁世凯奏准,

---

①资料来源:日照市档案馆资料,中共山东分局农村工作委员会编:《土改通讯》第18期。

每地丁银一两加提赢余银一钱至二钱不等，作为地丁盈余"归公"。1901年仅加提地丁盈余银即达50余万两。继袁世凯之后，继任巡抚周馥在之后3年中连续加提地丁盈余，"每两自三钱至五钱五分"。通过加提地丁盈余，每年多征收地丁银近"百万"两，"以济办理新政之用"。（2）漕粮。漕粮分为漕折、漕项等。1900年经袁世凯奏准，每漕粮一石加提盈余银三钱，以"充练兵经费"，稍后又加提一钱，共成四钱。1901年仅加提漕项盈余银即得30万两。同年晚清政府下令漕项一律改折银钱交纳。按当时银钱行情，银钱之间的比价为银一两合京钱2300文（合制钱1200文左右）；漕粮的市价为每石值京钱6000文（合制钱3000文左右）。而官府定的征收章程却是"每银一两，征京钱四千八百文"，"每石（漕粮）征京钱十二千文"，均按高出市面行情1倍的比例交纳。这样，仅通过漕项改折一项，官府每年就多征收"盈余银七十余万两"。（3）租课。租课以官地地租为主，分为逾额地租、柳园地租等。在"新政"时期，山东官府通过对地丁和漕项"浮折提加"，使田赋的收入大大增加。1901年以前，山东的田赋年征收银一般维持在350万上下的水平，1902年田赋收入银上升到370余万两，1908年又上升到390余万两，到1909年更猛增到489万两（占到了当年山东财政总收入的44%）。

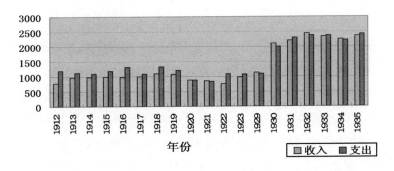

图4-4　1912—1935年山东省财政收支统计图[1]（单位：银元　万元）

进入民国以来，直到张宗昌督鲁，山东田赋征收额以1918年为界，此前数量不断增加，此后则有所下降（见图4-5）。[2] 究其原因，一是地方截留

---

①《山东省省情资料库·财政库·概述》。
②刘大可：《民国山东财政史》，中华书局1998年版，第54—55页。

田赋,未能如实上报;二是政局动荡,战事不断,对农村经济破坏严重;三是
田赋附加税肆意增加,广大农民的兵差负担沉重,影响田赋正额的征收。张
宗昌督鲁后,横征暴敛,田赋正税如脱缰的野马飞奔不止。1925 年度山东
田赋共征银元 1500 万元,1926 年度 4275.7 万元,1927 年度 6124.39 万元。
上述统计数字是张宗昌督鲁 3 年田赋正税提高税率后的征收情况,尚不包
括正税以外的附加或随意加征的情况。民国时期有一种说法,张宗昌督鲁
3 年共消耗掉 28000 万元,由此可以看出,这三年是进入民国以来山东民众
田赋负担最重的时期,也是山东财政最无章法的时期。①

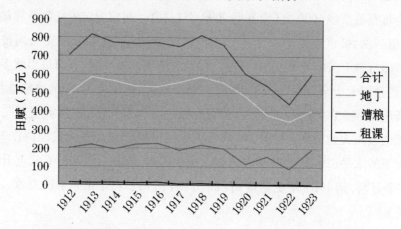

图 4-5　1912—1923 年山东田赋征收额统计表②(单位:银元　万元)

　　国民党山东省政府建立后,田赋划为地方税,成为省级财政收入的主要
来源。山东省政府取消了张宗昌督鲁时期的附税附捐及随意加征,农民负
担有所减轻。田赋征收实数逐年提高,成为省级税收的主要组成部分(见
图 4-6)。抗日战争爆发后,山东国统区财政状况日益恶化,1941 年田赋收
归中央并改为征实,税率为正附税总额八元,每元征小麦二市斗或等价杂
粮;县地方附捐则按每四市斗回折一元。解放战争时期,山东国统区实行粮
食征购和征借,山东民众无力承受赋税负担,田赋征收无法正常进行,进而
呈现出摊派和抢夺的态势。

①刘大可:《民国山东财政史》,中华书局 1998 年版,第 54—55 页。
②同上书,第 56—58 页。

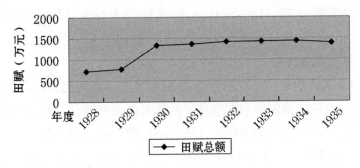

图 4-6 1928—1935 年山东田赋总量表[1]（单位：银元 万元）

抗日战争时期，山东抗日民主政府曾一度停收田赋，但不久之后又开征田赋。由于战争频繁，抗日根据地辖区时有盈缩进退，各地在敌占区征收能力大小不一。胶东 23 县，以应征银两 47.66 万两计，1938 年实征数为应征数的 20.53%，1939 年为 7.9%，1940 年为 9.46%，1941 年为 46.15%，1942 年为 40.72%。[2] 山东根据地的田赋，1943 年前完全征收货币。部分地区因粮食不足或本币流通量较少，在征收上仍征粮食或粮钱并征。

解放战争时期，尤其是在战争初期，战争的破坏，解放区面积和人口的缩小，迫使政府调高负担率，增收公粮田赋。解放区开始征收自卫战争费和田赋附加费。1947 年山东省府颁布《关于征收三十六年度上期田赋的决定》，田赋征收标准按每中中亩 60 元本币计，未折成中中亩的地区每官亩按 50 元征收，边沿区按以上标准减征 1/3 或 1/2，胶东、渤海酌量增加，但最高不得超过 80 元。田赋占全部财政收入的 12%；契税按每亩 30 元、50元、70 元征收，占全部财政收入的 14%；在大鲁南地区，契税收入甚至超过了田赋。

（三）主要农作物

山东是农业大省，是我国主要的农作物种植区域之一。据 1933 年统计，山东全省农田面积为 10449.4335 万亩，占全国农田总亩数的 8.36%。

---

[1]刘大可：《民国山东财政史》，中华书局 1998 年版，第 56—58 页。
[2]山东省财政科学研究所、山东省档案馆：《山东革命根据地财政史料选编》第 1 辑，1985 年印刷，第 206 页。

农作物以小麦、大麦、高粱、谷子、玉米、大豆、绿豆等五谷杂粮为主,桑、麻、花生、芝麻、棉花、烟草等经济作物也有相当数量。

1. 主要粮食作物

(1)小麦。山东是小麦的主要栽培区,也是本省种植面积最大的农作物。(见表4-7)据民国初期至抗日战争前的调查统计资料,平均总耕地1.26亿亩,农田复种指数140%,小麦种植面积一般在4000余万亩,总产25亿公斤—30亿公斤。其中1931—1936年,平均种植面积达5236.3万亩,总产25.12亿公斤,亩产48公斤。抗日战争期间,1939、1942、1943年平均小麦面积2925.2万亩,1939、1942两年平均总产9.8亿公斤(缺1943年),据此计算,亩产仅为33.5公斤,比抗战前亩产下降30%,总产下降61%。抗战胜利后的1946—1948年,小麦平均面积也只有3808.8万亩,但产量较高,1946、1947两年平均总产26.5亿公斤(缺1948年),折亩产69.6公斤。

表4-7 山东小麦种植面积比重表(1931—1943)①

年份	种植面积 (万市亩)	占耕地的 百分比(%)	年份	种植面积 (万市亩)	占耕地的 百分比(%)
			1939	2330.93	-
1931	5167.7	46.7	1940	3926.65	-
1932	5418.5	48.9	1941	3233.95	31.5
1933	5017.2	45.3	1942	2975.44	29.0
1934	5285.6	47.8	1943	2892.32	28.1
平均	5222.2	47.2	平均	3033.90	30.0

(2)玉米。山东俗称苞米、棒子。玉米传入山东的早期,种植面积较小,后来面积得到扩展,产量有所提高,成为正式的粮食作物。据《清代山东经营地主经济研究》一书的调查结果显示,1904年章丘县旧军镇进修堂孟家的玉米,亩产达到85公斤—115公斤,较之一般贫佃农亩产量多25公斤—47.5公斤。据《中国近代农业生产及贸易统计资料》,1914—1916年间山东玉米的种植面积为223万亩—305.5万亩,亩产40.5公斤—70.5公

①唐致卿:《近代山东农村社会经济研究》,人民出版社2004年版,第178页。

斤,生产起伏不稳。至 30 年代抗日战争前,面积进一步扩大,亩产亦有提高。据省农业厅《山东省农业经济统计提要(1949—1980)》的附录,1931—1936 年,山东省平均种植玉米 1135.4 万亩,平均亩产 72.3 公斤。抗日战争期间生产水平下降,据日伪编印的《山东农业概况》,1939—1942 年,玉米平均面积 802.4 万亩,平均亩产只有 46.3 公斤。进入 1948 年,山东广大农村已基本上结束战事,据山东省实业厅编《山东省农业生产几项主要作物调查》,该年玉米种植面积 1133.4 万亩,亩产 72 公斤,与抗日战争前基本相同。

(3)谷子。北方各省俗称为粟,古代又称禾、粱,是山东历史上的重要粮食作物。1904 年进修堂孟家谷子亩产达到 165 公斤—200 公斤。山东省 1924—1929 年平均种植谷子 1950.6 万亩,1933—1936 年平均种植 2233.5 万亩。① 谷子是耐旱作物,故种植极为普遍。如谷子是聊城的主要粮食作物之一,1933 年,种植面积 20 万亩,总产 2000 吨;1949 年,种植面积 24 万亩,总产 15965 吨。

(4)高粱。种植普遍,播种面积仅次于小麦、大豆,是当地农民的主粮(见表 4-8),主要分布在鲁西黄泛平原,黄河三角洲,鲁中、鲁南的涝洼和丘陵地带。高粱是聊城、东平、乐陵、蒙阴等地的主要粮食作物和口粮。

表 4-8　1931—1943 年山东高粱种植面积比重表②

年份	种植面积 (万市亩)	占耕地 (%)	年份	种植面积 (万市亩)	占耕地 (%)
			1939	1109.91	-
1931	2133.5	19.2	1940	1397.76	-
1932	1856.8	16.8	1941	1542.09	15.0
1933	1785.4	16.1	1942	1461.36	14.2
1934	1763.1	15.9	1943	1426.48	13.9
平均	1859.7	17.0	平均	1476.64	14.4

①山东省地方史志编纂委员会编:《山东省志·农业志》(上),山东人民出版社 2000 年版,第 330、331 页。
②唐致卿:《近代山东农村社会经济研究》,人民出版社 2004 年版,第 194、195 页。

（5）甘薯。俗名地瓜,是山东的主要粮食作物之一,种植面积仅次于小麦和玉米(见表4-9)。主要种植在胶东丘陵和鲁中南山区丘陵地区,尤其集中在胶东和黄河沿岸各县,而平原较少。

表4-9　1931—1943年山东地瓜种植面积比重表①

年份	种植面积 （万市亩）	占耕地 （%）	年份	种植面积 （万市亩）	占耕地 （%）
			1939	223.40	–
1931	312.4	2.8	1940	319.23	–
1932	285.3	2.6	1941	361.43	3.5
1933	339.6	3.0	1942	381.42	3.7
1934	339.3	3.0	1943	482.05	4.9
平均	319.1	2.8	平均	408.30	4.0

（6）大豆。近代全省粮食作物中,大豆种植面积仅次于小麦,总产量居第四,高于玉米、甘薯、小杂粮。② 大豆播种面积平均在1600万—2000万亩,占作物播种面积的比例平均在15%以上(见表4-10)。

表4-10　1931—1943年山东大豆种植面积比重表③

年份	种植面积 （万市亩）	占耕地 （%）	年份	种植面积 （万市亩）	占耕地 （%）
1931	1776.1000	16.0	1940	2116.8148	–
1932	1796.3000	16.2	1941	2102.9914	20.5
1933	2018.3000	18.2	1942	1266.4652	12.3
1934	2017.1000	19.0	1943	1508.1502	15.4
平均	1924.4000	17.3	平均	1649.8689	16.0

2. 主要经济作物

（1）棉花。据《山东省志》(1925年)记载,1911年山东植棉面积190万

---

①唐致卿:《近代山东农村社会经济研究》,人民出版社2004年版,第198页。
②山东省地方史志编纂委员会编:《山东省志·农业志》(上),山东人民出版社2000年版,第354、355页。
③唐致卿:《近代山东农村社会经济研究》,人民出版社2004年版,第190页。

亩,棉花总产1748.5万公斤,平均亩产9.2公斤。民国时期,棉花单产保持在150斤左右(见图4－7)。另据1918—1948年的统计资料显示,全省年平均植棉288.6万亩,亩产16.3公斤,总产0.47亿公斤(见图4－8)。1918—1936年,美棉品种的传入,机械纺织业的兴起,需求的增加,促进了山东棉产业的发展。1922年全省美棉面积仅占棉田总面积的0.7%,到1930年已占47%。1918—1930年,全省棉田面积由226.1万亩发展到606万亩,总产由0.36亿公斤增加到1.27亿公斤,创战前最高水平。1931—1936年,棉花生产较为稳定,6年平均每年植棉面积493.3万亩,亩产16.6公斤,总产0.83亿公斤。抗日战争期间,棉花生产遭到严重破坏,至1945年,仅剩棉田90.7万亩,总产0.12亿公斤。抗战胜利后,棉花生产也未能发展。1946—1948年,棉花面积和产量均比抗战前减少一半以上。

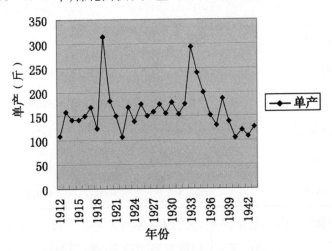

图4－7　1912—1943年间山东棉花单产变化图

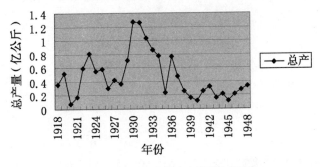

图4－8　1918—1948年间山东棉花总产量图

（2）花生。据《中国近代农业生产及贸易统计资料》和《中国土产综览》（1951 年）记载：山东省民国初期种花生 200 多万亩，到 20 世纪 30 年代已发展到 400 多万亩，1948 年超过 500 万亩（见表 4 - 11）。亩产量在抗日战争前达到一个高峰，1931—1937 年平均亩产 142.8 公斤。日本侵华期间花生产量锐减，1942 年降至 92 公斤。抗战胜利后，恢复到 100 公斤—120公斤。花生也是山东外销的主要商品。据青岛海关的统计，1906 年青岛海关出口花生 19837 担，至 1911 年增加到 59551 担。① 此外。还有相当数量的花生油、饼出口到国外或运销国内市场，从而提高了花生的商品率。

表 4 - 11 新中国成立前山东花生面积、产量统计表②

年 份	年平均面积（千市亩）	年总产量（千市担）
1914—1918	236.7	–
1931—1937	439.5	62785
1941	409.9	42630
1942	447.8	41210
1946	295.8	36545
1948	506.8	49375

（3）烟叶。山东是全国著名的烟草种植区之一。自 1904 年山东开始外销烟草、烟丝，至 1911 年，出口额提高了近 30 倍，说明烟草商品化程度的提高。随着烟草种植面积的增加，烤烟总量也迅速增加（见图 4 - 9）。

①姜培玉：《山东经贸史略》，山东友谊出版社 2008 年版，第 142 页。
②唐致卿：《近代山东农村社会经济研究》，人民出版社 2004 年版，第 243 页。

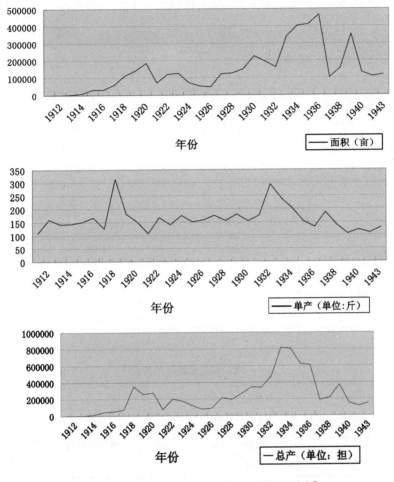

图 4 - 9 1912—1943 年山东省烤烟生产情况统计表①

（四）商品性农业的发展

在现代化过程中,农业始终是非农业部门发展的基础。1840—1949 年的百余年间,伴随传统社会向近代社会的转变,山东的商品性农业也得到一定程度的发展,主要表现为农业产业化和农产品商品化。

1. 农业产业化的趋势

近代山东农业的产业化趋势明显。以花生业为例进行说明。花生产品

---

①《山东省省情资料库·烟草库》。

进入国际市场后,价格不断上涨,花生种植业有了很大发展,这一点可以从
下列四个表格中看出。

表 4 - 12　山东花生面积与产量表①

时　间	面积(千市亩)	产量(千市斤)
1914~1918	2367	–
1924~1929	3758	14970
1931~1937	4395	12557

表 4 - 13　花生种植面积占耕地百分比(%)②

地　区	1900	1915	1920	1924	1925
山东章丘	0.1	35	45	50	39
山东济阳	0.2	15	25	40	35
山东益都			10	10	19

表 4 - 14　被花生排挤的作物③

地　区	被排挤的作物	原　因
山东章丘	小麦、大豆	较其他作物得利倍徙
山东济阳	小麦、大豆	利润高得多,因地制宜
山东益都	小麦、大豆	比较有利

表 4 - 15　花生各种消费比率(1925 年)④

地　区	当地消费	邻近地区消费	输　出
山东章丘	5	5	90
山东济阳	3	7	90
山东益都	10	10	80

①许道夫:《中国近代农业生产及贸易统计资料》,上海人民出版社 1983 年版,第 195、196 页。
②章有义:《中国近代农业史资料》第 2 辑,三联书店 1957 年版,第 205 页。
③同上书,第 212 页。
④同上书,第 232 页。

从上述三县的统计资料可以看出,花生种植在农业中占有重要地位。而这样的种植面积,本地与邻近地区的消费却只有10%—20%,约80%到90%的产品供输出。可以看出出口贸易对花生种植业的巨大拉动作用。此外,花生贸易规模和加工规模也在急剧扩大。1908年青岛港出口的花生仁、花生油贸易额不过120余万两。20年后,总计带壳花生、花生仁、花生油、花生饼等四项出口额已经达到了2450万两,在出口贸易中占第一位。由此可见,当时贸易、农业、农产品加工业紧密协作,实现了贸工农一体化的经营,农业产业化的趋势加强。

2. 农产品商品化的趋势

一是粮食作物的商品化趋势。近代以来,农业耕作方法的改进,作物品种的改良,肥料质量的提高等,使得粮食的单位面积产量有所提高,为粮食的商品化发展提供了条件。而近代机器工业的兴起,商业和城镇的发展,又导致城市人口增多,同时也增加了对商品粮的需求量。粮食供给和需求的同时上升,促使粮食作物的商品化程度迅速提高。二是经济作物种植面积的扩大。如棉花与棉纺织品是黄河三角洲城乡市场商品交易的大宗。通过棉花与棉纺织品的外运,黄河三角洲的城乡集市逐渐走出了原来的封闭状态,加入了以大中城市为核心的全国贸易网络。棉花需求量的增长和价格的提高,促进了棉花种植面积的扩大和种植区域的日益广泛。不仅原有的植棉区扩大种植面积,许多原来不种棉花的地区也开始种植棉花。山东的棉花生产主要分布在4个地区:鲁西区、鲁东区、鲁南区和鲁北区,其他丘陵地区也有零星种植。棉花品种有所更新,美棉在各地得到推广,如临清县的情况(见表4-16)。到20世纪30年代全省棉花种植面积达到700万亩以上。棉花种植面积和产量得以大幅度地提高,在经济作物中占据首位。此外,花生成为重要的出口农产品,并逐渐形成青岛、济南、烟台、威海4大花生市场。烟草的种植面积和产量迅速增加,潍县、安丘、济阳、益都、临淄等地成为重要的烟草种植区。

表4-16　山东临清美棉种植和棉田总面积增长表(1928—1930)①

年份	美棉种植面积(万亩)	棉田总面积(万亩)	美棉亩数占总棉田亩数的比例(%)
1928	35.5	54	65.7
1929	45	57.5	78.3
1930	49	63	77.8

(五)农业现代化的表现

相对于传统农业,现代农业在耕作制度、生产技术、政府扶持等方面发生了明显的变化。耕作制度方面,现代农业一般是集约经营,并采用农垦公司之类的现代企业组织形式;农作物品种改良方面,选种、育种等技术相对发达;肥料使用方面,在使用饼肥的基础上,大力推广化肥的使用;农业生产工具方面,采用拖拉机等农业机械化工具;农业科研方面,通过设立专业研究机构来推进农业相关技术的研发。西方发达国家在工业革命之后,已经开始了现代农业的发展过程,至20世纪中期,大都完成了现代农业的建立。近代山东乃至中国,由于工业化进程的缓慢,农业现代化的水平是较为低下的,但也开始了现代化农业的发展过程。近代山东农业现代化的起步,主要表现为传统农业技术改良、农作物新品种的引进、农垦公司的设立、新式农业学堂的建立以及地方政府的农业鼓励政策等。

1. 推进农业技术改良

在现代农业技术没有充分发展之前,改良传统的农业技术也是提高农业产量的一种有效手段。比如传统蚕桑生产技术的改良。1920年,烟台海关鉴于山东的柞蚕茧质优而产量不多,遂组织烟台华丝联合会,聘请蚕丝专门人员对柞蚕饲养加以推广改良。1921年,由浙江海宁县一带采购柞树种子,赠送胶东各县的农民栽植。同年,又在烟台设立蚕丝学校。1922年至1924年,在牟平、栖霞、文登等县又设立了多处蚕桑试验场。山东的养蚕业开始发展起来。1930年,全省养蚕较多的有40个县,生茧产量仅为96426担;1933年,全省养蚕的共57个县,生茧量为115574担。② 在农业试验活动与技术推广活动中,其他作物如烟草、大麻、姜等,也都在全省得到了不同

①汪敬虞:《中国近代经济史(1895~1927)》中册,经济管理出版社2007年版,第690页。
②何炳贤:《中国实业志·山东省》,实业部国际贸易局1934年版,第213页。

程度的推广和发展。1935 年,山东省建设厅在临淄城外建立了山东省烟草改良场,分设调查、研究、试验、推广四个部,并附设烟农指导所。这是中国历史上第一个烟草科研机构。

2.引进农作物新品种

20 世纪初,山东农事试验场曾引种美国的豆麦、蔬果及日本的水稻、马铃薯等良种用做试验改良。省农务局还多次引进美种棉花和美种花生,推广种植,此举为山东后来成为棉花大省和花生大省奠定了基础。1918 年,省政府购入大批美国脱字棉种和朝鲜金氏棉种在山东栽植。不久,山东省政府在临清县设立了第一棉业试验场。1922 年至 1924 年,省实业厅连续 3 年购入美棉种子分发给农民。1925 年,省实业厅又在齐东县设立了第二棉业试验场。以后又将二场合并为棉作改良场。1929 年,省农矿厅制定棉业改良计划。1930 年,青岛市商品检验局附设商品研究场,以加强研究驯育美棉和改良中棉的工作。同时,省农矿厅又在济南设立了棉花试验处。这样,历经数十年的提倡与推动,山东的棉花生产跃居全国重要地位。全省棉田的单位面积产量,以引进的美国品种较高。美棉收获量一般比本地棉高5 公斤—15 公斤。山东优质皮棉产量占全国美棉总产量的 18%—22%。1931 年山东皮棉年产 100 万担,居全国首位。1932 年山东质地良好的美棉种植面积已占 60%,而本地棉只占 40%。1933 年山东产棉近 150 万担,其中能纺 20—40 支纱的原料估计占 60%。① 又如美国花生种子的引入,1890年前后,美国传教士带来大仁花生在山东省试种。此后,农民争相种植。山东逐渐成为全国种植花生最多的省份。1931 年全省出产花生约 800 余万担。1933 年全省种植面积达 380 万亩,产量为 1059 万担。全省种花生的有 80 个县,平均每县约 46329 亩,每亩平均产量为 141 公斤。

3.推广使用化肥及新式农具

1906 年,山东农事试验场自日本购进化学肥料十数种,逐一试验。大约同期,德国洋行也投入资金和人员,在山东各地推销硫铵肥和磷肥。到1910 年,化肥的销售与使用范围,已从烟台、济南周边农村扩展到胶济铁路沿线和运河沿岸的部分乡村及经营农场。当时化肥不仅由国外购进,山东

①中国经济情报社编:《中国经济论文集》第 1 期,第 102 页。

也有多家工厂能够制造化肥。1905年,济南济农公司曾依照美国新法制造肥料。1907年至1908年间,候补知县何瑞在泰安、沂州两地开设益农公司,用西法制造各种肥料出售。武定府设立的一家肥料公司,专门制造一种能防除虫害的化学肥料,为当地农户所乐用。另外,1908年济南农业学堂也曾在学校内附设肥料制造厂,试用新法制造肥料。这些事例尽管尚不足以对改良当时的农业产生大的影响,但无疑为后来化肥使用的推广开了先河。二三十年代,化肥的效用渐渐为农民所认识,特别是硫铵肥(肥田粉)已在大部分美烟栽培地区得到采用,并逐步扩展到棉花、小麦等作物的种植上。据统计,1925年青岛硫酸铵进口只有945担,而到1930年进口增至56094担。同年,山东各口岸化肥进口已达111050担,1931年又增至141030担。但是,由于进口化肥价格高、农村劳动报酬递减以及银价低落等因素的影响,农民购买力受到极大限制,化肥使用仍无法普遍推广。[①] 在新式农机具的引进试用方面,1906年前后,山东农事试验场曾由美国购进新式农具20余种,由日本购进数十种,经试用考察,"多能合用"。同时农场还购进凿井机器,试验新法凿井。通过这些尝试,增进了农业推广机构对新式农机具的了解和认识。1934年,威海泰茂洋行美国人约翰逊从美国引进两台小型拖拉机,从事果园生产。20世纪30年代,个别农场还零星使用农用水泵、耘田机、脱粒机等。

　　4. 设立农垦公司

　　农牧垦殖公司(通称农垦公司或垦牧公司)是一种资本主义性质的农业企业,大多是股份制,规模较大,占地较多,但除极少数雇工经营外,绝大部分仍是分散招佃收租。民国元年(1912年),全国已注册农垦公司171家,其中江苏、安徽、浙江、河南、山东、山西、吉林、察哈尔8省就有59家,资本约286万元,1919年增为100家,资本约为1245万元。[②] 可见,当时所进行的农垦公司的尝试相当成功,其发展非常迅速。1905年济南成立商办济农公司,仿美法制肥料。除此之外,近代山东的垦牧公司大多是造林公司。比较著名的林业公司主要有:山东树艺公司(1904年)、崂山森林股份有限公司(1908年)、大兴农林公司(1914年)、章丘五峪森林股份公司(1915

---

①庄维民:《近代山东农业科技的推广及其评价》,《近代史研究》1993年第2期。
②章有义:《中国近代农业史资料》第2辑,三联书店1957年版,第33—34页。

年)、昆嵛山造林会社(1918 年)、泰安东岳森林股份公司(1944 年)、郓城森林公司(1944 年)等。据晚清至民国时期地方志和乡土录的不完全统计,全省先后创办森林股份公司 47 处。

5. 设立新式农业学堂

晚清时期,伴随着废科举、兴实业的浪潮,山东地方政府设立了一批农业学堂及附设有农科的新式学堂。1901 年成立的山东大学堂,设有农科。1906 年设立的山东高等农业学堂,其办学宗旨是:"授高等农业学艺,使将来能理公私农务产业,亦可充各农业学堂之教员、管理员。"第一届学生共 120 名,编委正科甲班。职工 12 人,教师 8 人,另有 3 名日本教员(见表 4 – 17)。

表 4 – 17　山东高等农业学堂教员调查表(1906 年)

姓名	籍贯	资格	担任教科	薪水	到堂年月
郑辟疆	浙江嘉善	浙江桑蚕学堂毕业生	蚕科	80 两	光绪三十二年七月
单朋锡	山东高密	拣选知县	汉文	40 两	光绪三十二年七月
薛维庠	山东沂水	日本毕业生	东文	40 两	光绪三十二年九月
徐树人	山东肥城	日本毕业生	东文翻译兼体操	80 两	光绪三十二年七月
段荫远	山东兰山	日本毕业生	东文翻译兼体操	80 两	光绪三十二年七月
古井恭吉	日本	农学士	洋总教习	350 两	光绪三十二年八月
福井宽	日本	日本札幌学校农艺科毕业	农科	150 两	光绪三十二年八月
川上精一	日本	东京农科大学林业实科毕业	林科	150 两	光绪三十二年八月

山东高等农业学堂的创立对山东农业经济的发展具有重要影响。这首先表现在为山东农业培养了第一批懂得农业科学和技术的高级专门人才。据不完全统计,从 1906 至 1913 年的 7 月间,山东高等农业学堂共招收了 5 届学生。其大致情况如下:1906 年招收秀才 120 人,编为正科甲班;1907 年续招中等预科 120 人,编为乙班;1913 年 1 月,高等正科班的学生 81 人按期毕业。这是山东省自己培养的第一批高等农林专门人才。其次,推动了西方农学知识的传播和农业生产新技术的推广。从山东高等农业学堂的师资来源看,农业学堂的专业教师大多都是从日本学成归来的留学生或日本人

担任,8位教师中有3位是留日学生,另有3位是日本人。他们在把大量的西方农业书籍和知识传入山东的同时,也引进和介绍了外国优良品种。①此外,山东地方政府还成立了农业学堂(兖州)和蚕桑学堂(青州),培养农业专门人才。

6.制定各种农业鼓励措施

纵观西方发达国家建立现代农业的过程,可以发现政府在其中起到了重要的引导作用。近代山东地方政府在建立现代农业方面也作出了自己的贡献。(1)设立新式的农业推广管理机构。省政府先后成立了垦务局、湖田局、垦丈局等机构,来开垦荒地和滩涂。通过设立农桑总会、农业推广委员会和林业推广委员会等机构,指导农业和林业的发展。垦务局于1903年设立,先设在莱阳,以后移至济南,主要以调查清丈海滩河淤及荒地为职责。湖田局主要负责清丈运河沿岸湖泊淤地。对调查清丈的滩涂淤地,均招佃承租,以辟地利。垦丈局于1931年设立,主要设在黄河淤淀区的滨县、利津、沾化等五县,令军民垦殖黄河淤滩。山东省农桑总会于1903于省城济南设立,聘请日本农业技师传授农业技术,同时在泰安、兖州、沂州、曹州、济宁等地设立农桑分会,"凡属可兴之利,可植之物,均令试种考验","农桑树艺,一律兴办"。②农业推广委员会于1934年成立,负农业指导与推广之责。林业推广委员会主要负责林业提倡与推广,成立了四个林务局,在蒙山设立了天然林管理委员会,管理蒙山天然林区。(2)设立农林试验机构。在所有的农林试验机构中,山东农桑总会附设的农事试验场最具规模,最有成效。该场于1903年设立,至1906年陆续购地500余亩,建屋50余间,试验项目有造林、试种桑果、试用机器农具、改良品种、试用化肥、研究土壤、提供畜牧良种等等,对近代农业科技在山东的引进与推广起了积极作用。韩复榘主鲁时期,由于各县农事试验场成绩不佳,故下令取消,另划全省为五区,每区设一农场。此外还在某些地区设立了许多农业试验和改良场。如在莱阳、益都设立了防病虫害实验场;在济南黄河大堤外设立园艺试验场;在临朐设立蚕业指导所,推行新式烘蚕灶;在齐东、临清等地设立棉作改良场,推广引进美国优良品种"金氏棉"、"脱氏棉"等;在徂徕山设立了种畜

①仇晓红:《近代山东高等农业教育起始考论》,《浙江万里学院学报》2008年第1期。
②周馥:《秋浦周尚书(玉山)全集·奏稿·筹办农桑工艺兼筹商务基础折》。

场。(3)兴修水利。山东省政府先后成立了河务局、运河工程局、小清河工程局等,并饬令各县成立水利促进委员会。

虽然近代山东农业现代化发展呈上升趋势,但山东农业领域的商品性生产所占比重还是较微弱的,而小商品生产仍占明显的优势。山东经济作物的推广,使农产品纳入商品生产和流通领域。这种变化在山东各地程度不同,一般说来,交通便利地区比较明显,农业生产力有所提高,农村商品市场得到扩展,对城市的工商业发展起到了推动作用。但是,农村商品经济受到了外国资本主义的制约,并随国际、国内市场的需要而膨胀或萎缩。例如,一战时期,欧洲市场草帽辫贸易衰落,山东新城、寿光、乐陵、马头等地的生产因出口受挫而完全停止。洋靛的大量输入也曾使山东土靛出口大幅度下降。受外国资本控制和剥削的农村商品经济,在政权不稳固和生产力水平低下的情况下,愈是发展愈加遭到列强掠夺,并进而导致广大农民的破产。

三、近代山东的工业

工业化是经济现代化的重要内容和标志之一。不管是从传统经济向现代经济的过渡,还是从习俗经济或命令经济向市场经济的过渡,现代化工业部门的建立都是其重要的物质基础。近代以来,以机器采用为主要标志的现代工业逐步建立和发展,但山东省内的传统手工业仍然非常强大,在工业总产值中,二者的比重不相上下。在近代山东工业中,既有晚清政府的官办企业和民国政府的官僚资本企业,也有大量的外国资本企业和本国民族资本企业,它们的关系既有垄断也有竞争,共同带动了山东的经济现代化进程。

(一)同期世界主要资本主义国家的工业化进程

19 世纪末 20 世纪初,主要资本主义国家相继完成了工业化。而中国在 19 世纪 70 年代开始了工业化进程。官办企业、民办企业、外资企业纷纷建立。但第一次世界大战以前,全部产业资本的积蓄只有 178673 万元。[1]1914—1936 年,中国近代工业发展速度较快,被称为"黄金期"。到 1936 年时,中国近代工业产值增加了 801.733 万元,较 1919 年增加了 4.1 倍,近代

---

①许涤新、吴承明:《中国资本主义发展史》第 2 卷,人民出版社 1985 年版,第 1046 页。

交通运输业增加了316.321万元,较1914年增加了近1.4倍。①

1914—1936年期间,中国近代工业的发展速度在世界各国工业发展史上应该说是比较快的,比如说美国在1915—1929年期间工业增长速度为年均4.5%,1912—1937年均2.6%;英国1921—1937年均2.2%;德国1921—1929年均7.1%;法国1921—1937年均2.9%。这些国家的工业发展速度都低于中国。日本不同,1915—1929年均11.97%,远远超过中国年均7.7%的水平。尽管中国近代工业有较快的发展,但到1936年时,其所达到的水平仍然是很低的,主要近代工业产品的产量和人均拥有量,不但远低于欧美发达国家,而且也低于与中国工业化同时起步的日本。② 处在中国近代工业化进程中的山东地区,同近代中国的情况一样。虽然近代的机器制造业、采矿业、公用事业、新式交通运输业有了一定程度的发展,但其总体水平仍是很低的。1937—1949年间的抗日战争与解放战争,迟滞了工业化的进程,直到新中国成立后,山东才开始新的工业化进程。

(二) 传统手工业部门的衰落、存续与转型

中国的手工业有着悠久的历史。至1840年鸦片战争爆发前,国内传统的手工业仍十分发达,主要由官府手工业、民间手工作坊和手工工场、农村的家庭副业构成。山东的手工业也非常发达。如潍坊就是近代省内著名的手工业城市,"二百支红炉,三千砸铜匠,九千绣花女,十万织布机",是极好的写照。鸦片战争以后,中国成为世界市场体系的一部分,国内的手工业生产也开始朝着不同的方向发展:一部分沿着上行的路线发展,即由传统手工业进化为机器大工业;一部分则沿着平行的轨道运行,继承了传统的生产方式和经营特点。先进的机器工业与传统的手工生产并存的特点在很长时间内保持,由此出现了近代中国经济结构的二元特征。近代山东的经济结构也具备二元特征。其中,山东手工业作为传统经济的一个重要组成部分,到了近代面临着一个多元化的选择。一部分手工业部门因外国机制品的涌入而迅速衰落,如土纱、土铁、手工蜡烛等迅即被洋针、洋钢、洋纱等进口商品

①刘佛丁:《中国近代经济发展史》,高等教育出版社1999年版,第136页。
②同上书,第137页。

所取代；一部分新兴手工业部门因具有比较优势又为国际市场所需而日益发展，如草辫业、花边业、发网业等；一部分手工业部门开始采用机器生产，从而开始了近代转型，如缫丝业等。

1. 传统手工业部门的衰落

第二次鸦片战争后，越来越多的洋货通过烟台、天津等口岸运进山东。大量的机制产品如棉纱、棉布、金属、蜡烛、火柴、煤油、染料、纸张等，严重冲击了山东原有的家庭手工业和城镇手工业。机制产品使用方便并且价格低廉，在城乡各地逐步排挤着传统手工业制品，洋布冲击土布、洋纱取代土纱、洋针代替土针、洋油代替豆油……部分传统手工业在外国商品的竞争下，面临滞销、破产、歇业的前景。

（1）手工纺织业的衰落。棉纺织业是传统手工业部门的代表之一，但洋纱和洋布的大量进口，对传统的手工纺织业构成了严重威胁。早在19世纪80年代，海关报告就指出："棉纱进口的增加严重影响（山东）当地的织纱业"，甚至断言："本省土纱纺织几乎停顿了。"洋纱因"机器日益降低了工业品的价格"，所以用洋纱织布比用中国人自纺的纱合算。烟台开埠后，外国机制棉纱和棉布大量涌入山东，一步步占据了土纱、土布市场。1886年烟台进口的印纱是56725担，这个数目"五倍于1882年的进口量"。1867年烟台进口棉布已接近55万匹，1872年棉布进口达100余万匹，这些棉布除部分在沿海地区行销外，其余都运入内地的推销。青岛开埠后，外国纺织品在山东又多了一条通道。到了20世纪初，山东大部分地区的洋纱、洋布已经泛滥。胶济铁路通车后，进一步加快了外国纺织品运入内地的速度，促使洋纱、洋布在内地市场的销量进一步扩大。1905年由青岛经铁路运入内地的洋纱、洋布分别为10.5万担和127.4万匹，其中运入潍县及其附近地区的棉布40.6万匹、棉纱7.16万担，运入周村及其附近地区的棉布61.2万匹、棉纱2.25万担，运入济南及附近地区的棉布25.2万匹、棉纱7670担。[①]

因洋纱冲击而导致的停纺土纱、改用洋纱等现象，在省内各地已非常普遍。例如邹县"自洋纱畅销，而邹县之纺业顿失"[②]。滕县"织户全用洋纱，

---

①交通部烟台港务管理局编：《近代山东沿海通商口岸贸易统计资料》，对外贸易教育出版社1986年版，第148页。
②光绪《邹县乡土志》，《商务》。

妇女之纺车久歇矣"①。莱阳农家妇女"往岁大半纺纱",随着手工纺纱业的停歇破产,大批手工织布不得不放弃纺纱,转而购用洋纱织布。临淄织布一向为手工出产大宗,但织布原料"用洋线者三之二"②。安丘"棉布为常产大宗,旧用土线,今年皆用洋纱"③。高宛"境内织工颇多,半用洋棉,其土棉亦甚属寥寥耳"④。即便是在一些土纱业仍能勉强得以维持的地区,由于受洋纱的竞争,土纱价格持续下跌,也呈现出难以为继的趋势。潍县一带是山东最著名的手工业棉织区,日商为争夺市场,在潍县设立商行,推销日产棉纱。因其无须缴纳营业税及各项捐税,价格便宜,当地机户都愿购买。故日本在青岛各厂所产之纱,一半运销潍县,严重排挤了当地的土纱。

土布业也面临与土纺纱业相同的命运,尤其是在沿海某些地区,甚至出现了完全停滞的现象。在宁海,织土布"原为家庭一种副业","海禁开后,洋布渐入,喧宾夺主,无法自存",到19世纪末,"此种旧式之纺织,遂至逐渐消灭"。⑤ 大约同期,莱阳、黄县的手工织布业也大部"消歇"。福山处烟台口岸境内,所受洋货冲击较之其他地区尤为严重,该县"自洋线洋布入口",手工纺织业遂"大衰"。⑥ 在内陆地区,手工纺织业几近破产。在馆陶,"妇女纺织为业",使用土法,"费功多而利少",清朝末年"洋布洋线盛行东境,业此者几不足谋生"。以盛产土布闻名的陵县,"清之中叶,出产白粗布最多,当时滋博店(今滋镇)、神头镇、凤凰店(今凤凰店乡)各街有布店七座,资本雄厚,购买白粗布运销辽沈,全县收入颇为可观……女子均有工作,家计不无小補……迄机器纺纱输入内地,白粗布销路顿形滞纽,渐至断绝,全县手工业无形破产,农民家计影响甚巨"⑦。鲁西北的桓台县,"旧惟妇女纺线织为粗布、小布,粗布销本地,小布销外境,自洋线洋布兴,此业遂归淘汰,民生益困"⑧。日商甚至直接仿照当地土布式样,采用机器纺织,产布运至潍县一带出售。机织布比原土布宽2寸多,且价格便宜得多,所以销路很

---

①宣统《滕县续志稿》,《实业》。
②光绪《临淄县乡土志》,《物产》。
③光绪《安丘县乡土志》,《植物制造》。
④光绪《高宛县乡土志》,《物产》。
⑤民国《牟平县志》卷五,《实业》。
⑥民国《福山县志》卷三,《物产》。
⑦民国《陵县续志》第十八编,《工商志》。
⑧民国《桓台志略》卷二,《法制略·工商业》。

畅,销量日益增加。1932 年运至潍县的机织布为 726 吨,1933 年即猛增至 2929 吨,大约相当于当地所产土布最盛年份 6000 吨的一半。

外国机制棉纱布的大量进口,虽然在很大程度上瓦解了山东耕织结合的自然经济,但传统手工纺织业仍对外国商品具有相当的抵抗力量。马克思在论印度和中国纺织业的分解时指出:"英国人是当作统治者和土地所有者,同时应用他们所有的直接政治权力和经济权力","但甚至在那里(印度)这种(纺织业)分解工作仍不过是极缓慢进行的",至于"在中国,因为没有直接的政治权力加进来帮助,所以(分解的)程度还是更小"。① 比如到 20 世纪初,手工纺纱织布的现象在山东一些地区仍很普遍,原因是农民为自给生产的那部分劳动仍然保留。尤其是织布业,因使用洋纱织布,价格比洋布便宜,各地农村的织布业仍然占着优势地位。

(2)土铁业的衰落。土铁业是传统手工业部门的代表之一。由于洋铁及洋钉、铁丝、钢针等五金器材的输入逐渐增多,价格也较土货低廉,因此,洋铁不断代替土铁,倒闭的炼铁作坊日益增多。土铁业原是中国比较发达的手工业部门,过去还有一定数量的出口。但外国钢铁进口后,因"洋铁产品的成本较土铁产品的成本低得多"②,工匠多弃土铁而用洋铁,土铁销路逐渐萎缩,致使山东原有的炼铁作坊和铁器制造业纷纷倒闭。正如同治四年(1865 年)记载,洋铁"平均每担二两五钱,而中国土铁是不能在这个价格下生产的",同治八年(1869 年)在山东烟台"洋铁成本比土铁低一半"。就在此年,山东过去大部分使用山西泽州府的土铁几乎完全被洋铁代替。③洋铁对土铁的取代,可以从烟台港的废铁输入来看。烟台港开放后,因陆路运输的需要,打铁业兴盛一时,铁匠最多时达 5000 余人,铁匠所用原料,几乎都是清一色的进口废铁。19 世纪 70 年代末,烟台港废旧铁进口已近 3 万担,到 1903 年进口量达 16.8 万担。这时,土铁几乎已经被洋铁完全挤出市场。一向以盛产剪刀著称的泰安范家庄,"自洋剪入,几无有过问者矣"④。

(3)其他传统手工业部门的衰落。如洋油因价格便宜、发光好而逐渐

---

① 马克思:《资本论》第 3 卷,人民出版社 1975 年版,第 412—413 页。
②③ 彭泽益:《中国近代手工业史资料》第 2 卷,三联书店 1957 年版,第 175 页。
④ 民国《泰安县志》卷四,《政教志・实业・工商》。

取代菜油、花生油,洋火代替打火石和铁片,洋针代替土针,洋染料代替土染料,洋皂代替土皂等等。烟台手工蜡烛制造业"自煤油、洋烛入口,而此业益衰";胶东一带的火镰手工业作坊"自洋火盛行,人乐其便,外货畅销,日甚一日",火镰作坊和火镰遂为火柴取代。外国机制产品的大量进口,都不同程度地打击了山东当地相关的手工业生产。

到20世纪初,凡是有外国商品大量进口的地方,传统手工业生产都不同程度地受到排挤。受到倾轧的手工业者只能步步退却,直到最后陷入破产的境地。作为近代中国较早对外开放的省份之一,外国机制品大量涌入,严重冲击了近代山东的传统手工业部门。大量的手工业部门因不适应市场的竞争而日渐消失。

2. 新兴手工业部门的发展

近代中国,受西方冲击而被迫开启的工业化进程,是一把喜忧参半的双刃剑。一方面,它导致一些没有市场前途的传统手工业迅速衰落、瓦解,造成近代农村劳动力大量失业;另一方面,它为许多符合市场需要的新兴手工业的诞生与发展提供了良好的契机。近代山东沿海城市被迫开埠后,草辫业、发网业等新式手工业部门开始发轫,并逐渐走向兴盛。这些手工业部门的兴起,改变了传统的手工业格局,使手工业的行业结构发生了深刻变化。

(1)草辫业。草辫是制作草帽的原材料。国际市场上草帽需求的旺盛,刺激了山东草辫业的发展。据《中国近代手工业史资料》记载,中国草辫产地以直隶、山东、河南、山西为主,而以"山东为尤多,几占输出总额之六成"[1]。山东草辫业始于1862年烟台开埠。起初仅限于烟台一隅,到19世纪70年代逐渐发展到登、莱、青3府的广大乡村。1863年烟台港出口草辫307担。山东草辫因价廉物美,颇受欧美市场欢迎,占山东出口货物的第一位。莱州、登州、兖州、武定等府属各县都盛产草辫。其中"莱州所属之潍县及沙河镇,所产尤多,约占全省总产额的1/3"。1870年以后,烟台港每年出口草辫都在几万担以上。其中1894年烟台港出口草辫达60238担,占全国草辫出口量的60%,占烟台出口货物总值的26%,烟台成为全国最大

---

[1] 彭泽益:《中国近代手工业史资料》第2卷,三联书店1957年版,第699页。

的草辫出口港。山东草辫业出口于民国初期达到鼎盛,从 1918 年开始,青岛取代烟台成为全国最大的草辫输出港(见表 4 - 18)。由表 4 - 19 可知,烟台、青岛、龙口港草辫输出互为消长的情况。尽管山东各港口草辫输出总额受欧战影响有所下降,但在全国出口总额中所占的比重却依然呈高企态势。1917 年山东草辫输出价值总额占全国同期同类产品的 80.22%,达历史最高水平。战后一直到 1924 年,出口值平均保持在 200 万两以上。其中 1919 年达到顶点,为 314.64 万海关两。

表 4 -18　烟台、青岛、龙口与占全国草辫出口百分比的对照表[①]

(单位:万海关两)

年　份	青　岛	烟　台	龙　口	百分比(%)
1917	85.10	107.17	0.79	80.22
1918	128.20	105.91	0.15	56.21
1919	202.19	112.28	0.17	40.77
1920	154.76	57.28	0.27	47.31
1921	106.15	25.96	0.57	38.44
1922	178.02	16.81	1.43	37.16
1923	178.10	21.41	1.84	36.98
1924	191.31	13.96	1.58	37.50

作为新兴手工业部门,草辫业在 20 世纪初开始采用手工工场的形式进行生产。草辫手工工场分私营和官办两种。私营草辫加工工场大多由绅商投资兴办。1906 年,潍县绅商创办了合丰草帽辫公司;1907 年,黄县绅商投资 5 万两,创办麦杆草辫公司;1907 年,济南商人办起永阜草辫公司;1907 年,即墨商人创立即昌草辫公司。这些公司将相当一批专业编织工人集中在工场内从事生产,工人们按照公司的统一要求进行工作。各道工序合理分工,生产效率大大超过了分散的家庭生产。官办草辫加工工场大都由地方政府投资设立。山东巡抚周馥主政时曾多次强调:“凡富民以农利为先,而教养无业闲民则以工艺为急。”[②]在他的倡导下,济南教养所、官立工艺局都聘请教师传授草辫的编结技术。许多地方官见巡抚提倡,又见草辫出口

①叶堰春:《山东草辫调查记》,《附录》。
②周馥:《秋浦周尚书(玉山)全集·奏稿·筹办农桑工艺兼等商务基础折》。

贸易能够创造就业机会并增加财政收入,也热衷于草辫生产。如诸城、平度等县设立了草辫局,招生徒学习。至1911年,山东各地官办辫局和兼营草辫业的工艺局有三十多处。①

(2)花边业。花边是衣服上的装饰品,近代山东花边业之兴起也是由国际市场需求所致。山东花边业创始于烟台、青岛,甲午战争前后由外国教会和商人传入,很快就成为当地农民的一项重要的家庭手工业。花边业最初主要集中于登州、莱州、青州3府各县。当时的花边经营规模比较小,主要实行分料到户制,"向有经纪人自备原料,分布各地女工,然后依制品之优劣,给予工值",生产花边的女工每日工钱三角至五角不等。山东花边投向国际市场后成为与英国、比利时、法国花边相媲美的产品,至此山东花边从无足轻重的乡间小手工品,一跃成为国际市场上深受欢迎的生活用品。山东花边业在全国同类产品输出额中具有举足轻重的地位,所占比重达到"十之八九"。1913年至1922年为山东花边业最盛时期,每年出口值达350万海关两左右。② 1921—1922年为出口最高峰,每年出口值约500多万海关两。③ 美国为花边主要销售市场,1914年输入花边仅值412海关两,到1921年高达419.55万海关两,7年内增加了10000倍。1926年烟台附近村庄从事织花边者有45000人。可见花边生产、出口之盛。④

(3)发网业。发网是一种妇女用的头上饰品,近代山东发网业的发展也是由国际市场需求所致。发网业1894年开始在烟台附近展开,并向牟平、文登、威海、福山等地发展。当时欧美妇女盛行用发网包套头发。一些德国商人见在山东经营发网业有利可图,便在胶济铁路沿线村镇传授编织方法,利用农村妇女儿童"就地制网",然后运回德国发售,"获利甚宏"。宣统年间,发网业逐渐成为胶东地区广大农村的一项重要家庭手工业。国外市场的大量需求刺激着发网的生产,发网出口呈跳跃式增长。烟台作为山东发网业的发源地和出口总汇点,发网出口在1921年达到历史最高水平717万海关两。⑤ 1923年由山东各港出口的发网值为296.75万海关两,占

①刘大可、张照东:《山东经济史·近代卷》,济南出版社1998年版,第165—166页。
②彭泽益:《中国近代手工业史资料》,三联书店1957年版,附录,第703页。
③同上书,《附录》。
④同上书,第701、703页。
⑤彭泽益:《中国近代手工业史资料》,三联书店1957年版,第187页。

全国总输出额的61.32%,1925年出口值虽有所下降,但在全国输出总值中的比重却有所上升,达71.5%。发网业虽自20世纪20年代中期开始衰落,但一直到30年代前期,出口值仍保持在60万海关两以上。①

(4)猪鬃业。猪鬃是制作牙刷等生活用刷的主要原料,近代山东猪鬃业的兴起也是由国际市场需求旺盛所致。近代省内猪鬃的主要产地是潍县。民国初年,潍县的猪鬃出口量年平均4000担,占同期青岛猪鬃出口总量的80%左右。20世纪20年代为潍县猪鬃业发展的极盛期,每年出口值达100万至300万元不等。20世纪30年代,每年由潍县运往青岛出口的猪鬃约价值150万元。

草辫业、花边业、发网业和猪鬃业等是近代山东新兴的手工业部门,虽然它们的生产仍采用家庭劳动的形式,但与传统手工业有本质的不同。从生产目的看,新式生产绝大多数是为了国外市场的需要,与世界市场紧相联系。世界市场的行情是这些行业发展与否的晴雨表,是决定其能否生存的重要杠杆。从生产组织形式看,草辫、花边等新式生产属于典型的近代工场手工业。草辫、花边等生产采取分料到户制,包买商提供原料,农民进行生产,再由包买商进行销售。其生产的效率和质量是传统家庭手工业无法比拟的,从而促进了山东近代手工业的发展。

3. 传统手工业部门的近代转型

西方国家的工业史经历了简单协作、手工业工场、机器大工业三个紧密联系的阶段。与此不同,中国的近代工业并非自发演化而来,而是鸦片战争之后从国外直接"移植"进来的。伴随外国廉价机制品的大量涌入、外商相继在华投资办厂及中国近代民族机器工业的启动,一些传统手工业部门也开始采用机器进行生产,这就是传统手工业部门的近代转型。山东传统手工业近代转型的原因有三个方面:第一,生产力技术的变革。如织布业中铁轮机的不断改良和推广,提高了土布的质量和产量并降低了生产成本,从而加强了土布在市场上的竞争力。二是市场化取向。如农村手工业生产大多数通过远程贩运,为区域外市场甚至国际市场提供农副产品和手工业品。三是质优价廉的外国机制品涌入所导致的竞争压力,迫使传统手工业部门转型。

①何炳贤:《中国实业志·山东省》,实业部国际贸易局1934年版,第123页。

（1）手工棉纺织业的转型。在洋纱、洋布大量输入的冲击下，传统手工织布业缓慢转型。据海关贸易报告，19世纪80年代后期，西方机器纺纱劳动生产率是人工纺纱的40倍，外国棉纱物美价廉，严重挤压了山东当地的土纱纺织业。但是机器织布业的劳动生产率只是手工织布的3倍。外国的机织布成本加上运费、关税，生产成本与手工布相差不大。于是中国农民改用洋纱织手工布，这种用洋纱织成的布，比土布更结实、价格更便宜，它可以有效遏制了普通洋布进口，使传统的手工棉纺织业得以延续。山东织布业以潍县最为著名，该县每年出产布匹达到千万匹，约占全省布匹产量的62.96%，销路遍及全国。1904年潍县被辟为商埠，织布业开始用新式织机。民国年间，潍县拥有铁轮机达到5万台，从业人员10余万人，并且出现了十余家专门制造织布机、漂染整理布匹的工厂，形成了相对完整的织染漂产业链。

（2）手工丝织业的近代转型。近代省内丝织业主要包括缫丝业和柞丝业，二者都在不同程度上实现了近代转型。缫丝业以桑蚕为原料，将桑蚕茧抽出蚕丝的工艺概称缫丝。原始的缫丝方法，是将蚕茧浸在热盆汤中，用手抽丝，卷绕于丝筐上。盆、筐就是原始的缫丝器具。近代以来，传统缫丝业不断采用机器进行生产。1877年，德商设立了烟台缫丝局，这是山东第一家机器缫丝厂，也是全国第一家专缫柞丝的近代机器工厂。山东以蒸汽为动力的桑蚕缫丝工厂出现于1911年以后，主要集中在周村。1911年周村设立裕厚堂缫丝厂，拥有意大利座缫机100台，国产卧式三节锅炉两座，年产丝30余箱（每箱百斤）。1912年周村设立了恒兴德缫丝厂，起初用足踏木框机，1925年改用机器缫丝，有意大利缫丝机160台，兰开厦式三节锅炉两座，年产丝160箱。1919年周村同丰丝厂设立，起初只有100余支小蹬框，3年后改用机器缫丝，有意大利座缫机200台，锅炉两座，年产丝180箱。1924年周村元丰丝厂设立，有仿日式缫丝机50台，仿日式改丝机18台，锅炉1座，年产丝50箱。民国初期，山东规模较大的桑蚕丝工厂即此4家。此外，尚有一些规模较小的桑蚕缫丝工厂，如周村的义泰昌、元亨、太公纪、义丰德、新纪等丝厂，博山有福春恒等丝厂，益都有德昌福等丝厂。此外，以柞蚕为原料的柞丝业也出现了近代转型。1899年烟台出现了华泰矿丝厂。1902年益丰矿丝房在烟台设立。1901年德商成立了"胶州华德缫丝公司"，并于1902年至1903年间在青岛沧口开办德华缫丝厂，该厂是"一家大规模的蒸汽缫丝厂,用新法缫制野蚕丝(柞丝)"。清末烟台、青岛先后出现的这四家规模较大的近代柞丝工厂,尽管其经营状况不佳,但引进了外国先进的机器设备,采用了先进的生产技术,其意义仍不容低估。在柞蚕丝集中的胶东,最盛时烟台有缫丝厂42家,附近的文登、牟平、栖霞、海阳等县共有缫丝房100多家。

(3)织绸业的发展。随着烟台开埠,乳山生产的宁海绸成为胶东大宗出口商品之一。民国初期,宁海绸以其质地柔软、穿着舒适、色泽自然、冬暖夏凉等特点在国际市场上的声誉越来越高,需求量急剧增大,织绸业日趋兴旺。至20世纪30年代初,乳山境内除农家土法织绸外,缫织作坊发展到16处,从业人员702人,木织机185台,年产绸20万米以上。宁海绸盛名之下,乳山的白宣绸、生丝绸、20码绸等在国际市场上的需求也很旺盛。抗日战争爆发后,周村成为省内的织绸业中心,吸引了许多富商来此投资设立机房,大的机房如永泰拥有织机二十余台,机工上百人。

传统手工业部门的近代转型,是近代工业化进程的重要内容。外国商品的涌入,市场的扩大,尤其是海外市场的巨大需求,使得传统工业部门纷纷采用机器生产,并通过工厂制造加工实现,出现了资本主义性质的生产。在近代山东传统手工业的转型中,外国的机器与技术提供了一定的物质基础。作为最早实现近代转型的山东纺织业,直至今天仍在中国占有重要地位。

(三)近代工业部门的建立与发展

就全国情况而言,19世纪末中国民族资本工业进入初步发展阶段。然而在传统势力比较强大的山东,近代工业的发展举步维艰。当时著名学者郑观应认为,山东开办厂矿,"官思欲分肥,多方剥蚀,设法侵渔,以致半途而废者甚多",所筹办的各种企业"皆旋开旋止,徒费经营……有心人甚为惋惜"①。尽管1875年设立的山东机器局标志着山东近代工业的产生,但其发展是非常缓慢的,只有电讯业、近代煤矿与金属矿业得到了初步发展。20世纪初,在外国资本的带动和晚清政府的提倡下,山东近代工业发展的序幕得以拉开。一部分官僚、商人看到投资新式工业有利可图,他们便开始

---

① 《盛世危言·开矿》。

吸收国外的技术,购进国外机器设备进行近代工业生产,从而使山东近代工业进入一个初步发展时期。例如此期官办企业博山玻璃有限公司成为我国用新法制造玻璃的开端,济南泺源造纸公司开山东机器造纸之先河。商办企业如潍县保群火柴厂是山东火柴业的发端,兖州琴记雪茄烟厂等是山东使用机器生产纸烟的发端等。其他如机器缫丝厂、粮油加工厂、铁工厂等也都相继成立。无论官办、官商合办还是商办企业,尽管资金比较薄弱,无力引进大型设备,但它们已开始注意从国外引进先进技术及小型机器设备,从而带来了先进的生产力,为山东经济注入了活力。纵观整个20世纪上半期,以1933年为例,虽然陆续建立了若干近代化工厂,但山东工业化的水平仍然较为低下,主要表现为轻工业部门产值比例极大,重工业部门产值比例极小(见图4-10)。

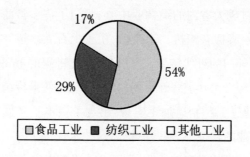

图4-10 1933年山东民族工业各产业产值比例图

1. 电力工业

电力工业是近代山东建立较早的工业部门之一。1898年德国人朴尔斯曼在青岛搭设简易厂房,装设两台50马力移动式燃油引擎发电机组,发电能力为75千瓦,供德国军事设施和机关用电,这是山东电力工业的发轫。近代山东电业创办初期,多属合资分散经营,大都称股份有限公司。各公司均在本地经营,内部机构大同小异,公司的最高领导机构是股东选出的董事会,公司事务由董事会或董事任命的经理裁决,在经理的领导下,分设企业部、总务部、营业部(业务科)、工务科、技术科等职能部门来管理各项业务。近代山东电力工业发展经历了以下阶段:

(1)山东电力工业的起步阶段(1898—1911年)。晚清时期,山东电力工业初步建立。当时电力投资的主体较多,有外国资本、民族资本,还有国家资本等。电力主要用于采矿等工业部门,商用的电厂还较少。到1911年,山东共有电厂6个,装机12台,总容量2237千瓦。省内电厂除青岛和济南两个电厂为公用电厂外,其余均为工矿业自备电厂。各电厂均为燃煤的火力发电厂。原动机全部采用往复式蒸汽机,青岛电厂和济南电灯公司还装用了两级膨胀式往复蒸汽机。此期间最大单机容量为400千瓦。

第一,外国资本电力企业。1898年德国人设厂发电是山东电力工业发展的起点。1900年,德国库麦尔电气股份有限公司在青岛新建青岛电灯厂,除供德军兵营和机关用电外,还向市区供电。1901年,德国人在坊子煤矿南大井装设1台7千瓦的柴油发电机,供井上照明用电。1903年德国人又在坊子煤矿北大井装设两台136千瓦蒸汽发电机组,供矿上照明、抽水和提升用电。1906年德国人欧斯特在淄川炭矿所发电,成为当时山东最大的发电厂。

第二,本国资本电力企业。1902年天津机器局兵工厂迁至德州,配有两台由锅轮机驱动的发电机,这是德州电业的发端。1905年,山东机械局总办刘恩柱创办的济南电灯房,是山东第一个民族资本电力企业,也是济南最早的电厂。同年,烟台商人孙克选购置1台小发电机组发电,成为烟台电业的开始。1911年,中兴煤矿有限公司在枣庄安装1台45千瓦蒸汽引擎发电机组,供该公司建设一号大井和经理处照明用电。

(2)山东电力工业的迅速发展阶段(1912—1937年)。至抗战前,山东电力工业迅猛发展,从1911的2237千瓦到1932年的107670千瓦,增速明显。电力除工业用途外,商用领域也进一步扩大。电厂大多为现代化的股份有限公司,建立有相对比较完善的公司治理结构。电力投资主体主要有日本资本、民族资本与官僚资本,其中民族资本占主导。据1933年统计,山东就有电气工厂19家,其中开工者16家,鲁东8家、鲁南4家、鲁中3家、鲁西1家。

胶澳电气股份公司。第一次世界大战爆发后,日本政府接管了青岛电灯厂,1915年更名为青岛发电所。日本于1922年将青岛发电所交还中国,由中国资本家组织资本团,创办了中日合资经营的胶澳电气股份公司。在胶澳电气股份公司的经营下,到1933年底,发电装机总容量为1.38万千瓦。1934 年勘建四方发电所。截至 1937 年 4 月,全公司发电能力扩增到 4.38 万千瓦。

济南电气股份有限公司。1919 年,通过发起招股集资,济南电气股份有限公司成立。自 1920 年至 1922 年增装美国奇异公司产 500 千瓦和 1000 千瓦汽轮发电机组各 1 部,1928 年又从青岛胶澳电气公司购进日

位于济南大明湖南岸院后街的济南电气公司

本三菱公司产 1200 千瓦发电机组 1 部。韩复榘派员于 1934 年接管了该公司,1935 年全厂装机总容量达到 7700 千瓦。

鲁大公司发电所。第一次世界大战期间,淄川炭矿所电气厂被日本接管,更名为鲁大公司发电所。到 1937 年,该所装机容量达到 7250 千瓦。同时,淄博地区煤矿、丝厂、铁路经营者在博山、周村、张店共办 8 个自备电厂,使淄博地区的装机容量达到 1.51 万千瓦。

在此期间,烟台、枣庄、潍坊电业也有了较大发展。1920 年至 1937 年,泰安、平原、东平、临清、益都、高密、济宁、滕县、聊城、菏泽、威海、荣成等中小城镇,也陆续兴办了民营小型发电厂,大多为小型柴油发电机组。1937 年七七事变前,全省 500 千瓦及以上电厂达 23 个,共装 63 台机组,总容量为 10.77 万千瓦,最大单机容量为 1.5 万千瓦,最大的电厂是青岛四方电厂,装机容量 3.5 万千瓦。在全省总装机容量中,民族资本经营的电厂装机容量为 32044 千瓦,占全省装机容量的 48.3%,占全国装机容量的 8.2%。

(3)山东电力工业的衰落阶段(1937—1949 年)。抗日战争到新中国成立初,山东电力工业由于连年战争的破坏,发展缓慢,机器使用率很低,甚至许多机器都停止使用。七七事变后,日本侵略者侵占了山东各大城市,日本财团经营的华北电业股份有限公司,先后吞并和垄断了胶济、津浦铁路沿线和沿海城市的全部电业。到 1945 年 8 月,山东共有 500 千瓦及以上电厂 21 个,51 台机组,总容量 139950 千瓦。解放战争时期,华丰、楼德、枣庄、烟台等电厂均遭到严重破坏。1949 年全省发电装机容量为 130793 千瓦,全年发电 20922.6 万千瓦时,运行的发电设备年利用小时仅为 1816 小时。

2. 制盐工业

近代山东的盐业生产仍在全国占有重要地位。山东盐业在继续使用煮盐、晒盐等传统盐业生产技术的同时,机制盐日益增多,并且通过盐业公司组织生产,从而开始了山东盐业的近代转型。近代山东盐产量曾一度居全国首位,盐的销售市场不断扩大,精盐销往长江流域地区,食盐、工业盐则销往日本、朝鲜、海参崴及香港地区。抗战前,山东盐区主要由北洋政府和南京国民政府控制。外国列强也极力插手山东盐业:英国在 1898 年至 1930 年侵占了威海卫的盐场,德国则于 1898 年至 1914 年侵占了胶澳盐场,日本在 1914 年至 1922 年侵占了胶澳盐场。抗战爆发后,山东盐场绝大部分被日本控制。中国共产党领导山东人民展开了艰苦的斗争,逐渐驱逐了日本的势力。解放战争时期,国民党在山东盐区的势力已极其弱小,而共产党领导的解放区进一步扩大,主导了山东盐业生产。

(1)山东盐场及盐业管理机构的变迁。第一,盐场的变迁。晚清以来,山东盐场数目呈减少的趋势。清初有 19 场,光绪末年山东盐场减为 7 场。1913 年,山东盐务稽核分所成立,接收税收职权。1922 年,中国收回青岛主权,设立青岛盐场。至此,山东盐区共有 8 场。1923 年,涛雒场又划归淮北盐区管辖,于是山东盐区变为 7 场。中国收回威海卫后,于 1931 年将威海卫盐场与宁海分场合并成为威宁场。抗战前,各盐场的名称基本没有变化。经过抗日战争和解放战争,中国共产党领导山东人民完全掌握了山东盐场,旧盐场有的改变了名称,也新建了一批新盐场。近代山东盐场主要有永利场、王官场、莱州场、石岛场、金口场、涛雒场、威宁场、青岛场等。第二,盐业管理机构。1912 年至 1927 年山东盐场被北洋政府控制。北洋政府在山东设立盐运使署,下辖永利、王家冈、官台等 7 个场区。1913 年袁世凯主政,山东设盐务稽核分所,盐务实际操控在洋人手中。运营方面,革除官办,由鼎裕、鼎利、协和等官商公司经营;东岸 18 县及莒县、日照两县,仍为民运民销。[1] 1928 年至 1937 年盐业被南京国民党政府控制。盐税高涨是这一时期的重要特点。1932 年与 1929 年相比,销往鲁西的食盐,每担征税从 2.5 元上升到 6 元,销往河南的则上升到 6.8 元,其他销售地也增长较快。1938

---

[1]中国人民政治协商会议山东省济南市委员会文史资料研究委员会:《济南文史资料》,山东省出版总社济南分社 1984 年印刷,第 443 页。

年,伪山东盐务管理局成立,相继设立王官、永利、莱州、威宁、金口、胶澳、涛雒7个盐场公署,在胶澳盐区专设青岛盐务管理局,严格管制。另设山东盐业股份有限公司和盐业株式会社,经营盐的运销。[1] 日本人全面控制了山东盐业的产、运、销,从而进行疯狂的掠夺。日本投降后,山东的盐场大部分为中共领导的民主政府控制。1946年山东省人民政府发布《各级工商局修正组织条例》,批准省工商总局设立盐务管理局,1949年于益都成立山东省盐务局,下设河北、莱州、威宁、石岛、金口、胶州、滨海7个盐务分局。除青岛尚未解放外,全省盐务政策、生产建设、调运销售、盐税征收及公营盐滩的经营,实现了统一管理。[2]

(2)盐业生产。近代山东盐业生产总体上不断推进。一是晒盐法越来越普及;二是精盐产量增加,食用盐的销售市场扩大到朝鲜、日本、香港、海参崴等地;三是工业盐开始出现,并且需求量不断扩大。1922年中国收回青岛后至20世纪30年代,山东盐业有较大的发展。1933年山东盐产量为930余万担,约占全国食盐产量的21.6%,居全国首位。1933年以后,国民党整理盐产,大量铲除分散零星的盐摊及硝土盐,因而山东盐产量锐减。至1936年全省盐产量仅704万担,约占全国盐产量的15.8%,但仍居全国首位(见表4-19)。

表4-19 1936年省内各盐场产量表[3]

场名	产量(担)	百分比	位次
胶澳场	4848055	68.86	1
石岛场	542128	7.70	2
金口场	459877	6.53	3
王官场	436649	6.23	4
威宁场	376506	5.35	5
莱州场	245232	3.50	6
永利场	131362	1.86	7
合计	7039809	100	

---

[1]中国人民政治协商会议山东省济南市委员会文史资料研究委员会:《济南文史资料》,山东省出版总社济南分社1984年印刷,第445、446页。

[2]同上书,第447、448页。

[3]山东省档案馆、山东省社会科学院历史研究所:《山东革命历史档案资料选编》第21辑,山东人民出版社1984年版,第419页。

　　抗战前,山东盐业生产总体上不断发展。在此期间,盐田面积逐渐扩大,产量虽有起伏,但总的来说,呈上升趋势。1935 年达到 1191.9 万担。1912 年至 1937 年山东省各盐场盐产量如下:

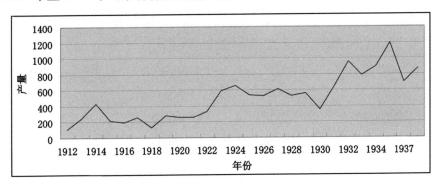

图 4 – 11　1912—1937 年山东省盐产量表(单位:万担)

注:根据《山东省盐业志》(齐鲁书社 1992 年版)相关内容绘制。

　　七七事变以后,敌伪盐务机关相继成立,大量低价掠夺山东的原盐。胶澳、金口、石岛等场食盐大部运往日本、朝鲜等地,山东盐业遭受到空前的摧残。现以羊角沟盐场为例说明敌占区山东盐业的变化(见表 4 – 20)。1939年以后,羊角沟盐场的盐业生产逐渐恢复。1943 年盐民大批转业纷纷逃之,盐场减产 85% 以上,1944 年则完全停止生产。其他主要盐场的命运也大致相同。

表 4 – 20　日本占领时期羊角沟盐场历年产量调查表[1]

年　份	盐滩数量(副)	总产量(万斤)	平均产量(万斤)
1939	80	1600	20
1940	200	5000	25
1941	750	18750	25
1942	380	17550	46.18
1943	100	2500	25
1944	0	0	0

　　[1]山东省档案馆、山东省社会科学院历史研究所:《山东革命历史档案资料选编》第 21 辑,山东人民出版社 1984 年版,第 428 页。

同时,抗日民主政府对食盐生产采取了扶植其发展的公私两利的方针,既增加了政府收入,又发展了盐业。1944 年解放区盐业生产的发展便是一例(见表 4 – 21)。

表 4 – 21　1944 年山东省解放区各盐场产量表①

盐　区	盐田面积(亩)	年总产量(斤)	亩平均产量(斤)
垦沽盐区	872	30000	34
寿北盐区	1770	400000	226
广北盐区	1120	210000	187
昌邑盐区	20086	207000	10
掖县盐区	4489	164000	36
荣成盐区	11701.5	268000	22
乳山盐区	15838.5	217000	14
日赣盐区	9123.25	950000	104

抗战结束后,由于民主政府采取了正确的盐业发展政策,盐民收益增加,过去流亡或改业的盐民多已复业。1945 年盐业工人数达 19288 人,1946 年又增至 32398 人。由于晒盐方法的改进、盐业工人生产积极性的提高,劳动生产率也不断提高,山东的产盐量逐渐趋于过剩,因此民主政府适时采取了减产措施。盐工劳动生产率的提高,通过比较就能看得出来:1948年每个工人平均产盐 235 担,而 1949 年每个工人平均产盐 441.5 担。因此,1949 年山东减少盐工 2 万人,而产量只减少 10 万担,占总产量的 1.5%。

(3)盐业公司。盐业公司是新式的盐业生产、销售组织,其重要特征是采用机器生产盐制品。盐业公司的产品主要是精盐和工业盐,这是盐生产精细化的表现。近代山东精盐产量在全国占据主导地位。

烟台通益精盐公司于 1919 年成立,为山东省首家精盐公司。资本额最初为 10 万元,以后增加至 25 万元、42 万元、60 万元,1932 年又增至 100 万

①山东省档案馆、山东省社会科学院历史研究所:《山东革命历史档案资料选编》第 21 辑,山东人民出版社 1984 年版,第 433 页。

元。厂内备有烘干机 1 部、脱水机 5 部、轧盐机 3 部、搅拌机 2 部、筛盐机 3 部、抽水机 3 部,并有马达 15 具,合计马力 84 匹。所需原料盐,分别自山东石岛、金口、莱州、威宁各场采购,每年约需 33 万担。产品以粒为主,制造方法采用锅熬法。根据 1922 年至 1929 年的统计,平均实际年产量为 17.6 万担。1933 年达到 34.6 万担,1934 年达到 35.1 万担。1937 年为 24.2 万担,占全国八大精盐公司(东三省除外)总产量的 26%。实际销量,1922 年至 1929 年平均每年约 17.1 万担。

青岛永裕精盐公司于 1923 年在青岛设立,由中国近代化工工业的开拓者范旭东与青岛商人丁敬臣合资成立,后改为永裕制盐股份有限公司,资本 80 万元。精盐工厂于 1925 年正式生产。厂内设备有洗盐机 2 部、抽水机 8 部、打盐机 3 部、装盐机 10 部、真空罐 4 个、离心机 6 部,并有马达 8 具,车床、钻床、磨床各 1 部,产品为精盐、粉碎盐及洗涤盐。所需原料盐,从胶澳场采购,每年约需 98 万担。产品以粒为主,制造方法采用洗涤法和真空罐制造法,代表了山东精盐的制造水平,当时在全国处于领先地位。永裕公司原定产额每年 150 万担,但生产能力与市场需求不符。1925 至 1928 年平均每年实产约 9.7 万余担,1931 年为 10.2 万担,1933 年为 15.8 万担,1934 年为 18.3 万担。产品多出口日本,后日本从旅顺、大连等地购置精盐,永裕公司的产量始终未达到原定产额。1937 年永裕公司年产 16.6 万担,占全国八大精盐公司总产量的 18%。

3. 机器制造业

作为工业化的先行部门,近代山东的机器制造业较为落后,这也反映了近代山东工业化的落后。从史料记载来看,山东机器局是山东第一家较大规模的机器制造企业,也是官办企业的代表,其产品多为军用的枪支、弹药等,民族资本的机器制造业较为少见。孔令仁、商鸣臣先生认为山东机器局是早期具有国家资本性质的军事工业。山东机器局的设备,主要是近代化的大机器;它所役使的劳动者,完全是从劳动力市场上雇佣来的,在生产任务紧急时就多雇,不需要时就少雇;它所生产的军火,虽然不是能在市场上自由出售的商品,但具有商品的性质。晚清军队用山东机器局生产的军火比用进口军火省钱,使晚清政府节约了军费开支,这就是山东机器局为它创造的利润。① 以山东机器局为始,近代山东各地陆续建立了一批机器制造企业。

(1)山东机器局。洋务派早期创办的军事工业偏重于大型枪炮厂和造船厂,如曾国藩创办的安庆军械所、李鸿章创办的江南制造总局、左宗棠创办的福州船政局等。19 世纪 70 年代后,各省有洋务思想的督抚也纷纷建立中小型机器局。山东机器局就是在这种情况下创办的,它是山东境内第一家初步具有资本主义性质的近代工厂,也是晚清军事工业中办得较为成功的一个。山东机器局设厂于济南北郊泺口镇附近,1876 年建成,直到清朝灭亡,一直保持着较好的发展势头。

第一,山东机器局的生产情况。办局经费主要由山东省自筹。丁宝桢筹办机器局时,用银 18.68 万两。其中,藩库拨银 9.4 万两,粮道库拨银 7.28 万两,用临清关税银 2 万两。雇佣工人初期约有工人 250 人,熟练技工多由江浙、直隶选来,学徒大多在当地雇用。他们都是可以自由出卖劳动力的劳动者,资本主义的雇佣关系已较明显。生产的军火全部由晚清政府调拨给各地驻军使用,首先供应山东军队,如登荣水师、烟台练军。在生产有余时,向其他各省调拨。从成本回收上看,虽然其产品大多为清军无偿调用,但也少量核付成本费。1881 年,机器局收回成本费 14352 两,占总收入的 34%,这在当时已是较高的回收率。

第二,山东机器局的发展情况(见表 4-22)。甲午战争前,山东机器局主要生产火药和子弹,截至 1892 年,山东机器局累计生产火药 151.1 万磅,子弹 369.6 万粒。至于枪炮生产,由于经费和技术的限制,一直未形成规模,始终处于小批量试制的阶段。甲午战争后,山东机器局进入快速发展阶段。山东巡抚李秉衡扩建山东机器局,建成炮厂、枪子厂、翻砂厂、熟铁厂、轧钢厂、火药厂等,使其规模扩大了 2/3。周馥任山东巡抚后,为了使机器局能制造当时普遍使用的小口径毛瑟枪,于 1904 年向德国瑞记洋行订购 42 件机器及全套修理设备。这些机器安装后,每日可造子弹六七千粒。

---

① 孔令仁、商鸣臣:《山东机器局述论》,《文史哲》1983 年第 3 期。

表 4 – 22　1875—1899 年间山东机器局各类产品产量统计表[①]

表 I

产品 年份	马的尼枪	火药	铜帽 （粒）	铅丸 （粒）	煤炭 （斤）	各类炮 （杆或尊）
1875—1877	120 余杆	29740				
1877—1878	若干	108024	若干		3832650	
1879	89 杆	118338	240000	105000	1725000	
1880	121 杆	114141	2848130	776500	3952560	
1881		121100	582338	539357		
1882		42100	1494096	489372		4
1883		59465	4442928	801116		
1884		123351	6160736	3692260		
1885		180019	11048920	627850		1
1886		122400	805368	794000		
1887		79200	8133070	365000		
1888		88725	4661008	493000		
1889		97816	4091904	1096800		
1890		108650	4978000	2490000		
1891		88960	1394960	805000		
1892		100725	1447000	923000		2
1894		156960	720000	1390450		9
1895		196200	4429700	1590050		
1899		115000	4146000	1602219		

①孔令仁、商鸣臣：《山东机器局述论》，《文史哲》1983 年第 3 期。

表 II

产品年份	拉火（枝）	各类炸弹炮子群子（粒）	各类枪子（粒）	坚利远火抬枪（杆）	步枪（杆）	各类洋枪（杆）
1875—1877						
1877—1878						
1879						
1880						
1881						
1882						
1883						
1884	17060	2950	50000			
1885	17060	1630	238000			
1886			470000			
1887	33500		335000			
1888	15000	100	440000			
1889	20000	570	503000			
1890	43000	1650	490000			
1891	42000	1500	568000			
1892	37000	2460	600000			
1894	44000	3090				
1895	62000	109361		216	6	
1899					865588	2382

注：火药计算单位，1883 年以前是磅，1883 年以后是斤。

第三，山东机器局的特点。山东机器局属于官办军工企业，具备以下特点：其一，以军事需求为导向，具有一定的资本主义生产性质。山东机器局虽然兴废不定，然而一旦边防吃紧，便呈扩展态势。这说明山东机器局的生产是以政府的军事需求为导向的。同时，山东机器局使用的劳动力完全是从市场上雇佣而来的自由工人，所生产的军火虽然不能在市场上自由出售，但调拨它省时，需要收取工料费以进行成本核算，从而使其产品曲折地体现出商品的特性。其二，招揽和培养了一批高层次的管理人员和技术人才，体现了权自我操的原则。所有厂房建造和机器安装都是在中国完成的，这在当时同类军工企业中可谓绝无仅有。丁宝桢罗致而来的重要人物有张荫桓、薛福成、徐建寅、曾昭吉等人,为山东机器局的创建和发展作出了重要贡献。其三,采用先进的机器生产。工业化的主要标志是机器生产,山东机器局创办伊始便体现出这方面的特色,它下设机器厂、生铁厂、熟铁厂、火药厂等,采煤"也使用机器","有一条三尺宽的铁轨穿过厂地……有一个汽机可以做火车头"。

(2)胶济铁路沿线城市的机器制造业。德占青岛后,创办了胶济铁路工厂和青岛造船所,皆为大规模的机械制造厂。民国以后,伴随着半岛及胶济铁路沿线近代企业的兴起,纺织、食品、化工、印刷企业相继设立,各种机器修理及零件制造的需要日益增多,这就为机械制造业和制造技术的发展提供了契机。铁路沿线城市的制造业以青岛、济南、潍县三地为中心。[①] 在青岛,截至20世纪30年代初,共有包括机器制造企业在内的中外资铁工厂47家,不仅能制造车、铣、刨、钻等金属切削机器,而且还能制造火柴机、制杆机、面粉机、榨油机等动力加工设备。而济南的机器工业发展似乎更迅速,不仅能制造榨油机、水车等简单器械,有些企业甚至能制造蒸汽机、柴油机、面粉机等。潍县的机械业则围绕着织布业而展开,从1920年华丰机器厂的创办开始,到1935年的15年间,潍县共办有一定规模的铁工厂11家,年产织布机7100架,占全省织布机制造总数的83%;年产水车920部,占全省水车制造总数的80%。华丰机器厂由号称"内燃机之父"的民族企业家滕虎忱于1920年创办,初名潍县华丰铁厂,后更名为华丰机器厂。他提出了"实业救国"的口号,把救国放在了首位。他倡导"创办工厂,制造机器,奋发热志,以张国势",先后在潍县试制出了8马力、15马力、25马力、40马力柴油机,成为江北第一家动力机械生产基地(当时江南产地只有上海、无锡等城市),打破了外国资本垄断动力机械的局面。当时华丰机器厂产品行销全国18个省份,其影响已覆盖了半个中国。爱国将领冯玉祥在参观华丰机器厂后对他说:"全国有200人像你这样有血性,能奋斗,国家前途就有很大的希望。"总起来看,胶济铁路沿线城市的机械制造业从最初只能制造机器零部件逐步发展到能制造整机,部分企业甚至还能制造面粉、织染成套设备和挖泥船一类的大型设备,说明自民国以来省内机器工业取得了一

---

①陈会芹:《近代山东半岛城市化进程研究》,烟台师范学院硕士学位论文,2005年,第29页。

定的进步。

4. 采矿业

矿产资源是一个国家或地区工业发展所不可或缺的重要物质前提。近代以前,省内矿山开采多用土法开采,获利不多。直到19世纪70年代,才出现近代意义的工矿业,即使用机器进行生产的工矿业,这是近代山东经济变化的一个重要方面。

(1)煤矿开采业。鸦片战争以后,我国陆续产生了一批近代工业。各种近代工业的兴办,需要更多的煤炭来做燃料。当时各口岸虽然都有"洋煤"进口,但是供不应求,而且一遇煤炭缺乏,进口洋煤往往故意居奇,造成煤价上涨,从而推动了货币资本向采煤业转移。从1899年到1948年,全省有统计资料的煤炭产量为1.13亿吨。山东的煤矿分布于27个州县92处,占全省州县的1/4,其中较有规模者为峄县中兴矿局。

官督商办煤矿企业。最典型的是峄县中兴矿局。峄县中兴矿局设于峄县枣庄矿区,1879年正式成立。矿局成立之初,共招集股银两万余两。至1882年9月,共收股本银53650两。矿局陆续从天津机器局订购汲水机器4台,利用早年废弃的旧煤井,汲出积水,从事开采。1882年2月煤矿开始产煤,到9月初日产煤已达120余吨。矿局所产之煤质、色均好,运至金陵机器局和天津机器局试烧,较日本上等煤更佳,与英国松白煤相仿,而且售价较低,所以出煤后远近争相购用。1883年,该矿又添购大汲水机器两台,雇用华匠经理,生产日趋发达。李鸿章为支持办好中兴矿局,向晚清政府奏准,中兴矿局所产之煤,每吨完出口正税银1钱,各省兵、商轮船、机器制造局用煤,一律免税;完税之后,可运销各地;运煤船只完纳船钞,免征船料费。中兴矿局开矿初期有工人百余名,随着生产规模的扩大,矿工人数陆续增加,至1894年,有工人400余名。但由于资金不足,矿局在生产设备上的改进相当迟缓。在初期,除使用机器抽水外,其余皆沿用土法,安全设施极差,经常发生伤亡事故。1895年,被山东巡抚李秉衡封禁。1898年经北洋大臣批准,才恢复营业,改为中德合营,易名为"华德中兴煤矿股份有限公司"。其中,华股占6/10,德股占4/10,但德股并未招齐。1905年公司在商部注册,拟定股本40万两。1906年,公司修筑台枣铁路。1908年,公司不再招洋股,改名为"商办山东峄县中兴煤矿股份有限公司",资本达80万两,成为完全由中国人自办的民族矿业公司。至清末,年盈利 70 万两,利润达 87.5% ,成为我国较有成绩的煤矿之一。

进入民国后,中兴公司大胆聘用各类专业技术人才,引进德国先进设备,初步尝试机械化采煤。机械化的运用,使中兴公司的生产规模不断扩大,仅 1913 年和 1914 年两年就产煤 45.8 万吨。1915 年 2 月,中兴公司南大井发生特大透水和瓦斯爆炸事故,近 500 名矿工遇难。中兴公司遭受重创。1916 年,中兴公司在天津召开董事会,设总公司于天津,设总矿于枣庄,推举军政要人徐世昌为董事会长,戴绪万为驻矿经理。徐世昌等军政要人被吸纳为股东,使中兴公司壮大了声威,增强了实力,终于使中兴公司得以东山再起。中兴公司遂利用各种关"联络南北股东,增加资金",数年间,股金扩至 750 万元,生产规模扩大,效益也随之大增。中兴公司尝到了借助大军阀和大财阀的甜头,在以后的几年间,不断改组董事会,吸纳军阀和财阀做靠山。系据公司史料记载,截至 1925 年,中兴公司的 15 名股东中大部分为军政要人,如徐世昌、黎元洪、周自齐、朱启钤、赵尔巽、张作霖、张学良、张勋、张怀芝、倪嗣冲、吴炳湘等。作为一个煤矿,能够拉拢这么多的高级军政要员持股做东,这在当时是绝无仅有的。由于有了这样强大的官僚财团做靠山,中兴公司在不到 10 年的时间得到了迅速扩张。到了 1924 年底,中兴公司已拥有 2 座新式大井和 140 余座小井,年产煤炭 82 万吨;拥有近百座炼焦池,年产焦炭 1.6 万吨;拥有分销厂、栈 20 余处,有自办铁路和运煤船舶。此时,中兴公司已成为当时仅次于抚顺(日资)、开滦(中英合资)的中国第三

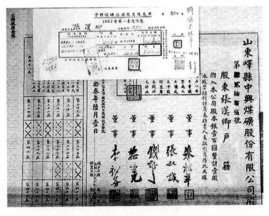

张学良作为中兴公司股东的证明
和领取股息的收据

大煤矿。除中兴煤矿外,1888 年,山东巡抚张曜聘请外国矿师勘查,在淄川苏家堤开办煤矿。该矿用机器抽水,产量比一般民窑多。1891 年,该厂扩充设备,并聘用外国矿师负责采矿,后陷于停顿。

德资煤矿企业。德国于 1899 年在柏林成立山东矿山公司(又名德华矿务公司),设总局于青岛,统辖德国在山东的矿山,资本为 6600 万马克。德华矿务公司经营的山东煤矿,是当时帝国主义在华经营的著名大煤矿之一,它不同于中国旧式的煤矿,而是基本上采用机械化生产。该公司在坊子、淄川煤矿都安装了一些先进的机械设备,机械化程度在当时已经达到了较高水平。德国占领淄川、坊子矿期间,从开凿第一口井出煤的 1902 年到与日战败撤离的 1914 年,共掠夺煤炭 385.7 万吨,占同期全省煤炭产量的 46.4%。

日资煤矿企业。20 世纪 20 年代,日本对山东煤矿的侵略方式由以军事管制、经济渗透为主逐步转向以"合办"为主,于 1920 年成立中日合办旭华矿业公司,1921 年成立中日合办协泰煤矿公司、中日合办同泰煤矿公司,1923 年成立中日合办鲁大矿业股份有限公司,1924 年成立中日合办博东煤矿公司。1920—1937 年,全省中日合办煤矿共产煤 1248.7 万吨,占同期全省煤炭产量的 22.1%。抗日战争时期,日本专设华北开发株式会社统制华北地区的煤、铁、盐、矿产和交通邮电事业,并令其下属山东矿业、三井矿山、三菱矿业公司分别负责山东的淄博以东、枣庄、大汶口一带的煤炭开发。1938—1945 年日军侵占山东的 8 年间共产煤 3683.2 万吨,平均年产 460.4 万吨,如果不算其入侵未稳的 1938 年和投降在即的 1945 年的产量,6 年产煤 3390.2 万吨,平均年产 565 万吨,比抗战前 1930—1937 年平均年产 387.2 万吨高 46%。

商办煤矿企业。1914 年,北洋政府颁布《矿业条例》,山东民族资本煤矿由此得到较快的发展,当年产煤 66.6 万吨,比上年增加 6 万吨,淄博、新汶地区按照《矿业条例》规定呈领执照的煤矿公司达到 21 家,资本额 37.5 万元。1917 年,全省民族资本煤矿产量首次突破 100 万吨大关,达到 117.4 万吨;1922 年突破 200 万吨大关;1933 年突破 300 万吨大关,达到 326.7 万吨;1936 年猛增到 424.1 万吨。到 1937 年,全省呈领采矿执照的矿区达到 309 处,其中新泰、莱芜、泰安地区 165 处,淄博地区 117 处,临沂地区 19 处,枣庄地区 6 处,潍坊地区 2 处。1914—1937 年全省民族资本煤矿共产煤 5021.4 万吨,占同期全省煤炭产量的 75.2%。

(2)金属矿开采业。外国侵略者疯狂的探矿采矿活动,既增加了中国人自己兴办近代民族工矿业的迫切感,也引起了晚清政府对开采矿山的重视。19 世纪 80 年代兴办的平度、招远金矿,不仅是近代山东省矿务的发轫,也是我国民族工矿业发展史上的一件大事。近代山东的金矿,以栖霞、平度、招远、宁海州(今牟平)等地开采较早(见表 4 – 23),黄金储量也较多(见表 4 – 24)。1935 年山东设立了采金局,负责金矿的开发以及采金营业执照的签发。

表 4 – 23　1935 年山东省黄金产地一览表①

县名	矿山所在地
蓬莱县	金山
文登县	狼虎山、庶山
福山县	马山寨、老子山
海阳县	
招远县	罗山、济(纪)山、马步岭、金华山、中叶集
栖霞县	灵山夼、山巨、山禹山
平度县	旧店、三座山、双山
掖县	洪栾埠、夏邱铺
牟平县	普济山、龙窝、沟头村、辛里河、茅山、桂山、金牛山
即墨县	马山
临朐县	胡芦山、嵩山
安丘县	丁字沟、担山
博山县	峨嵋山、团山
沂水县	红石桥
莒县	野泉、七宝山、白马岭
历城县	锦绣川
平阴县	安子山
曲阜县	凤凰山
新泰县	
章丘县	
泰安县	
临邑县	

①该表系 1935 年第五次矿业调查报告统计。

表 4-24　1934 年胶东黄金产地及储量表

产　地	储量(万两)
招远玲珑山	400
九曲	300
马山	10
黄山	70
合计	780(合 271.875 吨)

平度金矿是当时全国金属矿中规模最大、设备比较先进的矿冶企业。1885 年广东巨富、山东候补道员李宗岱筹建平度矿务局。1887 年,矿局开凿成第一口竖井,从而使产量大幅度增加。它拥有两座机器厂,矿厂内敷设运送矿石的轻便铁道,主要工序均使用机器,由蒸汽机提供动力。矿局最主要的机器设备即为购自美国的 60 马力舂矿机。由于使用了机器,矿石加工技术也比传统采矿业有较大的进步。矿井内采出的粗矿,先送至选矿场,由选矿工将石头捡出,然后用矿车装载矿石由轻便铁道送至制炼所,经碎石机、舂矿机将矿石捣成矿粉后,送熔炼炉炼金。矿务局当时雇佣工人 600 余人,分别从事挖掘、洗炼等工作。1885 年至 1887 年为矿局开采最盛时期,矿石经过处理后每日可获硫磺金约 6 吨,日产金可达 92 两①。矿局生产从 1888 年初开始由盛转衰,据记载,当年金砂出口 3676 担,估值银 16400 两。第二年出口金砂即减至 1600 余斤,估值银 50 余两。到 1891 年,平度金矿停工。

招远矿务公司于 1885 年设立,李宗岱为督办。1891 年矿局开始陆续雇用工匠,开凿矿洞。至 1892 年春,已挖到玲珑山金矿矿脉。矿局从开办之日起到 1892 年,共计开凿了 8 口井,但因只采不探、管理落后和采冶技术落后等,获利甚微,公私股款积欠数十万。1894 年,矿局生产也因亏累过巨陷入停顿。1896 年山东巡抚李秉衡将各处金矿封禁。1897 年解除封禁,但仍限制矿局"不得使用外资、外国技师及洋法"。1900 年后,因资金匮乏,在外强的威逼利诱之下,自 1907 年至 1924 年,先后与美国人、日本人等签订"出售矿石"、"代采买卖矿石"、"合办经营"等契约 30 多个,经营权完全为

①庄维民:《近代山东市场经济的变迁》,中华书局 2000 年版,第 347 页。

外国人所控制。

　　淄川铅矿。山东铅矿以 1877 年山东巡抚张曜主持开办的淄川铅矿最有代表性。张曜请外国矿师勘查后,派知府徐祝三主持开矿。1889 年 6 月,铅矿开始试炼矿砂,但因使用土法,出铅量少,质色不佳,大量矿石卖不出去,铅矿不得已于 1892 年停办。

　　5. 轻工业

　　(1)纺织业。近代山东纺织工业主要包括机器棉纺业与机器丝纺业。第一,机器棉纺业。1904 年,馆陶知县在李官庄产棉处设立机器轧花厂。1907 年,莒州管健候创织布局,有机器 20 部。同年,潍坊寒亭镇人张瑞芝从日本购进六台铁木结构织布机(俗称铁机),与张伯言等一同试织宽幅棉布,获得成功。他将新产品命名为"爱国布"。新产品质地好,较之土布光滑均匀,纹理成色紧密,手感柔软,被人们称做"白洋布"。工人操作新式织机时,只消用两脚蹬动,即全机工作自如,比起拉梭木机功效高而省力,其质量亦佳。1910 年潍县人陈晋堂联合杨渭、郎瑞东等人,也从外地购进铁木织布机,设立博济织布厂(后改名为爱国织布厂),其用意是想以自己织的爱国布抵制洋货。产品有白、黑、灰平纹布,可与洋布相媲美,很受群众欢迎,人们争相购买。当时灰色的爱国布袍,黑色的爱国布马褂,成为社会上最流行的时髦服装。第一次世界大战中,为与日本竞争,1915 年原山东实业司长潘复在济南开办了鲁丰纱厂。至 20 世纪 30 年代,华商又相继创办了青岛华新纱厂、济南成通纺织股份有限公司、济南仁丰纺织公司。鲁丰于 1935 年改组,更名为成大纱厂。这 4 家纱厂总资本计有 756 万元,其中华新占 270 万元,成大 186 万元,成通、仁丰各 150 万元。第二,机器丝纺业。山东丝纺工业,机织始于民初,周村最盛。1912 年安昌缫丝厂建立,总资本 10 万元,织机 30 余台。1917 年以后,周村出现了恒兴德、裕厚堂、同丰、源丰四大机械缫丝厂。这些工厂不满足于传统的手工织作,而是引进意大利缫丝机 600 余台,以蒸汽机为动力,成倍地提高了生产效率。为此,裕厚堂的开拓者李敬义,成为中国民族工业近代化的功勋,被宣统皇帝破格授予奎文阁典籍和例授文林郎的封号,可谓是空前绝后的殊荣。1916 年前后,周村有丝织业户 3000 家,周边桑园达 5000 多亩,纺织机 6000 台,年产丝绸、麻葛等百余万匹。周村以外,昌邑、栖霞、牟平三县有丝织机房 181 家,织机约 7000 余台;烟台有机房 10 家,织机 180 台。淄川有厂 1 家,所产"王村绸"颇负盛名。1933 年统计,山东丝织品年产量总计 63 万匹,价值 650 万元以上。

(2)食品工业。第一,榨油业。民国以来,青岛、潍县等地即有新式榨油厂创办,至 30 年代全省华资油厂即达到 1826 家,总资本额达 285.4497 万元,年产总值约为 1487.3810 万元。花生油和豆油在全国各省区同类产品中,分别占第一位和第二位。花生油为山东重要的出口商品之一。

第二,面粉业。山东盛产小麦,是面粉业发达的基础。但近代山东面粉生产多为旧式磨坊,随着洋面粉进口的增加,旧式磨坊日益衰落,机器面粉厂开始兴起。20 世纪 20 年代初发展较快。以北方面粉工业中心济南为例,1913 年始建新式面粉厂 1 家,1920 年增至 4 家,1924 年增至 10 家。济南以外,青岛、济宁亦有新式面粉厂成立。新式面粉厂多引进美、英、德等国先进机器(见表 4 – 25),济南的 10 家除无锡设立的 1 家分厂外,9 家资本额共达 590 万元。省内各家面粉厂盈利状况良好(见表 4 – 26)。

表 4 – 25　1934 年山东省各面粉厂机器设备情况表[1]

厂　名	数量(台)	制造地	马力数(匹)	种　类
济南丰年面粉厂	22	美国	500	蒸汽引擎一座
济南惠丰面粉厂	12	英国、美国	350	蒸汽引擎一座
济南茂新面粉厂	12	英国	275	蒸汽、柴油引擎各一座
济南华庆面粉厂	12	美国	400	蒸汽引擎一座
济南成丰面粉厂	25	美国	1155	蒸汽引擎一座
济南宝丰面粉厂	6	美国	180	蒸汽引擎一座
济南成记面粉厂	24	英国、美国	340	蒸汽引擎一座
青岛双蚨面粉厂	6	美国	575	蒸汽引擎一座
青岛恒兴面粉厂	12	美国	350	蒸汽引擎一座
烟台瑞丰面粉厂	6	美国、德国	180	蒸汽引擎一座
泰安仁德面粉厂	6	德国	25	蒸汽引擎一座
济宁济丰面粉厂	22	美国	260	蒸汽、柴油引擎各一座
长山民丰面粉厂	2	上海	32	蒸汽引擎一座
总计	167		4622	

[1]《山东省省情资料库·粮食库·粮油工业》。

表 4－26 1932—1934 年山东省部分面粉厂盈亏情况表① （单位:万元）

厂 名	1932 年		1933 年		1934 年	
	盈	亏	盈	亏	盈	亏
济南丰年面粉厂	3.6			10.0	4.0	
济南成丰面粉厂	10.3		8.7		24.5	
济南华庆面粉厂	2.0			2.0	10.3	
济南惠丰面粉厂	0.1		0.5		3.0	
济南茂新面粉厂		1.8		4.7	4.0	
济南宝丰面粉厂	2.0				4.0	
济南成记面粉厂					25.0	
烟台瑞丰面粉厂	2.1		0.7		3.0	
泰安仁德面粉厂	0.3		0.5		0.5	

第三,饮料品业。饮料品业主要包括葡萄酒、白兰地、啤酒、白酒、汽水等。烟台张裕葡萄酿酒公司是近代山东乃至全国著名的酿酒企业之一。由张弼士创办于 1892 年,是中国第一个现代发酵工业企业。1895 年张裕公司正式奉旨开办。《奏办烟台张裕酿酒有限公司章程》载明:本公司奉旨准予专利 15 年,凡奉天、直隶、山东三省地方,无论华洋商民,不准在 15 年限内另有他人仿造,以免篡夺。张裕公司于 1896 年酿造出第一批白兰地和葡萄酒,但并没有上市销售。1914 年公司生产的葡萄酒正式注册,商标为"双麒麟牌"。是年 5 月,张裕公司生产的葡萄酒隆重上市。1914 年张裕公司在上海《申报》刊登出第一幅葡萄酒销售广告,其后产品在国内外的知名度逐渐提高,远销到加拿大和中、南美

1916 年,为庆祝"可雅白兰地"酒荣获巴拿马万国博览会金奖,张弼士在印尼巴城五知堂设中秋宴会,答谢中外宾客。

————————————
①《山东省省情资料库·粮食库·粮油工业》。

各地,向俄罗斯也有销售。1915 年,美国在旧金山举办"庆祝巴拿马运河开航太平洋万国博览会",张裕公司生产的可雅白兰地、红玫瑰葡萄酒、琼瑶浆和雷司令白葡萄酒分别获得甲等大奖章和丁等金牌奖(当时奖项共分六等)。可雅白兰地从此更名为"金奖白兰地"。1932 年,张裕公司举行 40 周年庆典,当时的政界要人纷纷题词祝贺,孔祥熙、宋子文、国民党元老古应芬和张学良都题了词。

第四,制烟业。益都、临朐、安丘、昌邑、潍县为产烟区,所产烤烟为卷烟原料。山东近代卷烟业为英美烟草公司垄断。山东民族卷烟业兴起于 20 年代至 30 年代,1928 年至 1933 年,青岛、济南先后开办机制卷烟厂 4 家。此外,作为家庭手工业,手工卷烟业也占相当大的比重。

6. 化学工业

(1)陶瓷玻璃业。山东陶瓷业历史悠久,博山最盛,淄川、沂水、肥城、泗水也有陶瓷生产。但新式瓷厂却是现代的产物,淄博是近代山东陶瓷业最为发达的地区,1933 年即有 14 家工厂之多。1933 年山东全省具有工厂规模的有 26 家,总资本额为 9.498 万元,工人总数约 429 人,产值总计为262.602 万元,其余大多仍为手工制作。玻璃业亦是山东历史悠久之产业。近代以来新式玻璃厂勃兴,20 年代早、中期达到 200 多家,分布于济南、青岛、芝罘等地。20 世纪 30 年代,因"五三"惨案后交通阻塞,运销困难,多数倒闭,只剩博山 4 家,青岛、济南各 1 家。6 家总资本仅 2.62 万元,生产总值 7.188 万元。

(2)火柴业。山东火柴业始创于民国初,最著名的企业是济南振业火柴公司。20 世纪 30 年代山东火柴厂发展到 27 家,总资本为 192.94 万元,工人 5121 人,年生产总值为 333.21 万元,位于广东省(39 家)之后,居全国第二。济南振业火柴公司是近代山东规模较大、经营较为成功的火柴厂,也是山东最早的民族火柴工业。该公司创办人是丛良弼(1869—1945),从1912 年冬开始筹建,经呈报山东都督和北洋政府农商部注册,取得执照,并获得在济南周围 300 华里以内制造火柴 15 年的专利权。1913 年济南振业火柴公司正式开业。公司实行总协理负责制,丛良弼任总经理。其设备和所用原料大部分购自日本,工序多为手工操作。济南振业火柴公司的兴起,结束了山东火柴依赖"洋火"的时代,开始了山东民族火柴工业的创业历

程。1918 年在济宁设立振业
第一分公司,1924 年在青岛
设立振业第二分公司,1927
年发展成为全国最大的火柴
企业。由于该企业资本雄
厚,又得到官府支持,曾一度
把日本占有的山东大部分火
柴市场夺回。1933 年,济南

济南振业火柴总公司发行的京钱票,
只做支付工人工资用。

振业火柴公司改组为股份有限公司,由总协理负责制改为董事会负责制,当
时全体股东人数已有324 人,共计8541 股,股金总额达100 万元。3 厂共有
职工近3000 人,企业规模之大,在当时全国同行业中名列前茅。1931 年,
南京国民政府对火柴实行统税,加上日本火柴大量渗入,振业公司于1936
年被迫暂时停产。抗战期间生存艰难。1947 年在安徽蚌埠设立分公司。
济南解放后,于1955 年4 月实行了公私合营,更名为公私合营济南振业火
柴厂。

(3)造纸业。山东造纸业始创于民国初,济南泺源造纸厂是近代山东
最著名的造纸企业。该厂1906 年筹建,1908 年建成投产,通过官商合办建
成,是山东第一家(全国第二家)机制纸厂。发展到20 世纪30 年代,全厂
已有职员16 人、工人69 名,年产值20 万元。1948 年9 月济南解放,该厂被
人民解放军接管,新中国成立后发展为今天的山东造纸总厂东厂。直到
1949 年,山东省共有17 家机制纸厂,主要分布在青岛(12 家)、济南(3 家)、
烟台(1 家)、潍坊(1 家)等几个城市。这几家纸厂主要以"三废"(废纸、废
布、废麻)为原料,制造低档的有光纸、火柴纸、草纸板等,年产量仅3317 吨。
市场所需求的中高档纸品几乎完全依靠进口。

(四) 外国资本与近代山东工业

外国资本在山东经济现代化进程中扮演了重要角色。外国资本自 19
世纪60 年代开始进入山东沿海开放口岸以来,不断取得发展,并逐步左右
了山东经济。先是早期的英国资本,后是德国资本,再是日本资本,最后是
美国资本,外国资本对山东的经济现代化进程有着重要影响。日本资本对

山东经济现代化进程的影响最为巨大。1928 年"五卅"惨案后,日本资本渗透到了山东全省,特别是青岛及胶济铁路沿线的各重要城镇,无处不有日本商人的工厂店铺。外国资本在山东的投资情况如下:

1. 外国资本与近代山东交通运输工业

20 世纪前后,外资主要投资兴建港口和铁路、兴办电讯和邮政等领域。烟台港自 1861 年对外开放后,于 1866 年在总税务司赫德的批准下建成烟台港第一座公用码头。1921 年在外国人的参与下,聘请李开特为总工程师,正式建成近代化的烟台港。1897 年德国强租胶澳,宣布青岛为自由贸易口岸。德国资本来势凶猛,很快在青岛甚至整个山东取得优势。从 1898 年冬开始,德国督署投入 5000 万马克在青岛修建青岛港。随后迫使中国签订借款合约修筑胶济铁路和津浦铁路。烟台港、青岛港、胶济铁路客观上使山东内陆与港口、世界市场联系更加密切,过去负担不了大车长途运输费用的内地土产品,现在也经由火车运到沿海港口找到销售市场,并且它们的产量也逐年都有增长。

2. 外国资本与近代山东采煤业

德国资本与日本资本对近代山东采煤业的发展产生了重要影响。外国资本采煤带有强烈的掠夺性,充分满足了他们的军事需要和获取利润的野心。不过由于他们带来先进的采矿机械设备和技术,在客观上刺激近代山东华资采煤业的发展。

(1)德国资本对坊子煤矿和淄川煤矿的经营。德华山东矿务公司主要是开发坊子和淄川两处煤矿。对坊子煤矿的开采始于 1899 年,1902 年开始出煤,所产煤炭迅速出现在青岛市场上。这些矿井在生产方法上开始运用机械,如在煤的提升、矿内排水和通风,以及地面上设置的洗煤机和炼焦厂等,都引进新式机械设备。但井下的采掘仍没有离开繁重的体力劳动,全部依靠手工开采。淄川煤矿的开采始于 1904 年,1906 年开始出煤。至 1910 年,淄川煤矿的设备和规模都已在坊子煤矿之上了。德华矿务公司 1899 年初创时,投资额 152.7 万元,随着经营活动的展开,投资额逐渐增加,到 1913 年,扩大到 758.8 万元,几增 4 倍(见表 4 - 27)。与当年外国在华投资的 7 家主要煤矿的投资额相比,德华仅次于开滦、抚顺和英商福公司,居第四位。它所经营的坊子和淄川两煤矿的年产量也逐渐增加。淄川煤矿从 1906 年投产后,产量年年猛增;坊子煤矿从 1902 年投产后,最初几年的产量也直线上升,中间因瓦斯爆炸和透水事件导致产量呈现波动状态。但从总趋势上看,处于不断增长的势头。就两矿历年总产量及其增长状况,以及与当时外资在华各大煤矿的产量相比时,它仅次于开滦和抚顺,居第三位。

表 4 – 27　德华公司历年的投资及坊子、淄川煤矿产量统计①

（资本:千元　产量:吨）

| 年份 | 坊子煤矿 | | 淄川煤矿 | | 两矿合计 | | | |
	产量	产量指数 1902＝100	产量	产量指数 1906＝100	资本	资本指数 1899＝100	产量	产量指数 1902＝100
1899	—	—	—	—	1527	100	—	—
1900	—	—	—	—	1479	96.8	—	—
1901	—	—	—	—	1548	101.3	—	—
1902	9178	100	—	—	1764	115.5	9178	100
1903	60601	660	—	—	1744	114.2	60601	660
1904	100631	1096	—	—	3201	210.0	100631	1096
1905	136990	1492	—	—	3045	199.4	136990	1492
1906	164437	1781	14646	100	2782	182.1	179083	1951
1907	149307	1626	40899	279	2807	183.8	190206	2072
1908	250214	2726	72467	494	6823	446.8	322681	3515
1909	273354	2478	183449	1252	7029	460.3	456803	4977
1910	193497	2108	237544	1621	6774	443.6	431041	4696
1911	205185	2235	283208	1933	6798	445.2	488393	5321
1912	126215	1375	299652	2045	5992	392.4	425867	4640
1913	198988	2168	414000	2826	7588	496.9	612988	6678
1914	122040	1329	322000	2198	—	—	444293	4840

注:1914 年产量只统计到 7 月。

德华公司在山东无偿开发煤矿,从 1904 年开始经营后的 10 年间,它的盈亏状况如下。从 1904—1913 年,德华公司的盈利是 180 余万马克,而亏

①汪敬虞:《中国近代经济史(1895—1927)》上册,经济管理出版社 2007 年版,第 452 页。

损却达 320 余万马克。导致亏损的原因,主要在于安装较多先进设备进行机器生产,但缺乏熟练工人,不能发挥先进设备的作用,生产成本因此提高;省内市场遇到投资少、见效快的民营煤矿在价格上的顽强竞争,打不开省内城乡的销路;胶济铁路规定的运价过高,导致高价出售,无力同开滦煤及日本煤竞争;坊子煤矿的几次生产事故严重影响生产。德国于 1913 年将德华矿务公司的全部资产并入德华山东铁路公司,换成铁路公司的股票,当年煤炭销售情况便大有好转,煤矿盈利空间增多,竟是过去最高盈利年(即 1907年)的 3 倍以上(见表4 – 28)。①

表4 – 28　德华矿务公司盈亏情况表(单位:马克)②

年　度	盈　利	亏　损
1904	39032.12	
1905	34947.17	
1906	232680.83	
1907	308612.47	
1908	46086.85	
1909		443353.59
1910		599272.94
1911		963331.37
1912		1237111.23
1913	1147366.59	
合计	1808735.03	3243049.12

(2)日本资本对坊子煤矿和淄川煤矿的经营。一战后,日本接管了坊子煤矿和淄川煤矿。坊子煤矿由日本资本家包工开采,淄川煤矿由日本守备军铁道管理部统制。1914 年以后,淄川煤矿在日本势力的控制下,采用粗放的经营方式,产量逐年提高(见表4 – 29)。在日管时期,淄川煤矿所产煤炭总量中约 40% 供应军需,其余都投放市场。据统计,从 1915—1921年,淄川煤矿每年都有很多盈利,盈利较大的年份如 1916 年和 1920 年,各

①王守中:《德国侵略山东史》,人民出版社 1988 年版,第 233—236 页。
②汪敬虞:《中国近代经济史(1895—1927)》上册,经济管理出版社 2007 年版,第 453 页。

在 500 余万日元,最低的年份是 1919 年,盈利是 62 万日元,一般年份如 1915 年、1917 年、1918 年和 1921 年,盈利则在 100 余万日元到 400 余万日元之间,7 年间合计盈利总额是 2200 余万日元①。

表 4 - 29　日管时期淄川煤矿产量统计　　（单位:吨）

年　度	产　量	指　数 1915 = 100
1914	17827	6.8
1915	259611	100
1916	448346	172.7
1917	457543	176.2
1918	402814	155.2
1919	468828	180.6
1920	485989	187.2
1921	574169	221.2
1922	619550	238.6
1923	200047	77.1

（3）鲁大公司对坊子煤矿和淄川煤矿的经营。1922 年《解决山东悬案条约》签订后,中日合办的鲁大矿业股份有限公司接管了坊子煤矿和淄川煤矿。坊子煤矿仍承包给私人采掘,公司全力经营淄川煤矿。鲁大公司利润随着各矿产量的上升,销路顺畅,逐渐增加。1928—1930 年,淄川煤矿产量出现缩减,公司呈亏损状态。主要原因在于,鲁大公司控制在日方资本集团手中,淄川煤在上海市场的畅销影响了日本煤的市场份额,于是日方资本集团强制淄川煤矿减产,并导致亏损。

3. 外国资本与近代山东纺织工业

第一次世界大战爆发以后,西方在山东的经济势力有所削弱,日本资本很快压倒了欧美,在山东占据优势地位。日本在山东工业中的支柱企业是纺织业。1916—1923 年日资在青岛开设 6 家纺织工厂。1929 年后,日本纱厂所用纱锭开始大幅度增加。据日本"兴亚院青岛都市计划事务

①淄博矿务局、山东大学:《淄博煤矿史》,山东人民出版社 1986 年版,第 97 页。

所"统计,1931年,青岛全市纱厂7家(华资1家)中,日资纱厂纱锭占山东全部纱锭的89.4%;布机4436台,日厂占100%。1933年,山东华商纱厂产纱线为14,849,350磅,约合47,270包;日厂产纱线为77,737,279磅,约合247,400包,日厂是华厂的近6倍。到1937年8月,日资纱厂纱锭和布机数量分别占到华北地区纱锭总数和布机总数的57%和68%。①为反抗日本帝国主义侵略和资本家的残酷压榨,青岛市日本纱厂工人于1925年、1929、1936年三次大罢工。罢工工人24000余人,反日爱国性质更为突出。

4. 外国资本与近代山东烟草工业

近代山东的烟草公司有英美烟公司(英美)、米星烟草公司(日)、上海烟草公司(华)、有利烟草公司(华)、山东烟叶会社(日)、颐中烟草公司(英)等。潍坊地区是近代山东外资烟草种植比较典型的地方(见表4-30)。1917年英美烟公司在胶济铁路二十里堡(今位于潍坊奎文区)车站东侧兴建烤烟厂,全部厂房由从南到北两栋建筑构成,位于胶济铁路沿线,占地600亩(合本地亩200亩)。有四台烘烤机器,每日能烘烤烟叶40万磅。1919年南洋兄弟烟草公司在坊子和益都设立收烟场与英美烟公司竞争。从1906年到1948年,收购烟叶的各公司中,资本额最大的是英美烟公司(1934年改为颐中烟草公司),收烟最多的也是英美烟公司,收烟最多的烟市是二十里堡。作为近代山东规模最大的烟草公司,从1924年到1951年,英美烟公司最高产量是1937年(见图4-12),年产卷烟13.8万箱。当时英美烟公司有卷烟机56台,占山东省境内卷烟机总台数的73%,职工人数占60%。

表4-30　1936年各公司潍坊山东收烟数量表②　　　(单位:吨)

烟　市	英商颐中	美商联华	日商南信	日商山东	日商米星	华商南洋
益都	3360		330	465		
杨家庄	1830	1140	510	450		300

---

①刘大可等:《日本侵略山东史》,山东人民出版社1990年版,第191页。
②资料来源:根据实业部国际贸易局《商品研究丛书·烟叶》第61—70页各表改编。

（续表）

烟 市	英商颐中	美商联华	日商南信	日商山东	日商米星	华商南洋
谭家坊	7920		225	180	435	
潍县		750	120			
二十里堡	61500			300		
坊子			192	160		825
黄旗堡	2550	1260				690
蛤蟆屯					900	

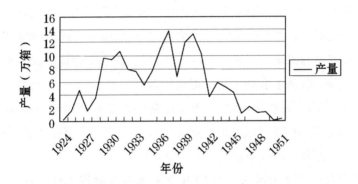

图 4 - 12　1924—1951 年间英美烟草公司在山东的卷烟产量统计表

5. 山东民众收回工矿利权的运动

针对外国资本的扩张，山东民众发起一系列收回工矿利权的运动。

（1）反对津镇铁路借款。山东的收回利权运动，首先是从反对津镇铁路借款，要求废约自办开始的。1899 年，英、德合伙攫夺津镇铁路修筑权，强迫晚清政府签订了《津镇铁路借款草合同》。中国留日学生于 1905 年致电晚清政府外务部，要求废除《津镇铁路借款草合同》，募资自建。紧接着直隶、山东、江苏三省京官也先后向晚清政府商部、邮传部发出《请废津镇铁路草合同》《筹款自建津镇铁路》等呈文，要求废除两国银行贷款预约，收回自办。1907 年晚清政府要求袁世凯、张之洞妥善办理。袁世凯利用三省绅民的斗争和英、德害怕废约的心理，与英、德进行了讨价还价，于 1908 年签订了津镇铁路正合同。三省绅民的斗争尽管没有彻底阻止正合同的订立，但英、德两国被迫做出了某些让步。

（2）收回茅山等五处矿权的斗争。早在 1899 年德国就要求勘办沂州、沂水、诸城、潍县、烟台茅山等五处矿区。自津镇铁路草合同签订时起，德国就以"胶沂济旧线，即津镇中段，路矿虽还，矿权仍在"为由，屡向晚清政府和山东地方当局争持。津镇铁路正合同签订后，德国索要该路附近矿权，日甚一日，激起山东民众的无比愤慨。1908 年山东学界成立全省学界保矿会，反对德国无理霸占山东矿权，要求废除与德国人签订的五矿合同。以绅商为代表的资产阶级上层人士，为维护民族工业的切身利益，也热情参加保矿斗争，社会下层群众则通过罢工、抵制德货等形式参加保矿斗争。德华采矿公司被迫同意让出五处矿权，但提出索取 225 万马克（合银 80 万两）赎金的无理要求。各绅商一致反对收赎，要求废除原定合同。1909 年时任山东巡抚孙宝琦与德华公司签订了《山东收回德商五矿合同》，山东地方政府耗银 34 万两，收回了五处矿权。但坊子、淄川、金岭三矿，直到辛亥革命后的 1913 年才由中国收回。此外，山东峄县中兴煤矿公司于 1908 年决定不再招收德股，撤销了洋总办，并将公司名称中的"华德"字样注销，把公司完全改成一个商办的民族企业。

（3）与日本纱厂的竞争。1919 年北方实业领袖周学熙，为与日本人展开竞争，建成投产青岛华新纱厂。周学熙以 120 万元股本，向美商美兴公司订购了美国怀丁厂纺纱机 1.4 万余锭。两年后，该厂纱锭总数已扩充至 3.1 万余锭，日产棉纱由 40 余件增至 80 余件，销路主要为胶济沿线及津浦路中段沿海各地，纱厂很快呈现出兴隆景象。后来，周学熙次子周志出任华新青岛厂的常务董事长，对纱厂进行了经营策略、管理机制、能源供应等方面的一系列改革，如开辟外围市场、规模化低价市场等，使华新作为青岛地区唯一一家民族纺织业，在与日商的竞争中取得了令人瞩目的成绩。青岛日本纱厂工人三次大罢工，山东各地多次掀起了抵制日货的运动，直接导致日商纱厂陷于危机乃至停顿，民族纺织业借以得到更快的发展。

（五）近代山东工业管理机构的变迁

晚清政府时期，袁世凯于 1901 年奏设山东商务局，1902 年商务局改为农工商局，上与清政府农工商部对口，掌管全省农、工、商、矿等各项实业。1908 年山东巡抚院署设劝业道，归巡抚统属，设专署办公，统管全省农工商业。原农工商局、矿务调查局等机构均裁归劝业道管理。

北洋政府时期，1913年成立山东行政公署，下设实业司，主管山东农林、畜牧、水产、水利、工矿各业。1914年根据袁世凯颁布的《省官制》，省行政公署改称巡按使公署，实业司改为实业科。1917年根据北洋政府颁布的《实业厅暂行条例》，将实业科改为实业厅，作为中央政府派驻山东的直辖机关，直属于中央政府农商部并受省行政长官监督，兼承省长旨意管理全省的实业行政事务。

南京政府时期，国民党山东省政府于1928年设立工商厅和农矿厅。同年，山东省政府为加强各项实业的综合协调，设立山东省经济委员会。1931年农矿厅和工商厅合并组成实业厅，统一管理全省农、林、渔、牧、工、商、矿业各项事务。1933年国民党山东省政府决定将实业厅并入建设厅，业务上与南京国民政府实业部、建设委员会、资源委员会等部委对口，下与各县政府建设局或主管建设事务的县政府有关科室对口。1937年济南沦陷，建设厅人员基本散尽。抗战胜利后，山东省政府迁回济南。1946年恢复建设厅。

日伪统治时期，伪山东省公署成立，下设建设厅，掌理山东日伪统治区的实业建设行政事务。伪建设厅受制于侵占山东的日军特务长，并对伪山东省公署负责。伪建设厅厅长承伪省长之命综理全厅事务并指挥监督所属职员及所辖机构，其任免奖励由伪省公署呈请伪华北政务委员会核办。

中共领导的抗日民主政府为克服经济困难，坚持抗战，也建立起工商业管理机构。1940年山东省战时工作推行委员会设立财政经济组，管理财政经济工作。1943年山东省战时工作推行委员会改为山东省战时行政委员会，作为全省行政的统一领导机关，将原山东省战时工作推行委员会经济建设处改为工商管理处。1948年3月，中共中央华东局在山东设立华东财政经济办事处（以下简称华东财办），直接领导山东省的财政经济工作。1949年3月，山东省政府由益都进驻济南，改称山东省人民政府（以下简称省政府）。同年4月华东局迁离山东南下，将华东财办工商部、生产部划归省政府领导，同年9月又将工矿部划归省政府领导，分别改为省政府工商部、生产部和工矿部。其中生产部分管纺织、食品、造纸、火柴、橡胶制品、日用化工、皮革制品等轻工业，工矿部分管机电、化工、煤炭、电力、矿冶等重工业和军事工业。

近代山东工业起步于19世纪末,以山东机器局的建立为标志,至抗战前,达到近代山东工业化的最高水平。晚清政府的"新政"措施、30年代韩复榘政府的经济发展措施,都在一定程度上提高了山东的工业化水平。这个时期的民族资本家也比较注意引进先进技术设备,改进经营管理,培养技术人员,为企业发展创造较好的内部条件;山东丰富的农产品资源、矿产品资源及廉价的劳动力,也为现代工业的发展奠定了基础;新型商业组织趋于完善,交通通讯发展也有很大进步。这些均为山东抗战前工业经济的发展创造了有利的条件。然而,近代山东的工业化虽取得了一定成效,但各项工业资金比较薄弱,机器生产属于初始阶段,工业化水平还是较为低下。

四、近代山东的商业与对外贸易

近代山东商业面临着从传统向现代的过渡。传统的市场结构、商路网络、商人资本在慢慢发生着变化,特别是随着沿海城市与内陆中心城市的相继开埠,对外贸易不断取得发展,这就加快了转化的进程。山东西部运河沿岸地区的商业日益衰落,沿海地区的商业迅速兴起,胶济铁路沿线地区的商业也迅速发展。传统的商业组织如牙行、旧式零售批发商号等日益衰落,新式商业企业如洋行、华商进出口商行、百货公司等纷纷出现,尤其是货栈资本的兴起,促使开埠城市与内地乡镇农村之间形成一个土洋货购销网络,山东沿海与内陆之间的经济联系进一步加强。在近代山东的商业发展中,既有代表本土势力的商帮——鲁商,也有来自其他省份的商帮如浙商、晋商等。近代山东商业的发展,离不开商会的发展与地方政府经济职能的发挥。总之,近代山东商业的市场化得以极大提高,对外贸易尤其发达,市场交易成本在不断降低,市场机制的作用逐渐得以充分发挥。

(一)传统商业向近代商业的转变

中国民间传统的商业体系中,小商贩的走街串巷,农民、手工业者的赶集、赶会,以及诸如此类的商业活动是其最广泛的基础。在此基础上,形成了以各种字号行栈为形式的商业店铺,他们是从事商业营销活动的主要机构。近代以来,这类传统商业机构加快了资本主义化的步伐。此外,牙行是中国传统商业中的居间商,其主要业务是为买卖双方进行中介服务,其经营必须得到政府的许可。随着市场的拓展,商人开设牙行无须向租借当局和政府领帖,牙行摆脱政府控制的趋势同其经营方式的转变一样,已具有不可逆转的趋势。

1. 传统商业组织的存续与演变

(1)传统老字号的资本主义化。老字号是传统商业组织的主要代表之一。面对变化的市场环境,有的老字号因为无法实施组织创新而衰落,有的老字号则因改变了传统的组织模式、经营方式从而适应了市场竞争的要求而日益发展。这些发生变化的老字号,在一定程度上具有了资本主义商业企业的性质。

瑞蚨祥是近代中国最大的丝绸商号,是近代鲁商的代表,也是近代山东老字号资本主义化的一个典型。1862年,山东章丘旧军孟家在济南创办了商号瑞蚨祥,从事布匹销售。由于资金充裕、经营有方,瑞蚨祥很快便取得了执济南绸布业之牛耳

淄博周村的瑞蚨祥

的地位,最盛时期职工达千人左右。除济南外,瑞蚨祥还在青岛、烟台、北京、上海、天津等城市设立了16家分号,形成庞大的连锁营销网,成为我国近代最大的丝绸商号。[1] 瑞蚨祥资本主义化的表现主要有:

组织形式从家族制逐渐转向公司制。鉴于晚清以来西方公司制在我国逐渐流行,且能与家族经营形成互补,瑞蚨祥采用了家族经营下的公司制运作模式,设全局、地区和商店三个层次,开展连锁经营。这种"家产万贯,主持一人"[2]的管理模式,使得资方东家能够得心应手地控制各分号。全局是瑞蚨祥的管理总部,设置总理一人,协助资东管理各分号。所有全局性的重大问题,如人事、财务、审计等事项,必须由资东决定。地区是中层,一般把一个城市作为一个地区,设立一个总店,并置总理一人,管理一个城市内的

①山东省政协文史资料委员会:《遐迩闻名的祥字号》,济南出版社1991年版,第56—57页。
②马东泉辑:《山东谚语集》,山东民众教育馆1932年版,第70页。

瑞蚨祥商店。商店是基层网点,商店每日的销货额向总店报告,销售款项全部上缴总店,不得与外界发生金钱往来。商店的年终结算汇报给总店,由总店汇报给全局总理和资东。各店总理必须逐日向总店经理汇报经营情况。全面抗战爆发后,商店的自主权有所增大。

产权从模糊逐渐走向清晰。传统商业机构中,资产所有权比较含糊,往往由东家出资若干,交领东掌柜经营,双方签订契约,"东方出钱,西方出力",东方吃钱股,西方吃人力股,如无特殊事故双方都不能散伙。而瑞蚨祥的做法是:东家和领东掌柜之间有契约或合同,领东掌柜因此叫做水牌经理,东家可以随时辞退,人力股的作用仅限于分取当年盈余。在水牌经理制度下,经理更接近资本主义制度下资方代理人的地位,由此可见传统商号的变化。

经营方式从单一转向多元。为适应市场竞争,瑞蚨祥采取了一些对传统商业机构而言完全是新鲜的做法。济南瑞蚨祥早期以经营土布为主,零售兼批发;绸缎的销售在营业总额中居于次要地位。后来洋货销路日增,土布日益受到排挤,瑞蚨祥所经营的商品品种才开始变化,至八国联军侵华战争结束以后,所经营的棉织品,绝大部分已成为洋货(主要是英国货),土布则处于附带地位。北京瑞蚨祥于1909年首先设立了皮柜,在此之前皮货的经营被山西商人独占。瑞蚨祥设立了皮柜以后,极力经营,一时凌驾于同业之上,颇享盛名。济南母店也于1914年增添了皮柜。1924年又增设了金柜,经营金银首饰业务。瑞蚨祥向以"货真价实、童叟无欺"为招牌,经营方法主要有以下几点:第一,精品高档独占市场。如稀有皮货,清代高级官员的服装,著名演员如梅兰芳、荀慧生等人所用的舞台幔帐、桌椅绣花披垫、门帘等,多委托瑞蚨祥代办。甚至袁世凯"登基"的龙袍、嫔妃服都由瑞蚨祥承制。第二,定机货。瑞蚨祥对于一些高级绸货都有定织货,谓之定机货。定机货质量高于一般,花样新,售价高,因别家没有而独占市场,获取的利润十分可观。第三,自染色布。瑞蚨祥为了创自己的牌子,获得垄断利润,在各个时期都采用优良布坯,购用最好的染料,委托染坊加工精染,加盖自己的印章。第四,货真价实。瑞蚨祥从不采取大减价、大甩卖、大赠送、打折扣等一般商家所采取的促销方式。瑞蚨祥极少甚至从不靠刊登广告来宣传自己。瑞蚨祥对顾客态度和蔼、殷勤招待,量布放尺,让顾客自己去宣传。北京城流传多年的歌谣"头顶马聚源、身穿瑞蚨祥、脚踩内联升"正是对瑞蚨祥誉满京城的生动写照。

1937年七七事变发生后,瑞蚨祥总店及各地分店逐渐衰败。抗战胜利后,特别是全面内战爆发后,通货膨胀严重,给瑞蚨祥带来巨大的损失,至1948年济南解放前夕,流动资金与七七事变前夕比较,损失达90%以上。新中国成立后,百年老字号瑞蚨祥才获得了新生。

(2)牙行的衰落与演变。牙行是我国古代和近代从事贸易中介的商业组织,也是典型的传统商业组织之一。它既不同于商行(批发商),也不同于商铺(零售商)。牙行不直接参与商品买卖,不靠商业资本运作,而是从买卖双方提取一定佣金(外佣、内佣)。"凡为商贾买卖之介绍者曰牙,处于供给与需用者之间,代客买卖货物,交互说明,以抽取费者是曰牙行。"①牙行除了评估物价、主持交易外,还承担着为政府征收课税的职责,"牙行者,纳费领帖,按年缴纳课程,是为牙税"②。先秦及汉代,贸易中介人称驵、驵侩,唐五代称牙、牙郎、牙侩,宋元明清又有引领百姓、经纪、行老之称,一般称之为牙人。明代嘉靖时始称行,嘉靖二年(1523年)制定的市场法中已有"牙行"一类,规定选有资产的人户充任,由官府发给印信文簿,称为"牙帖"。领帖需交纳帖费,连同每年所纳税银,统称"牙税"。明中叶以后,由于商品经济的发展,市场的扩大,山东不仅城市商埠中设有牙行,许多州县集市中也存在牙行和牙人。③ 牙行按经营方式不同大致分为三种类型:一是专替卖方代理的牙行,通常有较大的仓库和栈场,服务设施完备,如粮行、渔行等。牙行常利用买卖双方不熟悉市场行情的情况,从中牟取额外利润,如货未脱手,卖主急需钱用时,牙行可放高利贷,当货售出后又不及时付款,以图利息。二是专为买方代理的牙行,一般与买方订有契约,订明品质、价格、数量、交货日期等,既大量预收货款,以图利息,又靠压级压价、大秤进小秤出等手段获取暴利。三是代购代销兼营的牙行,一般拥有雄厚的资金,从事代购代销经纪业务,有的还自营购销,获利颇丰。

牙行的存在具有双重作用。一方面,农民和手工业者不熟悉市场行情,

---

①民国《馆陶县志》卷二,《政治志·财政》。
②民国《牟平县志》卷四,《政治志·财政》。
③陈丽娟等:《明清时期山东农村集市中的牙行》,《安徽史学》2002年第4期。

牙行居间介绍,有利于商品交换的顺利进行。在长途贩运贸易中,客商的收购和推销,通过牙行可克服民情、地情不熟的弱点,有利于长途贩运贸易的发展。另一方面,牙行在民间贸易中把持市场,有的从中行骗,伤害买卖双方的利益。"竞为奸利,乘人之急而下上其手,伪恶相欺攘窃继之。"①牙行抽取行佣一般按行规抽取其货款的3%,但实际上远远不止这个数目,经纪人采取各种手段获取非法收入,如计量欺骗、多进少出、买青放账、高利盘剥、骑盘(卡买卡卖)、避盘(议价时不让买卖双方知道,从中渔利)、欺行霸市等。有的牙行还包揽运输、报关,货物不经牙行联络,不能通行,出现了所谓"报关行"。针对牙行的各种弊端,山东地方政府也出台了一些措施,如严厉处罚牙人的违规行为、严格控制牙帖的发放、严厉查处违纪官吏、设立义集等。雍正初年乐安县令李方膺对该县集市牙行、税课进行了整顿:区分为"应纳课程者二十一行","不应纳课程者四十五行";在全县 42 个集市中,仍保留牙行设置的有 13 集,革除牙行的则有 29 集。②

表 4-31　雍正初年乐安县牙行整顿去留状况一览表

	牙　行	集　市	合计
应纳课程予以保留的牙行	斗行　牛驴行　丝绢行 布行　花行　木行 烧纸行　灰炭行	小张庄　黄丘集　大王桥集 牛家庄集　疙瘩集　莲花点集 颜徐店集　马头集　张家店集 散水集　碑寺口集　辛店集 前张家庄集	21
不应纳课程被革除的牙行	小猪行　麻绳行　钱行 皮行　鱼行　估衣行 羊毛行　杂货行　木炭行 席行　柴行　硝行　糟糠行 葛背线行　苇叶行　帘篓行	北关集　大张集　车王庄集 寨里集　油店　张郭集　石村集 杨家庙集　榆林集　杜家集 张淡集　李家桥集　张家庄集 孟家集　韩家桥集　五村集 王镇集　北西集　新庄集 宋王庄集　尚家道口　佛庄集 草桥集　缪家道口　油房集 花官集　燕儿口集　东寨集 陡河集	45

---

①康熙《益都县志》卷三,《市集》。
②雍正《乐安县志》卷二十,《艺文志·革牙帖市税议》。

近代以后,传统的牙行发生分化,大量牙行因不适应商品经济发展的需要而被淘汰,有的牙行则从事新兴行业,有的牙行则向近代批发商行演变。大规模的商品交易,需要批发商从事商品的流转分销。经销洋货的新式商业如洋布、五金、西药等商业行业,从其一开始就出现了批发、零售分工,一些实力较强、资金较厚的商号往往经营批发业务。近代工业出现后,在机制工业品的销售中,传统的牙行并不涉足其间,但是在传统的农产品和手工业产品的销售中,传统的牙行往往有较大的活动余地。1895—1927年间,由于市场规模的扩大,农产品和手工业产品的商品交易量迅速增加,牙行的经营方式发生了变化,不少牙行鉴于市场交易收入丰厚,市场的有序拓展减少了交易风险,而且金融业的发展为商业经营提供了一定的资金,纷纷转而自营大宗买卖,转化为批发商。以济南牙行为例进行说明。

开埠前,济南传统商业主要有"西关五大行",即国药、杂货、绸布、鞋帽、钱业五个行业,各行业多为五大家或八大家。开埠后,大量牙行逐渐形成新兴商业形式,规模较大的有以下几种:

花行。济南经营棉花的商家,清末至民国初年只有两家,且初期仅为代客买卖,收取佣金,无大规模经营行为。随着济南同省内外和海外贸易的发展,特别是第一次世界大战期间日本势力侵入山东设厂纺纱以后,中外数家纱厂相继建立,对棉花的需求量猛增,花行作为济南商业中较大规模的行业逐步形成,1919年发展为5家,1927年增至57家,成为济南商业中"业务最发达者"之一。

牛栈。牛栈业兴起于民国初年,1915年前后生意极盛,仅申汇一项每日可有5万两银子的交易,此后四至五年间受世界大战影响,业务有所下降,战后逐步恢复,1927年专业牛栈25家,年出口3万头,虽然营业状况仍未达到1915年时的水平,但仍不失为济南商业中较大规模的新行业。

粮栈。辛亥革命以后,随着济南工商业的发展和人口的增多,粮栈业迅速发展起来,交易中心由洛口先后转向胶济、津浦路车站附近的商埠,1919年专业粮栈已达50余家。20世纪20年代末30年代初,因受"济南惨案"、世界经济危机等因素影响,济南商业"成江河日下之势",但粮栈业仍有95

家之多,年交易额 2300 余万元,与花行的交易额不相上下。

炭行。济南的煤炭供应在铁路未通以前主要靠人力和畜力进行长途贩运,但在 1904 年胶济路通车之后,一直到 1911 年专业的炭业都没有完全形成。民国元年,专业炭行开始与粮栈业同时在胶济、津浦路车站附近成批出现,1919 年全城炭行已发展到 83 家。此后,炭行的业户数没有多大的增加,1927 年才增至 97 家,但一些商家的规模明显扩大。这些商家除营销原煤外,更兼炼焦,秋季以后每入夜间,则济南北部红焰遮天,即商家熔焦的盛况。焦子无烟无味,中等以上家庭及各餐馆,多用以生火,此外各铸厂亦用之以熔化铜铁,炭业遂成为与粮栈业比肩的大型新兴商业行业。

同济南的情况类似,省内其他中心城市的牙行也日趋衰败,如进口西药和国产新药出现并被人们较普遍接受之后,国药行渐次衰落;近代化的堆栈、转运业兴起之后,传统的"脚行"逐步消亡。牙行在城市商埠中日益衰落,它们或转化为批发商,或改营货栈业,大量的则被市场淘汰,但在广大农村地区,由于现代商业发展不充分,所以牙行还发挥重要作用,这种情况一直持续到新中国成立前。

2. 新式商业的兴起

随着市场的拓展,商业出现了一系列新的模式,这不仅表现为新式行业的出现,更重要的是新式商业经营技术、经营理念等的出现。近代山东新式商业主要有洋行、百货公司、货栈业、商品博览会、物品交易所等。

(1)洋行。洋行是外国列强对中国进行经济侵略所设行号的总称,有的称为洋行,有的称为公司,有的称为代理行或贸易行。特别在早期,大多称为洋行。不过习惯上一般又均以洋行作为各种外商行号的总称。第二次鸦片战争后,外商竞相来山东烟台、济南等地开设行号,这些洋行不仅从事进出口贸易,有的还代理领事职务。

烟台的洋行。烟台是近代山东第一个对外开放的口岸,因而洋行发展较快,主要有英国资本、德国资本、日本资本、美国资本等。洋行业务大都是综合性的,它们不仅经营进出口贸易,而且也经营航运业和保险业,有的甚至还开办工厂和经营银行等。这些洋行一方面活跃了烟台的商业贸易,另一方面也压抑了中国民族工商业的发展。在外国洋行的竞争下,烟台开埠初期由本地人所掌握的沿海贸易大权,逐渐被外国洋行所剥夺。至1901年烟台的洋行发展到26家,1902年发展到43家。代表性的洋行有以下几家:

福开森公司:于1861年成立,英国资本,烟台最早的洋行,主要经营英国至烟台的航运。1867年从英国的加的夫试航烟台成功。此后的三个月里,先后又有八艘英国船只,装载着煤、铁、布匹等,分别由英国的加的夫、威尔士、纽卡斯尔、利物浦和澳大利亚的新南威尔士等地直驶烟台。这是烟台与国外直接通航的开始。

和记洋行:于1864年成立,英国资本,华北最著名的英国企业,主营航运和保险业,还经营一般商业和委托代理业务。在该行代理的许多企业中,有一些是世界上最重要的航运公司,如著名的劳埃德船舶协会在烟台的业务代理就是该行。同时,它还是烟台唯一一家经营出租车业务的洋行,它拥有一支现代化的车队和宽敞的库房。和记洋行于1934年进行改组,更名为茂记洋行,并在青岛和威海设立了分行。

盎斯洋行:于1880年成立,德国资本,主要经营进出口和保险业,同时也经营一些重要航运公司的代理业务。它积极参与烟台贸易的一切活动,是烟台出口柞蚕丝的先驱,是烟台第一家经营进口西药及医疗器械者,而且"把最初使烟台成为向欧洲出口花生的港口计划变成了现实"。

仁德洋行:于1893年成立,英国资本,1903年改为"仁德股份有限公司",是外国传教士在中国经营的最成功的企业之一。除烟台的总公司外,它在青岛、济南都有分公司。该洋行不仅在远东工业品出口方面处于领先地位,在茧绸、柞蚕丝、花边、刺绣品和发网出口商中也名列前茅,在这些行业中,每年都经办大笔生意。该洋行还为许多外国企业经办代理业务,福特汽车公司即是其中之一。为了经办福特汽车出口业务,它在烟台开设了一个现代化的维修站。此外,该洋行还开设了烟台最大、最现代化的印刷厂,以及烟台唯一的一份外文报纸——英文《芝罘日报》。

士美洋行:俄国资本,早期业务是作为俄国华俄道胜银行的代理,经办银行、航运、保险和进口业务,它自己也租赁轮船从事烟台到海参崴的贸易。1908年华俄道胜银行在烟台设立分行后,该洋行又增加了出口业务,经办丝绸、草帽辫、头巾、花边、刺绣品和发网的出口。士美洋行由于有华俄道胜银行做后盾,自在烟台开办以来业务发展很快,日俄战争前就在大连、旅顺开设了分行,以后又在上海、龙口开设了分行。

美孚洋行:于 1899 年成立,是美国美孚石油公司在烟台设立的一个分支机构。美孚总公司对烟台分公司的建立非常重视,特派总公司经理莱曼为烟台分行首任经理。他担任这一职务近 15 年。在他任职期间,济南设立了美孚办事处,在威海、安东(即今丹东)和大连等地建造储油站。

三井洋行:于 1898 年成立,日本资本,主要经营煤炭、高丽参、一般商品和保险业。它是烟台进口抚顺煤的唯一商行,此煤在烟台被广泛用于家庭、轮船和锅炉的燃料。同时,该行也是授权经营高丽参的唯一代理。高丽参为朝鲜政府所垄断,年经营额相当可观。烟台进口的高丽参,复出口至华南和南洋等地。该行经营的保险业,由于其保险种类繁多,在烟台保险业中占有相当的比重。

济南的洋行。济南开埠以后,德、日、英、美等国家逐渐把济南作为向内地拓展市场的立足点,纷纷在济南设立了洋行。20 世纪 10 年代初,济南的欧美洋行有 20 余家。如德国的义利洋行、德孚洋行、太隆洋行、礼和洋行、禅臣洋行、哈利洋行、美最时洋行以及英、美的太古洋行、恒丰洋行等。这些洋行,绝大部分都位于商埠区内。义利洋行,由德国人德伯雅所创办,于 1911 年建成开业,主要经营五金交电产品以及日用杂货。德国资本中规模最大的是济南礼和洋行。济南礼和洋行成立于 1906 年,业务范围相当广泛,经销的进口商品以美孚洋行的石油、德国西门子电料电器设备、柏林染料厂的靛蓝等为大宗,其他如钢铁、五金机械、武器、日用百货、文具纸张等无不经营。其在济南的销货对象,数额较大和经常的有山东机器局,主要是钢铁原料和枪支零件。其他如枣庄煤矿和淄博煤矿的矿山设备、津浦铁路黄河大桥的建筑钢材、济南电灯公司和造纸厂的部分设备,都是礼和洋行经办的。五金、布匹和日用百货等进口物资,多是华人商店签约订购。其经营的出口货物,主要有大豆、花生、草辫、兽皮和猪鬃等。济南礼和洋行每年进口销售额约银币 150 万元,出口额约 100 万元,总计年营业额 250 万元左右,年获利在 50 万元以上。

1914 年日本取代德国在山东的势力范围以后,涌入济南的日本人较多,从事的行业也较杂。一战后凡具相当规模之商行,大都从事海外贸易。(见表 4-32)

表 4 - 32　在济部分洋行设置及其经营项目表

国	企业名称	设立时间	经营项目	备　注
德国	礼和洋行	1906	电料、颜料、五金	
	义利洋行	1912	五金、百货	
	大隆洋行	1912	收购发网	
	瑞来洋司	1919	颜料	
	享利洋行	1919	五金机器	
	哈利洋行	1911 年以前	食牛	一战时一度关闭
	吉利洋行	1922	五金、百货	
	禅臣洋行	1911 年以前	五金、百货	一战时一度关闭
	昌大洋行	1925	骨粉、兽骨	
	德孚洋行	1927	颜料	
日本	三井洋行	1912	进出口货物	
	大仓洋行	1912	进出口货物	
	日华洋行	1907	药品	
	日中洋行	1913	科学仪器、印刷材料等	
英国	泰隆洋行	1918	收购发网	一战后兼营百货
	亚细亚洋行	1913	煤油	
	卜内门洋行	1914	洋碱、化肥	
	祥太洋行	1917	木材	部分木材采自东北
	英美烟公司	1919	卷烟	
美国	恒丰洋行	不详	机器	
	美孚洋行	1912	煤油	
	慎昌洋行	1921	五金、机器	
	德士古	1917	煤油	1923 年石油公司在济设立
	大来洋行	1925	木料	

　　青岛的洋行。1898 年德国与清政府签订《胶澳租界条约》后，最先在青岛设立分支机构的德国资本是香港顺和洋行、烟台哈唎洋行和上海辉记洋行。不久，德国汉堡资本集团的禅臣洋行、礼和洋行以及瑞记、捷成、美最时等洋行也先后在青岛开业。到 1913 年，青岛已有德国公司、洋行 27 家。在

德商洋行中,禅臣洋行的规模和势力最大,其次为瑞记、礼和、美最时三家洋行。继德商之后,英商和记洋行与怡和洋行、美商美孚石油公司以及俄商开治洋行也相继在青岛设立机构,开办航运、贸易业务。1906 年后,日本三井洋行、汤浅洋行、大仓洋行等具有经营实力的日本贸易商陆续来到青岛,1912 年后在青岛崭露头角,贸易额跃居各国之首。

洋行在山东各地的设立以及洋货的大量倾销,急剧改变着山东的商业结构。一些不适应新经济环境的老字号相继倒闭,"济南省城情形,自洋货充斥市面以来,商业界上已非向昔,如近来典商亨裕、钱商公聚等号倒闭之家时有所闻",传统商业趋于萎缩。但是,一些迅速适应了新环境的老商号却获得了发展。在一些老商号进行变革的同时,一些新设商号则以全新的面目出现,无论在经营内容还是经营方式上都发生了很大变化。

(2)新式商业店铺和大型百货公司。在传统商业组织存续的基础上,近代山东商业出现了很多新式商业。济南开埠后到 20 世纪 20 年代末,市内已有各类商店如洋布商店、五金商店、西药商店 3554 家,形成了门类齐全、层次完善、结构合理的新式工商业发展格局。1933 年大型百货公司青岛国货公司成立,标准着商业进入一个新的阶段。时值提倡国货、抵制日货之际,公司即以促进国货发展为宗旨,运销各地产品和发售自制产品,年经营额七八十万元。1937 年,青岛百货公司同中国国货联营公司合并,改组为中国国货股份有限公司,由青岛市长沈鸿烈任董事长,1938 年初日本侵略军占领青岛,公司停业。1928 年裕华钱庄经理刘英堂和利栈公司经理汪玉田合资筹建烟台新世界商场。烟台新世界商场二层建筑 3346 平方米,集购物、娱乐于一身,成为当时烟台商界的一面旗帜。近代大型百货公司在商品销售、柜组组织规模、地理位置及机械、照明、温度调节、防火、制冷、通信设备等方面,与传统商业店铺有着巨大差别。它们与传统店铺的区别主要在于:第一,商业资本主要来源于工商业利润;第二,内部管理制度比较规范,有健全的会计制度、学徒制向实习生制转变、实行固定工资制度;第三,采用现代化的经营方法,如明码标价、广告宣传。大型百货公司的每个商品部都相当于一家专业性商店,它不是旧时小商店的简单组合,而是标志着新的经营理念和经营方式的变革。

(3)货栈业。随着通商口岸对外贸易的发展,以及洋商与华商之间购销活动的增加,货栈业逐渐兴起,其经济中介作用在山东商业史上扮演着不可或缺的角色。货栈业从一般商业资本中分离出来,先是在沿海城市,而后在内地城市迅速崛起,并在整个商业资本中占据举足轻重的地位。货栈业经营进出口商品或与进出口有关的商品,其经营方式主要为批发交易、代理买卖。货栈资本不同于一般商业资本之处,在于它服务于中外贸易,与外国商业资本发生直接联系,这是山东商业近代化的一个重要标志。

烟台的货栈业。近代山东货栈业最早在烟台兴起。沿海地区的商业资本进入烟台后,首先投资于利润高、周转快的货栈业,主要经营中外商人的代理购销与货物批发业务。当时烟台商号,“以行栈为最巨,代客船买卖而扣其用,业此者盖不下十家”。到20世纪初,烟台的大宗货物交易都需经货栈之手来进行。凡内地到烟台购销货物的客商,通常委托货栈代办购销。同样,洋行到内地采办农副产品,也需要由买办通过货栈来购买。1891年,烟台约有货栈业商人9620人、商号1660家。10年后,有商号1780家、商人13000人、客栈310家,形成势力极强的“潍县帮”商人集团。

青岛的货栈业。继烟台之后开埠的青岛货栈业的发展也十分迅速。开埠之初,“外人不得轻入内地”,“故其外人势力限于通商口岸为止。洋货由通商口岸以入内地,土货由内地以运至通商口岸,必经华商之手”。在这种情况下,许多商人纷纷将资本投入货栈贸易业,为内地商人办理栈存、购销、贴现等业务,或代洋商入内地采办土货,并为其分销棉纱、布匹、煤油、火柴等洋货。

济南的货栈业。继沿海开放之后,货栈业在内地城镇也得到了发展。济南通商开埠后,广东帮、青岛帮、潍县帮行栈纷纷在济南设立分号,从事粮食、花生、土洋布、洋杂货、皮货等商品的交易,掌握着土洋贸易。货栈成为沟通沿海与内地、国外市场与口岸市场之间联系的重要渠道。货栈借助新的经营方式积累了大量资金,同时也吸引了更多的旧式商人投资货栈业,使得商业资本的构成发生了变化。在大批商人投资货栈业的同时,其资本也由普通商业资本转化为货栈资本。随着货栈业的发展,货栈资本在山东商业资本中占有了举足轻重的地位。

(4)商品博览会。举办商品博览会,从事工商展览,促进商品交易与流通,是西方国家发展工商业的重要方法。作为商业现代化的标志之一,晚清时期,国内的商品博览会日渐兴起。面对外国资本入侵造成中国外贸严重逆差的局面,广大商人及实业界逐渐认识到创办商品陈列所、劝工会、劝业会,筹办物品展览会等一系列活动的重要性,它们有助于增强工商各业之间的相互联系和竞争意识,以求促进实业发展。1910年于南京举办的南洋劝业会是晚清时期规模最大的一次全国性商品博览会。民国时期,全国性及地方性的商品博览会不断增多。1914年6月,山东第一届物品展览会在济南成功举办。

为成功举办好这次展览会,山东地方当局专门成立了一个主办机构来负责具体运作,称为"山东展览会兼办巴拿马赛会出品协会"。这次展会展品种类之繁、品质之优令人叹为观止。据《山东物品展览会章程》所载:本次展览会所有展品以山东本省天产物、人为品为限。物品陈列分为10部。本次展览会促成了大量交易,展览会特设临时市场作为各业商家洽谈交易、互通信息的场所,以辅助展览会的进行。为使此次展览会规范有序,主办者在参照国外展览会有关规则的基础上制定了《山东物品展览会章程》,共分5章50条。规定所有出品人必须提交解说书。而其他项目如临时市场、财务运行、游览活动等也各自制定了相应的细则。为进一步增强工商业者的竞争意识,以谋求产品的改良与进步,本次展览会进行了严格细致的产品评选活动。共评出金牌120名,银牌295名,铜牌354名,证书褒奖384名。精心的筹划加上各界广泛的参与,使这次展览会获得巨大成功,并产生了深远影响。据山东省长公署公布的《山东物品展览会报告书》中所记载:"此次展会以民国三年(1914年)6月15日开会,7月15日闭会,时间虽短,而出品陈列者计达累万。全省物品,征集周全。其规模之宏巨,影响之深广,均可谓前所未有。"中外来宾,参观莅会者,每日不下万余人。北洋政府农商部总长张謇抵济南专程参加了山东物品展览会,并予以极高评价。天津英文《京津时报》、青岛德文《新报》、济南《山东日报》等媒体进行了相关报道。从相关报道中可以看出,山东第一次物品展览会不仅在组织之完备、参与之广泛、规模之宏巨方面均为近代山东前所未有的第一次盛会,而且还为山东经济的发展带来了深远的影响。

(5)物品交易所。作为商业现代化的标志之一,交易所可分为物品交易所和证券交易所两大类,是大宗商品或证券的交易场所。近代中国的交易所首先起步于证券交易所,后产生了物品交易所。就近代山东的情况而言,证券交易所非常落后,物品交易所则较发达。物品交易所给省内甚至全国商人提供了大宗商品的集中交易场所,既有现货交易,又有期货交易,极大地促进了商品流通与贸易发展。下面,以青岛物品证券交易所(简称青岛交易所)为例进行说明。

在青岛交易所成立之前,由日商主导的青岛取引所株式会社独占青岛物品交易市场。为维护本国商权,夺回证券物品交易的控制权,青岛市政府支持民族资本创设相关交易所。由民族资本主导的青岛物品证券交易所股份有限公司于1931年9月在齐燕会馆先行开业,经营土产、纱布期货交易,1933年领取正式营业执照,次年开办证券业务。交易所设有理事会,订有必要的规章制度,并注册备案。交易所担保买卖双方按期交货、收货,向成交双方收取一定的费用。其章程规定,青岛市土产、纱布的期货交易,不准在所外私自进行。土产、纱布、面粉、粮食等商品的现货交易,则可在所外自由进行。青岛交易所创办后,华商纷纷退出青岛取引所,转入交易所,因此生意兴隆,收益日增。七七事变后,青岛沦陷,日军重新占领了青岛,日本商人紧随其后返回青岛。青岛取引所当即恢复营业,并召集留在青岛交易所的理事刘宾廷等,召开两所理事联席会议,迫令刘宾廷等同意交易所与取引所合并。自此青岛交易所被青岛取引所强行兼并。抗日战争胜利后,1946年召开股东大会,成立了青岛交易所复业筹备处,但复业失败,青岛交易所宣告结束。下面介绍一下青岛交易所的组织形式、交易程序和押金制度。

第一,组织形式。青岛交易所筹备时,定为2万股,每股20元,资金总额40万元,筹备委员率先认购股票,其他工商业户则协商认购。由股东大会选举产生理事25人,再由理事中选出理事长1人,常务理事4人,监事3人。凡属交易所的重大事项,须经理事会决议后,交理事长执行。理事长主持交易所的一切事务,4个常务理事协助理事长工作,分管土产部、纱布部、证券部、会计科。会计科办理会计、庶务、文牍事宜。3位监事负责检查账目及业务活动是否违反规章制度。

第二,交易程序。青岛交易所的主要业务是土产和纱布交易,并非证券交易。就证券交易而言,股票、债券等定期交割,即购买时只记账,到交割期始交现金。因而成为一种投机手段,只要核发认购证后即可参与交易。因不交现金,产生了买空卖空。若期间股价上扬,交割时便可赚一笔;若下跌,交割时要借贷交现。就货物交易而言,青岛交易所设土产部和纱布部两个市场,每部有 40—60 家殷实商号为代理店。这些代理店须经理事会严格审查,资本雄厚、信用卓著者,方为合格。各代理店依次编号,编号就是各代理店在交易所内的牌号,取得牌号的商号经理叫经纪人,只有经纪人或经纪人的代表,才有资格进所交易。这些商号除了为自己在交易所内买卖,还为一些没有牌号的工厂、商号及外地客商代理买卖,也为一些专事买空卖空、投机倒把的人代理买卖。星期一至星期六的上午、下午进行交易,头一笔成交的"行市"叫做开盘,最后一笔成交的"行市"叫做收盘或锁市。每一笔交易成交,立即以交易双方代理店的牌号为标记,写在公告牌上,以示公开为证。花生米以 50 吨为交易单位,以百市斤为计价单位;花生油以车(每车 1 万斤)为交易单位,以百市斤为计价单位;棉纱以 10 件为交易单位,以件为计价单位;棉布以 25 件为交易单位,以匹为计价单位。每 50 吨花生米成交(合扶),交易所征收经纪人手续费 8.4 元,经纪人收取委托商家手续费 16.8 元。每车花生油成交(合扶),交易所征收经纪人手续费 2 元,经纪人收取委托商家手续费 5 元。棉纱每 10 件成交(合扶),交易所征收经纪人手续费 6 元,经纪人收取委托商家手续费 12 元。棉布每 25 件成交(合扶),交易所征收经纪人手续费 12.5 元,经纪人收取委托商家手续费 50 元。所有成交货物均为期货,以本月末或下月末为交货、收货日期,到期不能交货、收货,无论盈亏都必须合扶割清;交货、收货时,由交易所取样按照规定的规格标准检验评定合格与否,检验不合格者,则须另行备货检验。

第三,押金制度。交易所按照各代理店在交易中的亏损数字收取押金,以后如行市再有变动,还要根据新的亏损数字收取续押金,以此类推。在这种情况下,如委托人无力交付押金、续押金,代理店要对交易所负责,承担亏损债务;如因以后行市的涨落,亏损有所减少,或转亏为盈,则可退还押金、续押金。退还的押金、续押金,在期末以前并不交还原代理店,而是由交易所暂为保存,等到期末结算后,才能发还。押金、续押金存入银行的利息,则为交易所的收益。交易所收取的手续费、佣金、仓库租赁费、押金利息,都是有增无损、稳妥可靠的收益。例如某经纪人在本日午前、午后两市,共买进花生油 50 车,又卖出 45 车,兑除买进花生油 5 车,计 5 万斤,平均价格每百斤 20 元。当日交易所的公定价格每百斤为 18 元,则每百斤亏损 2 元,计亏损 1000 元。交易所做出结算后,立即书面通知经纪人,在翌日开市前必须交纳 5 车生油的亏损押金。如次日价格继续下降,交易所做出结算后,再次通知经纪人交纳续押金。如价格回涨到 20 元,或回涨一小部分,交易所结算完毕,于次日退还该代理店前交之押金、续押金的全部或一部分。交易所每天收场后,必须做出结算,把所有经纪人的盈亏数额列出表来,据此收取或发还经纪人的押金、续押金,并做出各经纪人存、空数目余额表,分送各经纪人。到交易所进行交易者,不论是买方还是卖方,也不论是盈是亏,均要交付交易所代理店的手续费、押金、栈租、保险费、利息以及其他附征捐税等,这些与赌博场中的抽头极为相似。

3. 地方政府的兴商措施

近代以来,由于主动或被动的对外开放,振兴商业、扶助商业、推动市场发育等思想与行为日益被人们接受。近代山东地方政府亦采取多种措施来振兴商业,如通过自开商埠吸引各种资本介入商业行业,通过设立劝业机构指导商业建立,通过广设商会协调商业发展等。

(1)自开商埠。烟台、青岛等通商口岸被迫对外开放,各种经济权利控制在外国资本之手。为摆脱外国列强的干扰,近代山东地方政府通过自开商埠等多种形式主动开放,谋求省内经济的发展。1905 年,济南、周村、

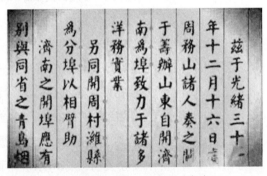

济南、周村、潍县于 1905 年同开商埠

潍县正式开埠。同年,在济南成立商埠总局,在周村、潍县设立商埠分局。根据《济南商埠开办章程》,济南商埠东起十王殿,西至北大槐树,南沿长清大道,北到胶济铁路,占地 4000 余亩。埠内分四区,"准各国商民任便往来租地设栈,与华商一体居住贸易"。自济南开埠后,商埠内的建筑、道路及其他公共设施,次第兴建。至宣统年间,济南商埠已初具规模,并吸引了众多的中外商人在此设店经商,从而促进了济南商业经济的发展。山东是近代中国自开商埠的典型省份之一,除济南、周村、潍县三地同时开埠外,省内

其他城市如龙口、济宁等也相继开埠,从而加快了近代山东对外开放的步伐。

(2)创立劝业机构。1908年山东地方政府成立劝业道。劝业道是全省最高实业管理机构,也是在全国最先设立的省级劝业机构之一。劝业道在鼓励发展农工商务方面采取了一些积极的措施。如在农业方面,饬令各州县设立农桑会,引进与推广国外农作物优良品种,开垦荒地,兴修水利,提倡蚕桑及林渔业改良等;在商业方面,督促各地成立商会,举办商品陈列馆,鼓励土货出口,发展交通航道以利商品流通等;在工业方面,在谋求发展官办工业的同时,鼓励民间私人开办工厂,组织各地工艺技工参观学习,改良旧工艺,引进先进技术,并对一些新式企业给予支持与奖励。总之,在劝业道的扶植鼓励下,山东陆续创办了一批近代工商企业,从而促进了民族资本主义经济的发展。

(3)广设商会。作为一种新型的工商社团组织,商会既是经济发展和工商资产阶级力量增长的产物,也是它所在地区自身社会历史环境孕育的结果。1908年,济南、周村、潍县、临清、滋阳、沂州、曹州、滕县、宁海、诸城、黄县、羊角沟、青岛、烟台各商会纷纷成立。① 下面以济南商会为例进行说明。

济南商会公所于1902年开办,它参照上海商会公所章程,以城市24行帮为基础而组建。商会初期的官办色彩较为浓厚,商务总局总办亲自兼管商会,总办不仅亲自出席商会举行的历次大会,而且规定遇有重大商情等,须由总董(总理)代为上陈总办,重大功过奖惩也由商务总局总办代表官府督办。1905年,济南商会公所改称山东济南商务总会,其职责功能也据商会简明章程作了相应调整,以"联络商情,启导商智,保护商业"为宗旨,属领汇兑、典当、钱业、杂货业、绸布业、酒业等24个行业。民国建立后,商会的独立性日益增强。1916年通过了《山东济南总商会章程》7章29条,该章程与1914年北洋政府颁布的"商会法"相参照,对商会的组织、人事、经费、活动等各方面作出了具体而详细的规定。商会也由"总理制"改为"会长制"。济南商会有自己独立支配的经费和财产,经费来源主要有两种:一

①丁进军:《晚清山东地方商会史料》,《历史档案》1996年第4期。

是入会商号交纳的会费和捐赠,二是商会处理债务纠纷的提成。商会的经费从筹措、开支到查核都由商会按照自己的财务制度独立处置,体现了济南商会作为独立商办民间社团的性质。抗战时期,济南商会被日本人控制。济南商会所属工商业倒闭达 1/3 以上,其余大部分也濒临破产。1948 年 9 月济南解放后,市商会行使济南特别市授予的职权,1949 年 10 月济南市工商业联合会筹备委员会成立,同时也宣告近代济南商会的结束。

(二)近代山东商业发展的各个阶段

晚清时期,山东商业发展的最重要内容是省内各类城市的相继开埠。近代山东城市开埠可分为两种:约开商埠(主要是沿海城市)与自开商埠(主要是内陆城市)。城市开埠,一方面为外国资本掠夺中国的自然资源敞开了大门,另一方面使沿海城市的商业有了很大发展。1861 年开埠的烟台是山东省最早开埠的通商口岸。1898 年德国侵占胶澳(青岛地区),并把其辟为商埠,港口贸易开始兴盛。威海是山东沿海第三个被辟为商埠的通商口岸,1898 年英国强行租借,进而定为自由港,于 1900 年开埠。1905 年,济南、周村和潍县同时自开商埠。

民国建立至抗日战争前,除龙口等城市继续开埠外,山东的民族商业有了一定发展,但随着日本资本入侵步伐的明显加快,引发了省内民众的抵制日货运动。

(1)民族商业的发展。辛亥革命后,随着交通运输业的发展,人口的增加以及保护商业法令的实施,山东的民族商业有了较大发展。以济南为例进行说明。济南是山东陆路交通中心,日本占据青岛时,为躲避战乱,青岛的一些工商业主开始将资本转移至济南。1916 年,军阀吴大洲占据周村、潍县,两地的商业资本也大量流入济南,开办银号、汇兑庄、棉布庄、碎货行等。1914 年加入济南商务总会的会员达 1800 家。济南的民族商业以章丘孟家和桓台苗家为代表,形成集团势力。随着洋货的涌入,杂货业、新兴电料行、车行发展较快,济南双得利车行、大兴电料行先后开业。1914 年,北洋政府为规范商业行为,制定《商人通例》,规定 17 种行业为商业。为促进商业发展,同年在济南举办山东物品展览会,占地 60 余亩,划分街衢,各商业、饭馆、戏剧业等开展经营活动。

（2）日商资本入侵与抵制日货运动。日本取代德国侵占青岛后，除接收德国工商企业外，大批日商涌入，进行经济掠夺。日商在青岛较著名的洋行工厂，1916年有27家，1917年达18个行业、207家，占青岛全部商户的 30%。1929年，青岛有外资商业共 486家，其中日商 400 家。1919年五四运动爆发。山东商界积极参与，青岛、济南、烟台、济宁、潍县、周村等省内主要城市相继罢市。五四运动中，全省日货大减，有的近乎绝迹。在抵制日货的同时，山东各

"五月的风"雕塑，位于青岛市五四广场，激励人们勿忘国耻，永记五四爱国精神

界提出使用国货。1930年，成立青岛各界国货运动委员会，规定各机关、学校、家庭均应购用国货。1932年，在济南设立山东省劝业商场，后改为国货商场，令场内商人一律出售国货，并筹设国货批发所、国货陈列馆、国货公司以及国货推销委员会。国货市场以"提倡国货，振兴商业"为宗旨，在1934年济南国货商场的开业典礼上，韩复榘说："如今世界潮流、科学进步、工商业竞争，我国事事落后，因为工商业不如人，每年才有几万万的入超。流出去的钱是哪里来的？都是中国人的……以后无论个人、家庭或是所在的机关，凡本国有的东西，不管是好点坏点，钱贵点贱点，还是用本国的好。因为少买一点外货，钱少流出一点，国家就多一点生机，望大家觉悟、猛醒、努力实行。"[1]在地方政府的大力倡导下，这一时期山东的城乡商业有了一定程度的恢复和发展，商品流通不断扩大，商品种类及销售数量有所增加，商业规模得到扩展。据1932年统计，全省商业市镇共有856处，商店22000家。[2]

日伪统治时期，山东的商业发展受到严重摧残。日军侵占山东后，对山

---

[1]《山东民国日报》，1934年12月2日。

[2]何炳贤：《中国实业志·山东省》，实业部国际贸易局1934年版，第231页。

东的金融实行全面控制,初期强令日本军票和法币通用,使大量日钞充斥市场。继而发行"联银券",使之成为法定"国币",结果使大批银行钱庄无存无放,瘫痪破产。在日伪统治下,山东的民族商业受到严重摧残。如济南的棉布市场,1939 年经营量 56 万匹,不足抗日战争爆发前进销量 308 万匹的20%;经营行庄战前 120 余户,战后仅余 50 户;战后茶叶每年进销量 650 万斤,较战前减少 20%;药材的集散量不及战前的 1/3,使已有数百年历史的、全国三大药市之一的济南药市会凋零。

抗战胜利至新中国成立前,国统区的商业日益衰落,解放区的商业则日益发展。抗日战争胜利后,国民党政府以"接收"为名,行掠夺之实,大肆抢占社会财富,导致大批商户歇业,如济南 1946 年歇业 104 家,1947年歇业 529 家,1948 年歇业 545 家,合计 1178 家,还不包括自行倒闭歇业的。同时,国统区出现了恶性通货膨胀,如济南地区的面粉价格 1948年 8 月比 1946 年 1 月上涨 4100 倍(见图 4 - 13)。济南市场批发物价总指数 1948 年 8 月比战前上涨了 2.2 万倍,其中小麦、玉米、大豆、棉花等农产品价格上涨了 4.1 万倍,棉纱、白布、煤炭、食油、面粉、食糖、火柴等工业品价格上涨了 8.8 万倍。物价上涨的幅度在历史上是罕见的,"法币"已成了一堆废纸(见表 4 - 33)。面对物价暴涨,国民党政府于 1947 年先后公布《经济紧急措施方案》、《非常时期取缔日用重要商品囤积居奇办法》、《评议物价实施办法》、《财政经济紧急处分令》等抑制措施,但商人仍存货不存钱,甚至拒绝出售商品,造成有行无市、有市无货的局面,国统区经济最终崩溃。

表 4 - 33 1945—1949 年济南市场批发价格指数

年 份	以战前为 100	以上年为 100
1945	64400	418.5
1946	474600	737.0
1947	418590	882.0
1948	2202859	526.3

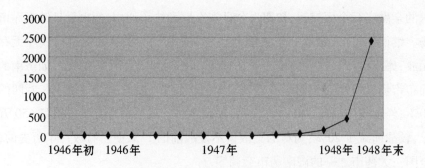

图4－13 1945—1948年间济南市场面粉价格飞涨图(单位:法币 万元)

与此同时,解放区的经济取得了一定的发展。一是通过对日伪统治区的贸易,发展了抗日根据地经济。1940年山东省临时参议会通过的《山东省战时施政纲领》中提出:统制对外贸易,禁止运粮资敌。各公营商店、贸易局一切输出物资均须用商品交换,不准用法币抵偿,以防止敌人掠夺物资。二是通过对国统区的贸易,壮大解放区经济。为保障解放战争的顺利进行,解放区政府组织武装经济工作队,对烟台、龙口、黄县、莱阳、潍县进行重点封锁,凡解放区的一切军用品、日用必需品绝对禁止输往敌区。同时开辟采购路线,吸收军用物资支援战争,如西药、电料、军火、布匹、棉花、鞋料等。解放区的“统制”贸易政策使根据地掌握了重要的物资,在对外贸易中取得了主动地位,为坚持敌后抗战、争取抗日战争的最后胜利奠定了必要的经济基础。

(三) 近代山东地区的商帮

明清以来,商品行业日益繁杂,商人队伍日渐壮大,市场竞争日益激烈。而对于商人而言,国家没有明文的法律保护,而民间又对商人冠以“奸商”的歧视。因而,商人利用乡里、宗族关系联系起来,互相支持,地域性的商帮就是在这一特定的经济、社会背景下产生的。由于商帮影响力大,于是就成为某种商品或多种商品市场价格的接受者,甚至是制定者和左右者。同时,商帮通过各种“行规”、“帮规”等来规避内部的恶性竞争,增强外部的竞争力。活跃在近代山东地区的商帮主要有鲁商、浙商、晋商等,他们的存在,活跃了近代山东的商品经济与国内贸易的发展。

1. 鲁商

山东商帮，又称鲁商，是近代中国十大商帮之一。山东商帮的主体是山东人，具有山东人质朴单纯、豪爽诚实的特点。正因为如此，与其他商帮相比，山东商帮的致富之道显得单纯，直截了当。山东商帮的致富之道，概括起来，就是长途贩卖和坐地经商的商业经营方式，讲求信用、商业道德，以及规范的商业行为。

（1）鲁商的形成。山东商帮发轫于先秦，形成于明清时期。

第一，传统商业时期。西周时，山东蚕丝业、染织业的发展为区域性的商品流通提供了条件。至春秋战国时期，齐国成为"海上丝绸之路"的起点，奔走在这条商路上的齐国商人就是初期的鲁商。在汉代，自张骞出使西域后，以丝绸为主的对外贸易迅速发展。山东临淄、东阿、定陶等地生产的丝绸，经洛阳、潼关，汇集长安，再出口到西域，这是汉代山东的"陆上丝绸之路"。陆、海丝绸之路的开辟，加速了山东商帮形成的步伐。北起北京、南至杭州的京杭大运河，沟通海河、黄河、淮河、长江和钱塘江五大水系，流经北京、天津、河北、山东、江苏、浙江六个省市，带来了中国历史上最大规模的南北物资交流。山东商业开始在临清、济宁、德州、聊城等沿运河城市活跃起来，刺激了农业和手工业的商品化生产。山东商人紧紧抓住了这一重大历史机遇，在这种优越的地理条件下不断发展壮大，为后来山东商帮的形成打下了坚实的基础。

第二，山东商帮时期。鸦片战争前后，中国的对外贸易规模空前扩大，商品经济迅猛发展，为了在激烈的竞争中巩固和扩大市场占有份额，各地出现了不同地域特色的商人群体，地域商帮逐渐兴起，山东商帮也正式形成。《清稗类钞》（农商类）"客帮"条："客商之携货远行者，咸以同乡或同业之关系，结成团体，俗称客帮，有京帮、津帮、陕帮、山东帮、山西帮、宁帮、绍帮、广帮、川帮等称"，山东商帮是当时的十大商帮之一。明清以来，山东商品经济的发展吸引了四方商贾群聚于此，也促使山东商人足迹遍布山海关外以及直隶、山西、天津、北京、上海、苏州、南京、芜湖、汉口、开封等地。清朝初年，山东商人已在这些地区建有会馆，如"旅汉山东帮"在牛皮出口港汉口设有"齐鲁会馆"、山东商人在中药材和丝绸中转站上海设有"山东会馆"、胶青登三府商人在苏州建立"东齐会馆"、济宁商人还在苏州建立了任城会馆。这些会馆对促进山东商业的发展和商帮的形成起到了很大的扶持作用(见表4-34)。除进行大规模的国内贸易外,山东商邦还积极进行国际贸易,与日本、朝鲜、俄罗斯远东地区、南洋等地都有密切的贸易联系。

表4-34　鸦片战争前后主要山东会馆一览表

会馆名称	所在地	始建时间	出资人	奉祀诸神	资料出处
山东河南丝绸公所(鲁豫堂)	上海新闸大王庙后	宣统三年(1911年)	山东、河南商人		《上海工商社团志》
山东会馆	安徽芜湖杭家山脚下	明代		秦叔宝	民国《芜湖县志》卷十三
山东会馆	江西铅山县河口镇	明末			万历《铅山县志》
山东会馆(又称齐鲁会馆、济南会馆、寿张会馆、汶水会馆、武定会馆、青州会馆)	北京校场头条胡同路西铁香炉	清代			《中国经济全书》第四编《会馆会所》,第452页
山东会馆	武昌北斗桥北	清代			同治《上江两县志》卷五《城厢》
齐鲁公所	武汉汉口戏子街	清代	山东商人		民国《夏口县志》卷五《建置志》
济宁会馆	天津北门外西崇福庵	清代	济宁商人		《津门杂记·会馆》
山东会馆(山东至道堂)	上海县城西门路	光绪二十七年(1901年)	山东商人	孔子	民国《上海县续志》卷三《建置志》
济宁会馆(大王庙)	江苏吴江盛泽镇	康熙十六年	济宁商人青、登、莱三地商人	金龙四大王	《吴江盛泽镇济宁会馆置田建庙记》
东齐会馆	江苏吴江山塘	康熙二十年		关帝、天妃	《重修东齐会馆碑记》
山东会馆	河南祥符县(今开封)				光绪《河南祥符县志》卷一《舆图志》

（续表）

会馆名称	所在地	始建时间	出资人	奉祀诸神	资料出处
山东会馆	西安五味什子			孔子	民国《咸宁长安两县续志》卷七《祠祀考》
山东会馆（天后宫）	辽宁海城县大南门内	乾隆初年	黄县商人	天后	民国《海城县志》卷三《地理》
山东会馆	营口阜有门内	咸丰年间	山东商人	地藏菩萨	《营口县志》卷三
山东会馆（天后宫）	辽宁盖平县城	嘉庆年间	山东商人	天后	民国《盖平县志》卷三《建置志》

　　第三，近代商会时期。会馆以维护同乡利益为目的，帮派性特点相当明显，渐渐地已不适应近代商业交往与市场竞争的需要，于是商会这种跨乡籍、行业的商人联合组织于 20 世纪初应运而生。1904 年晚清政府颁布《商会简明章程》，商会的存在有了法律的依据，商会的地位得以确立。山东重要城镇陆续成立商会。据农工商统计，1912 年有商会 47 个，1913 年有商会45 个。（见表 4－35）商会的建立对于山东商业的发展起到了一定的推动作用，也使得商人间的联系更加紧密，标志着商人组织由狭隘的宗法观念向近代转型。近代人们在探讨山东商人时，已不再着眼于单个的人物或现象，而是把山东商人视为一个有自己组织和管理的整体，他们拥有一套包括商业管理、经营谋略、商业品德和营商风格在内的系统内涵，这就是商会时期的鲁商。

表 4－35　近代山东商会一览表[①]

商　会	成立年份	商　会	成立年份	商　会	成立年份
荣成商务总会	清末	高唐商务分会	1911	济宁商务分会	1908

---

①张玉法：《中国现代化的区域研究·山东省》，台北："中央研究院"近代史研究所 1982 年版，第 600—605 页。

（续表）

商　会	成立年份	商　会	成立年份	商　会	成立年份
德州商会	清末	黄县龙口镇商务分会	1911	临沂商务会	1909
寿光羊角沟商会	1903	昌邑商务分会	1911	长清县商会	1909
滋阳商会	1904	平度商务分会	1912	寿光县商会	1910
济南商会	1905	新城商务分会	1912	掖县沙河商会	1910
潍县商会	1905	博山商务分会	1912	莱阳县商会	1910
滕县商务分会	1906	乐安县商会	1912	夏津县商会	1910
费县商会	1906	兰山商务分会	1908	青岛商务总会	1910
荣成县石岛商务分会	1906	泰安大汶口商务分会	1912	利津县商会	1910
烟台商务总会	1906	恩县商务分会	1912	齐东商务分会	1910
诸城商会	1906	文登商务分会	1912	郯城商务分会	1910
宁海州商会	1906	惠民商务分会	1912	单县商务分会	1910
益都商务分会	1906	蓬莱商务分会	1912	冠县商务会	1910
博山县商会	1906	滨县商务分会	1912	即墨商务分会	1910
泰安商会	1906	莒县商务分会	1912	临邑商务分会	1911
黄县商会	1907	平原商务分会	1912	邹县商务分会	1911
济宁商务分会	1907	馆陶商务分会	1912	聊城商务分会	1911
周村商务分会	1907	临清县商会	1908	昌乐县商会	1915
郓城商会	1908	高密县商会	1912	临朐县商会	1906

（2）鲁商的文化底蕴。鲁商之所以能成为近代中国十大商帮之一，除却具体的经营技巧外，最重要的是鲁商的文化底蕴。齐鲁文化和儒家文化是鲁商的文化基础，这两种文化所倡导的基本精神在鲁商身上都有突出的表现。

第一，齐鲁文化。山东是齐国和鲁国的所在地，故山东文化也称为齐鲁文化。实际上齐文化和鲁文化是两种有明显差异的文化形态。齐文化是典型的海洋文化，齐有鱼盐之利，工商业发达。尊贤尚功、尚功利、开放进取、雍容大度、与时变、随势化是齐文化的典型特征，用现在的话讲就是与时俱进。鲁文化是典型的农耕文化，强调亲亲上恩、布德于民。其文化特征中积极的一面是重和谐与秩序，讲诚信和仁义；消极的一面则是重农抑商，因循守成,不知时变,自给自足、封闭保守的小农经济意识比较严重。随着齐鲁两国的统一,齐、鲁文化也在不断地博弈、碰撞、磨合中经历了一个互相审视、选择和渗透的过程,最后形成了深深受到儒家文化影响的齐鲁文化。形成于先秦时期的齐鲁文化,至西汉时期,完成了从地域文化向主流文化的过渡,而主流文化主要是指儒家文化,所以,历史地看,齐鲁文化最终成为儒家文化的重要组成部分,并淹没于儒家文化的海洋中。

第二,儒家文化。鲁商被比喻为左手拿论语、右手拿算盘的人,可见他们受儒家文化影响之深。鲁商深得内圣外王之道,这是儒家文化的核心思想之一。所谓内圣,即孟子所说的"圣人,人伦之至也",即要求个人应在有限的生命内不断追求最高的道德修养;所谓外王,即要求圣贤不仅要追求个人的道德完美,更要求把这种内圣外化为经国济民、立志为国家和民族建功立业的道德实践。这是儒家所追求的最高境界,也就相当于《大学》里所讲的修身、齐家、治国、平天下。鲁商已经深得其中精髓,比如瑞蚨祥,它在追求盈利的同时把诚实经营和商品质量看得高于一切,一直奉行"至诚至上、货真价实、言不二价、童叟无欺"的 16 字方针。这是在自身道德层面的苛刻要求,即"内圣"。另外,包括瑞蚨祥在内的其他鲁商还开展了各种反抗外国经济掠夺的斗争,这是"外王"的最好实践。鲁商尊崇仁者爱人、以人为本这一儒家经典思想。孔子讲"仁者爱人",孟子则把它发展为思想、政治、经济、文化等方面的施政纲领仁政,仁政的核心就是以人为本。瑞蚨祥对进门的顾客殷勤招待,请坐、看茶,尊重程度不亚于今天的"顾客就是上帝"。鲁商还信奉博施济众、依群利己。1900 年八国联军攻侵北京,瑞蚨祥被洗劫一空。在巨大的灾难面前,孟觐侯向社会郑重承诺:凡瑞蚨祥所欠客户的款项一律奉还,凡客户所欠瑞蚨祥的钱物一笔勾销。司马迁讲:"天下熙熙,皆为利来;天下攘攘,皆为利往。"众多鲁商做到了君子爱财,取之有道,用之有度,正己正人、成己成物,做到了穷则独善其身,达则兼济天下。

(3)鲁商的经商之道。鲁商在自身文化底蕴的熏陶下形成了以下经营特点:第一,讲求商业道德,做生意不欺诈,并且服务周到,对客户礼貌有加,这些特点使他们的经营更具有竞争优势。如瑞蚨祥的色布是选用上好的白布加工的,缩水率小,下水不褪色,深受消费者欢迎。第二,讲求质量取胜。

山东商人向来崇尚以质取胜,讲求信誉是他们立于不败之地的秘诀。他们宁愿出高价到远地购买原料,也要生产合格的商品,绝不以假乱真、以次充好。如山东掖县人孙学仁在北京开设的正明斋糕点铺,所需原料必须是山西的核桃、密云的小枣、云南的桂花、冀京的山楂;次货一概不用;投料足,不合格的产品一律不准出厂。正因如此,山东商帮的致富之道体现了山东人性格的淳朴、敦厚和善良。第三,讲求规范经营。鲁商对内有细致明确的经营规范,对外尤其是在与生意对象间的信义约束上,他们也完全按照约定俗成的规矩行事。正是因为山东商人善于规范自己的商业行为,才相对其他商帮来说显得很质朴。而这份质朴又恰恰成为山东商人的经营高招。

2. 浙商

浙商是近代中国十大商帮之一。作为浙商重要代表的宁波商人,在近代山东亦很活跃,像济南、青岛、烟台等地的宁波商人,或为行商,或为坐贾,经营形式各不相同,但在当地均有一定的影响。

宁波商人在烟台的经营行业包括五金、化工、药材等,也有人经营钱庄业。新编《烟台市志》记载:"烟台开埠后,外商云集,1864年先后在烟台开设的公司、洋行有33家。随着对外贸易的发展,沿海及内地的商业资本向烟台发展,先是黄县、掖县和潍县的商人将资金投向烟台,后有闽粤及宁波商人在烟台开设钱庄商号。"1923年,由宁波商人傅筱庵、朱葆三等人为主要投资者的济东银行在烟台设分行。1924年9月,烟台镇守使奉吴佩孚的命令勒令济东银行烟台分行停闭,并"严密查封"。为此济东银行股东联合会代表傅筱庵、朱葆三等发出申请书,"将损失情况,声请本埠总商会,电恳政府接济,总商会已于前日电呈北京政府"。

宁波商人在近代青岛金融业中占有一定地位。张绚伯于1923年经同乡李思浩的推荐,去青岛筹设明华商业储蓄银行分会,建成后任经理。由于他善于经营,业务发展迅速,吸收存款最多时达百余万元,居当地私营银行首位。后受青岛市长沈鸿烈之邀,出任青岛繁荣促进会主任。明华银行总行改设上海后,张绚伯任总经理,但明华银行的业务重点仍在青岛,张兼青岛分行经理,来往于沪、青两地。在其他行业中,浙商在烟台和青岛的经营活动也很广泛。具体见表4-36。

表 4 - 36　浙商在烟台、青岛活动一览表

	商铺	经营项目	开办者	成立时间
烟台	鸿安轮船公司(上海—烟台航线)	运输	叶澄衷	1889 年
烟台	三北轮埠公司(上海—烟台航线)	运输	虞洽卿、虞顺恩父子	1889 年
烟台	永安商轮局	运输	陈志寅	
烟台	老顺记、新顺记分	五金器材	叶澄衷	
烟台	谦和靛油号支号	销售化工厂原料、机械设备及药品等	周宗良	
烟台	信谊药厂烟台办事处	销售"消治龙"等西药	鄞县人鲍国昌	1941 年
烟台	永仁堂	中成药	乐氏家族	
烟台	济东银行烟台分行	金融	傅筱庵、朱葆三	1923 年
青岛	上海茂昌公司蛋品加工厂	蛋品加工	郑兴源	1919 年
青岛	华德泰百货店	百货	许咏春	
青岛	万康百货店	百货	庄宝康	
青岛	泰康食品公司罐头厂	食品加工	许咏春、庄宝康	1914 年
青岛	东海大饭店	餐饮、洗浴、电影院等	张绸伯	1933 年
青岛	亨得利钟表行	钟表	郑春华	1936 年
青岛	谦和靛油号支号	销售化工厂原料、机械设备及药品等	周宗良	
青岛	宏仁堂	中成药	乐氏家族	
青岛	信谊药厂烟台办事处	销售"消治龙"等西药	鄞县人鲍国昌	
青岛	上海国货公司青岛联合营业所	国货	五和织造厂、中国化学工业社、华生电扇厂	1934 年
青岛	顺兴洋服店	服装	李鼎诚	1916 年
青岛	震泰洋服店	服装	鄞县人董阳华	1916 年
青岛	明华商业储蓄银行分行	金融	张绸伯	1923 年

　　浙商在近代济南轻工业中也有一定的经营活动。山东的著名食品企业泰康食品公司就由浙商创办。镇海人庄宝康、徐泳春于 1914 年在济南设立泰康食品厂,并于 1924 年将该厂改为股份有限公司。1929 年,泰康公司把上海、济南泰康罐头股份有限公司改名为"中国泰康食品股份有限公司",总管理处也从济南迁到上海,并在济南设立分公司。此外,浙商在济南有不

少代理店,项松茂的五洲药房、黄楚九的中法药房、孙梅堂的大西洋、王光祖的亨得利等店,在济南都有代理机构。

除了浙商外,近代南方的其他商帮也在山东从事各种经营活动。烟台、青岛相继开埠通商后,随着贸易的日益兴盛,福州、潮州、广州等地商人资本在山东沿海城市的经营势力迅速崛起,并在商业贸易中担当着愈来愈重要的角色。潮州和福建等地的商人先后在烟台创设潮州会馆和福建会馆。1905年广东帮商人在青岛设立了广东公所,第二年,苏、浙等省商人设立了三江会馆。广东帮与三江帮中有不少是从事行栈代理批发业的大商人,对当地土货的购销具有相当的影响力。南方商帮这种灵活、务实且富有进取精神的经营方式,很好地适应了贸易形势的变化,所以他们在近代山东市场中逐步发展壮大。

3. 晋商

晋商是近代中国最著名的商帮之一。清代山东中西部地区城镇商业以山西(晋帮)商人占优势。晋帮商人的经营主要集中于盐、典、钱三个行业,各地文献记载的晋帮"殷商大贾",其实也多是指这三业商人。如峄县盐、当二商"多山右人",特别是盐商,"自道光以来,领运者多山右巨贾"。道光年间,曹县城内"钱店及杂货多山西人",城外市镇"皆有山西贾人开设典当、钱店,均生意茂盛,一切贸易颇资其利"。而在曹州府城菏泽,钱商也是"多晋省人"。山东晋帮商人与盐、典、钱三业的内在联系,构成了其资本经营的一大特色。但是,晋帮商人资本在经历了一个多世纪的繁荣兴盛之后,从19世纪50年代起,其势力便开始衰落。在近代市场经济变化的条件下,行业消长对晋商势力的衰落无疑起了推波助澜的作用。以往晋商经营大都集中于传统的盐、典、钱三业以及粮食、土布、铁器等行业,这些行业在清末民初或者因自身性质而日趋衰落,或者因新兴行业及新式商人强有力的竞争而不再具有以往显赫的地位。以济南晋商为例进行说明。

以济南晋商为例,在省城济南,山西帮商人的声势地位曾经煊赫一时,在银钱业、典当业拥有很大的经营势力。但到20世纪20年代中期,晋帮商人开设的谦裕、永吉、正立三家大典当行相继歇业。即使在其过去最擅长且最具实力的银钱业,晋帮商人同样也是江河日下,几乎完全为山东商人所取代。1920年,济南商埠27家银号中,只有两家为晋帮商人所开,其余银号皆由章丘商人所开。商帮构成的变化,归根结底源自于贸易形势的变化。与山西帮传统商人形成鲜明对照,东南沿海商帮充分利用了自身在沿海贸易上的优势,活跃于农副产品和手工业产品的远程贸易领域,在经营方式上与行栈业和行栈资本紧密结合;而山西帮商人则仍旧固守在盐典钱及少数几个传统行业,很少参与同远程贸易有关的商品交易,在贸易上转入劣势。新旧势力的消长导致商人资本的内部结构发生嬗替更迭:传统盐、典、钱商人资本让位于新式行栈商人,稳健保守的晋帮商人让位于富于进取精神的东南沿海商帮和山东商帮,从而使得形形色色的特许商、高利贷商和食息商最终被真正意义上的贸易商所取代。从济南晋商的变迁不难看出,晋商衰退的背后所隐藏的是一种结构性变迁。在变迁中,适者即那些善于抓住市场机遇、及时调整经营范围的商人将得以生存,并不断壮大;不适者即那些因循守旧、不善抢抓市场机遇的商人将逐渐衰落,最后难免遭遇被淘汰的厄运。因此,这种变迁无论是对商业资本的发展抑或是对近代市场经济的进步,都有着积极的意义和影响。

(四) 外国资本与近代山东商业

近代以来,外国资本对山东商业产生了重大影响。外国资本的扩张和商品的输入,加速了省内农村经济的破产,促进了农副产品和手工业生产的商品化,同时也压制和阻碍了民族工商业的发展。在近代山东商业的发展中,英国资本、德国资本、美国资本、日本资本都占有重要地位,但 20 世纪上半叶的日本资本则占据主导地位。

日本资本是近代山东势力最强的外国资本。自第一次世界大战以来,通过军事和经济侵略,日本逐步霸占了胶济铁路沿线主要城市的商贸市场。青岛是日本对山东进行经济侵略的中心,其资本势力一直处于优势甚至垄断地位。1921 年日本在青岛的贸易额占到青岛贸易总额的 87%。1922 年,青岛主权被收回后,日本资本受到了一定遏制,但仍占有优势地位。1934 年,共青团山东省工委书记刘宜昭写的《关于山东工作的报告》中指出:"日本帝国主义的经济势力深入到了农村,胶东八县的日货在百分之九十几以上。其次为英国货。中国商人忍受不住,不得不关门闭户,或者变为奸商。"七七事变后,日本重新占领青岛,青岛的商业贸易又处于日本资本的控制之下。日本商人以青岛为基点,沿胶济铁路西进投资经营,在沿线城镇遍设工厂、商铺、洋行,从而逐步确立了在山东商业贸易中的垄断地位。

在近代,山东省内主要的棉花交易市场均为日本所控制。如济南的情形。济南是省内最重要的原棉贸易中心,每年上市原棉百万担以上,其中通过津浦路南运者每年约十万余担,运往青岛者每年约七八十万担,销往本地纱厂者每年约一二十万担。运往青岛、上海者基本是供给日本纱厂,由日本洋行采办。在济南有日本棉花栈、东棉洋行等 10 家商行经销原棉,充当日本纱厂的代办人。"济南棉花行市,几全操日本人手中,而其每日行情,亦悉听青岛日纱厂之需要情形,由洋行论定市价之增减。"再如青岛的情形。青岛棉花市场"完全为日商势力把持",棉花的收购交易均以日本洋行的意愿为转移。"每日行市亦均由彼等挂出,概以日纱厂进货强弱及出口棉量之多寡为花价升降之机枢。"不仅济南、青岛如此,省内其他主要棉花市场也多为日商把持。此外,日本资本还控制了山东的棉纱和棉布市场。近代纺织机器兴起以后,潍县一带数县成为全省著名的棉纺织区,1933 年有织机 7 万到 10 万张,年产土布 200 万匹,为全省销量可观的商品。日商见土布销路很好,便进而仿照土布样式,采用机器纺织,直接将布匹销往潍县一带市场。机器织的布较土布细密,且较土布宽 2 寸有余,价格也便宜二三角至七八角,所以销量日益增加。1931 年销量为 726 吨,1933 年便增至 2979吨,占当地年运出棉布 6000 吨的近半数。至 1934 年,日厂产布已充斥市场,土布几无销路,土布机大都停工。

(五)近代山东的对外贸易

山东的对外贸易,古已有之。闻名世界的丝绸之路,不论是陆路还是海路,山东都是源头之一。但近代对外贸易与古代却大不相同。古代对外贸易,是主动的、自主的,交易是平等的;而近代对外贸易很多是被动的,受外国资本左右的。近代山东的对外贸易,主要集中于沿海地区和胶济铁路沿线地区的开放口岸。这些口岸的对外开放,既有外国列强倾销商品和资本输出的外在要求,也有山东经济发展的内在要求。在外国资本和民族资本的双重要求下,这些口岸城市的对外贸易都得到了相应发展,同时也带动了其他行业的发展,从而促进了山东经济现代化的进程。

1. 近代省内城市的对外贸易情况

(1)烟台。烟台是近代山东最早的对外开放口岸。第二次鸦片战争中,1858 年英法联军强迫晚清政府签订《中英天津条约》,开登州为商埠,1861 年改为烟台。1867 年,英国首辟直达烟台的贸易航线,继而日本、俄国和欧美国家也开通了烟台航线,从此烟台成为山东沿海洋货进口和土货出口的集散中心。在时人眼中,烟台港口"船舶往来,四时不绝;帆樯林立,货物辐凑,买卖极盛"①。从 1861 年开埠到第一次世界大战前,烟台是山东沿海的贸易中心。在烟台的外国资本势力中,英国占绝对优势,其次为日、美、俄、朝鲜等国。

作为山东沿海的贸易中心,烟台的对外贸易首先得以发展。烟台外贸的进出口量逐年增加,进口增长速度和实际数额大大超过出口,直到 1911 年出口贸易额才超过进口贸易额。当年的出口额为 1319.6 万海关两,进口额为 847.8 万海关两。烟台港直接进口的洋货与出口的土货在各项进出口总值中比重一般分别在 20% 和 30% 之间。② (1)进口商品以工业品为主。以鸦片、棉纱、棉布、金属品为大宗,其次为煤油、大米、面粉、精糖等。其中,棉布、棉纱、煤油增长最快。1864 年进口棉布 11.1929 万匹,1900 年增长为 131.3570 万匹。1872 年进口棉纱 1980 担,1900 年增长为 10.9458 万担。1868 年进口煤油 2310 加仑,1900 年增长为 484.4342 万加仑。(2)出口的土货以农产品为主,主要有豆类制品、咸干鱼、虾米、虾干、茧绸、丝、草帽辫、粉丝等。1863 年至 1900 年,烟台出口的豆饼由 59.6904 万担增长为 115.9638 万担,咸鱼干由 980 担增为 43901 担,虾米、虾干由 2922 担增为 9011 担,茧绸由 203 担增为 2588 担,丝由 22 担增为 23115 担,草帽辫由 307 担增为 35737 担。烟台的进出口贸易,于 19 世纪末 20 世纪初发展到鼎盛,1905 年的贸易总额达到新中国成立前的最高值 4435.26 万两(见图 4 - 14)。后由于青岛港的兴起,特别是青岛港与胶济、津浦铁路的联运,"一港两路"几乎将烟台进出口渠道夺占一空,使之由山东沿海第一对外货易集

①日清贸易研究所编:《清国通商综览》,汉口乐善堂 1892 年印制,第 228—229 页。
②交通部烟台港务局:《山东近代沿海通商口岸贸易统计资料》,对外贸易教育出版社 1986 年版,第 129 页。

散口岸,下降为山东沿海地区贸易的二流港口。

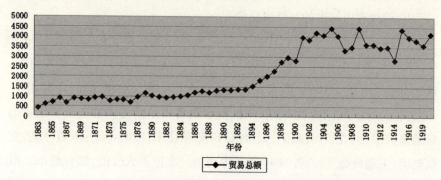

图4-14 1863—1919年间烟台的对外贸易总额变化图①(单位:万海关两)

(2)青岛。青岛是近代山东最重要的对外贸易口岸,1900—1932年间贸易总额逐年上升(见图4-15)。1898年德国迫使晚清政府签订了《胶澳租界条约》,胶州湾成为德国的殖民地,青岛成为山东第二个对外开放的约开商埠,山东成了德国的势力范围。至第一次世界大战前,德国在青岛成立轮船公司5家,航线遍及世界主要港口城市,使青岛对外贸易很快发展起来,成为山东首屈一指的对外贸易口岸,全国六大现代化港口之一。

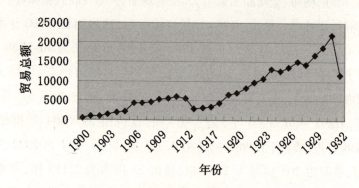

图4-15 1900—1932年间青岛贸易总额变化图②(单位:万海关两)

第一次世界大战前后,青岛对外贸易结构发生了重大变化。战前德国占绝对优势,操纵青岛贸易大权,德商在青岛享有优惠特权。其次是日本、法国、英国和美国。1902年,从德国进口的铁路、矿山设备就占青岛洋货进口的40%。1910年,仅德国进口铁路器材一项,货值就达260多万海关两,

①②根据《山东省情资料库·海关库·监管》绘制。

占洋货进口总值的38%。战后日本势力膨胀,取代德国成为青岛对外贸易的霸主。1921年,日本在青岛的贸易额为2662万海关两,占青岛外贸总额的87%。战后欧美国家对青岛的进出口贸易有所恢复发展,其中美国发展最快。到20世纪20年代初,美国在青岛的贸易额比重达到10%,仅次于日本,占第二位。

　　1922年,中国从日本手中收回青岛主权,青岛港吞吐量逐年增加。1929年至1937年抗日战争爆发前,年吞吐量保持在200万吨以上,最高年份1936年达298.8万吨。进出口船舶年停泊3900艘次以上,最高年份为4801艘次。进出口货物在六七百万吨之间,其中有6个年头达到700万吨以上。贸易额也呈逐年增长之势:1923年为10746万海关两,占全省贸易总额的71.63%;1930年达到18581.8万海关两,占全省贸易总额的80%;1931年最高,达到21827.5万海关两。以后几年,因日本帝国主义侵占东北三省等原因,贸易额有所减少,从1933年到1937年,均未达到1亿两以上,如1933年为8987.5万海关两,1935年为9979.1万元。但在中国北方诸大港口贸易额比重中,青岛港贸易额所占比重却有增无减,如1932年占32%,1937年抗战前夕占到38%。

　　对外贸易中进出口货物结构方面,青岛进口洋货和出口土货主要各有10大类。进口商品以工业制成品为主。其中较具代表性的有洋布、洋纱、煤油、五金、火柴、染料、糖、针、卷烟、面粉10大类,这10类商品在第一次世界大战前约占进口洋货总值的80%。德占时期青岛进口的大宗洋货有洋布、五金、糖、面粉、煤、美国煤油、铁路材料、开矿材料等。在这十年中,青岛进口洋货中以洋布、五金、糖和美国煤油增长最快,它们在1913年的进口量分别是1903年的4.6倍、14倍、28.7倍和5.8倍。随着进口洋货数量的增长和种类的增多,它们的销售市场也扩大了,而市场需求的增加又促使洋货进口量更大的增长。据统计,1904年胶济铁路全线通车,由铁路运入内地的洋货运量总值为699.3万海关两,1905年即增长到888.1万海关两,是上年的1.27倍,其中以棉布、棉纱、金属和火柴为消费大宗。北洋政府统治时期(1922—1928年),进口洋货主要有洋纱、洋布、棉花、五金、煤油、汽车、洋烛、卷烟、水泥等。出口商品以农业产品为主,主要有草帽辫、茧绸、生丝、花生类产品(带壳花生、花生仁、花生油、花生饼)、牛制品(牛肉、牛皮、牛油)、铁矿、小麦、煤、烟叶等。德占时期出口的土货为花生、花生油、煤、草帽辫、丝、茧绸、烟叶、豆油、药材等;1918 年后,花生仁、盐、棉花、丝、煤、烟叶等土物成为出口大宗。1910 年由山东输出的棉花在 15000 担以上,1911年在 40000 担以上。花生也成为大宗出口土货,1913 年烟台、青岛两港口出口的花生量占全国出口量的 53.3%。青岛的花生油出口以 1926 年最盛,达 58 万担,主要销于美国、日本和欧洲。1924 年以后,由于青岛本地纱厂的发展,棉纱、棉布变为出口大宗。

(3)威海。1898 年英国强占强租威海卫,1901 年条约开埠。为吸引中外商人到威海卫投资经商,英国人除修建码头,组建驳船公司,成立"泰茂"、"和记"等洋行外,还鼓励和欢迎当地商人和其他外国人到威海建码头,设洋行。随着码头、洋行的增多,威海卫商业及对外贸易由此兴起。据统计,1902 年进出威海港的船舶达 146 只,1909 年增至 567 只。威海港的对外贸易额,以1919 年为例:进口额 537.4 万元,出口额达 273.6 万元。但是,自此以后,威海港进出口贸易没有什么发展。1930 年,南京国民政府收回威海卫主权后,贸易有所发展,但以后又处于停滞或下降状态。从《近代山东沿海通商贸易统计资料》看,威海港口吞吐量 1930 年为 0.8 万吨,1931 年为 4.3 万吨,1932年为 3.2 万吨,1933 年最高为 7.2 万吨;1934 年降低一半多,为 3.4 万吨;1935 年为 4.9 万吨;1936 年为 4.1 万吨;1937 年为 4 万吨。进出口贸易额,1930 年总计 146 万海关两,1931 年为 389.9 万海关两,1932 年为 603.5 万海关两,1935 年为 512.7 万元。[①] 威海出口以花生、食盐为大宗,进口以石油、面粉、棉布、煤炭为大宗。进口主要由香港、上海、天津、大连等港口转运,出口则主要由香港转运销往欧洲。

(4)龙口。龙口于 1914 年自开商埠。龙口港开放以后,进出口贸易大有发展很快,且进出口货物有较大变化。开埠前以煤炭、木材为进口之大宗,出口以粉丝、豆饼、杂粮为主。开埠后,出口除粉丝有所增加外,豆饼、杂粮反转为进口。进口则渐次由棉纱、棉布、煤油等占了优势地位,煤炭、木材等退居进口次要地位。龙口外商主要是日本和俄国,但直接贸易不多,贸易多为转口出入。1919 年,由中国工程人员自己设计建成了栈桥式近代码

---

①1935 年的统计数据见何廉:《华北冀鲁晋察绥五省经济在中国经济之地位》,载《东方杂志》1936 年第 33 卷,第 7 号。

头,使龙口港名声远扬,对外贸易迅速发展起来,超过威海而跃居山东沿海第三大对外贸易港口。1927 年至 1931 年,龙口各业商号达 637 家,有 77 个国家和地区与龙口有贸易往来,其进出口贸易额呈不断增长的态势(见图 4 - 16)。其中 1920 年为 400 万海关两,1922 年为 600 万海关两,1927 年增至 1180 万海关两。龙口粉丝驰名中外,为主要出口商品。1927 年的出口量为 2620 万公斤。其他如黄县把梨、供香、沙粉、草编等,亦为出口之大宗。进口货物则主要是日本及中国香港、中国台湾、爪哇等地的红白砂糖、面粉、纸烟,还有英、美等国的香烟、石油等。

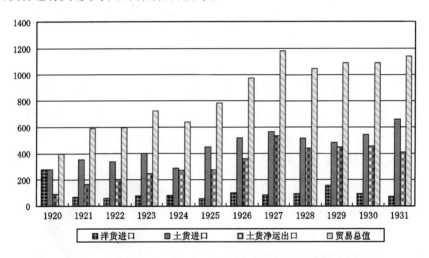

图 4 - 16　1920—1931 年龙口进出口贸易额统计[①](单位:万海关两)

(5)济南。济南是近代山东最大的内陆开放城市。1905 年自开商埠后,济南的对外贸易开始起步。辛亥革命后,其进出口贸易总体呈上升趋势。一战结束后,欧美外资势力大批涌入,济南的海外贸易达到繁盛时期。1923 年由胶济、津浦两路运入济南的货物总量为 45.4 万吨,运出 44.6 万吨;从价值上看,胶济、津浦两路 1924 年输入货价为 795.5 万两,其输出货价为 5535.2 万两。济南同内地的贸易也迅速发展,范围主要为山东本省的武定、东昌、泰安、沂州、济宁、临清等州府,河北省的顺德、永州、大名等府,河南省的怀庆、彭德等府,以及山西、徐州等地。据 1933 年的调查,济南有

①交通部烟台港务局:《近代山东沿海通商口岸贸易统计资料(1859—1949)》,对外贸易教育出版社 1986 年版,本图根据该书第 12—13 页统计表编制。

商业 47 行,商店 1228 家,洋杂货店 52 家,营业额达 58.6 万元。1932 年至 1935 年间,由于社会比较安定,货物流通顺畅,济南商品年输入量达 108 万吨,输出量达 56.6 万吨。济南是中国北方最大的棉花市场,20 世纪二三十年代,棉花年上市量 100 万担左右,大多通过两铁路转至上海、青岛出口。

2. 近代山东的主要海关

海关主权是国家主权的象征,海关关税则是国家财政收入的重要组成部分。外国列强不仅掌握了近代中国的海关主权,还控制了关税收入。围绕着海关主权,近代中国历届政府同外国列强进行了激烈争夺。南京国民政府成立后,于 1928 年、1930 年先后与英、美、德、日等国家签订了关税条约,实现了关税自主。近代山东的主要海关有烟台的东海关、青岛的胶海关等。

(1)烟台的东海关。近代烟台口岸有两个海关:一个是晚清政府控制下的东海关监督衙门,另一个是由海关总税务司署所管辖的东海关税务司署。围绕着东海关的控制权,中国政府与外国列强展开了激烈争夺。

1862—1900 年:晚清政府行使海关主权时期。东海关监督衙门建成之初,海关监督对山东沿海 23 个海口享有完全的主权,各海口所设的东海钞关统归其监督管辖,并按户部制定的税则征收厘税。东海关监督一般由登莱青兵备道道台兼任,近代中国著名官商盛宣怀曾任此职。东海关税务司署建立后,由于洋人税务司的属员任免权掌握在总税务司洋人赫德手中,只执行总税务司的指令,因此东海关监督无权管理东海关税务司。东

盛宣怀:第七任登莱青兵备道道台
兼东海关监督

海关监督衙门只能管理中国帆船及所载货物,而外商船舶及其货物的管理均被东海关税务司署控制,但是征收的关税必须交给东海关监督,再统一上交朝廷,厘金也由监督分成留给地方使用。

1901—1930 年：海关税务司接管时期。《辛丑条约》签订后，在总税务司赫德的策划下，外国列强迫使晚清政府用关税、厘税和盐税作抵押偿还战争赔款，从而控制了中国海关主权。根据总税务司的指令，同年烟台港及其50 里内的常关由东海关监督衙门移交东海关税务司署管辖，自此烟台港征收的全部关税和厘金不再由东海关监督上缴和分配，而改由税务司直接储存于设在烟台的英国汇丰银行和俄国道胜银行，然后上报总税务司分派给各"缔约"国家，东海关监督再无权过问和经办进出口外洋的船舶监管和进出口货物关税。后来龙口、威海等海关也并归洋关。

1931—1937 年：附庸时期。1930 年全国关税裁厘会议决定常关全部裁撤，改为洋关分卡。此后东海关税务司署以东海关的面貌出现。东海关监督公署成了专门转达南京政府财政部下达东海关的文件、指示和命令的机构。东海关监督实际上成为洋关的附庸，原属于东海关监督的权力，全部由东海关税务司所取代。

1938—1945 年：傀儡时期。1938 年日本占领烟台，东海关完全被日本侵占。2 月南京国民政府财政部通过总税务司下达命令，宣告撤销东海关。3 月伪华北政务委员会根据日本控制海关的需要，又成立东海关。1942 年东海关监督更名为海关长，直至 1945 年 8 月为止。

（2）青岛的胶海关。1899 年胶海关设立后，青岛地区德租界内的常关及分卡与东海关脱离隶属关系，统归胶海关管理。1922 年，北洋政府收回青岛，同年12 月设胶海关监督，青岛各常关、常关分关、办事处均归监督公

飘扬着龙旗的胶海关

署统辖。1931 年,南京国民政府财政部海关税务司对海关机构进行调整,将所有常关改称海关,并重新划分了隶属关系。原东海关的乳山口、石岛、石臼所、陈家官庄、张家埠和金家口等分关分卡改属胶海关监督公署。1937年,南京国民政府财政部通过总税务司下达命令,宣告撤销胶海关。日本占领青岛后,日伪北平临时政府又成立胶海关,将胶海关最高长官的职务名称改为"海关长"。国民政府接收青岛之后,只设胶海关税务司署,未设胶海关监督公署。1949 年 6 月,青岛市解放,中国人民解放军青岛市军事管制委员会派出军代表接管胶海关。1950 年中央人民政府海关总署通令各地海关名称统以所在地城市现有名称为关名,胶海关正式更名为中华人民共和国青岛海关。从胶海关的统计资料看,日本、美国是最重要的贸易国家(见图 4 – 17)。

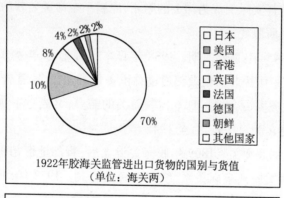

1922年胶海关监管进出口货物的国别与货值
(单位:海关两)

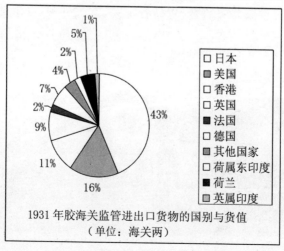

1931 年胶海关监管进出口货物的国别与货值
(单位:海关两)

图 4 – 17 1922、1931 年胶海关监管的进出口货物的贸易国别与货值表

（3）解放区海关。山东解放区的海关工作可追溯到抗日战争之始。1938年4月，胶东的蓬莱、黄县、掖县相继建立了最早的抗日民主政权，成立了北海行政督察专员公署。为了筹集抗日经费，北海行政公署与龙口海关谈判要求以80%的关税作为抗日经费，后提取60%的关税用于抗战。1941年山东各抗日根据地，在与敌伪统治区交界的交通要道和集镇，设立类似海关性质的税务所、税卡，并设有税务武装。烟台、青岛解放后，山东省人民政府对全省海关机构进行调整，胶海关更名为青岛海关，东海关更名为烟台海关。

3. 外国资本与近代山东对外贸易

外国资本在近代山东的对外贸易中扮演了重要角色。通过条约开埠或自开商埠，近代山东的对外贸易由沿海的青岛、烟台、龙口、威海扩展到济南、周村、博山、淄川、张店、潍县、高密等多处。外国资本对近代山东对外贸易发展的影响主要有以下方面：

（1）近代山东成为外国列强的商品倾销地和原料输出地。第一次世界大战之前，山东的对外贸易一般是进口大于出口，山东成为外国商品倾销地。一战以后，出超的年份多于入超的年份，山东成为外国列强的原料产地。据1933年的调查，山东上货出口，1933年比1868年增长200倍以上，洋货进口增长30倍多。1935年山东沿海各口岸进出口贸易额如下：胶州（青岛）进口额为5123.3万元，出口额为4855.5万元；威海进口额为221.2万元，出口额为291.5万元；烟台进口额为667.8万元，出口额为785.2万元；龙口进口额为279.9万元，出口额为326.4万元。由以上数字看，除青岛为入超外，其他三港均为出超。

（2）日本资本对近代山东对外贸易的影响最大。19世纪下半叶，英国势力占优势地位，日本、欧美次之。20世纪初至第一次世界大战以前，德国势力占优势地位，日本、英、法、美为次。第一次世界大战以后，日本势力膨胀，占了绝对优势，垄断了山东的对外贸易。1922年，青岛有洋行16家，日本的就有9家，占56.25%。20世纪30年代日本商行遍布山东各地，如在济南10家、在张店4家。山东商贸市场几乎全部为日商操纵。山东市场日货充斥,据 1934 年的统计,胶东 8 个县,日货占 90% 以上。① 其他各国,"没有可和日本竞争的"②。

(3)国际走私活动严重危害了近代山东的对外贸易。国际走私在山东早已存在,最主要的是日本商人的走私活动。日本在华北大规模的走私活动,山东首当其冲,构成"华北走私的先声和开端"③。20 世纪 30 年代日本的走私活动,与当时的世界经济危机、国民政府的关税自主运动有重要关系。世界经济危机迫使日本商品寻找销售市场,于是走私活动大行其道;国民政府的关税自主运动,在收回关税自主权的同时还提高了日本商品的关税税率,这也引发大规模的走私活动。关于山东海路走私的数量难以作出准确统计,海关总税务司署每年编辑的《海关中外贸易统计年刊》中可见典型性的叙述。如:烟台港直接进口洋货 1934 年 760 万元,1935 年 970 万元,表面上呈增加趋势。而 970 万元货物总值中,缉查的私货即占 200 万元。是年,该港关税总额的 1/3 系征自充公私货,仅上半年缉获私货案件就有 130 件。海关统计中所列人造丝进口 36.8 万公斤,皆为充公私货;砂糖 1.9 万公担,也多系私运货品。龙口港 1933 年关税收入 130 万元中,所征缉获私货进口税占 13%。1934 年海关统计进口货物中,人造丝 140854 公斤,而上年仅 12690 公斤;糖品由上年的 4260 公担升为 16570 公担,两项激增的原因是缉私数额飙升。大规模的走私活动,不仅扰乱了山东的市场价格,破坏了正当贸易,而且使民族工业备受冲击,在山东最为突出的是丝织行业的衰败。

以周村丝织业为例进行说明。近代走私活动兴起后,日本人造丝进入周村的渠道增多,一是由下洼、埠口卸船的私货,在向驻防部队缴纳一定费用后,便可自由进入周村;再是由天津、秦皇岛进货,经铁路运输抵达周村;另外,设关海口如青岛、龙口未被查获或被查补交税款的走私人造丝也大量涌入。一时间人造丝汇集周村,日商、华商趋之若鹜,刺激了丝织业的畸形发展。1934 年前后,火车运输每日到达周村的人造丝,最少时约 4 节至 5 节车厢,多时达 13 节车厢,每节可装载 300 箱。④ 但好景不长,面对走私狂

①山东省档案馆、山东省社会科学院历史研究所:《山东革命历史档案资料选编》第 3 辑,山东人民出版社 1981 年版,第 265 页。
②同上书,第 112 页。
③臧运祜:《七七事变前日本对华政策》,社会科学文献出版社 2000 年版,第 196 页。
④山东省政协文史资料委员会:《周村商埠》,山东人民出版社 1990 年版,第 31 页。

潮,南京国民政府加大了缉私的力度,除督促海关订立缉私章则,建立缉私舰队,成立海关警队外,还加强民船管理,对铁路、公路、内河运输严加稽查,实施了许多查缉方案。1935 年,国民政府一方面委派胶海关到周村缉私;另一方面扣留了储存在上海的周村丝绸,严令丝绸商和丝织业主将所有人造丝、半成品和成品补交关税,产品出境需领取运输证,并在车站、邮局设卡。不足一年,使用人造丝生产的丝织工厂和作坊基本歇业,周村丝织业一落千丈,此后未再兴盛。

(六) 对外贸易与近代山东经济中心的变迁

对外贸易的兴起与发展,与山东经济现代化的进程密切相关。对外贸易虽使外国列强倾销了商品、占据了市场,但同时也引发了省内新式工商业的发展。不仅如此,对外贸易还引发了近代山东经济格局的变迁。

1. 西部运河沿岸地区的衰落

传统经济时期,西部运河沿岸地区曾长期是省内的经济中心,因为这里有便利的运河交通及发达的农业和商业。临清、济宁、聊城、德州等都是重要的商业中心。其中临清是山东最大的商业城市,是冀鲁豫三省主要的经济枢纽和粮食流通中心;济宁是兖州、曹州府的流通枢纽,与江苏、安徽联系最为密切;聊城是鲁西北东昌府的流通中心,与山陕、辽东的关系紧密。基于农业和商业的繁荣,此时的运河沿线平原地区是山东的经济中心区,经济发达程度远高于半岛地区。19 世纪 50 年代的太平天国北伐战争和黄河改道,造成运河堵塞,工商业经济由此衰落。近代山东沿海各口岸相继开放及胶济铁路的修建,更加速了运河地区的衰落速度。在东部沿海地区最早接受外来事物的同时,省内的物流、人流、资金流逐渐从西部向东部转移,由此导致东部地区的经济发展速度大为加快。

2. 东部地区的崛起

晚清以来,迅速发展的对外贸易改变了山东原有的经济格局,"西强东弱"逐渐变为"东强西弱"。从 1860 年到 1932 年,烟台、青岛等沿海城市和济南、潍县、周村等内陆城市先后对外开放,形成了山东内外结合的开放格局。绝大多数对外开放城市都分布在沿海及胶济铁路沿线,半岛地区有四个,即烟台、青岛、威海、龙口,胶济铁路沿线有三个,即济南、周村、潍县,运河地区有一个,即济宁。无论是在烟台一口通商时代,还是在诸港分立时代,山东半岛和胶济铁路沿线地区,始终处在烟台或青岛港的直接辐射之下,山东的近代商品性农业和工业也大都布局在这一核心地带。而且由于地理位置优越,市场网络发育成熟,尤其是中级以上集散市场也基本上分布在这一地区。

3. 经济中心的变迁

随着"东强西弱"格局的演进,沿海地区和胶济铁路沿线地区日益成为近代山东的经济中心地区,而广大的西部、南部地区基本上是原料产地,处在依附地位。在经济比较发达的山东半岛地区,其内部也形成了不同的经济体系。一个是以烟台为中心的胶东外向型经济体系,这里是山东近代工场手工业比较发达的地区;另外一个是以青岛、济南为中心以铁路为纽带的青岛外向型经济体系,这里是近代山东最大的农产品加工市场和最重要的工业地带。① 如青岛、济南成为棉纺织工业和农产品加工业中心,潍县成为织布业的中心,烟台是外来手工业集散中心和缫丝业中心,周村、益都、栖霞是丝织业中心。另外还出现了许多专业化的市镇,例如泰安大汶口是花生产品专业市场,牟平、益都、栖霞与昌邑柳疃是丝织专业市场,掖县沙河镇是草帽辫专业市场等。基于近代工农业和商业的东部经济带成为全省经济最强大最有活力的地区,"东强西弱"的经济格局最终形成。这结束了西部运河地区作为全省经济轴心的时代,胶济铁路和沿海经济带成为全省的经济重心。这种格局长期存在,对今天山东经济地理产生了深远的影响。②

五、近代山东的金融业

金融,或者说资金融通,即通过金融中介组织解决资金的供给和资金的需求。金融是社会经济发展的润滑剂,近代主要的资本主义国家在工业革命中大都建立了相对成型的金融制度。近代山东的金融业也获得了很大的发展,并成为山东经济现代化的最重要成果之一(见表 4 – 37、表 4 – 38)。

---

①陈为忠:《近代山东经济格局变迁研究:以港口与腹地互动为视角》,《中国历史地理论丛》2005 年第 3 期。
②张彩霞:《以海洋为纽带:近代山东经济重心的转移》,《中国社会经济史研究》2004 年第 1 期。

随着经济社会的转型,尤其是被迫性地的对外开放,山东传统金融业如钱庄、银号、票号、典当等,经历了一个衰微、存续与转型的发展过程,而新式的金融机构如银行、保险公司、证券交易所、信托公司、同业组织等迅速发展,为山东的经济现代化作出了重要贡献。尤其是抗日战争时期成立的北海银行,成为中国人民银行的前身。新式金融机构的出现及初步发展,不仅标志着现代意义的金融体系的逐渐形成,而且为近代山东工业、商业、交通运输业等产业的发展提供了重要的资金来源。

表 4-37　近代山东金融业的主要构成

类　别		特　点
传统金融业	钱庄	出现于明清时期,广布于山东各地,资本规模或大或小,是传统金融业的最重要代表。
	银号	出现于民国初年,分布在省内主要工商城市,资本规模一般大于钱庄。
	典当	出现于明清时期,广布于山东各地,资本规模一般小于其他传统金融机构。
	票号	出现于鸦片战争以后,分布在省内主要工商城市,以晋商票号为主,资本规模一般较大。
	同业公会	出现于民国政府时期,主要包括钱业同业公会和当业同业公会。
新式金融业	银行业	出现于19世纪末,广布于省内主要工商城市,分为外资银行、官办银行、商办银行等多种形式,是新式金融业的最重要代表。
	证券业	出现于民国初年,主要分布在青岛、济南、烟台等城市,分为外国资本与中国资本两种形式,主要进行货币或汇票的交易。
	保险业	出现于19世纪后半期,主要分布在青岛、济南、烟台等城市,分为外资保险公司与华资保险公司两种形式,其中华资保险公司多是外省公司在省内的分支机构,极少有本省资本的保险公司。
	信托业	出现于20世纪初期,主要分布在青岛、济南、烟台等城市,专门的信托公司极少,多为银行兼营。
	同业公会	出现于民国政府时期,主要包括银行业同业公会和保险业同业公会。

表 4-38　近代山东金融业的主要业务

类别		特点
传统金融业	钱庄	存款、放款、国内汇兑等,有时兼营土产业。
	银号	同钱庄相同。
	典当	收当、取赎、存款等。
	票号	国内汇兑等。
	同业公会	答复官署咨询事项,调处同业纠纷,协调同业行为等。
新式金融业	银行业	外资银行:货币发行、存放款、国际汇兑等,有时发放政治性借款。 官办银行:货币发行(地方银行发行权力后被取消)、存放款、汇兑、公债的发行与承销等。 商办银行:货币发行(后被取消)、存放款、国内汇兑等。
	证券业	货币交易、汇票交易、股票交易、债券交易等。
	保险业	外资保险公司:水险、火险、船货保险等。 华资保险公司:水险、火险、人身保险等。
	信托业	有价证券保管、房地产经营、代理保险、代理收付等。
	同业公会	筹划同业改良,实施同业救助,协调同业行为等。

(一) 传统金融业

传统金融业主要是指钱庄、银号、票号、典当等。随着被迫性地对外开放,山东的传统金融业也呈现出不同于以往的发展态势,这些传统金融机构在传统经济时期占据重要地位,随着近代经济转型和新式金融业的兴起,一方面传统金融机构受到了严重的冲击,其规模和作用日渐削弱;另一方面传统金融机构也利用存款利息高、存放手续简单等优势积极面对形势变化,改变经营方式和运作模式,出现了明显的向现代化银行转型的倾向。一些规模较大的钱庄,多改称银号,经营范围除不能发行银元票,只可发行少量角票、钱帖外,其他诸如存放款、汇兑等业务均与一般商办银行无异。近代山东传统金融业主要有钱庄、银号、典当、票号等。

1. 钱庄

(1)钱庄的兴起。作为中国传统金融机构的主要代表之一,山东钱庄业的兴衰过程大致与全国同步。钱庄起源于银钱兑换。"大宗用银,小宗用钱",意指民间小额交易用铜钱,向政府缴纳赋税等大宗用银两,在两种主要的金属货币之间存在成色鉴定、兑换比例等诸多问题,于是以银钱兑换为主业的钱庄应运而生。最初的钱庄亦称钱桌,即在大街上放一桌子即可进行此类活动,后逐渐转向有固定经营场所的金融活动,直至成为明清时期最主要的金融机构之一。

山东钱庄兴起于清代中叶,主要分布于商业较发达的地区,如济南、济宁、黄县、临清、青州、周村、博山等地。晚清时期省内已经形成一些比较著名的大庄号。如济南的瑞生祥,芝罘、天津、北京等地都有分庄,除存放汇业务外,还兼营棉丝、布匹、杂货。如芝罘的谦益丰钱庄,资本银100万两,光绪二年(1876年)即发行钱票,并兼公估局和银炉,代收关税、厘金税。烟台的顺泰号钱庄资本银150万两,发行的钱票在胶东数县流通,并代保管山东盐税。光绪三十一年(1905年),谦益丰、顺泰号共同出资,在胶澳开设谦顺银号,最初资本银10万两,光绪三十四年(1908年),增至20万两,并成为山东官银号在胶澳的代理店,经收关税,经办存款、放款、汇兑、贴现等业务,至宣统二年(1910年)已成为拥有资本40万两的大银号,在上海、济南、胶州等地设有分号。至辛亥革命前,山东钱庄业呈现出稳步发展的态势。至1912年,山东有钱庄977家,占全国总数的22%,列第一位;资本总额4338111元,占全国总数的0.06%,列第四位。据1912年的调查,钱庄在20家以上的县份有:昌邑(83家)、黄县(79家)、章丘(73家)、潍县(40家)、历城(37家)、利津(35家)、莱芜(26家)、福山(23家)。据1914年的调查,章丘74家,福山及烟台51家,黄县及龙口47家,济南及历城40家,潍县和益都各34家,长山及周村29家,莱芜29家,利津28家,禹城22家,恩县20家。

近代山东钱庄的主要业务有纸币发行、存款、放款、汇兑等。钱庄发行的纸币称为庄票,其发行数量与流通范围视钱庄的信誉而定。钱庄先是可以发行银两票等大额纸币,后只能发行角票等小额纸币,最后纸币发行权力被取消。关于存款、放款、汇兑,据抗战前的调查,大致如下:第一,存款。在686家钱庄中,只有480家有存款业务(占全数的69.9%),存款总额为1749.2522元。按地区分,济南计560万元,青岛计305.55万元,潍县计270.5万元,福山计243.73万元,黄县计175.55万元。上述五地合计为1554.78万元,占全数的88.88%。钱业存款利息不如银行高。银行利息一般是:定期月息6—8厘,活期3—4厘;而钱业一般是:定期月息6厘,活期为3厘6。第二,放款。全省有放款业务的银行有631家(占总数的91.98%),放款总数为2185.7114元。按地区分,济南计830万元,青岛计352万元,潍县计327.7万元,福山计196.38万元,黄县计132.57万元。以上五地合计1838.65万元,占放款总数的84.12%。其余各县多者50万元以上,少者一两千元不等。就个别而论,以济南德盛昶为最多,计80万元;次为济南协聚泰,计70万元;复次为济南晋逢祥及同和裕两家,备40万元。钱业放款,以信用放款为主,以抵押放款为辅。钱业放款利息一般比银行利息高。银行一般是:定期月息8厘至1分8厘,活期为1分至1分

济南德顺钱庄发行的2吊钱票

5厘;而钱业一般是:定期月息8厘至1分5厘,活期为1分至3分。各地情况不尽相同,甚至有较大差别。第三,汇兑。全省有汇兑业务者共178家,占全省钱庄总数的25.94%,汇兑总额为1.9亿余元。按地区论,汇兑业务只有济南、青岛、烟台等24处。其中济南为1.32亿元,青岛为5114万元,龙口为262万元,潍县为210万元,烟台为145万元。其余各地多少不等,多者五六十万元,少则三四百元。按种类分,由银号经汇者,计1.8亿余元,占全额的96.68%;由钱庄经汇者,为364.646万元;由兼营钱庄经汇者,计115万元;由汇兑庄经汇者,计162.43万元。①

(2)钱庄的衰微。由于新式银行的兴起及外国金融势力的膨胀,以及钱庄经营管理制度的保守,近代山东钱庄业在总体上呈下滑趋势(见图4-18)。但由于同传统经济有着千丝万缕的联系,所以在近代经济发展中仍具有重要作用。庄维民先生认为:"在近代市场经济条件下,钱庄经营与工商业仍有密切的联系,并在商品流通中发挥着重要的作用。"②辛亥革命后

①《山东之钱庄业》,《工商半月刊》第10卷第6号,1935年3月15日。
②庄维民:《近代山东传统商人资本的衰落蜕变及其意义》,《山东社会科学》2000年第1期。

十年间,新式银行的崛起与传统钱庄的萧条衰败形成了鲜明对照。到1918年,济南、周村、黄县、章丘、泰安、惠民、济宁、滕县、峄县等地共有银行总行和分行机构17家,实缴资本总额369万元,相当于钱庄资本的3倍;存款额达742万元,相当于钱庄存款额的19倍。至20世纪30年代初,省内钱庄衰落的趋势更为明显。1932年,山东全省共有钱商686家,比1927年前减少了约1/3,业内1912年前开设的钱庄仅剩33家,只占总家数的4.8%,如30年代初周村各钱庄年存放款额及汇兑总额仅150万元左右,尚不及同期潍县的1/4,反映了周村钱庄业的衰微(见表4-39)。省内大部分城市的钱庄业情形类似于周村。但也有一些城市的钱庄业有所发展,比如潍县钱庄业。潍县钱庄1916年以前以发行京钱票为营业。1921年以后,随着京钱票业的逐渐消灭和土布业的抬头,钱庄乃随之而变更营业方向,逐渐以存放款为主业,尤其以放款为主。因此潍县钱庄变成了具有近代银行性质的金融机构。据统计,20世纪30年代初,潍县共有钱庄25家,年存放款及汇兑总额达640余万元。

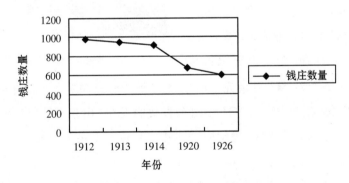

图4-18 1912—1926年间山东钱庄数量变化图

表4-39 周村历年钱庄数量变化表[①]

年份	1919年	1932年	1933年	1934年	1935年	1937年	1945年
钱庄数量	100	62	58	64	40	32	5

①资料来源:左世昌:《解放前周村的银钱业》,载山东省政协文史资料委员会等编:《周村开埠》,山东人民出版社1990年版,第184—193页。

2. 银号

近代山东的银号以私营银号为主,此外还有官办银号和外商银号。为适应商品流通和新式银行的竞争,一些钱庄改变了传统的经营方式,开始吸收新式银行的某些经营特点,从而实现了一定程度的蜕变,最突出的表现是"银号"的产生。银号的产生显然同民初银行业的迅速崛起与竞争有关,"盖此时银行业在山东已有相当发展,钱业为维持其金融势力计,不得不成立较钱庄为大之银号,以与之抗衡"。这种意义上的资本蜕变实际已演化为一种资本的重组。当时济南"有由小钱庄扩大而为银号者",甚至"有由银号集股而为银行者"。1920 年,济南商埠已有银号 12 家,到 20 世纪 30年代初,原先的百余家"资本微弱之庄号,则淘汰殆尽,存在者悉为银号"①。银号的业务同钱庄相同,主要有纸币发行、存款、放款、汇兑等。

（1）私营银号。省内私营银号出现于民国初年,1919 年时全省已有 43 家。奉系军阀张宗昌统治山东时期,银钱号纷纷歇闭。韩复榘统治山东时期,银钱号、钱庄等畸形发展。据《中国实业志》记载,1933年前,山东在 56 个县市有银钱号

济南益和银号发行的 3 角钱票

686 家,资本总额 547 万余元。1933 年受世界经济危机影响,钱业陷入困境,倒闭风潮接连发生。1933 年山东省政府发布《山东省监督钱业营业办法》12 条,后又补充 8 条,规定旧有钱庄银号资本不足 1 万元的一律补足 1万元;新组织之钱庄银号资本至少需达 3 万元,不足 3 万元的不得称钱庄银号;所有资本一律以现金为度,不得以现金以外的财产抵充;要先将资本筹足,经财政厅派员或所在地主管官署验资证实;各钱庄银号一律不得兼营他业,并不得作为其他钱庄银号的股东。经过 1933 年和 1935 年的两次币制改革,全国货币趋于统一,包括银号等在内的传统金融机构不再有货币兑换业务可做。钱业发行的钱票、角票被限期收回,不再能依靠发行纸币扩张信用。此外,汇兑业务已被银行垄断。钱业开始衰退,有的转向土产、纱布投机。

①丁宝桢:《丁文诚公遗集》,《奏稿》卷二。

　　1937 年七七事变发生后,山东各地钱业一时陷于停顿。1942 年冬,伪华北政务委员会制定《金融机关管理规则》,对钱业实行增资改组。营钱业者实收资本需在 50 万元(联银券,下同)以上,并需一律改组为股份有限公司,统称银号。对于存款来源和放款用途,也有许多限制。1944 年又实行第二次增资,规定银号资本最少需 300 万元。经过第一次增资改组,济南银号由 39 家减为 28 家,烟台由 48 家减为 15 家,青岛还有 9 家。周村钱业因无力增资而全部垮台,有 5 家转为地下钱庄。其他各地的银号情况是潍县 1 家,济宁 3 家,德州 3 家,博山 2 家,威海 1 家。总计 67 家,其他各县都已无存。在第二次增资中,济、青、烟有几家银号改组为银行。

　　抗战胜利后,国统区与解放区的银号业继续呈衰落态势。国统区的银号业呈直线下降态势。1945 年 10 月,南京国民政府财政部发布《收复区银钱业暂行管理办法》,规定非经战前财政部核准注册的不准复业,日伪时期成立的均需清理结束,同时不准新号开业。申请复业的银钱号,均由当地中央银行或中国银行审查,转报财政部核批。1946—1948 年,先后批准 100多家。其中济南 69 家,青岛 13 家(8 家银号和 5 家钱庄),潍县 14 家,济宁两家,淄博(包括周村、张店、博山)6 家,烟台 24 家(8 家银号和 16 家钱庄)。解放区的银号业则经历了先壮大后萎缩的发展态势。抗战胜利后,解放区的很多银号则在当地政府和北海银行的帮助下得以成立。这些私营银号在一定程度上活跃了工商业。随着经济的复苏和北海银行实力的壮大,山东省政府开始整顿私营银号业。1948 年 8 月山东省政府发布《山东省管理银钱业暂行条例》,规定旧有银钱号均需清理以前的债权债务,重新申请登记;开业钱庄资本至少需 5000 万元,银号 1 亿元(均为北海币);营业范围限于存款、放款和解放区汇兑,不得兼营他业。《暂行条例》执行后,德州 4 家银号皆转营他业。潍县 2 家银号改为钱庄,1 家银号停业。周村 8家地下钱庄中 6 家改营他业,2 家歇业。济南 10 家银号改为钱庄,16 家银号解散,5 家与其他开业钱庄合并,28 家改营他业。1949 年 8 月,中国人民解放军华东军区公布《华东区管理私营银钱业暂行办法》,规定银号钱庄不得为公司商号及其他银钱号的股东,不得购买非营业所必需的不动产,不得兼营商业、囤积货物或代客买卖,不得设立暗账或作不确实的记载,不得签发本票、收受军政机关及公营企业的存款、买卖或抵押金银及外国货币。对于资本数额,指定青岛、济南两市为 2500 万元—5000 万元(旧人民币,下同),其他地方为 500 万元—1000 万元,其中现金不得少于最低资本额。资金运用以有利于国计民生的生产事业及城乡人民必需品的运销事业为限,信用放款数额不得超过存款总额的一半。所受存款要以现金向人民银行缴存保证准备金,按每周平均余额,活期存款缴存 7% 至 15%,定期存款缴存 3% 至 8%,并另按活期存款 10%、定期存款 5% 的比率提存付现准备金。存放款利率由同业议订,报人民银行核定。山东省于 1949 年 10 月施行《华东区管理私营银钱业暂行办法》后,银号数量大为减少。1952 年经过"五反",省内银号钱庄全部停业清理。

(2)官办银号。近代省内的官办银号主要有通济官钱局和平市官钱总局在省内的分支机构。

通济官钱局于 1896 年设立于济南。其时济南钱业每于商民兑换银钱时,任意抑低或提高价值,克扣成色。设局宗旨,即为祛除兑换中的弊端,便利流通。由历城绅士经营,省及县署监督。初始资本概为官股,先由赈抚局筹拨银 3.8 万两,京钱 2 万串,后又由藩库拨银 4 万两。1898 年起,将每年所得余利归入资本。1901 年改为山东官银号,另委道员总司号务,仍按市面钱业习惯,经营兑换银钱、发行银票、存放款项业务。前后发行了"库平银票"、"济平银票"、"银元票"和"京钱票"。1908 年发行额达到库平银 88 万余两。为配合金融流通,袁世凯还从日本订印了一批"有限数量"的"十两钞券",交与"济南各大银号作为政府的通货,流通市场"。内部设总账房、外账房、银柜、票柜、支发钱柜、管理铜元柜、兑换银钱及银元柜、发行钞票柜、销毁钱票柜。随着营业的扩张,在周村(1903)、济宁(1904)、临清(1905)、青岛(1905)等地设分号,在济南西关设分柜。1906 年以临清业务无起色为由,将分号移潍县。1907 年又设羊角沟分号。官银号盈利虽多,但官方逐年提用几近 4/5,至 1908 年仅剩营业资本 3.6 万余两。经营者自恃资本雄厚,又非个人产业,大放人情贷款,造成大量拖欠或还本不还息。民国成立后停业,由劝业道出面组成清理处进行清理,另组山东银行。

1914 年北洋政府财政部在保定设平市官钱总局,1919 年在济南、烟台设分局。营业以推行铜元票、向铜元壅滞之处购运为主,兼营抵押、贴现、定期放款、各埠汇兑、买卖生金银及保管有价证券。两分局成立后,即通令各县及银钱行号一律使用其所发铜元票。1923 年总局发生挤兑,济、烟两分局同时受累因而倒闭。

(3)外商银号。近代山东外商银号主要是日本商人开设的银号。据 1933 年胶济铁路沿线的经济调查,只济南有 4 家日本人开设的银号(见表 4 - 40)。

表 4 - 40　日商在济南开设银号一览表

名　　称	地　　址	开业年月	经营业务
金融组合事务所	经三路	1929 年 1 月	存、放款
兴昌号	纬五路	1931 年 7 月	兑换日本金票
金林洋行	经四路	1931 年 9 月	放款
裕通洋行	经四路	1932 年 12 月	放款

3. 典当

典当也是传统金融机构之一。当铺的日常业务,主要是收当和取赎,同时也接收存款,发行信用货币,是广大城乡原来普遍存在的高利贷信用机构。近代山东典当业以私营典当为主,但也存在少量的官营典当。

(1)私营典当。清代中叶是山东典当资本发展的极盛时期。雍正年间全省有典当商 585 家,到乾隆朝时,全省典当商号多达 1351 家。典当商分布极广,每县少则十数家,多则数十家。典当商主要集中在运河沿岸地区的临清、济宁、聊城、高唐等城镇以及沿海地区的胶州、潍县、黄县等地。此外,济南、章丘、泰安等地的典当业也相当兴盛。清中叶以前,典当业作为商人资本经营的一种重要形式,其资本势力和影响几乎可与盐商相抗衡。至 1912 年,山东有典当 111 家,占全国总数的 0.03%;资本总额 323 万余元,占全国总数的 0.04%。

(2)官办典当。韩复榘主鲁时期,为与日本人争利,曾在济南设立官办的裕鲁当,他本人做裕鲁当监督。他说:"当店过去公的、私的都没办,一任外国人去办,那就不好了,所以必须自己去做,暂时做不好也要去做。我个人自民国 19 年(1931 年)来到这里,曾竭力与地方实业家协商,许多人觉得危险不肯办,有人要公家出本他去做,利是他的,断无此理,故决定官办"①。

(3)典当的衰落。近代以来,随着农副产品和手工业产品商品化程度的提高,典当商身处其中的地区经济发生了显著变化。在沿海商品经济发展程度较高的地区,众多农民入城务工或从事手工业与运输业,谋生手段增多,如原先多典当商的胶州,"近因贫民易于营生,典衣物者少,当店徒有其名"。经营环境的变化,迫使不少沿海典当商转移资金,转向其他行业谋求发展。此外,频发的战争、官款的转移与税捐的加重等原因也导致山东典当业日益衰落。如1926年前济南原有9家大典当商,"自省钞惨跌,各当收回赎金全为省钞,大受损失,复以济南惨案发生,地方扰乱",以致全部停歇;烟台原有通惠当一家,设分当十余处,1929年军阀在福山交战,通惠总当被焚,当业遂停闭;民国初期潍县城内尚存两家典当,其中一家1916年于东北军围城时闭歇,仅存的一家义丰当勉强维持,"时有闭歇之虞"。到1928年,山东各县典当仅存21家,典当资本不足100万元。

4. 票号

作为中国传统金融机构的主要代表之一,山东票号业的兴衰过程大致与全国同步。"票号"之名取意于经营汇票,因晋商创办经营,故亦叫"山西票号"。在此之前,虽唐代就有汇票"飞钱",宋、元、明、清民间也有汇兑,但作为汇兑制度和专营汇兑之信用机构,至道光年间开始形成。起源于山西的票号也于鸦片战争前后传入山东。

(1)山西票号。当时省内资本势力最大的是山西帮商人开设的票号(汇兑庄)。19世纪80年代,济南共有5家山西商人开设的票号分号,这五家票号专做山东与北京、西北地区的汇兑、贷款生意,在商界颇有影响力。民国成立后多数停业,少数改为钱庄。下面以周村为例进行说明。晚清时期,以总号设在平遥的日升昌、蔚泰厚为代表的平遥帮,以总号设在祁县的复盛公为代表的祁县帮,以总号设在太谷的志成信、协成乾、大德川为代表的太谷帮,都在周村设立了银钱业基地,并且基本垄断了周村的金融市场(见表4-41)。

---

① 《山东民国日报》,1934年12月3日。

表 4 - 41　山西票号在周村的基本情况表

票　号	地　址	资　东	资本额	开办时间
大德通	保安街	祁县乔致庸	5000 两	道光末年
大德恒	丝市街	祁县乔致庸	5000 两	1862 年
大德通	保安街	祁县乔致庸	5000 两	道光末年
日升昌	银子市	平遥雷履泰	7000 两	道光末年
志成信	保安街	太谷员、孔	7000 两	道光末年
新泰厚	鱼店街	平遥侯奎	5000 两	1870 年
三晋源	保安街	祁县渠源浈	6000 两	1865 年
协成乾	银子市	太谷员、孔	5000 两	1870 年
大德玉	保安街	太谷常氏	4000 两	1872 年
大德川	保安街	太谷常氏	4000 两	1872 年
新合厚	保安街	平遥侯奎	5000 两	1875 年

此外,烟台除有一家山西票号外,还有三家总号设在北京的信贷庄。信贷庄是当地唯一的货币贷放商,每笔业务通常在 2000 两—3000 两。

(2)山东票号。山东人开设的汇兑庄,以烟台福顺德最为著名。福顺德汇兑庄创办于 1886 年,创办人梁善堂,他早年在海参崴做工,后弃工经商,贩卖估衣,往返于烟台、海参崴之间,由为同乡亲友往家捎钱,发展到集资在烟台开设福顺德客栈办理汇兑,在哈尔滨、长春、吉林、沈阳、大连、安东(今丹东)、营口、穆林站、下城子、绥芬河开设分庄,接受胶东籍矿工、农民、小商人的汇款,在胶东许多县镇开设分庄,专送汇款。于 1906 年设立的烟台天合兴汇兑庄,亦有多处分号。

4. 传统金融业衰落之原因

近代以来,钱庄、银号、票号等传统金融业在新式银行业竞争、社会动乱等因素的影响冲击下日益衰微。衰落的原因有以下几个方面:

(1)自身制度缺陷。传统金融业与以银行为代表的新式金融业在企业组织形式和交易方式方面具有重大差别。第一,在企业组织形式方面,传统金融业大都采取业主制或合伙制,在资金筹集和规避市场风险能力方面远逊于新式金融业;新式金融业大都采取公司制,且多是股份有限公司,意味着它们有很强的筹资能力和承担市场风险能力。第二,在交易方式方面,传统金融业的存、放款等行为属于人格化交易,即交易只发生在熟悉的行业或人群之间,从而限制了交易范围的拓展;新式金融业的存、放款等行为属于非人格化交易,从而可以极大拓展自己的业务范围。由于天然具备上述优势,所以以银行为代表的新式金融业迅猛发展,而传统金融业则日益衰微。

(2)新式银行业的冲击。现代银行的发展,使传统金融机构的业务受到限制和排挤。金融业已趋向集中于银行之手,特别是又集中于四大家族的官僚买办银行和山东官办银行之手。就资金而言,如济南市 9 家银行的资本据估计为 2450 万元,而银号、钱庄资本为 82 万元,仅占银行资本的 1/30。各地情况大致如此。在业务范围上,官僚买办银行及官办银行有发行纸币的特权。它们又相继修建了大型的仓库,开展货物抵押业务。银号、钱庄无法与之抗衡。1935 年"币制改革"后,山东银号、钱庄的库存现银全被封存,使银号、钱庄大受损失。如济南市 60 多家银号、钱庄的库存现银 820 万元全被集中封存,而又是集中于中央、中国、交通 3 行保管。到 1936 年底,山东境内的现银多集中于上述 3 行之手。随着银行业的发展,传统金融机构受到了影响和冲击。其数量逐年减少,其作用也日渐削弱。近代银行凭借其雄厚的资金优势控制了近代山东金融市场,而传统金融机构则处于明显的劣势。

(3)中央及地方政府的金融政策影响。如同全国其他地区的情形,近代山东币制异常复杂:银两以两为主,而银元以元为主;银两分济秤、青岛胶秤、烟台曹秤等。复杂的币制,不仅不利于政治统一,还导致高昂的市场交易成本。为扭转这种局面,近代中央及地方政府出台了一系列限制传统金融业发展的措施。近代中央政府出台了"废两改元"政策和"币制改革"措施,从而削弱了传统金融业操纵金融市场的能力。下面介绍一下"废两改元"政策在山东的实施情况。济南于 1926 年废除济平银,青岛于 1929 年废除胶平银,南京国民政府于 1933 年 4 月 5 日通令全国废两改元,山东省政府于 4 月 6 日起一律改用银元。"废两改元"后,禁止银两在市面上流通,钱庄、银号等金融机构失掉了从银元兑换银两中获利的机会。再来说明 1935 年"币制改革"在山东的实施情况。1935 年的币制改制规定,法币通行全国,私有白银上交国库。山东银号、钱庄的库存现银全被封存,使银号、钱庄大受损失。如济南市 60 多家银号、钱庄的库存现银 820 万元全被集中封存,交由中央、中国、交通3行保管。此外,山东地方政府还出台了一系列限制传统银钱业发展的管理办法,如《山东省监督钱业营业办法》(1933)、《金融机关管理规则》(1942)、《收复区银钱业暂行管理办法》(1945)、《山东省管理银钱业暂行条例》(1948)、《华东区管理私营银钱业暂行办法》(1949)等。

(4)其他因素的影响,如投机风潮的影响。传统金融业滥发钱票和纸币而少有发行准备,所以"一遇兑现风潮,辄行停顿"。再如军事因素的影响,近代的军阀混战、抗日战争、解放战争也致使大批钱庄、银号等金融机构破产倒闭。

近代传统金融业的衰落是一个渐进的过程,中间也曾出现向新式银行的转化。如中鲁银行,1926年开业,初为钱庄,后资本由5万元增至15万元,改称中鲁银号。1931年资本增至50万元,遂改组为银行。由于其存、放、汇业务沿袭银号做法,投合一些中、小商号的需要,因而业务活跃。1933年和1934年,该行各项存款分别为158万元和185万元,各项放款分别为207万元和235万元,在同业中居上游地位。

5. 传统金融业与区域经济发展

虽然新式金融业日益繁兴,但由于近代银行本身欠成熟,传统金融业所具有的优势以及其为适应形式变化所作的各种调整,为钱庄、银号、票号、典当等传统金融机构的继续存在留下了一定的空间,并继续为近代山东经济的发展提供有力的支撑。如钱庄银号等传统机构,在20世纪30年代初的济南金融业中仍占有重要地位。与济南各银行相比,各钱庄、银号等存款额较少,数量仅相当于银行存款的37.33%,放款两者较为接近,钱庄、银号为银行的90.22%,汇兑则大大超过银行,数额为银行的1.91倍(见表4-42)。近代省内传统金融业仍与传统经济有着密切联系。从传统金融业的贷款方向看,主要集中于传统的手工业及农业部门。"放款之用户,按钱业之种类而不同,银号所放之款,用户大率系土产商号、大商店及钱庄;钱庄所放之款,则以土产商号、普通商店及商贩为主,间亦有放款农民者;钱铺及放账铺所放之款,则纯系小商人、摊贩及农民。"①

_____

①《工商半月刊》第7卷第6期,1935年3月15日。

表4-42　1933年山东金融业营业状况表[①]　　　　　　（单位：银元）

金融机构	存款额	百分比	放款额	百分比	汇兑额	百分比
山东境内各银行	32941967	100	23705264	100	163275000	100
济南各银行	15000000	45.5	9200000	38.8	69000000	42.3
山东各银号钱庄	17492522	100	21857114	100	193388760	100
济南各银号钱庄	5600000	32.01	8300000	38.89	132000000	67.2

（1）传统金融业与农业。传统金融业与农业生产仍有密切联系。"山东银钱号放款最多之时为秋季农产物收获之际，其利率较平时提高两倍，最高时竟有达三分者。"[②]虽然秋季贷款之利率高于平时两倍，但农民仍然继续贷款，说明传统金融业仍为农业生产提供资金支持。

（2）传统金融业与手工业。近代以来，虽然机器工业大有发展，但省内手工业仍占有一席之地，其发展得到了传统金融业的有力支撑。如传统金融业与潍县的土布业、猪鬃业。"潍县在民国三年时有钱庄三十四家，均以发行京钱票为营业……但自民十以后，此项营业即渐形消灭，同时县内土布业及猪鬃业日形发达，钱业乃改变其营业性质，渐由发行钱票而进于存放之营业，尤以放款为主。又由于土布业之发展而兴起之钱庄，除买卖棉纱外亦兼营布业放款，九一八以后，日纱倾销，线庄营业被夺，乃多改营钱业，向日放纱放款兼营者，今则全改放款，名虽为钱庄，实则均为钱业。现下线庄之营业均比钱庄为大。"[③]再如传统金融业与周村的土丝业。"改业始于清季，最盛于民国七八年间，几达一百余家。惟周村工商业以丝业为重心，年来丝市萧条，影响各项营业，钱业活动范围窄狭，据此次调查仅有五十八家而已。"[④]除给传统手工业部门提供资金支持外，传统金融业还直接进行土产经营，如青岛银钱业的土产经营。"近年来，青岛银钱业被新式银行所排挤，甚为苦恼，又因市场不景气而资金呆滞，自公布实行新币制以来，实力强大的国家银行又从他们手中夺走国内汇兑及与上海间金融往来的利润，一直经营钱庄业务的第一流银号利源、德聚隆、元泰倒闭，裕孚、宏信等歇业，

①何炳贤：《中国实业志·山东省》（丁），实业部国际贸易局1934年版，第1—57页。
②转引自庄维民：《近代鲁商史料集》，山东人民出版社2010年版，第443页；《大陆银行月刊》第4卷第8期，1926年8月。
③④《工商半月刊》第7卷第6期，1935年3月15日。

使他们觉察到当前只依靠经营专业是无法维持的,更生之策是向新的行业发展。然而,他们根据自己与各行业的关系,费尽心机多方经营,如利丰、协源盛等两三年来向杂货业、绸布业、五金业、水泥业、玻璃业到处伸手,但无不遭到致命打击。惊恐之余,普遍认识到,不能再干自己外行的业务,对土产交易,过去有些渊源,虽然懂得不多,但多少还有经验,所以他们重新参加交易所做土产部的经纪人,为首的有东盛和、福顺德等,从土产交易中赚取差额利润。"①

(3)传统金融业与新式银行业。除对传统经济部门提供资金外,传统金融业还充当新式银行业的贷款媒介。"其放款手续完全为信用放款,绝无抵押放款之事。各商埠之银号多代理银行放款,盖银行放款为取偿确实起见,多采抵押放款制,而山东商业习惯,各商号均不肯承受抵押放款,但银行又不能竟不放款,故有时以银号为媒介而放款也。"②新式银行业多采用抵押贷款的方式,但这种贷款方式并不能被省内民众所接受,而传统金融业的信用放款形式易为民众接受,所以新式银行业发展初期还需要传统金融业充当银行贷款的媒介,传统金融业也利用渠道优势发挥着与传统经济的联系。

(二) 银行业

晚清时期,随着外国金融势力在中国登陆,山东传统金融机构(钱庄、银号、票号、典当等)已经不能满足工商业发展的需要,这不仅因为它们普遍存在规模小、资本少的缺点,难以适应跨地区、跨省际的远距离大额交易活动,而且因为它们的经营机制落后,也难以适应近代社会商品流通对信贷运作的要求。于是以银行为代表的新式金融业在山东应运而生。1898 年中国通商银行在烟台设分行,成为山东境内开办最早的华资银行。

作为新式金融业的主要代表,银行是近代门户开放后中外经济交融的结果。各个中心城市开埠后,各种性质的银行开始举办。济南开埠后作为山东省的省会和新的经济中心城市,其新式金融业也开始发展起来。国家

---

① 青岛档案馆:正金银行卷,1936 年,载中国人民银行青岛市分行编:《青岛金融史资料选编》(上),1991 年内刊本。
② 转引自庄维民:《近代鲁商史料集》,山东人民出版社 2010 年版,第 443 页;《大陆银行月刊》第 4 卷第 8 期,1926 年 8 月。

银行如 1906 年设立的户部银行济南分行、1910 年设立的交通银行济南分行、1913 年设立的中国银行济南分行等。此外,本地及外地官办、商办银行纷纷设立,截止到 1925 年,济南先后共设商办银行 20 家,官办银行 3 家,外国银行 4 家,中外合资银行 1 家。周村开埠后,国家银行如中国银行、交通银行等均在周村设立分行,地方银行如山东银行等也在周村设立分支机构,地方商界人士还投资兴办了周村商业银行。潍县开埠后,20 世纪 20 年代以前新式银行只有 1915 年开设的中国银行潍县分行,营业仅一年就撤销了。1920 年以后,情况有了重大变化。国家银行如交通银行、中国银行等都设有分支机构,地方银行如山东银行、山东省银行等也设有分支机构,外省商业银行如中国实业银行、上海实业银行等也设有分支机构。除了山东银行因张宗昌的倒台而关闭外,其余的银行营业状况一直很好。

1. 近代山东银行业兴起的历史前提

从 19 世纪末 20 世纪初至今,山东银行业已有 100 多年的历史。发轫于世纪之交的山东银行业,其产生既有外因也有内因。外因主要包括外资银行的兴起、区域经济的发展、银行法律的制定、传统金融业的衰微等,内因主要表现为银行资本的逐利性要求。

(1)外资银行的设立是近代山东银行业兴起的重要诱因。外资银行对近代山东银行业的发展具有明显的示范效应。一方面,外资银行的巨额利润是省内新式银行设立的重要诱因。进入山东最早的是德国德华银行,于 1898 年设立青岛分行。德华银行青岛分行通过参与对华经济侵略,获得丰厚利润,红利分配一般在 1 分左右,高出一般银行水平。[①] 此外,山东的英资银行、日资银行等都具有较强的赢利能力。受到外资银行高额利润的影响,东莱银行等商办银行纷纷成立。另一方面,外资银行的组织模式是省内银行业发展的重要借鉴。其时,华资银行企业大多效仿外资银行采取股份制,组织结构也大都以外资银行为准,如中国通商银行"用人办事,悉以汇丰(银行)为准而参酌之"[②],省内规模较大的各式银行也大都采用外资银行的组织模式,如山东通济官钱局就是参照外国银行的章程而成立。以德

---

①青岛市《青岛金融志》编纂办公室:《青岛金融志》,1988 年印刷,第 2 页。

②陈旭麓、顾廷龙、汪熙:《中国通商银行》,《盛宣怀档案资料选辑之五》,上海人民出版社 2000 年版,第 56 页。

国德华银行为代表的外资银行纷纷在省内设立分支机构,不仅激发了国人投资、创办银行的热情,而且其赢利模式、组织模式等,也对省内银行业的合理化经营起到了借鉴作用。如保持稳定的利息差就是银行合理化经营的一个重要表现。1931 年 1 月至 1937 年 12 月之间,青岛市银行业的贷款利率始终保持在 1 分 2 厘至 1 分 5 厘之间,存款利率保持在 2 厘 1 毫至 2 厘 7 毫之间,银行的利息差也相对稳定,基本保持在 1 分以上(见图 4 – 19)。稳定的利息差,不仅保证了稳定的银行利润,还保证了工商各业的稳定发展。

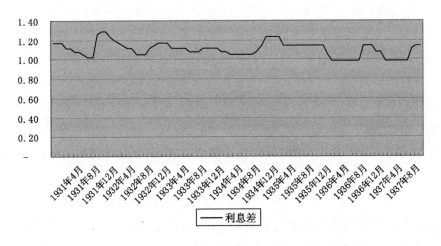

图 4 – 19　1931—1937 年青岛市各银行存放款利息差变化图[①](单位:分)

(2)区域经济的发展是近代山东银行业兴起的产业基础。产业发展需要银行信贷资金的支持,而银行业发展也是推动产业发展的重要杠杆。近代山东银行业的发展,与地方经济的发展密切相关。这主要表现在两个方面:一是银行大都设立在工商业比较发达的中心城市,从而为其发展奠定了坚实的产业基础;二是银行也为近代山东经济的发展提供了重要的资金来源。如金城银行青岛分行(1931 年)的设立,就是基于青岛地方经济之发展:“青岛地方,年来未受战事影响,比较安靖,每年进出口有二万四千万之巨,故其地大有生意可做。”[②]再如创建于抗日战争时期的北海银行也为山东地方经济的发展作出了巨大贡献。近代山东区域经济的发展与银行业的

①《山东省省情资料库·金融库·金融管理》。
②金城档案:《董事会议事录》,1931 年 4 月 1 日。

发展形成了良性互动。区域内农工商及对外贸易的发展,为近代山东银行业提供了广泛的业务来源。各式银行的兴办,推动了铁路、采矿、纺织等产业部门的发展。这种良性互动,主要体现在沿海城市与胶济铁路沿线地带,因为近代山东经济发展的非均衡性非常突出。

(3)银行法律的制定是近代山东银行业兴起的法制基础。近代中国历届政府出台的《公司法》和《银行法》,是近代山东银行业兴起的法制基础。晚清政府的《钦定大清商律·公司律》(1904),北洋政府的《公司条例》(1914),南京国民政府的《公司法》(1929)、《公司法》(1946),逐步确立一般公司设立及运营的基本原则。晚清政府的《银行通行则例》(1908)、《通用银钱票暂行章程》(1909)、北洋政府的《中国银行则例》(1913)、南京国民政府的《银行法》(1931)、《银行法》(1947),逐步确立金融类公司设立及运营的基本原则。上述公司法律法规,不仅是近代中国银行设立及运营的基本原则,也是山东银行业兴起的法律制度保证。此外,如前文所述,山东地方政府还出台了一系列限制传统银钱业发展的管理办法,从而拓宽了银行企业的经营范围。

(4)资本的逐利性是近代山东银行业兴起的重要内因。最早设立的外资银行,以及兴办较早的官办银行如大清银行、交通银行等,赢利状况非常不错,这都是国人兴办银行的动机所在。如大清银行光绪二十一年至二十二年(1895—1896年)盈利 21.98 万两,二十三年 50.70 万两,二十四年 83.51 万两,宣统元年(1909 年)85.43 万两,二年 56.08 万两,五年盈利共 297.70 万两。① 近代省内各式银行之发展大都与经营公债有密切关系。贾士毅先生曾言:"故自内国公债盛行以来,国内银行界遂大肆活动,不惟风起云涌,新设之数骤增,且有专与政府交易而设之银行。虽迹近投机,然实因政府借债,利息既高,折扣又大,苟不至破产程度,则银行直接间接所获之利益,固较任何放款为优也。"② 公债收入是近代银行利润的重要来源。如中国银行青岛分行 1930 年有价证券科目余额为 195 万元,到 1937 年已达到 733 万元,增加近 3 倍。交通银行青岛分行 1937 年有价证券总计金额达到 1688 万元,占该行同期存款及发行额的 50% 以上。青岛银行企业还大

---

①周保銮:《中华银行史》,文海出版社印本,第 37 页。
②贾士毅:《国债与金融》,商务印书馆 1920 年版,第 25 页。

量承销地方公债：第一，市政公债：1924年胶澳商埠督办公署发行年息8厘市政公债100万元，委托青岛地方银行经销，以九折卖给地方银行。第二，民国24年青岛市政公债：1935年发行年息7厘市政公债150万元，照票面九八折实收，指定中央银行青岛分行和青岛农工银行为还本付息机关。第三，民国25年青岛市"建设公债"：1936年及1937年分两期发行，总额600万元，照票面九八折实收，年息6厘，指定中央银行青岛分行和青岛农工银行为还本付息机关。① 除经营公债外，银行还专享货币发行、国内国际汇兑等，这都是银行利润的重要来源。

　　1918年12月，东莱银行开业，这是青岛开办最早的地方商业银行。1928年起，民族金融业著名的"北四行"、"南四行"、"小四行"等先后在青岛设立分支机构，自此青岛民族金融业开始拥有了同外国银行竞争的能力。1929年，南京国民政府统治青岛后，时值中国四大家族为主的官僚资本银行垄断了国家金融业。青岛市政当局也借此收回金融主权，并使其逐步居于主导地位，青岛的金融企业也开始振兴。青岛银钱业在中国银行的带动下，联合青岛市商会，通过废除"胶银平"，打破了日本横滨正金银行对青岛金融市场的垄断。同年9月，国民政府的中央银行在青岛设立办事处，后升格为支行、分行，逐步控制青岛的金融市场。1933年，国内南北各地的商业银行纷纷在青岛设立分支机构。同时，青岛市政当局与商会联合银行公会创办青岛农工银行，代理市库，扶助农工商业。至此，青岛成为山东的金融中心。抗战胜利后，南京国民政府第二次统治青岛期间，代表官僚资本利益的中央银行、中国银行、交通银行原青岛分行相继复业。同时，中国农业银行、中央信托局、邮政储金汇局和中央合作金库等四家官僚资本银行也纷纷在青岛设立分支机构。

　　2. 近代山东外资银行的发展

　　外资银行主要服务于在华外资企业及外国政府当局，19世纪末20世纪初进入山东，20年代走向繁荣，50年代从省内消失。近代山东外资银行的兴衰，可以看做诱致性变迁的典型之一。诱致性变迁指的是由市场主导引起的变迁。除逐利性要求外，外资银行制度变迁的动因主要是市场的发

①青岛市《青岛金融志》编纂办公室：《青岛金融志》，1988年印刷，第178页。

育及扩大。近代山东各口岸相继开放,对外贸易迅速增长,市场容量不断扩大,引发外资银行在山东广设机构。烟台、青岛是近代山东最早开放的城市,也是对外贸易最发达和外资银行最密集的城市。从烟台东海关的进出口货物总量增长情况看,1863—1940年间,烟台对外贸易增速明显,青岛开埠后的进出口增长更为迅速。从青岛胶海关监管的进出口国别看,近代山东的外贸伙伴分布较为广泛,烟台的情况也大体如此。内陆城市如济南、潍县、周村等城市开埠后,对外贸易也随之兴起,因而外资银行也纷纷设立。山东东部沿海及胶济铁路沿线地区,是近代山东经济最发达的地区,也是外资企业最集中的地区,因而也是外资银行最发达的地区。

从青岛、济南等地外资银行的设立情况看,近代山东的外资银行资本主要来自于英国、德国、日本、美国、俄国等国家。外资银行在20世纪30年代走向衰落,50年代逐渐退出山东及中国大陆,衰落的原因主要在于战争引发的经济衰退与华资银行的兴起所导致的市场萎缩,退出的原因主要在于新中国政府的强制性制度安排。

近代山东外资银行大都采取股份有限公司形式。外资银行主要有外商独资银行、合资银行、日伪银行三种。以青岛为例说明(见表4-43)。

表4-43　青岛外资银行统计表(1898—1951)[①]

名　称	国　别	开业时间	停业时间	备　注
德华银行	德国	1898	1945	1914曾停业,1923复业
汇丰银行	英国	1912	1951	1941曾停业,1946复业
华俄道胜银行	德国	1912	1926	
正金银行	日本	1913	1945	
日升银行	日本	1915	1921	
龙口银行	日本	1915	1924	并入正隆银行
朝鲜银行	日本	1917	1945	
青岛银行	日本	1919	1926	
正隆银行	日本	1920	1936	并入朝鲜银行

[①]青岛市《青岛金融志》编纂办公室:《青岛金融志》,1988年印刷,第6页。

（续表）

名　称	国　别	开业时间	停业时间	备　注
济南银行	日本	1923	1945	
麦加利银行	英国	1925	1949	1941 曾停业,1946 复业
中华懋业银行	美国	1928	1929	
信济银行	美国、俄国	1933	1934	
大阪储蓄银行	日本	1944	1945	
万国储蓄会	法国	1916	1936	

具体而言,近代山东的外资银行主要有:

(1)德资银行

德国德华银行于 1889 年由德国 13 家银行投资成立,总行设在上海,系德国资本对中国进行经济侵略的金融机构。1898 年 3 月德国在青岛设立德华银行青岛分行。1899 年 6 月,德人为修筑胶济铁路(包括张博支线),成立山东铁路公司,股本 5400 万马克,德华银行是最大的股东。同年为在铁路两侧 30 华里内开采矿山,成立山东矿山公司,股本 1200 万马克,

德华银行青岛分行铸造的 1 角硬币

亦为德华银行与德国银行团共同投资。1906 年在济南设济南分行。1907 年起,即在山东发行银行券和辅币,拒收中国纸币,左右青岛、济南等地的金融市场。1909 年和 1911 年,德华银行青岛分行两次给山东巡抚衙门借款 150 万两,通过政治性借款扩大对山东的经济侵略。德华银行青岛分行还代收胶海关税和胶济铁路运费,统制抵押放款,垄断外汇业务,控制山东的对外贸易。该行内部组织分内外账房。内账房由德国人管理,办理外商业务。外账房设在行屋外面,由中国买办经管。中国商人办理业务,只能到外账房。汇费、汇价及放款利率,均高于内账房,差额为买办所得,交易亏损亦由买办赔偿。中国买办需向该行交纳 20 万两保证金,并须由两人担保。1914 年 11 月,日本乘第一次世界大战之机,出兵侵占

胶澳,德华银行青岛分行和山东铁路公司、山东矿山公司,被日本强行接收。1917年中国与德国断交,德华银行济南分行撤走,房产由北洋政府接收,后作价售与中国银行。1922年12月中国收回青岛后,德华银行青岛分行复业。但已失去往日特权,业务远不如昔。日伪时期,德华银行青岛分行继续存在,1946年1月被中国银行青岛分行接收。

(2)英资银行

英国汇丰银行于1864年在香港成立总行,1865年在上海设立分行,是以中国为主要掠夺对象的英国海外殖民地银行。1901年英国强租威海卫,即在该地委托英商太茂洋行代理汇丰业务。直至中国收回威海卫,一直未设正式机构。1922年始设青岛分行。1926年设烟台分行。烟、青两分行均归上海区管辖。经理和会计由英人担任,其余职员多为华人。行内亦分内外账房。英人管理的内账房,着重为外商服务,承做欧美商人的进出口结汇,并为外商提供仓储保管。中国买办(亦须向上海汇丰交4万元押金)负责的外账房,专管现金收付、票据贴现、外币收兑、买卖外汇等。除吸收本埠存款外,对于中、交两行在该行的存款,不计利息,也不能透支。1941年12月太平洋战争爆发后,青、烟两分行均被正金银行接管。1946年8月,青岛分行再度开业。1949年6月青岛解放,人民政府准其继续营业。由于业务清淡,于1951年5月申请歇业。

英国麦加利银行于1853年经英国皇家特许设立,总行设在伦敦。1901年,在威海卫委托英商和记洋行代理该行业务。1925年在青岛设青岛分行。除办理外汇业务外,也经营一般存放款。抗日战争前,青岛中方几家发行银行的准备金,多在该行存放。太平洋战争爆发后,被朝鲜银行接管。1946年改为办事处再度开业,1949年2月宣告停业。

(3)俄资银行

俄国华俄道胜银行原为俄、法两国出资,共同管理,总行设在彼得堡。1896年,帝俄胁迫清廷投资,在中俄合办的名义下对华进行经济侵略。1910年在烟台设烟台分行,归上海分行管辖,自派行长,聘用华人经理。专收国外汇兑及本埠存款,办理贷款、各埠汇兑、期票买卖和仓库业务,并发行银两、银元钞票。1912年在青岛设代理店,办理汇兑收解业务。1926年,华俄道胜银行总行因投机外汇失败破产,于9月26日通知中国政府,所有分行停业清理,12 月底清理结束。

(4)日资银行

日本横滨正金银行于 1880 年成立,总行设在横滨,原系日本国内汇兑贴现银行。中日甲午战争以后,始以全力发展日本在华的金融势力。1913 年 11 月在青岛设支店,在烟台设出张所。1914 年日德开战中一度歇业。同年 11 月,日军占领青岛后复业,并以战胜国姿态,取代德华银行在山东的利权。1915 年,在省城济南设立支店,随即在青济两地发行日本银票,强制在胶济铁路沿线流通。1922 年中国收回青岛以后,正金银行仍凭借其资金实力,继续操纵存放款利率、外汇行市以及银两与钞票的兑换差价。胶海关关税虽由中国银行与正金银行共同经收,但中国银行所收关税,满 3 万元即须缴存正金银行,承汇时也要由正金银行开支票转账,在实际上仍享有经收、承汇关税的特权。胶济铁路路款收入,一度在中国、交通两行分存,日本领事借口路局没有按规定交付日本库券利息,于 1926 年 7 月强令路局仍然送存正金银行。1929 年以后,经过废除胶平银和抵制正金银钞,正金银行在青岛的势力才逐渐削弱。1931 年 2 月 28 日,济南支店关门歇业,其在经二路纬三路交叉口的房产,卖给山东省民生银行。1937 年七七事变不久,青岛支店停业撤离。及至济、青沦陷,两地正金银行卷土重来。日伪统治期间,通过控制伪联合准备银行,统制山东金融。抗战胜利后,青岛正金银行被中国银行青岛分行接收,济南正金银行被中央银行济南分行接收。

日升银行,总店设在东京,1915 年 4 月在青岛设支店,主要办理货币兑换、证券买卖及担保业务。1921 年 11 月停业。

朝鲜银行,1911 年日本政府将韩国银行改组而成,总行设在汉城,亦为日本对中国进行经济侵略的金融机构。1917 年随日本侵华势力进入山东,是年 10 月开设青岛支店,其后又设济南支店。除发行日本金票外,还办理外汇业务,兼营储蓄和抵押放款,以日金账户、银元账户、银两账户分别核算。济南支店因华商在抵制日货中,多不与之往来,于 1925 年 12 月收歇。1937 年七七事变不久,青岛支店亦撤离。济、青沦陷后,青岛支店随即复业,1938 年 2 月在济南复设出张所。1940 年前后,分别在德州、张店、兖州设出张所,并在青岛奉天路、济南经三纬七路口添设派出所。

日伪统治期间,朝鲜银行主要是支持日方企业进行经济掠夺,并在未设正金银行之处,代管日本银行代理店,收解军款及杂项税款。日本投降后,德州、张店、兖州的出张所先后停业。青岛支店和济南支店,1946 年分别为两地中央银行接收。

其他总部设在山东的日资银行:如正隆银行,1906 年设于营口,设有烟台支店和青岛支店,1925 年合并为龙口银行,1936 年并入朝鲜银行。如龙口银行,1912 年创立,设总店于龙口,作为联络山东与东三省的枢纽。最初资本只有 3 万元,但业务活跃,所发钱票流通于黄县、招远一带。1913 年在大连设支店,以联络东三省汇兑为主,并在关东都督的特别保护下做期票买卖,业务日渐繁盛。1915 年在青岛设青岛支店。1917 年将总店移设大连,仍沿用龙口银行的名称,资本金增至 100 万元,自此活动重心转向东北。1924 年并入正隆银行。如青岛银行,1916 年设立于青岛,1926 年停业清理。如济南银行,1920 年设立于济南,日本投降后,济南总店和青岛支店分别为两地中央银行接收,其他机构接收前已相继停业。如青岛实业银行,1946 年被中央银行青岛分行接收。

(5)合资银行

义品放款银行于 1907 年由法国、比利时两国合办,总行设在布鲁塞尔。济南分行设立时间无考。其业务以经营房地产为主。1930 年,营业已呈下降趋势。1941 年太平洋战争爆发后为日军接管。

中华懋业银行于 1920 年由中美商人合资创办,总管理处设在北京,同年秋在济南设分行。1928 年 11 月设青岛办事处,办理普通银行业务,发行兑换券。注重与英美烟草公司、亚细亚火油公司等欧美商人的往来。与华商也有往来,但不能顺从社会习惯,经营欠灵活。1929 年随总行停业清理。

信济银行于 1927 年由美、俄商人合办,总行设在上海。1933 年设立青岛分行,因业务清淡,于 1934 年 2 月停业。

(6)抗日战争时期山东的日伪银行

中国联合准备银行于 1938 年设立于北平,是华北沦陷区的中央银行。到 1942 年 6 月,"联银"在山东沦陷区设立分行、办事处、纸币兑换所、外汇局办事处、票据交易所等机构共 15 处。"联银"以中央银行的身份,一方面强制收兑法币和旧通货,用以骗取中国的外汇;另一方面用联银券应付巨额开支,解决财政难题,使沦陷区金融隶属于日元系统。联合准备银行将联银券送存当地中国、交通银行和其他商业银行,强迫各行作为同业存款接受,并在支付客户存款时一律使用联银券,通过中国各银行强制推行伪钞。"联银"成立时资本金额为5000万元,到太平洋战争爆发时已接近10亿元。截至1945年8月,联银券共发行1326亿元。据1939年6月的统计,联银券在山东沦陷区各地的发行数量为:济南2687.1万元、青岛2600.7万元、烟台455.9万元、龙日21.2万元、威海卫11.2万元。[①] 据同年12月统计,山东沦陷区联银券流通额占华北流通量的20%。伪钞的滥发,导致币值下跌和物价飞涨。沦陷区各地出现恶性通货膨胀。此外,"联银"于1943年与横滨正金银行建立互存关系,规定正金银行所需联银券,均可由联银分支机构充分供应,不受任何限制。当日军需要军费,开发生产需要资金时,即可从联银存款账下提取。1944年以后,除威海卫、龙口、兖州几个办事处还做一般法人及个人存款外,青岛、济南、烟台分行均不再做普通银行业务,专司金融统治监管。

除日伪中央银行外,日本与伪政权又合谋设置了伪地方银行(见表4-44),受"联银"的监督,主要通过吸收存款进行农业、商业贷款,以及对钱庄和大商号放款,发行公债,配合"联银"实施经济金融统制。鲁兴银行在业务上还兼代山东省公署金库,大阜银行兼代伪青岛特别市金库。

表 4 - 44　伪山东地方银行情况

	山东农业银行	鲁兴银行	大阜银行
资本额	定额1000万	定额300万	定额300万
(伪联银券)元	实收500万	实收150万	实收150万
成立日期	1942年3月3日	1939年9月25日	1939年8月23日
分行所在地	临涛、济宁、滕县、益都	济南城内、烟台、徐州、德县、周村、博山、潍县、济宁、泰安、张店	青岛台东、烟台、潍县、海州、高密、胶县

鲁兴银行于1939年设立,总行设在济南,额定资本联银券300万元,其

①《敌伪在沦陷区之金融设施》(未刊本),原件藏中国科学院图书馆。

中半数是由中国联合准备银行济南分行投资的。除办理一般商业银行业务外,还代理省库,实为联银属下的地方银行。凡提交股东会讨论的议案,均需先征得联银的同意;大宗存放款业务,亦需与联银商定;存款不足,由联银接济。日本投降后,除烟台分行被解放区民主政府没收外,总行、潍县分行、张店、周村及济南城内办事处均被国民党山东省银行接收,后又连同其余机构统由中央银行济南分行清理。

大阜银行于 1939 年在青岛设立,资本定为联银券 300 万元,由联合准备银行认半数,其余强制当地银行、商家认股。日本投降后,除烟台办事处被烟台市人民政府按敌伪财产没收外,其余机构撤回青岛,被中央银行青岛分行接收。

山东农业银行于 1942 年在济南设立,资本定为联银券 1000 万元,实收 500 万元。除受联银节制外,还有日本顾问监督。主要办理农业贷款及合作社贷款,同时办理不动产抵押分年偿还贷款和对公共团体的信用放款,经营农业仓库。所放贷款名为农贷,实为伪县长以合作社或县公署名义承借,转为囤积物资或高息贷出。1945 年 3 月停业,移交鲁兴银行代为清理。

华北储蓄银行于 1943 年由中国联合准备银行出资成立,总行设在北平。同年 7 月设济南分行,1944 年设青岛分行。1945 年四五月间相继撤销,业务收归北平总行。

华北工业银行于 1945 年设立,总行设在北平。同年 8 月分别设立青岛分行和济南分行。济南分行未及开业日本即已投降。1946 年,青岛分行由中央银行青岛分行接收,济南分行由交通银行济南支行接收。

近代山东外资银行的主要业务有:

第一,货币发行。外资银行强制推行自己的纸币,拒收中国纸币。如德国德华银行青岛分行自 1907 年起在山东发行银行券①——"德华帖子",拒收中国纸币。德占青岛期间,只有德华银行经营普通银行业务,具有发行纸

①德华银行青岛分行 1907 年发行一元、五元、十元、二十五元、五十元五种兑换券(当地人称为"德华帖子")。1908 年发行额 490303 元。1909 年,发行五分、十分两种镍币,共发行 67500 元。1909 年发行额 603655 元。1911 年发行一两、五两、十两、二十两四种银两票。1913 年发行一百元、二百元、五百元三种银元票。

币的特许权,"胶济铁道遇他种货币,多有挑剔,唯此独否"。由于胶澳德国殖民当局采取强制发行办法,所以该币很快在胶澳及胶济铁路沿线各地占据统治地位,1913 年发行额 214.5 万元,占当时该行在我国发行总量的 3/4。

1914 年日本占领青岛后,自 1915 年起不许日本银行以外的银行在青岛发行钞票,均以横滨正金银行发行的正金银钞为准,正金银钞①迅速成为胶澳地区的主要货币。至 1918 年,发行额 873 万元。日本各银行还发行"日本金票"②,1934 年青岛一地流通的朝鲜银行票即达 250 万元。由于日本占领当局强制推行日本钞票,排挤其他货币,致使中国银行、交通银行的纸币无人问津,而正金、朝鲜等银行的发行额随着日本工商企业的发展而持续增长。③

俄国华俄道胜银行发行的"羌帖"④主要在胶东地区流通,1910 年华俄道胜银行芝罘分行开业后,竭力推行羌帖,并负责兑现。后因该行外汇投机失败,芝罘分行停业,俄票沦为废纸,胶东人民损失惨重,仅黄县一地即达 842 万元。

第二,存、放款。日商成立的济南银行,1920 年底存款总额达 15.9 万元(银元),放款总额 28 万元(银元),1938 年分别是 319.7 万元和 152.9 万元(联银券)。1945 年日本战败,由中国银行接收。⑤ 1938 年末,朝鲜银行存款达 1300 万元(联银券)。⑥1919 年 3 月,横滨正金银行青岛分行存款达 800 余万日元,放款达 600 余万日元。朝鲜银行青岛支行存款达 300 余万日元,放款达 600 余万日元。⑦ 据 1927 年 8 月日本"山东兴信所"的调查,当时胶澳的日本银行存款总额为日金 574 万元,银元 1157 万元;放款总额为日金 374 万元,银元 486 万元,其中横滨正金银行青岛分行占半数以上,

①正金银钞是由日本横滨正金银行发行的以日本银元为单位的银行券,发行一元、五元、十元、一百元及十钱、二十钱、五十钱等七种。

②日本金票包括日本银行、横滨正金银行、朝鲜银行所发行的金本位纸币,又称"日金"。在山东流通的日本金票主要是朝鲜银行票,又称"老头票"。1917 年朝鲜银行青岛支店成立后,发行一元、五元、十元、一百元、十钱、二十钱、五十钱七种金票,还有银辅币、铜辅币等。

③庄维民、刘大可:《日本工商资本与近代山东》,社会科学文献出版社 2005 年版,第 212 页。

④俄国卢布分金、银两种本位,金本位称金卢布,银本位称银卢布,俗称羌帖或俄票。发行一元、三元、五元、十元、二十五元、五十元、一百元、五百元等八种。

⑤⑥济南金融志编纂委员会:《济南金融志》,1989 年印刷,第 40 页。

⑦青岛市《青岛金融志》编纂办公室:《青岛金融志》,1988 年印刷,第 2 页。

而我国各银行存、放款总额还不及它1家。①

第三,国际汇兑。外资银行通过控制海关主权,垄断国际汇兑业务。青岛胶海关关税,在德占时期由德华银行、大清银行(民国后改组为中国银行)、山东官银号三家承受,而关税存款及承汇特权则由德华银行享有。1915年,正金银行取代德华银行,成为控制税款的海关银行。当时胶海关关税满3万元即须拨存正金银行,中国银行承汇时,须由正金银行支票转账。另外,山东银行青岛分行所收税款,一般也是于每周结清后转存正金银行。中国政府取得关税自主权后,国际汇兑业务仍大都由外资银行承兑。

第四,政治性借款。外资银行通过政治性借款扩大对山东的经济侵略。如德华银行青岛分行分别于1909年和1911年两次给山东巡抚衙门借款150万两,从而攫取了大量路矿权益。另外,胶济铁路借款由德华银行承贷,津浦铁路借款由英国汇丰银行和德国德华银行承贷。后来,为了支付战争赔款和债款,外国列强强行规定海关收入和盐税等先支付赔款和债款,存入外资银行,余款(称为"关余"、"盐余"等)再交给中国政府。通过政治性借款或铁路借款,外资银行控制了山东乃至中国的财政和金融,正如毛泽东所指:"帝国主义列强经过借款给中国政府,并在中国开设银行,垄断了中国的金融和财政。因此,它们就不但在商品竞争上压倒了中国的民族资本主义,而且在金融上、财政上扼住了中国的咽喉。"②1917年、1918年,中日实业公司对山东省政府贷款350万日元,作为山东省实业调查资金,贷款由兴业、台湾、朝鲜三家银行的资金,借款指定以税金和山东省库券200万元作担保。③

近代山东外资银行的发展及各项制度变迁,给山东的社会经济发展带来了双重影响。其积极影响主要有:给省内银行企业带来了先进的经营理念、组织模式、赢利技巧等,并对山东产业经济的发展提供了一定的资金支持。其消极影响主要有:倚靠不平等的政治权利,掠夺了山东大量财富,控制了山东经济发展的命脉。主要表现在:(1)通过国际汇兑业务,支持外国

①青岛市《青岛金融志》编纂办公室:《青岛金融志》,1988年印刷,第3页。
②《毛泽东选集》第2卷,人民出版社1991年版,第629页。
③庄维民、刘大可:《日本工商资本与近代山东》,社会科学文献出版社2005年版,第216页。

企业的进出口贸易,使外国商品充斥于中国市场,并大规模地收购中国的原料和资源。(2)将吸收存款和发行纸币所取得的巨额资金,主要用于资助在华外国企业。如日本占据青岛后,正金等日资银行趁机取代了德华、渣打、华俄道胜等银行的金融控制权,尤其正金银行,一直为"日本在青岛商业之根本"。① 日资银行直接、间接地扶持日本企业的发展,特别是在扩大商权上,成为日本工商业在青岛乃至山东发展的金融后盾。"正金、朝鲜等先后成立,乃操纵鲁省之进出口贸易,复以钞票流通市面,利用胶平银之虚本位筹码,以收利益。当时华商银行如中国、东莱等,势力尚不十分雄厚,市面流用正金钞票,日人复乘机创立各大工厂,如纺织厂、榨油厂、火柴厂、面粉厂等等,青市工业机关,十之七八为日人所经营……工商保险交通打成一片,而以金融为中心,青市经济活动完全在正金、朝鲜两银行范围之内。"②(3)外资银行对中国经济主权的侵害。外资银行凭借特权,非法发行大量货币,大量掠夺我国财富,如德国利用德华银行票,大肆掠夺山东的大豆、花生、生油、蚕丝和矿产资源,日本更是如此。③ 外国货币在山东流通时间长达半个世纪,对山东地方经济造成严重破坏。

3. 近代山东官办银行的发展

官办银行是近代中国实力最为强大的新式金融机构,可分为国家银行和地方银行两种。官办银行从无到有,引领着近代中国的银行制度建设。《中国通商银行大概章程》:"中国创设银行钦奉上谕,选择殷商,设立总董,招集商股,合力兴办,以收利权,系为通商兴利起见,因奉特旨开设,应即名中国通商银行,并拟请存官款,以示官为护持,与寻常商家自行开设银行不同,俾昭郑重,用垂久远。"④近代中国国家银行和山东地方银行的设立及发展,都遵循了强制性变迁的路径。强制性制度变迁指的是由政府主导并通过法令引起的变迁。国家银行如晚清时期的大清银行,国民政府时期的中央银行、中国农民银行等,山东地方银行如山东省银行、山东省民生银行、北海银行等。大多数官办银行设立的目的是为了解决国家及地方财政问题,

①林传甲:《青岛游记(续)》,《地学杂志》1918 年第 6 期。
②实业部国际贸易局:《中国实业志·山东省》,经济管理出版社 2008 年版,第 22—23 页。
③山东省钱币学会:《山东近代银行券与根据地货币》,1992 年印刷,第 13—18 页。
④陈旭麓、顾廷龙、汪熙:《中国通商银行》,《盛宣怀档案资料选辑之五》,上海人民出版社 2000年版,第 56 页。

实质就是重新分配利益的过程。如果政府主导的强制性制度变迁的目的是寻求统治者租金最大化,而不是社会产出最大化,那么这种强制性变迁的结果一般都会失败。① 比如南京国民政府中央银行和山东省银行的案例。如果强制性制度变迁的目的是寻求社会产出最大化,那么这种强制性变迁或许能够成功,比如北海银行的案例。当然,两种制度变迁类型的划分不是绝对的,没有纯粹的强制性变迁,也没有纯粹的诱致性变迁,更多的制度变迁是二者的合一,并且以某一方面为主。近代中国的官办银行,都以强制性变迁为主,但都辅之以一定的诱致性变迁。这些官办银行大都采取股份制经营,股权结构中官股都占有相当比重。其经营业务大都有货币发行、代理国库等,在某些时段上行使中央银行的职能。其制度结构虽借鉴于外资银行,但却是结合了本国传统文化的国家银行,并对同期的私营银行具有重大影响力。官办银行的设立及发展以政府的强制力为主导,随着政权的垮台,官办银行自然衰落,20 世纪中期,随着新中国政权的建立,官办银行被新政权无偿没收,转化为国有银行的基础。

近代山东官办银行大致可分为两类:国家银行和地方银行。国家银行主要是历届中央政府成立的银行,其分支机构遍布省内各主要城市,在近代山东银行业发展中占有举足轻重的地位。国家银行在省内的分支机构主要有:

中国通商银行。中国通商银行于 1898 年在烟台设分行,为山东境内开办最早的银行。1903 年(光绪二十九年)受日人伪造假钞影响,业务急剧下降。1905 年(光绪三十一年)烟台分行改称支行,1911 年裁撤。

户部银行。户部银行于 1906 年设立户部银行济南分行。1908 年更名为大清银行济南分行。济南分行下辖周村、烟台、青岛 3 个分号。大清银行于 1912 年改为中国银行。中国银行于 1913 年在济南建立山东分行,简称鲁行,后又成立青岛、烟台等分号。1919 年各分号均改称支行,经理改称行长。1929 年 3 月,总管理处决定青岛支行改组为青岛分行,简称鲁行,统辖山东境内中国银行业务,原山东分行改为济南支行。抗战前,青岛分行辖内共有 3 个支行、8 个办事处、2 个寄庄和 1 个办事分处。七七事变后,1941

---

①杜恂诚:《金融制度变迁史的中外比较》,上海社会科学出版社 2004 年版,第 108 页。

年 12 月太平洋战争爆发,青岛分行被日伪接管停业,房产于翌年移交大阜银行。济南支行亦被日伪强行接管,改归日伪在北平另立的中国银行总行管辖。烟台、潍县、威海卫等行处均被日军接收停业。抗日战争胜利后,青岛分行于 1946 年复业,仍称鲁行,1949 年 6 月新中国成立后由青岛市军管会金融部接管,附属的义利油厂由军管会工商部接管。

交通银行。交通银行于 1910 年设立济南分行,简称鲁行。1911 年成立烟台支行,简称烟行。1913 年成立济宁支行,简称济行。1923 年建立青岛支行(青岛收回前日本占领当局不准进入),简称岛行。1928 年,交通银行经南京国民政府改组,特许为发展全国实业之银行,总行迁至上海。其在山东的机构,除济宁支行已经撤销外,济南、青岛、烟台 3 支行均改为直属支行。从 1935 年起,青岛分行成为交通银行在山东的货币发行和资金调度中心。七七事变后,省内各分行在日军占领时均被查封,后被强令复业。1942年伪华北政务委员会财务总署在北平另组交通银行总行,11 月 2 日济南分行奉令开业,隶属日伪另立的北京总行。抗日战争胜利后,青岛分行、济南支行、潍县支行等于 1946 年相继复业。此时交通银行除恢复部分战前业务外,转以交通、公用事业贷款为主,但由于解放区不断扩大,其活动范围很小。随着省内各个城市的解放,交通银行山东省内各支行相继被接管,如潍县支行由北海银行接管,济南支行由济南市军管会金融部接管,青岛分行由青岛市军管会金融部接管。

中央银行。中央银行于 1929 年在济南设立二等分行,同年 9 月成立青岛办事处,归济南分行管辖。七七事变后,济南、青岛两分行奉命撤离山东,经上海转移至重庆。抗日战争胜利后,青岛、济南分行于 1946 年复业。1948 年济南解放,济南分行由济南市军管会金融部接管。10 月烟台分行随国民党军舰撤退到青岛。1949 年 6 月青岛解放,青岛分行由青岛市军管会金融部接管。

中国农民银行。中国农民银行于 1946 年开设青岛分行、济南分行,均直属总行。1947 年 11 月设立烟台办事处(筹备处),12 月设立潍县办事处和昌乐分理处,归青岛分行管辖。在周村、章丘、济南西关等地设立分理处,归济南分行管辖。1948 年 9 月济南分行由济南市军管会金融部接管。1949 年青岛分行由青岛市军管会金融部接管。

四联总处。四联总处全称为中央、中国、交通、中国农民四银行联合办事总处,1937 年 8 月在上海成立,1938 年迁往重庆。初期业务偏重于贴现与放款,1939 年以后转向利用金融手段推行战时经济政策,凭借政治权力扶植、加强中央银行的地位,建立以中央银行为主的 4 行 2 局 1 库官僚资本银行体系。1937 年青岛成立中央、中国、交通三行联合办事处,在中央银行内办公。9 月 7 日,济南按四联总处要求成立贴放委员会,在中国银行内办公。1945 年在重庆成立四联总处青岛分处,策划各行局到青复业、接收敌伪金融机关分工和收兑伪币事宜。1947 年成立济南支处(简称鲁支处),隶属青岛分处。青、济两处每周召开一次委员会议,传达总处方针政策及业务工作指示,督促各行局库执行;决定当地经济措施,统一行动和具体做法;决定当地存放款利率及各地汇款汇率;调查当地金融动态及经济情况;审核各行局库放款和组织联放;统筹巨额军政借款和捐助款项,决定各行局库分摊比例。1948 年济南解放前夕,鲁支处奉命撤销。10 月青岛分处亦奉命裁撤。

邮政储金汇业局。原名邮政储金汇业总局,1930 年在上海成立,隶属南京国民政府交通部。1935 年 3 月更名为邮政储金汇业局,改隶属邮政总局。除办理邮政储金汇兑业务外,还办理简易人寿保险业务。抗日战争期间,纳入国民党官僚资本银行体系。山东在抗日战争前,只有邮政储金汇兑业务,未设独立机构。1946 年始在青岛设立青岛分局。1949 年青岛解放,由青岛市军管会邮电部接管。济南未设局,只在邮政管理局内设储汇股,对外挂储汇局牌子,办理邮政储金业务。

中央信托局。1935 年由中央银行拨款,在上海成立总局。除以政府、机关及国营事业为对象办理信托业务外,还兼办储蓄、保险等业务。抗日战争期间,纳入国民党官僚资本银行体系。山东在抗日战争前无正式机构,只有其附属的中央储蓄会,于 1936 年设立青岛分会,在中国银行院内营业,对外挂牌称中央信托局青岛分局,此后相继设立济南、烟台、济宁等支会。主要办理有奖储蓄收存、抽签给彩、还本付息事宜,青岛分会代理保险业务。至 1937 年底,均已停业裁撤。抗战胜利后,1946 年设立青岛一等分局,1947 年设立济南办事处,1948 年设立烟台经营处。青岛分局内设文书、会计、出纳、地产、保险等股,办理保险、仓库、运输、购料、地产及一般存放汇业务。由于接收房地产和物资较多,业务比其他行、局发展快。济南、青岛解放后,分别为两市军管会金融部接管。

中央合作金库。系南京国民政府财政部、社会部及四联总处共同筹建,1946年开业,总局设在南京。1947年青岛支库开业,内设文书、会计、营业、出纳、信托、仓库等组。在青岛组织信用、消费、供销、生产、农业、渔业等合作社,把持贷款,进行投机倒把;随同国民党军队进攻烟台、威海地区,筹划绥靖区贷款;在青、沪等地从事棉布、花生米、花生饼、玉米运销牟利。解放后由青岛市军管会金融部接管。1947年在济南成立山东分库,内设营业、会计、出纳、辅导、总务5个组,办理存款、放款、汇兑和辅导合作社等业务。解放后由济南市军管会金融部接管。

除国家银行外,近代山东历届政府还设有众多的地方银行,服务于地方的财政和军事需要。近代山东的地方银行主要有:

山东银行。辛亥革命中,山东官银号倒闭,地方当局以金融短绌,另组山东银行。1912年8月,山东设立官办省银行——山东银行,额定资本500万元,实收141.12万元。总行设于济南,历城、青岛、周村、潍县、烟台、菏泽、章丘、长山、泰安、滕县、济宁等地设有分行。该行发行货币有银两

山东银行发行的一元和十元纸币

票、银元票、钱票及铜元票4种。1912年流通额为:银两票约140万元、银元票约200万元、钱票约200万吊,1913年流通额为:银两票约合37万元、银元票约13万余元、铜元票约合14万元。1913年12月,该行与中国银行订约,将发行准备金拨交中国银行代为收兑,收齐销毁,自此该行成为商业银行。1916年12月发行额为:银两票6万余元、银元票9万余元、铜元票10万余元。1924年,北洋军阀政府财政部核准该行发行额为500万元。到1925年底,该行所发行钞票为102万余元。

张宗昌督鲁时期的山东省银行。1925 年 5 月奉系军阀张宗昌督鲁后，为筹措军费，即沿袭地方银行旧案，以山东省银行的名义，由财政厅拨开办费 1 万元，于 1925 年在济南开业。山东省银行额定资本1000 万元，实收 250 万元，悉为官

张宗昌时期山东省银行发行的十元纸币

款。总行设于济南，将奉军于 1924 年所设青岛地方银行改为分行，原山东银行改为山东商业银行（1926 年 3 月倒闭）。该行拥有在省内发行钞票的独占权，除中国、交通两行外，其他银行及钱庄所发纸币，一概不准流通，未及两个月，省行钞票流通于省境者即达 300 万元。省钞及军用票的相继大量发行，使纸币充斥市面，导致物价飞涨，各业停滞。而专营买卖省钞、军用票的银号，则到处开设，各大银号为维持营业计，亦从事买卖。1928 年，张宗昌败退，省银行在济机构即告终止。青岛分行于同年 6 月停业，烟台分行于 1929 年撤销。

山东省民生银行。韩复榘任山东省政府主席时设立，隶属山东省政府财政厅，1932 年在济南市开业。额定资本 600 万元，实收 320 万元，其中各县地丁项下附缴 300 万元，省金库拨款 20 万元。除经营普通银行业务外，并代理省库和代发省库券，发行纸币。省内设有青岛、烟台、周村、临沂、临清、枣庄、威海卫、惠民等办事处，在平、津、沪、汉等通商大埠也设有办事处或代办所。营业宗旨称注重民生及辅助农工商业。1937 年七七事变后撤退。11 月总行及省内各办事处（青岛未及撤退）先撤兖州，济南弃守后又撤开封，继因韩复榘被蒋介石处决，该行账款被封存，移往汉口清理。1938 年7 月由汉口中央银行运至重庆，交中央银行封存，至 1939 年 8 月发还。撤退时留在山东的总办事处，与山东省平市官钱局同被日伪专案清理，1941年 12 月被伪山东省兴农委员会接收。抗战胜利后，于 1946 年 5 月筹备复业，因山东省银行已先期成立，民生银行作为地方银行无存在意义，故未实现。

青岛地方银行。1924 年直系军阀高恩洪任胶澳商埠督办时筹办，资本额 75 万元，官二商一。除发行纸币外，并以所留胶海关税二成之市政补助

经费为担保,发行市政公债。1926 年接纳商股股东要求,将青岛地方银行改归商办,因为用人不当于同年歇业。

青岛市农工银行。1933 年青岛市政府以调剂乡村农工金融为名创办。股本 10 万元,除市政府认交 3 万元外,银行公会认交 4 万元(由 10 家会员银行分摊),商会认交 3 万元。除经营存放款和汇兑业务外,并代理市库和发行铜元票。1934 年 12 月追加股本 15 万元,合为 25 万元。七七事变后,被日伪查封,1939 年 3 月强将股本移交伪大阜银行。抗战胜利后,1946 年11 月获准复业,资本增至 1 亿元,除一般存放款外,仍代理市库,以孔祥勉为总经理,卢炳泰为经理。1949 年青岛解放前夕停业。

临沂农民银行。1936 年 5 月,由山东省第三督察专员公署专员张里元在驻地临沂创办。从各县筹措资本 20 万元,主要业务是对私人商号、银号、钱庄发放贷款。1938 年临沂沦陷后倒闭。

南京政府时期的山东省银行和县级银行。1945 年抗日战争胜利后,国民党山东省政府接收伪鲁兴银行,就其原址组建山东省银行,于 12 月正式开业。资本总额 4000 万元,由财政部和山东省政府各拨 2000 万元。设董事及监察人会,半数以上由财政部遴选,余由山东省政府保荐,财政部令派。总行内设总务处、业务处、稽核处、储信部、会计室、经济研究室。其业务主要为配合国民党军政措施,参与支持粮食、棉花收购,修复津浦路和省内公路,发放流亡"难民"小本贷款,支持电力、面粉、纺织生产,并代理全省各级金库,揽做军政汇款。1946 年设青岛分行,1948 年设立烟台分行。1948 年济南解放,总行由济南市军管会金融部接管,徐州办事处自行撤销,烟台分行撤至青岛。1949 年 6 月青岛解放,青岛分行由青岛市军管会金融部接管。南京政府时期,山东还设有许多县级银行。济南市银行于 1946 年 10 月底获准按照县银行法组织,1947 年 7 月着手筹备,12 月 1 日开业。资本10 亿元,官商各半,官股由济南市政府拨给,商股由各区摊派。1948 年 9 月济南解放后由军管会金融部接管;寿光县银行于 1948 年春,由寿光流亡县政府在潍县筹设寿光县银行,尚未开业潍县即告解放,人员逃走;昌乐县银行于 1942 年 8 月由国民党昌乐县政府以发行"昌乐流通券"的名义,设立"昌乐流通券办事处"。1946 年改称"公兴号银行",董事长赵华轩,经理刘汉卿。1947 年国民党昌潍专员公署将其改为昌乐县银行。1948 年 4 月昌乐解放,由北海银行昌乐办事处接管;潍县银行于1947年1月,由国民党潍县县政府奉山东省政府令筹建。官商合办,股本5亿元,官股2/5,商股3/5,未筹集齐,潍县即告解放,由北海银行接管;即墨县银行于1947年6月由国民党即墨县政府奉山东省政府令筹建。股本20亿元,县政府认股4亿元,强迫商民认股16亿元。1948年7月开业。内设会计、业务、出纳、总务、庶务5股。经营存放汇和实物储蓄,发行本票流通券。1949年5月即墨城解放后由北海银行接管。

外省官办银行在省内的分支机构。如河北省银行。在总行由北京迁往天津后,曾于1936年4月在济南设办事处,同年9月在宁津县设支行(时宁津县属河北省),停业时间不详。如河南省银行。直系军阀吴佩孚任直鲁豫三省巡阅使时,于1923年在开封创办。后随其势力所至,于1924年8月4日在青岛设支行,同年9月添设济南支行。如西北银行。冯玉祥任西北边防督办时创立。1928年11月在泰安建立西北银行山东分行,翌年4月随冯部退出山东而结束。

抗日战争及解放战争时期,山东抗日根据地和山东解放区还设有数家抗日根据地银行,主要有:

北海银行。北海银行是建国前著名的抗日根据地银行之一,也是中国人民银行的三大基石之一。1938年8月成立,总行设于山东掖县(今山东莱州),在蓬莱、黄县(今山东龙口)设立分行。该行原为公私合营性质,私股

北海银行发行的五百元纸币

占总资金25万元的70%,后陆续收回,完全公营。1938年10月,首次发行北海币,共计9.5万元。1940年春总行迁至山东临沂,在渤海(解放区)、胶东设立分行。抗战期间,山东抗日民主政权的对敌货币斗争经历了两个阶段,最后形成北海币独占的局面。第一阶段从北海银行成立开始,到1942年5月中共山东分局财委会明确提出北海币为本位币止。到1942年,各地土杂钞基本绝迹。解放区市场货币趋向单一。第二阶段从1942年5月排挤法币开始,到1945年8月统一的北海币市场形成止。

抗日战争胜利后,北海银行总行重新进驻临沂县城,直接领导日照、

临沂两个办事处。1946 年 6 月,国民党军队进攻山东解放区,总行撤出临沂。1948 年初,总行移至五莲县;4 月总行移驻益都,组织人员随军进城接管潍县各官僚资本银行;5 月中旬建立潍坊支行,直属总行;9 月 24 日济南解放,随军进驻济南,接管官僚资本银行,组建北海银行济南特别市分行;10 月,烟台、济宁解放,组建支行,分属胶东分行和鲁中南分行;11 月新浦、海州、连云港解放,组建新海连支行(驻新浦市),归鲁中南分行领导。1948 年 12 月 1 日,北海银行与华北银行、西北农民银行合并为中国人民银行。但因工作需要,对外仍沿用北海银行的名义。1949 年 1 月接管徐州官僚资本银行,组建徐州直属支行。4 月 3 日,北海银行总行进驻济南,与中国人民银行山东省分行为一个机构、两块牌子。6 月,胶东分行随青岛市军管会进入青岛市区,接管青岛官僚资本银行,至 11 月 1 日,北海银行宣告结束。

鲁西银行。1940 年 1 月由八路军 115 师供给部在东平湖中土山村开始筹建。1941 年春适应推行鲁西币和发放生产贷款的需要,先后在泰西、运西、运东、鲁西北 4 个专署区设立办事处,由专署财政科长兼主任,配备一两名专职银行干部,同专署财政科合署办公。活动范围包括 4 个专署所辖的 36 个县。1941 年 7 月,鲁西行政区与冀鲁豫行政区合并为冀鲁豫抗日根据地。冀南银行的冀鲁豫办事处并入鲁西银行,以鲁西银行为冀鲁豫抗日根据地的地方银行,活动范围包括 7 个专署 52 个县。1944 年 5 月 11 日,冀南区与冀鲁豫区合并,仍称冀鲁豫边区。冀南银行冀南区行与鲁西银行合署办公,1945 年 5 月 4 日正式合并,沿用鲁西银行名称,

鲁西银行临时流通券

仍与工商局联合办公。1945 年 10 月 29 日菏泽解放,鲁西银行随行署机关进驻菏泽。冀南银行冀南区行随冀南行署恢复原建制。鲁西银行改由张廉方任经理。1946 年 1 月 1 日,鲁西银行改组为冀南银行冀鲁豫区行,各级行处挂冀南银行和鲁西银行两个牌子。

冀南银行。1939 年,由中共中央北方局和晋冀边区组建。1946 年冀鲁

豫区行鲁西银行改组为冀南银行冀鲁豫区行后,仍由张廉方任经理,驻在菏泽。除水东专区因战争关系未设机构外,共设 5 个分行,60 个支行。一分行驻平阴,辖济宁等 15 个支行。二分行驻郓城,辖东平等 17 个支行。三分行驻鱼台,辖单县等 9 个支行。四分行驻滑县,辖濮阳等 10 个支行。五分行驻曹县,辖菏泽等 9 个支行。1946 年 8 月下旬,国民党军大举进攻冀鲁豫解放区,区行随行署撤离菏泽,重返观城。1948 年夏秋之际,为便于支援人民解放军进行济南战役,一分行及所辖 5 个支行,七分行所辖的东平、汶上、济北 3 个支行,划归北海银行领导。10 月 1 日,冀南银行与晋察冀边区银行合并为华北银行,冀南银行冀鲁豫区行改为华北银行冀鲁豫分行,所属分行改称办事处,支行名称不变。12 月 1 日,华北银行、北海银行、西北农民银行合并为中国人民银行。

瑞华银行。由冀南银行于 1946 年在晋冀鲁豫解放区筹建,6 月 11 日开业,旨在以民营银行的名义,集合社会资金,扶助农村生产合作事业,开展城市金融工作。总行设在邯郸,下设 7 个分行。山东境内有菏泽、济宁、临清 3 个分行。菏泽分行吸收股金 4109.1 万元(冀钞,下同),行址在菏泽市。济宁分行吸收股金 7763.9 万元,行址在济宁市。临清分行吸收股金 3043.6 万元,行址在临清市。各分行以吸收存款作为放款资金,以本身股金从事仓库业务,通过经营棉花、土布、食盐、粮食等平抑物价,调节流通。7 月 15 日,晋冀鲁豫边区政府要求紧缩通货,遂紧缩商业放款,增加工业、手工业、运输、合作、小本等放款。9 月国民党军进攻鲁西,菏泽、济宁两分行先后撤至观城,并入冀南银行冀鲁豫区行。临清分行于 1949 年 3 月并入中国人民银行临清支行,人员多调往天津。

以青岛为例,来看一下新中国成立前后的山东金融业改造。1949 年 6 月青岛解放。北海银行胶东分行随中国人民解放军进入青岛,开始在市内营业。与此同时,中国人民解放军青岛市军事管制委员会接管了在青岛设立的官僚资本金融机构,取消了在青岛的外国银行的特权。同年 11 月北海银行胶东分行迁回莱阳,留下部分骨干成立了中国人民银行青岛市分行,行使金融行政管理和业务经营的双重职能。改组后的中国银行青岛分行、交通银行青岛分行、中国人民保险公司均成为中国人民银行青岛市分行领导下的专业金融机构。至此,青岛的金融大权真正回到了人民手中。青岛解放后,根据《华东区管理私营银钱业暂行办法》的规定,先后有上海、金城等7家银行、4家保险公司在青岛的分支机构和青岛的孚民、天合等6家钱庄以及汇丰银行青岛分行申请复业。至1949年末,复业后的私营行庄放款占全市私营工商业申请借款总额的90%左右。青岛的私营行庄在信贷领域中发挥了一定的作用,但部分私营行庄仍沿用旧的经营方式,贷款中有60%—70%用途不当。根据国家对资本主义金融业"利用、限制、改造"的政策,本着严格管理和业务疏导相结合的方针,青岛市将这些私营行庄逐步纳入国家资本主义的轨道。1951年9月,上海、金城等5家银行在青岛的分支机构分别被批准公私合营。1953年,根据中国人民银行关于"坚决淘汰私营行庄,彻底改造合营银行"的要求,将上海、金城等6家银行在青岛的分支机构连同原公私合营的新华银行青岛分行合并成立公私合营银行青岛分行。至此,青岛市全面完成了对资本主义金融业的改造,实现了银行国有化。在此期间,青岛金融机构为了发挥货币、利率等经济杠杆的作用,大力组织货币回笼,严格控制货币投放,灵活及时发放贷款,重点支持国营贸易扩大收购,增加市场供应,打击投机活动,在抑制通货膨胀、稳定金融、物价等方面发挥了积极作用。

近代山东官办银行的主要业务有:

第一,纸币发行。国家银行在山东的分支机构大肆发行纸币,如中国银行、交通银行等。交通银行济南分行1917—1923年间发行银元券情况见表4-45。山东地方银行也大量发行纸币。北洋政府时期的山东银行1916年12月发行额为:银两票66893元、银元票95814元、铜元票104913元。张宗昌时期成立的山东省银行发行一元、五元、十元三种省钞。该行拥有在省内发行钞票的独占权,除中国、交通两行外,其他银行及钱庄所发纸币,一概不准流通。省钞(票)前后发行2300余万元,其中在山东省发行1300余万元,实际在山东市面流通约900万元。① 韩复榘时期成立的山东省民生银行1936年发行辅币兑换券250万元,1939年发行250万元,1943年发行754万元,1947年发行2483.5万元。②

---

① 《晨报》,1925年9月3日,1927年6月25日。
② 山东省钱币学会:《山东近代银行券和根据地货币》,1992年印刷,第54—57页。

表4-45　交通银行(鲁行)发行情况表①

时　间	钞券地名	发行额	准备金比率	
			现金准备	占发行额的百分比
1917—1919	济南	1173400	711826	60.66%
1920—1923	山东	7240685	4343165	59.98%

第二,存款、放款与汇兑业务。国家银行的情况,如中国银行青岛分行1927—1936年间的存、放款及汇兑情况(见表4-46、表4-49)。再如中国银行济南分行1931—1936年间放款情况(见表4-47),再如交通银行济南分行1917—1923年间放款情况(见表4-48)。

表4-46　中国银行青岛分行1927—1936年间主要业务情况②

(单位:万元,银元)

年　度	发行额	存　款	放　款	汇　兑
1927	98	123	26	71
1928	148	165	28	149
1929	439	391	72	574
1930	476	536	103	788
1931	1318	509	406	4487
1932	1037	557	552	4434
1933	999	711	772	3705
1934	1263	833	877	2667
1935	1636	942	875	6294
1936	2701	1133	1145	9045

①交通银行《鲁行业务概要》,国家二档398号。
②青岛市《青岛金融志》编纂办公室:《青岛金融志》,1988年印刷,第9页。

表 4 - 47 中国银行济南分行 1931—1936 年间放款情况表①

（单位:万元,1934 年前银元,1935 年后法币）

年　份	每年平均放款数
1931	319
1932	474
1933	548
1934	658
1935	643
1936	614

表 4 - 48 交通银行济南分行 1917—1923 年间放款状况表②

（单位:万元,银元）

年　份	各项放款	存放同业
1917	25	4
1918	48	15
1919	77	21
1920	95	28
1921	116	32
1922	114	59
1923	99	53

表 4 - 49 1933 年济南国家官办银行汇兑表③ （单位:万元,银元）

名　称	汇兑总额
中国银行	2000
交通银行	1500
中央银行	600

①中国银行济南分行行史志办公室:《济南中国银行史》,1986 年印刷,第 35 页。
②交通银行《鲁行业务概况》,国家二档 398 号。
③济南金融志编纂委员会:《济南金融志》,1989 年印刷,第 147 页。

山东地方银行的业务同国家银行类似。山东省民生银行 1934 年①信用放款 128.4 万元,抵押放款 14.49 万元,透支 271.01 万元,贴现 0.9 万元,小本借款 2.79 万元,共计 414.8 万元(单位:万银元)。山东省银行 1946 年贴现 11.35 亿元,透支 7.83 亿元,活期放款 2.97 亿元,定期放款 1.95 亿元,共计 24.10 亿元(单位:法币)。②

第三,发行金库券、军用票、公债等。张宗昌时期的山东省银行前后发行金库券 1600 万元左右③,并强制流通,"仰商民人等知悉,无论何人,凡持有此券交易物品,概作大洋通用,以符补助财政调剂金融之宗旨。倘有借词拒绝收受者,或抑勒价格者,应由该管官署依法究办,俾维信用"④。军用票前后发行 2000 万元。⑤ 上行下效,各县都竞相发行本县之军用流通券,每县发行几十万到几百万不等。⑥ 公债票前后发行 4000 万元。⑦ 刘大可先生认为,山东省银行发行的公债数量为 4800 万元,包括 1926 年的 2000 万元,1926 年 11 月发行盐税国库善后公债 2000 万元,1927 年 4 月发行盐余公债 400 万元,8 月发行第二期国库善后公债 300 万元,1928 年 4 月发行 100 万元。⑧ 又如韩复榘时期的山东省民生银行大量发行"山东省库券",分省会(济南)、省会外(各县)两种。票面有 1 元、5 元、10 元三种。1932 年济南发行额 52 万元,山东 108 县共计 248 万元,总共 300 万元。1934 年增印 300 万元。最终换回 300 万旧券,市面流通 300 万元。⑨

官办银行的设立及发展主要是基于政府本身利益的最大化,所以货币发行及银行利润大都用于政权的巩固和个人的敛财。即使部分资金与产业资本发生了联系⑩,但总体上对经济发展并无明显的促进作用,山东地方

---

①1936 年《全国银行年鉴》。

②山东省档案馆临 15.3.629 案卷。

③《晨报》,1925 年 7 月 6 日,11 月 5 日,1926 年 5 月 4 日,1927 年 6 月 4 日,1928 年 4 月 7 日等。

④《晨报》,1925 年 6 月 5 日。

⑤《济南市志资料》第 1 辑,第 25 页。

⑥集成:《各地农民状况调查》,《东方杂志》第 24 卷第 16 号,1927 年 8 月 25 日。

⑦《晨报》,1926 年 8 月 11 日,1927 年 4 月 15 日,1927 年 8 月 7 日,1928 年 4 月 15 日等。

⑧刘大可、张照东:《山东经济史·近代卷》,济南出版社 1998 年版,第 252 页。

⑨山东省钱币学会:《山东近代银行券与根据地货币》,1992 年印刷,第 30 页。

⑩比如青岛华新纺织公司每值收获季节,即到产地北镇大量采购棉花。青岛交通银行为了加强服务,与该公司商定:在采购棉花时,所需资金可采用买汇方式,由当地交行办事处提供,所开汇票则就近划济南,由华新公司办事处于见票后迟期两天付款。

银行尤其如此。近代山东地方银行的设立,表现出典型的强制性变迁特征,他们都以财政发行为目的,由山东地方政府主导成立,强制推行自己的纸币,打压各式商办银行,阻碍地方经济发展。

第一,地方政府强制成立。如张宗昌时期的山东省银行资本除由奉方和财厅拨发一部分外,其余由各县分担,大县 4000 元,中县 3000 元,小县 1000 元。① 资本定为 1000 万元,成立时收足 500 万元。该行发行纸币,并代理省库。② 韩复榘时期的山东省民生银行名为官商合办,实际上是受省政府支配的银行。依据国民政府颁布的《公司法》成立,形式为股份有限公司,省县合办,资本总额 600 万元,分 6 万股,每股 100 元,省县各半,实收 320 万元,其中各县随粮代征筹款 300 万元,省金库拨款 20 万元。省官股董事监事由省政府指派,其余实行股东票选。1933 年成立的青岛农工银行,由青岛市长沈鸿烈联合市商会和银行公会创办,资本 10 万元,分作 1000 股,其中市政府和市商会各认 30%,银行公会认 40%。

第二,强制发行纸币。地方银行只对地方财政负责,不对百姓负责。由于地方银行是地方政府的财政工具,而不是地方政府繁荣经济、造福人民的手段,因而这类银行在准备金不足、甚至毫无发行准备的情况下滥发纸币,其结果必然是通货膨胀,纸币因不能兑现而迅速贬值,甚至沦为废纸。张宗昌时期成立的山东省银行发行的省钞,不同于一般商业银行兑换券,主要采取行政措施强制发行、流通。该行拥有在省内发行钞票的独占权,除中国、交通两行外,其他银行及钱庄所发纸币,一概不准流通。通过商会设法推行,"本会现奉督办命令,省行为国家设立之银行……所有钞票,准完粮纳税,各界均须通用"③。例如,为了使胶济、津浦两铁路局支持山东省银行的发展,曾两次电告北洋政府交通部,一电曰:"本省筹办之省银行,业已开幕。查胶济铁路,全线均在鲁境,与鲁省金融关系至切,所有从前存款及嗣后收入,除按中日协定应存正金银行之款外,务请特饬路局悉数拨存省行。"二电曰:"山东省银行,乃省政府所立,基金巩固,发行钞票,当然一律疏通,不得稍有阻碍。路局关系交通,出入尤巨,应即尽先通用,以利金融。

---

①《晨报》,1925 年 7 月 11 日、12 日、31 日。
②《晨报》,1925 年 9 月 8 日。
③《晨报》,1925 年 9 月 25 日。

除函津浦、胶济两路局外,电请查照。"①成立后大肆发行纸币,如奉票、省票、军用票等,世人谓张宗昌滥发"三票"。同时大量发行公债,山东顿时变成纸币的世界。韩复榘时期成立的山东省民生银行大抵如此。地方银行滥发纸币,不仅剥夺百姓,而且剥夺私营工商业。所以,在当时的形势下,地方金融垄断和恶性通货膨胀是极不利于地方经济发展的。

第三,打压私营银行。地方银行作为地方政府的金融工具,必然要垄断地方金融,而对其他金融力量采取排斥态度。山东的金融业,在张宗昌督鲁前是比较活跃的,仅济南一地,就有23家银行。规模较大的,有中国、交通、山东商业、东莱等银行。张宗昌成立山东省银行后,强令各银行代兑省钞,取缔私营银行发行纸币,千方百计地限制、打击各银行,使各银行的业务一落千丈。据1925年7月的统计,济南各银行上期决算大多有盈余,最多达7万元,少者也有数千元。但省银行开业后,特别是1927年,银行业全部赔累,在济南市面上占有重要地位的东莱银行赔累至数十万元,济南交通银行亏损92406元,山东商业银行也于1928年停业。济南原有的23家银行,至张宗昌倒台前夕,仅余10几家。到"五三"惨案后,仅存中国、交通两家,而且也是勉强维持。中央银行济南支行设立于1929年,青岛分行设立于1935年,最初的业务远不如中国、交通两行,随着国民党政府对金融管制的加强和各项金融政策法令的施行,如1933年的"废两改元"政策、1935年《银行法》及币制改革政策的实施,中央银行逐渐取得了金融界的领导地位。

最后,论述一下革命根据地银行的主要业务。北海银行等属于革命根据地银行,由地方民主政权主导成立,目的是服务于根据地及解放区的各项经济发展,随着解放区规模的扩大而扩大,与战争时局密切相关。其主要业务有:

第一,纸币发行。北海银行发行纸币为北海币。抗战期间,随着根据地的扩展和北海银行规模的扩大,北海币发行量和流通范围不断扩大。其发行数量1939年为32.4万元,1940年为790.5万元,1941年为1455.8万元,1942年为4794.5万元,1943年为7984.7万元,1944年为38763.6万

---

① 《晨报》,1925年9月13日。

元,1945 年为 155071.1 万元,1946 年 1362909.1 万元,1947 年 6956274.7 万元,1948 年 52189627 万元(还有华中币 4920000 万元),1949 年 18206840 万元(还有华中币 25295379.7 万元,人民币 710290000 万元)。①（见图 4 – 20）北海币累计发行 78924543.5 万元。鲁西银行发行鲁西银行币（又称鲁钞）,其中发行数量为:1940—1941 年 795 万元,1942 年 1403 万元,1943 年 11283 万元,1944 年 63827 万元,1945 年 169717 万元,1946 年 2581 万元。②

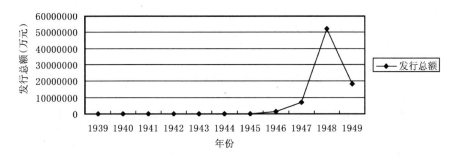

图 4 – 20　1939—1949 年北海币发行总量变化表(万元)

第二,存款、放款业务。北海银行主要服务于根据地的经济发展,所以农业、工商业放款的比例非常高,从而促进了根据地经济的发展(表 4 – 50、4 – 51)。鲁西银行 40% 是投资在工业上,30% 是投资在商业与农村贷款,稳定了鲁西根据地的金融,活跃了市场,打击了敌伪的经济封锁与破坏。③

表 4 – 50　北海银行历年农业放款统计④　　(单位:百元　北海币)

年　份	农业放款总额	占全部放款的比重
1939	1780	68.8
1940	3802	100.0
1941	4242	16.4

①北海银行总行档案第 299 号卷。
②山东省钱币学会:《山东近代银行券和根据地货币》,1992 年印刷,第 128 页。
③《大众日报》,1941 年 6 月 25 日。
④中国人民银行金融研究所、中国人民银行山东省分行金融研究所:《中国革命根据地北海银行史料》,山东人民出版社 1986 年版,第 596 页。

（续表）

年　份	农业放款总额	占全部放款的比重
1942	48107	41.7
1943	251203	52.9
1944	304943	42.3
1945	1203211	77.0
1946	1648046	11.2
1947	32173785	45.3
1948	158085496	6.8

表 4－51　北海银行胶东分行工商业 1939—1947 年间放款总额及比重①

（单位:千元　北海币）

年　份	工商业放款额度	占放款总额的比重
1939	71	27.5
1940		
1941	1641	77.92
1942	4947	46.77
1943	12263	39.85
1944	16845	41.39
1945	16672	17.60
1946	358571	36.53
1947	902809	20.58

（3）财政发行。由于处于封锁中,山东各革命根据地银行的财政发行
比例也不小(见表 4－52)。

---

①胶东分行档案第 31 号卷。

表 4 - 52　鲁西银行币历年发行分配统计表　（单位:万元）

年度	累计发行额	贷款额	占发行额的百分比	财政透支	占发行额的百分比
1941	483	42	8.22	441	91.28
1942	2198	1002	45.59	1196	54.41
1943	13412	11550	86.11	1862	13.89
1944	75198	17720	23.57	57478	76.43
1945	244853	51450	21.01	193408	78.09

4. 商办银行

（1）发展的动因

近代山东商办银行的发展也是诱致性变迁的典型之一。近代山东商办银行设立及发展同近代山东农业、工商业及证券市场的不断拓展密切相关。近代山东农产品商品的绝对量和商品化程度均有大幅提高,大批工业企业相继建立,对外贸易日益发达,因而对资金的需求旺盛成为商办银行兴起的重要原因。另外,地方政府发行巨额公债以弥补财政亏空,需要一批金融机构从事发行、承销业务,公债发行的折扣大,经办机构获利越丰厚。民国以后,地方政府发行公债给华资商办银行的兴起带来了商机。经营公债,对地方政府和商业银行是一件两利的事情。有学者指出,"北洋政府的财政是破落户的财政"[1],离开了借债,它就无法生存下去。同时期的山东地方政府同样如此。银行承销公债,折扣极低,加上利息,收益相当可观,这是强烈的诱导因素,是华资银行初期业务的基点。[2] 很多银行成立初期,都把经营公债作为其业务经营的主要内容。不过,经营公债和对地方政府放款虽然收益很高,但风险也很大。政府更替频繁,后任政府往往不承认前任政府的债务,放款的银行也就无法收回借款。许多银行因此破产倒闭。将业务基点同政府财政结缘,并不是长久之计。

（2）近代山东商办银行的大致规模

近代山东省内的商业银行有 24 家,大部分存在于 20 世纪 10 至 20 年代。其他商业银行在省内的分支机构:"北四行"全部在济南或青岛设有分

---

①千家驹:《旧中国公债史资料》,中华书局 1984 年版,第 10 页。
②杜恂诚:《金融制度变迁史的中外比较》,上海社会科学院出版社 2004 年版,第 152 页。

行,"南三行"中的上海商业储蓄银行和浙江兴业银行在济南或青岛设有分行。中国实业银行、边业银行、明华商业储蓄银行、劝业银行、国华银行、中国工矿银行、新华信托储蓄银行等在济南或青岛设有分行。规模较大者采取股份制,如东莱银行于1923年改组为股份有限公司,增资至300万元,在北京政府财政、农商两部注册,已是中国北方较为有名的商业银行。规模较小者采取公司制,如山东当业银行等。

存续时间超过十年的省内商办银行有:

山东商业银行。于1913年在济南创办。资金初定100万元,由发起人认足优先股30万元先行开业,普通股70万元开业后向社会募集。1914年起正式营业,总行设在济南。营业范围为发行银票钱票,办理存放汇兑贴现,买卖金银及各种货币,保管贵重物品。并以担负垫款义务,享有代收部分赋税权利。1916年中、交两行停兑之际,山东银行继续兑换,自此信誉大增,所发兑换券几同现金,他行客户纷存该行,营业竟驾中、交之上。至1918年,实收资本已达100万元,遂改定资本总额为500万元,后实收150万元。在上海、天津、青岛、烟台、济宁、滕县、泰安、周村、章丘、临沂设有分行,北京、南京、蚌埠、镇江、无锡、苏州、徐州、青州等地有代理店。1925年张宗昌筹设山东省银行,令山东银行改名为山东商业银行。1928年在挤兑风潮中无力维持而停止营业,外地机构亦相继收歇。1931年总行复业,实为收欠还存,清理股权债权,延至1934年结束。

东莱银行。于1918年在青岛创办,总行设在青岛。同年3月在济南设分行,继设大连分行,1919在天津设支行,1920年设上海分行,近代中国著名的私营银行之一。主要办理汇兑存放业务,并自设货栈,招揽押款。由于资东财力充实,迄未发行纸币,因此在历次挤兑风潮中处之泰然。账务按银元、银两、金票分别核算,不致因核算失真,亦为该行经营特色。1923年改组为股份有限公司,增资至300万元,在北京政府财政、农商两部注册,已是中国北方较为有名的商业银行。1926年因不堪山东军政当局横征暴敛,改天津分行为总行,将总管理处移设天津,青岛改为分行。1927年在上海分设仓库、保管库、储蓄部、地产部。至此,业务中心移向省外。1933年,将上海分行改为总行,总管理处移设上海,改为总务处。抗战胜利后,青、济两行均呈准继续营业。济南、青岛解放后,济南支行停业,青岛分行继续营业,

1952 年加入公私合营银行青岛分行。

山左银行。于 1922 年在青岛成立。实收资本虽仅 40 万元,且在日本占领之下,但所办存放汇兑仓库等业务,颇得地方绅商信任。1923 年呈准北京政府注册,并在济南、大连等地设分行。1930 年按新公司法修改章程,变更资本总额为 50 万元,如数收足,重新在南京政府实业部、财政部登记。七七事变后,存款大为减少,业务陷于停顿,行屋被大阜银行占用,强令作价 40 万元入股。1946 年复业,增资为 5000 万元,业务比较清淡。青岛解放后一度复业,1950 年因无法维持而停业。

中鲁银行。前身是中鲁钱庄,1926 年初创,资本 5 万元,在青岛开业。后按公司组织章程,将资本增至 15 万元,改称中鲁银号。收足资本 30 万元后,呈请财政、实业两部注册。其时名义上是银号,实际上已和银行相似,除在青岛市东平路设有办事处外,并在济南、上海、潍县、大连设有分号,经营存放汇各项银行业务。1931 年再次增加资本 20 万元,按照章程选举董事、监察人,呈请财政部注册,正式改称中鲁银行,在济南、上海、天津等地设有代理处,股东多为牛商。除办理存放汇业务外,并辟储蓄部兼办储蓄。业务仍多沿袭银号做法,颇能投合一些旧式商人的需要,业务量在同业中位居中上。1935 年 5 月上旬,在青岛市金融窘迫中发生存款挤提,因内部空虚无法维持而搁浅。1947 年复业,因业务冷清,于 1949 年停业。

山东实业银行。于 1915 年在济南创办,实收资本 60 万元,经营普通银行业务和储蓄存款。1920 年在潍县设分行,为时仅半年。总行停业时间不详,最迟在 1925 年。

存续时间少于十年的省内商办银行有:

周村商业银行。于 1913 年在周村建立,实收股金 15 万元。1916 年总行迁移济南。信用薄弱,靠买卖各种证券、发行纸币、为周村商人代买现银维持。1920 年停业。

芝罘商业银行。于 1913 年在芝罘成立,资本金 7 万元。起初存放汇兑业务颇为兴盛,1916 年以后因卢布(羌帖)暴跌发生亏损,外放哈尔滨贷款 80 余万元不能收回,于 1917 年停业清理。约 50 万元的存款债务,折变全部资产,只偿还了 30%。

惠民商业银行。1914—1920 年发行过银行券,详情无考。

济南阜丰商业银行。1915—1917 年发行过银行券,详情无考。

威海卫农业储蓄银行。于 1916 年在威海成立。额定资本 50 万元,实收 25 万元。总行设在威海卫,并在上海设支行。经营存放汇兑、押汇、贴现及储蓄业务,声誉较高。芝罘商业银行倒闭后,大小客户转与该行往来,营业极盛一时。后因放款过滥,资金周转不灵,于 1923 年倒闭。

齐鲁银行。于 1916 年在济南成立,在天津、上海、锦州有分行。经营一般商业银行业务,发行兑换券。初与山东商业银行齐名,后因经营失宜,颇形艰窘。1922 年起缩小营业范围,歇业时间不详,最迟不超过 1925 年。

济南通惠银行。于 1917 年创办,资本总额 100 万元。总行设在济南,上海有办事处。办理存款放款,买卖有价证券,发行兑换券。业务方式多采银号做法,仍用旧式账簿,手续简而经费省。注重与粮商的往来。1927 年底受时局影响,停止营业。

长山豫丰商业银行。1917—1919 年发行过银行券,详情无考。

泰东银行。系学界人士组织,1918 年开业,资本金 20 万元。总行设在济南城内西门大街,商埠有分行。营业范围狭窄,1927 年停业。

企业银行。于 1918 年开业,资本金 100 万元,行址在商埠经二路纬四路上。停业时间不详,最迟在 1924 年。

山东工商银行。于 1918 年开业,旨在扶助实业进步。原订资本 100 万元,后扩大为 200 万元,实收 65 万元。总行设在济南院西大街,并在商埠纬三路设办事处,天津设分行,上海设支行。内设营业、出纳、计算、文书 4 课,专办汇兑、抵押放款,

山东工商银行发行的五元纸币

收受各种存款,兼办信托业务,附设储蓄柜。1922 年前发行兑换券。1925 年停业。

山东道生银行。于 1918 年在济南成立,为道院中人士所组织,行址在西门大街。资本总额 50 万元,实收 42 万元。办理一般商业银行业务,发行兑换券。1927 年停业后改为银号。

山东丰大商业储蓄银行。1919 年由鲁丰纺织股份有限公司经理潘复

等人发起创立,额定资本 100 万元,实收 50 万元。总行设在济南经二路纬三路口,上海、苏州、常熟等地有分行。经营商业银行业务,发行兑换券,兼办有奖储蓄。1925 年歇业。

山东丰大银行

山东当业银行。于 1920 年在济南成立。额定资本 50 万元,实收 35 万元。经营普通银行业务,发行兑换券,注重与当铺的往来。1927 年停业后改组为银号。

济东实业银行。于 1921 年在烟台成立。办理定活期存款、抵押贴现放款、国外跟单押汇等业务。1925 年歇业。

山东聊城农工银行。于 1922 年在聊城开业,股本 20 万元,收足优先股 10 万元后即行营业。董事 7 人,监理 3 人,多为军政人士及当地巨绅。1930 年停业。

山东泰丰银行。于 1923 年在济南成立,额定资本 100 万元,实收 30 万元。经营普通银行业务,发行兑换券。1927 年停业后改为银号。

掖县振业银行。于 1931 年在掖县设立,1932 年停业。

奇山银行。地址在烟台二道街,设立、停业时间不详。

外省商办银行在省内的分支机构有:

中国实业银行。总行原设于天津,1919 年设济南分行,1934 年改为支行,归青岛分行管辖。该行业务注重推行兑换券,兼收地方库款。山东境内机构,皆为推广发行而设。1935 年实行法币制度后,发行权被取消,始注重经营一般商业银行储蓄、信托、仓库业务。抗日战争爆发后,济、青两行分别于 1937 年 11、12 月停业。抗日战争胜利后,青岛分行于 1946 年复业。济南分行同年呈准复业。1949 年 6 月青岛解放,青岛分行经过接管官股,改组为公私合营银行后,奉准为外汇指定银行继续营业,1952 年 12 月加入公私合营银行青岛分行。

上海商业储蓄银行。总行设在上海,简称上海银行。1919 年设济南分理处,只代总、分行办理收解,稍做押汇业务。1930 年总行拨给资本 3 万元,改称济南支行。翌年又改称济南分行,简称鲁行。1934 年济南分行成为管辖行,管辖山东境内的青岛、济宁、潍县等行处。1937 年七七事变后,济宁办事处、潍县寄庄相继撤销。济南分行管辖行名义取消,改归青岛分行管辖。1938 年 1 月,青岛沦陷,该行经理长期居沪,业务无法开展,于是青岛分行一度利用唐长记名义,套做纱布生意获利,勉强维持开支。抗日战争胜利后,济、青两分行继续营业。解放后,青岛分行继续营业,业务颇有起色。济南分行亦于 1950 年复业,其后对私营行庄进行社会主义改造,济南分行于 1951 年撤销,业务并入省人民银行营业部;青岛分行于 1952 年加入公私合营银行青岛分行。

大陆银行。总行设在天津。1920 年设立济南支行。1923 年改为山东分行,简称鲁行。1923 年设青岛支行。青、济两行除经营一般商业银行业务外,均设储蓄部办理储蓄,设货栈部办理存货。青岛还承办保管箱出租业务。沦陷期间,青、济两行业务锐减,基本处于停顿状态。抗战胜利后继续营业。济南支行维持到 1948 年济南解放时停业。青岛分行解放后继续营业,1951 年实行公私合营,1952 年加入公私合营银行青岛分行。

边业银行。总行设于北京,1921 年在济南设分行,资本 20 万元。除经营普通银行业务外,还代理国库。1924 年边业银行被东三省官银号收买,翌年改设总行于天津,称新边业。济南旧边业于 1925 年停业,新边业于同年 4 月 28 日重组开业,并发行银元票,至 1926 年歇业。

明华商业储蓄银行。总行原设于北京,后迁至上海。1922 年设青岛分行,在几个分行(包括北京、上海、天津)中业务最为发达。尤其是储蓄,以手续简便、服务热情受到储户欢迎。但收进的存款,除经营放款业务外,大部分集中总行用做投资或投机买卖,另一部分在青岛投资房地产,购置国货公司、新亚饭店,与美商滋美洋行合资兴建东海饭店,并做粮油、花纱布投机交易,以致存款准备不足,1935 年呈请停业。

致中银行。总行设在天津。1923 年春到青岛分设机构,揽收商家存款。8 月 29 日即告搁浅,31 日经理、柜伙窃逃,银洋财物席卷一空。

劝业银行。总行设在北京。1923 年在济南设分行,资本 20 万元。主要办理汇兑存放业务,兼营储蓄,发行兑换券,代理国库。1927 年停业。

　　盐业银行。总行设在北京,业务侧重盐业上的汇兑抵押存放支付,分理金库,专理盐税。1923年在济南设支行。由于时局不稳,1925年一度撤回天津,1927年裁撤。1935年总行迁往上海,经营商业银行业务。同年设青岛分行,设商业、储蓄两部。七七事变后撤往天津,未再复业。

　　金城银行。总行设在天津,1936年迁往上海。1931年设青岛分行。设商业、储蓄两部,分别经营存放汇兑和储蓄业务。沦陷期间,青岛分行改为支行,归津行管辖。青岛解放后继续营业,并增设国外业务部。1951年随其总行实行公私合营。1952年加入公私合营银行青岛分行。

　　大中银行。总行原设在北京,1929年迁至天津。1933年设济南分行,发行山东字样兑换券。随即被限期收回,分行机构随之撤销。1935年筹设青岛分行,因青岛发生金融风潮,没有开业。

　　浙江兴业银行。总行原在杭州,1915年迁至上海。1934年设济南分理处。1934年设青岛支行。除一般银行业务外,还办理储蓄、外汇及仓库业务,附设货栈。开业虽晚,但业务手续灵活,存放款均有发展。1937年撤销。

　　国华银行。总行设在上海。1934年设青岛分行。内设会计、营业、出纳、文书4个股,经办存款、放款、汇兑、储蓄、信托及外汇业务,并租有仓库。沦陷期间勉强维持。1948年改名国华商业银行。青岛解放后继续营业,1950年起代理人民银行内汇业务,后又核准为外汇指定银行,办理外汇业务。1952年加入公私合营银行青岛分行。

　　中国工矿银行。总行设在重庆,抗战胜利后迁往上海。1946年设青岛分行。总行拨营运基金100万元,办理存款、放款、汇兑、贴现、票据承兑及仓库业务。青岛解放后停业。

　　新华信托储蓄银行。原名新华储蓄银行,总行设在北京。1931年迁至上海,改名为新华信托储蓄银行,经营一般商业银行及储蓄、信托、仓库、外汇等业务。中华人民共和国成立后改组为公私合营银行,1950年设青岛分行,1952年加入公私合营银行青岛分行。

　　1952年12月,全国统一的公私合营银行联合总管理处在北京成立。青岛已经实行公私合营的新华、上海、金城、大陆、国华、中国实业、东莱等7家银行,合并成立公私合营银行青岛分行,于1953年1月3日正式开业。

青岛分行受全国公私合营银行联合总管理处和当地人民银行的双重领导。
1955 年与人民银行青岛分行储蓄部合并,对外挂两个牌子,对内视同人民
银行科级组织,负责储蓄管理、公债经销与还本付息工作,原来经办的私人
业务移交人民银行,外汇业务移交中国银行。1958 年正式并入中国人民银
行青岛市分行。

(3)近代山东商办银行的主要业务。主要业务包括发行纸币、存款、放
款、汇兑等。山东银行的存款状况见表 4-53。① 上海银行济南分行的储蓄
存款情况见表 4-54。②

表 4-53 山东银行 1915—1918 年存款状况表 （单位:万元 银元）

时 间	定期存款	活期存款
1915	35.9	130.0
1916	58.2	222.9
1917	52.2	276.7
1918	61.6	379.8

表 4-54 上海银行济南分行 1937—1944 年间储蓄存款表

（单位:万元,1937 年为法币,其他为联银券）

时 间	活 期	定 期	其 他
1937	18.9	9.4	0.5
1938	18.4	9.1	0.8
1939	10.5	9.0	
1940	8.4	8.6	
1941	7.2	7.3	
1942	8.0	5.7	
1943	9.3	5.8	
1944	8.1	6.0	

①济南金融志编纂委员会:《济南金融志》,1989 年印刷,第 87 页。
②同上书,第 97 页。

（4）商办银行与近代山东经济发展

近代山东商办银行在支持地方经济发展方面有一定成效。一般来说，银行企业出于资产安全性的考虑，总是愿意与规模较大、效益较好、发展比较成熟的企业打交道，而不愿意与根基不稳、规模小、市场前景不稳定的企业打交道。因此，只有当省内的企业发展到一定阶段后，才会给银行业提供新的市场。20世纪20年代，山东的产业资本有较大的发展，民营企业发展也较快。一般来说，外资银行主要为各国在华企业服务，华资银行主要为本国民营企业服务。当然也有交叉。市场的扩大，产业资本的兴起，为华资银行的发展创造了空间，华资银行的兴起和发展引起了诱致性变迁的需求。此外，山左、中鲁等商业银行为了方便客户，往往在放款和结算的手续上沿用旧的制度，以适应旧式商人（商帮）的习惯，对于促进城乡物资交流，繁荣市场经济，起到了积极作用。① 商办银行也从山东地方经济发展中获得了相应利润，如东莱银行1918—1920年的收益（银元）为：1918年13.29万元，1919年21.80万元，1920年36.05万元。②

5. 近代山东银行业发展与区域社会经济进步

在近代社会经济转型的大背景下，作为新式金融业的代表，山东银行业也经历了兴衰的制度变迁过程。伴随着制度变迁，近代山东银行业取得了长足进步，并在一定程度上促进了山东区域社会经济进步。无论是强制性的还是诱致性的银行制度变迁，都同区域经济发展有密切关系。区域内农工商各业的发展，是银行拓展业务和获取利润的重要来源；银行业的发展及各项制度变迁，为区域内农工商各业的发展提供了资金来源，并推动了区域社会进步。总结近代山东银行业发展与区域社会经济发展的关系，可以从以下几个方面考虑：

（1）近代山东银行业为山东经济现代化提供了重要的资金。青黄不接时的农业放款、新式百货商店的商业放款以及面临外国资本竞争的工业放款，都有力推动了山东的经济现代化进程。同时金融现代化也是山东经济现代化的重要内容，近代山东银行业的股份制经营、银行之间的并购重组以及银行业同业组织的建立及发展，都表明近代山东银行业在现代化方面也

①中国金融学会金融史研究会：《沿海城市旧银行史研究》，1985年印刷，第100页。
②根据《银行周报》有关报道整理。

取得了较大成就。

（2）不同的银行制度变迁路径带来了不同的经济绩效。在各式银行制度变迁中，外资银行属于诱致性变迁，在19世纪末20世纪初居主导地位，其服务对象主要是在华外资企业，主要依靠各种特权来获利，所以对山东地方社会经济发展的贡献不大。商办银行属于诱致性变迁，20世纪20年代居主导地位，其服务对象是华资各式企业，对山东地方社会经济发展的贡献较大；官办银行属于强制性变迁，20世纪三四十年代居主导地位，服务对象是历届政府及各种官僚资本，所以对山东地方社会经济发展的贡献不大；革命根据地银行属于强制性变迁，20世纪40年代末占据主导地位，服务对象是民主政权及一般民众，并成为社会主义国营银行的前身，所以对山东地方社会经济发展的贡献较大。

（3）近代山东银行业没有正确处理垄断与竞争的关系。近代山东银行业中官办银行始终占据比较大的势力，晚清时期的大清银行、交通银行属于官办银行，南京国民政府时期的中央银行、中国银行、交通银行、中国农业银行四大银行都属于官僚资本银行，除四大官办银行分支机构外，山东省历届政府都设有地方官办的省银行，官办银行的设立更多是为了财政目的，即财政垫支、军费开支等，并实行垄断经营，对近代山东的商办银行打击很大。20世纪20年代山东商办银行的繁荣是短暂的，更多时候是官办银行及外资银行对商办银行的挤压，以至于20世纪三四十年代，商办银行最终衰落。以市场为取向的商办银行需要适度的竞争，而不是过分地垄断，很明显，20世纪上半期山东银行业并没有解决好垄断与竞争的关系。

（三）证券交易所

近代中国的交易所分为证券交易所和物品交易所两大类。关于物品交易所，前文已述。证券交易所（或称证券交易市场）是各种有价证券发行和交易的场所，是金融市场的重要组成部分。通过证券市场，资金的供需双方可以利用各种有价证券进行资金融通。近代中国的证券业始于清朝末年。随着帝国主义经济侵略的不断加强，外国资本家把他们沿用多年的集股筹资做法带到中国，沿海地区的证券业开始起步。于是，旧中国金融市场上就先有外商股票，后来才有华商股票，债券也是先有外债后有国内发行的债券,国人最早发行股票的企业是 1873 年在上海成立的轮船招商总局。近代中国的债券也始于清末。晚清政府为镇压捻军等农民起义,于 1867 年向外商借款 400 余万两白银。1894 年为应付甲午战争军费之需,发行 1100 多万两白银的债券,月息七厘,两年半分期还清。1898年因支付甲午战争对日赔款,又发行了 1 亿两白银的债券。1918 年,"北京证券交易所"成立。1920 年"上海证券物品交易所"成立。同年 11月,"上海华商证券交易所"成立。在巨额利润的诱惑下,人们误以为办交易所可以一夜暴富,纷纷效仿。从 1921 年起,交易所逐月增加,到本年11 月底,仅上海一地开设的交易所就有 112 家。

在近代众多交易所中,成立最早的是烟台证券交易所和北京证券交易所。影响最大的交易所是上海证券物品交易所。为规范证券交易市场的发展,北洋政府农商部在 1914 年颁布《证券交易所法》。《证券交易所法》规定了证券交易所的性质、内容和设立地点,证券交易所的组织形式为股份有限公司,规定了经纪人的条件和准则,以及证券交易所及其经纪人在交易中应遵守的种种规章制度。交易所是商品经济高度发展的产物,而近代中国尚缺乏交易所事业迅速发展的经济基础,故这些交易所开设后,并没有多少正常的交易,不过是利用当时社会公众的投机心理,互炒其他交易所的股票,通过哄抬股价来渔利。除股票交易所、公债交易所外,近代中国的交易所还有机制面粉交易所、杂粮油饼交易所、棉业交易所等各种交易所。近代山东的济南、烟台、青岛等城市都设立各种交易所,济南、烟台等地的交易所以货币交易和汇票交易为主,青岛的交易所则包括货币交易、股票交易、物品交易等多种形式。

1. 青岛的证券交易所

近代省内证券交易所的建设与发展,以青岛最为发达,其发展经历了会馆时代和交易所时代。

(1)齐燕会馆。齐燕会馆的交易内容分为货币交易和汇票交易。齐燕会馆本是河北、山东两省人的同乡会馆,1915 年以后逐渐成为货币兑换场所。兑换商人每天拂晓聚集于此,由馆内登记当事人姓名和交易额,汇集当日上市的银钱数量,按照供求关系决定行情。后来增加汇票交易,在此决定申汇行市。会员之间的交易不收费,但须每月交会费 2 元。青岛取引所和青岛交易所成立后,仍在齐燕会馆进行汇票买卖,开上海电汇、票汇行市。

(2)青岛取引所。青岛取引所的交易内容分为物品交易、货币交易和股票交易。1920年成立,定为官营,后改为商办,1942年解散。取引所分物产、钱钞、证券3个部,另组信托会社为运营机关,办理交割、担保及垫款事务。信托会社额定资本800万元,分为16万股,每股50元,先收1/4,计200万元,中日商人平均认股。各部均设取引委员会,委员中日各半,但负责人均由日本人担任。3部交易,物产以花生米、花生油、豆油为限,钱钞以正金银行所发银票为限,证

青岛取引所旧址

券指定24种,皆为日本人在青岛组织之各种株式会社的股票。物产、钱钞华人原有买卖市场,至此大部纳入取引所,证券交易亦仅提高日商股票声价,便利日资企业资金周转。1921年改为商办,将营业权交与信托会社,改称株式会社青岛取引所。后额定资本增至1600万元,实收400万元,但中日双方股权已由各占一半,变为日方占65%,中方占35%。不久又以本所收押本所股票的方式,约押10万余股,每股押洋30元。局外人不知底细,将实收12.5元的股票,涨至44至45元。此中黑幕暴露后,迅即落至20元还无买主,以至每股落至2元左右。经此风潮,华商直接间接损失约1000万元,仅次于日德战争时所受损失。取引所亦濒临停业,经过清理整顿,额定资本减至180万元,实收54万元,证券交易取消,仅作土产、货币交易。九一八事变前,由于东北局势日趋紧张,日本人在东北的取引所均告停业,青岛取引所顿时活跃。土产、货币交易,有经纪人80人。经纪人领取牌号,交纳保证金2000元,由取引所给予周息8厘,于歇业时发还。货币交易以金票为主,每日上下午各开盘1次,交易单位以1万元计,每万元收手续费2.4元,交割期限定在月半及月底。由于行情变化较大,利益丰厚,1932年度交易额达7.2亿余元。

2. 烟台的证券交易所

近代烟台交易所的建设与发展,经历了公所时代和交易所时代。在交易所时代,烟台证券交易所的交易内容也仅以货币交易为主,基本不涉及股票交易。

(1)烟台钱业公所。烟台钱业公所的交易内容分为货币交易和汇票交易两大类。于1903年成立后,各同业即在儒林街集会,进行货币交易,并订有交易规则。1909年移至桃花街后重新修订,规定钞票银元挂牌成交后,不得再有异议。代客买卖银元,每元收手续费2分。代客买卖钞票,不论英洋、本国现洋皆按同率收取手续费。代客买卖汇票,每千两收手续费5钱。代客买卖俄帖,每1万两收手续费5两。代客办理元宝、锞银、碎白银,每封收手续费5分,鉴定费、运费由客人自理。交易中不许徇私,争买争卖,空买空卖,捏造市价,欺诈舞弊。会首议事时不得擅自进入议事场所,不得私传所议事项。对于以上交易规则,入会会员如有违犯,按每千两处以20两罚金,未入会的同业违者加倍处罚,知情不报者永远不准出入公所。

(2)烟台证券交易所。烟台证券交易所的交易内容主要是货币交易。1914年北洋政府颁布中国第一部《证券交易法》之后,烟台钱商姜醒夫,于1915年7月发起成立证券交易所,行董事制,初创时有同业120家参加,为羌帖、日票交易,每日成交五六百万元。欧战后俄国卢布一落千丈,做此项交易遭受巨大损失。日本金票亦涨落无常,商民每受其害而未见其益。在五四运动的影响下,各处抵制日货风潮勃兴,遂应国民要求维护国币,停止日金交易,营业自此日渐衰颓,至1922年自行解散。1923年春,又由本埠钱商联络新旧股东,更名为货币交易所,额定资本29万元,实收半数开业。此后情形不详。

3. 济南的证券交易所

近代济南的交易所建设与发展,与青岛相比极为落后,其发展仅经历了会馆时代,没有出现正式的证券交易所。

(1)福德会馆。开埠以前,福德会馆是济南银钱交易的主要场所。各钱号每天早晨派人携现银现钱来此上市(当地叫上关),成交后即时交付,并设专人随时登记,以资证明和留存备查。成交价格挂牌公告,即为同业当日标准行市。会馆按成交额以一定比例收取费用。后来逐渐增加拆放业务,有"钱脚子"(即经纪人)居间介绍,代为收解,按每银100两取钱10文收费,同时按关上拆放利率定出标准行市。

(2)商埠钱业公所。开埠后,商埠钱业公所成为汇票交易的主要场所。当时上海汇票皆迟期5天付款,可以抵补头寸,每天成交数十万两。天津、青岛汇票多为见票即付,只作辅助。在两关并存时期,济南每日行情,放款利率和兑换价格概以城内福德会馆的挂牌为准,汇兑行情则以商埠钱业公所的挂牌为准。

(3)商埠钱业公会。商埠钱业公所改为商埠钱业公会后,仍是汇票交易的主要场所。银行、钱号每日在此聚议,规定当日申津青3处汇兑行市。在其所订汇兑章程中规定,本日银钱汇票行市,由本年值年4家协同值日,量酌所成交易至八九成时确定,挂牌通行。出使申票每千各纳铜元10枚,出使津票每千各纳铜元7枚,买卖银元每百元各纳铜元两枚。卖出的银洋及所出的汇票,下关后至晚须在1.5小时内送交买主。买卖汇票由出票主持签呼价,听使主自行收取,不得强交。讲成交易必须记账,不写账者一经查出,由值年者处以罚金,按每笔申津汇票大洋1000罚钱两吊,并榜示3日。不准买空卖空,一经查出或被揭发,按1/10提罚充公。对于外埠托办款项,或出信汇、票汇、电汇买洋,或卖洋使票,定为洋钱买卖上下5毫,汇票每千两5钱,不得任意增减或另加费用。

(四)保险业

保险是为应付自然灾害或意外事故所造成的财产损失或人身伤亡而采用的一种社会互助性质的经济补偿方法,是社会保障体制的重要组成部分。保险业最早产生于欧洲,而中国具有现代意义的保险业产生于19世纪中后期。1865年,中国第一家华商保险行义和保险行在广州成立。中国自办的第一家较大的保险行是保险招商局,它是李鸿章创办的轮船招商局的连带企业,于1872年在上海成立。山东的近代保险业,始自1862年烟台开埠之后。进入山东的中外保险公司,先后有150多家。外资保险公司多为外国洋行或中国买办代理,初期主要是通过垄断进出口贸易和交通运输,操纵保险业务。华资保险公司主要是以银行为依托,与银行的放款、仓库业务组成"一条龙"服务。在近代山东保险业中,外资保险公司占据主导地位,华资保险公司的规模及发展远逊于外资保险公司。

1. 外资保险公司

近代省内的外资保险公司,分属英、德、法、日、美、荷等国,共计有91家。烟台开埠之后,英商和记洋行率先进入烟台,在经营进出口业务的同时,代理水险业务。1874年,英商太古洋行更以降低保价,招徕船货保险。至1894年,烟台一埠已有很多洋行为37家外资保险公司代理保险业务。1897年德占胶澳后,德国资本的德华银行、禅臣洋行、礼和洋行、北德国轮船公司,均代理保险业务,主要办理青岛与德国通邮通航地区的船货保险。1904年济南开埠后,外资保险业由沿海逐渐向内地延伸。1912年,英商老公茂保险公司最早进入济南。1914年日占胶澳后,日商保险公司纷至沓来,其中最大的为三井、三菱公司。1922年青岛收回后,港口开放,各国保险公司竞相发展。至七七事变前,共有70家外资公司在山东设立了109处机构。1941年太平洋战争爆发后,日本的保险公司控制了山东的保险市场,其他各国的保险公司多被排挤。抗战胜利后,日商保险公司停业,继续营业的其他外商公司已为数不多。解放初期只有英商太古洋行保险部1家。①

(1)英资保险公司。20世纪上半期,省内有英资保险公司近50家,如保安保险公司、广东保险公司、扬子保险公司、保家行、保宁保险公司、香港火烛保险公司、中华保险公司等,分布于省内各个城市,而且大都由外国洋行代理。七七事变前,在山东自营或代理保险业务的英国商行,还有济南的太古洋行、和记洋行、德隆洋行、华英洋行、保利洋行、利兴洋行,青岛的太古洋行、茂记洋行、大成洋行、嘉赉洋行、鲁麟洋行,烟台的茂记洋行等。设在青岛的太古洋行保险部,存在时间较长,解放后批准继续营业,后因无收入于1952年自行歇业。

(2)德资保险公司。主要是北德保险公司,于1857年创立。烟台代理处由德商德茂洋行代理。青岛德商美最时洋行、烟台德商万丰洋行,亦有保险业务。

(3)法资保险公司。法国保太保险公司于1918年创立,总公司设在巴黎。在上海设有远东分公司,烟台、济南、青岛均有代理处。安全保险公司

___

① 《山东省省情资料库·金融库·外资保险公司》。

于 1912 年在巴黎创立,在上海设有分公司,青岛、烟台、济南均有代理处。巴黎乌尔班保险公司于 1880 年创立,烟台代理处由法商永兴洋行代理。

(4)日资保险公司。19 世纪末 20 世纪初,共有 10 家日资保险公司在烟台设立代理处,如明治火灾保险株式会社等,均由日本三井洋行代理。20 世纪上半期在济南设有代理处的日资保险公司有三井火灾海上保险株式会社等 5 家保险公司。抗日战争前,日商济南三井洋行,烟台日本岩城商会,青岛藤祥洋行、冈崎合资会社,也办理保险业务。日伪时期,青岛代理保险业务的日本商行,还有兼松株式会社青岛支店、山东起业株式会社和涩泽仓库株式会社青岛出张所。

(5)美资保险公司。北美洲保险公司于 1792 年创立,总公司设在费城,烟台代理处由美商宝丰洋行代理,济南代理处由德成五金店代理。友邦人寿保险公司于 1921 年由侨沪美商组织,总公司设在上海,济南、青岛均设代理处。宏利人寿保险公司于 1887 年创立,总公司设在加拿大,为美商经营,1897 年在上海成立中国分公司,烟台、青岛均设代理处。旧金山人寿保险公司于 1906 年在旧金山创立,1923 年在上海设立驻华分公司,青岛、烟台均设代理处。美亚保险公司,抗日战争胜利后在济南、青岛设代理处。

(6)荷资保险公司。荷兰保险公司于 1859 年创立,烟台、济南均设代理处,烟台由德商益斯洋行代理。望赉保险公司于 1861 年创立,在上海设有分公司,烟台、济南均有代理处,烟台由德商益斯洋行代理。鲁意保险公司于 1923 年创立,烟台代理处由美商美丰洋行代理。

(7)苏联保险公司。黑海保险公司,苏联国营保险机构,在伦敦注册,1932 年来华设立远东分公司,在济南设有代理机构。

2. 华资保险公司

清末进入山东的华资保险机构只有 1 家,即 1875 年 12 月在上海成立的招商保险局,在其公布的第一批办理保险的口岸中包括烟台。民国以来,经过多年的发展,至七七事变前,共有 24 家华资公司在山东设有 19 家分公司和 107 个代理处。日伪时期,继续营业者 15 家,新设 11 家,共有分支机构和代理处 43 个。抗日战争胜利后复业和继续营业的 19 家,新设 27 家,共有分支机构 57 家。解放初期继续营业的 5 家。①

　　（1）青岛的华资保险公司。1912 年以前,青岛保险业全部为外资保险公司垄断。1912 年后,陆续有永宁、华安、先施、上海等保险公司来青设立代理处,后又随着各家代理处的增多,陆续增添了一些分支机构。保险业务也随着青岛工商业和进出口业务的发展而与日俱增。至 1922 年,青岛已有华资保险机构 10 家。至 1936 年,各类华资保险机构已达 18 家。抗战胜利后,日商保险公司停业,这使得华资保险公司有了长足的发展。到 1948 年,在青的保险机构已达 40 余家,为青岛解放前保险业的最盛时期(见表 4 - 55)。这些保险公司与银行有密切联系,有些是银行投资设立,有些则委托银行为其代理。青岛的太平、安平、丰盛、天一保险集团即由金城、大陆、交通、国华、东莱、中南等 6 家银行共同投资,宝丰保险公司为上海银行所有,永宁保险公司为中国实业银行所设。另外中国银行、中国农民银行、中央信托局、中央合作金库所设的中国、中农、中信、中合保险公司,在青岛都有分支机构。这些保险公司在青岛一般设在其所属银行内,由银行负责人兼经理,靠银行的信誉开展业务,与银行的放款、仓库业务组成一条龙。青岛各保险公司业务通常为财产保险和人身保险两大类,但多数保险公司以财产的水、火险为主要业务。其总公司多在上海或香港等地,正式职工很少。为了争揽业务,各保险公司都大量招用经纪人,给予优惠佣金。实收保费有的为八折,有的为九折,还有的仅收对折。保险公司越小,放的折扣越大,反之越小。1947 年上半年,青岛各保险公司的保费收入为 46 亿多元,赔偿费为 2.44 亿元,占同期保费收入的 5.26%。青岛解放前夕,货币贬值,物价暴涨,保险的作用日益缩小,保险公司的业务亦与日俱减,而国民党政府的苛捐杂税却有增无减,各保险公司无法维持营业,纷纷申请歇业。到青岛解放前夕,在青最大的中国保险公司最后也申请停业。

---

①《山东省省情资料库·金融库·华资保险公司》。

表 4 – 55　青岛保险公司一览表(1933—1949 年)

名　称	地　址	名　称	地　址
中国保险公司	中山路 62 号	肇泰保险公司	中山路 87 号
永宁保险公司	曲阜路 11 号	太平保险公司	肥城路 16 号
上海联保保险公司	湖南路 64 号	华安保险公司	临清路
先施保险公司	中山路 194 号	永安保险公司	高密路 36 号
四明保险公司	中山路 133 号	泰山保险公司	河南路 15 号
宁绍保险公司	中山路 133 号	丰盛保险公司	肥城路 16 号
宝丰保险公司	中山路 68 号	大东保险公司	湖南路 40 号
中国天一保险公司	肥城路 16 号	大安保险公司	湖南路 40 号
安平保险公司	肥城路 16 号	中孚保险公司	中山路
华业保险公司	湖南路 40 号	全安保险公司	济南路 64 号
大公保险公司	中山路 91 号	兆丰保险公司	山西路 17 号
南丰保险公司	中山路 91 号	长城保险公司	中山路 87 号
中贸保险公司	大沽路 24 号	建兴保险公司	吴淞路 1 号
中国平安保险公司	中山路 91 号	华孚保险公司	中山路 70 号
久丰保险公司	馆陶路	华泰保险公司	山西路 19 号
大信保险公司	天津路 20 号	裕国保险公司	济南路 85 号
太平洋保险公司	中山路 93 号	维安保险公司	河北路 23 号
中国农业保险公司	馆陶路 6 号	兴华保险公司	山西路 19 号
中国保平保险公司	北京路 43 号	联安保险公司	济南路 64 号
中华保险公司	中山路 93 号	鸿福保险公司	长安路 8 号
中央信托局	馆陶路 1 号	宁远保险公司	冠县路 44 号
中兴保险公司	吴淞路 1 号	泰安保险公司	馆陶路 4 号
中合保险公司	堂邑路 8 号	中国保商保险公司	聊城路 138 号
永兴保险公司	河南路 15 号	保安保险公司	中山路 92 号
民安保险公司	湖南路 40 号	永中保险公司	湖北路 2 号
民生保险公司	北京路 43 号		

（2）济南的华资保险公司。1932 年，民族资本保险公司开始在济南出现，有上海银行附设的宝丰保险公司和中国银行附设的中国保险公司。1941 年 12 月太平洋战争爆发，英、美、俄、荷等国保险公司纷纷撤走，仅存日商三井、东京、住友、信和 4 家保险公司。而此时，民族资本的公司则增设了宝龙、中孚等公司，至抗战胜利前计有 18 家。抗战胜利后，日商公司撤走，外商保险公司只剩美亚 1 家。1947 年民族资本公司仍尚存 13 家。

（3）烟台的华资保险公司。1920 年，烟台开始有华商代理火险。1934年，烟台华商代理保险业有中国银行、泳记、久恒茶庄、太昌永、寰海商行、顺泰和马翼君等。1935—1937 年，烟台华商代理保险业增至 17 家。1943 年 6月华商代理保险的太平、永宁、中孚、大连、联保和平安 7 个公司代表在芝罘俱乐部召开恳谈会，成立同业公会。1945 年 8 月，烟台第一次解放，保险业全归华商代理。1947 年 3 月，烟台有兴华保险代理处、天一支公司、平安分公司 3 家代理保险业务。1948 年 10 月烟台第二次解放前夕烟台保险业全部停办。

（五）信托业

信托是一个平衡法上的概念，主要涉及信托责任和良好的信用，当某人受委托代表其他人管理财产或进行商业交易时，他就与财政受益人或商业交易受益人建立了信托关系。基本原则在于：在缺乏特设权威的情况下，受托人不得从他所处的信托关系中谋取任何直接或间接的利益。近代中国以信托命名的公司基本上都集中于上海一地，其他则多为银行业所兼营。

1. 主要信托业务

1920—1930 年间，济南、青岛等地的商办银行如明华、东莱、金城、上海商业储蓄等，官办银行如中国、交通等，或附设信托部，或兼营信托业务。主要办理：

（1）各种公债、库券、股票的保管、代取本息或代理买卖。

（2）房地产的经管建筑及代理买卖。

（3）代理保险，如中国银行代理中国保险公司业务，交通银行代理太平、安平、丰盛保险公司业务，浙江兴业银行代理泰山保险公司业务，上海银行代理宝丰保险公司业务，大陆银行、东莱银行代理太平、安平、丰盛保险公司业务,中央银行代办中央信托局保险部业务。

(4)代理收付,如交通银行代理外地同业收解款项,中国、交通两行代理胶济铁路局收付款项等。1931 年初,青岛交通银行信托部开始举办保管箱业务,有大小保管箱 547 只,1932 年 8 月增办关金交易,此前中国、大陆、上海三行已先后开办。1936 年,中国、交通两行添办信托存款、放款及代客买卖货物业务,但据交通银行青岛分行 1937 年上期营业报告,由于信托存款不及储蓄便利,虽竭力宣传,但总额只增加 0.2 万元(法币)。七七事变后业务收缩,有的处于停顿状态。伪银行中,鲁兴、大阜做了一部分代保管业务。抗日战争胜利后,国民党统治区除原有银行复业,恢复战前已经开办的一些信托业务外,还增加了一些经办单位和经营范围。

2. 中央信托局在省内的分支机构

中央信托局青岛分局,办理保险、仓库、运输、购料、地产及其他信托业务。1946 年 1 月至 8 月,保险总额 368 亿元,实收保费 1.85 亿元;3 处仓库每月可收仓租 300 万元;购料方面有受托采购的,有总局交办的;地产部分,共接收房地产 4936 幢、空地 106 段,经审议会通过出售房产 498 幢、空地 6 段,计收价款 113 亿余元,尚未售出部分估计约价值 970 亿元。由清理处移交各种代售物资自 9 月份开始标售及拍卖,当月收款约 70 亿元,尚未售出物资连工厂估价,估值 400 余亿元。此后着重代理经租、营建等业务,附设的建修组,承做美国海军建修房屋业务,尚称发达。中央信托局济南办事处,亦附设敌伪财产清理处。青岛分局和济南办事处,均办理信托存贷款业务。青岛分局 1946 年 6 月有活期信托存款 13.94 亿元;济南办事处 1947 年 6 月有信托存款 143.91 亿元,1948 年 6 月有托办存款 5.96 亿元,活存透支 6.34 亿元,活存质押透支 7.3 亿元,托办垫款 6.78 亿元。

3. 国家银行的信托业务

以青岛为例进行说明。中国银行青岛分行信托股复业后,1947 年代直接税局经售印花,平均每月约可售出 26300 余万元,代敌伪产业处理局经收并代解国库房地价款 24900 余万元,代本行发付股息 36.8 万元,代收代解其他各项捐款及房租 42100 余万元,代本行及与本行有关系的顾客向地政局办理房地产登记约 50 余笔。交通银行青岛分行于 1946 年制定《信托部活期信托存款简则》,分特种活期存款及普通活期存款。前者是支票户,开户时需觅妥保证人,5 万元法币起存;后者是存折户,1 万元法币起存。利息于开户时协商确定,平均存款额超过 100 万元的加周息 1 厘计付。中国农民银行青岛分行,于 1948 年办理农渔用物资配售,计配售豆饼256077市斤,胡麻、麻绳154016市斤,照市价八折、六四折计算。其中豆饼系该行由沪购存,胡麻、麻绳系该行信托部商请物资处理委员会同意拨配。四联总处青岛分处,在 1948 年初暂时停止贷款期间,委托中国、交通、农民、中信、邮汇五家行局,代政府收购厂商的棉织制品、肥皂、火柴、橡胶制品四类商品,总价值234.4 亿元,价款由中央银行拨付。

4. 地方银行的信托业务

山东省银行信托部,1947 年开业后,办理特种信托存款,代理发行股票债券,代理保险(与中国、太平、大南、太平洋四家保险公司签订代理保险合同),代理房地产买卖、经租以及代理公私团体、个人财产业务。该行在战局不定、物价狂涨的情况下,以为"信托有加倍获利之希望,任何银行业务无与伦比",因此大量收存黄金、银元、美钞、煤油、面粉、煤炭、火柴、氯酸钾、火柴纸等,搞囤积居奇,投机倒把。

5. 北海银行的信托业务

在解放区,北海银行胶东分行于 1946 年 6 月发出建立房地产经营业务的通知,分行成立地产科,烟台、威海、龙口均设立地产经营处。烟台支行于6 月、10 月两次收买政府依法没收的敌伪房地产 75 处,价值 2216.89 万元北海币。1948 年 9 月济南解放后,北海银行济南特别市分行建立信托部,主要办理房地产经营、经租和代保管物品业务。前者是由敌产清理委员会委托北海银行信托部经营的,与使用单位签订租赁契约,收取房租,上解国库,从中抽取 10% 的佣金;后者包括各种公债股票及有价证券,黄金白银及外国货币,金银器皿及珠宝等贵重物品,各种契约、遗嘱及重要字据、文件等。

(六) 同业公会

近代以来,新兴行业不断涌现,新的行业组织也不断出现,在政府主导下,传统会馆、公所纷纷改组,近代同业公会兴盛起来。作为新式行业组织,同业公会在近代中国经济发展进程中发挥了重要作用。近代同业公会的经济职能主要是行业自律,保护行业利益,完善市场。晚清政府于 1904 年颁布了《商会简明章程》。北京政府于 1915 年、1918 年、1927 年先后颁布《商会法》、《工商同业公会规则》、《工艺同业公会规则》三个法令,这些法令加快了工商同业组织现代化的步伐。而 1929 年南京国民政府将《工商同业公会规则》修改为《工商同业公会法》,从法律的角度规定了同业公会的地位和作用。同业公会虽属近代新型工商同业组织,但也保留着某些旧式行会的特色。其突出表现,既是继续采取与行会类似的维护同业垄断利益的非常举措,同时对官府也存在着较强的依赖性,常常借助官府的权威达到保护本业和限制他业发展的目的。近代山东金融业同业公会主要有当业同业公会、钱业同业公会、银行业同业公会、保险业同业公会等。

1. 当业同业公会

济南华商当业公会成立时间不详,据 1931 年的济南市当业同业公会名册,会员主要有永孚当、隆吉当、永春当、豫昌当、广丰当、阜丰当、永吉当等。青岛主要是日商组织的当业同业公会,成立于 1924 年,日文原名为"青岛质屋组合",共有会员 29 家。主要是在当局的指导监督下,按照青岛日商当铺业的业务情况,研究营业上的利弊,团结同业,发展业务。公会规定,凡在青岛经营当铺业的日商,均须加入公会。公会的主要工作,是回答官厅及有关当局的咨询事项,向会员传达有关指示;研究同业获利措施、营业地点及限制营业户数;协调同业的业务行为和相互关系。

2. 钱业同业公会

清代山东钱业集中的地方,已有"会馆"、"公所"之类的组织。民国以来,正式建立地方性的钱业同业公会。下面重点介绍一下济南、烟台、青岛、周村等地的钱业同业公会。

(1)济南的钱业同业公会。成立于 1817 年的福德会馆,即起行业公会的作用。馆内负责人称"值年",由入会钱号推举产生。在福德会馆的公立石碑上,留有 1849 年刻下的钱业行规。济南开埠后,商业中心由城内转移商埠,银钱号渐次西迁。设在商埠的银钱号,于 1913 年成立钱业公所,1918 年建立正式会所,更名为钱业公会。商埠钱业公会在其所订公会章程中,确定以联合同业、调剂金融、评定银钱行市、维持市面为宗旨。会员以商埠银钱行为限,城内同业不拒,唯无选举权与被选举权。会内实行值年制,由会员全体推举,在会会员 16 家为值年,分为 4 班,每班 4 家,4 年一任。值年

16 家协同管理会内重要事务,轮流值日,分为 8 班,每班两家。定每年正月初七为新旧值年交替之期,办理交接。对于入会会员,规定新开业者须有同业两家以上介绍,缴纳会费 20 元,并经众认可。入会后其字号有更一字或添一字者,每字缴纳会费 10 元。借原字号开张者,不另缴会费。如有闭歇或暂停营业,都要向公会声明,否则仍照摊公费。不摊敬神等公费的,即认为出会。1930 年以后,商埠钱业公会改行委员制,由委员 14 人组成。1931 年有会员 44 家,1933 年有会员 39 家。

(2)烟台的钱业同业公会。1903 年建立钱业公所,1913 年改称钱业会社。1926 年,因钱业会社名称与工商公会规则不合,另行改组为烟台金银钱业同业公会,正式在北洋政府农商部备案。公会初行董事制,自 1931 年起改为委员制。烟台金银钱业同业公会,在其所订公会章程中规定,以维持增进同业之公共利益及矫正营业之弊害为宗旨。凡在本区经营同业之公司行号,均得申请入会,但需有同业两家介绍。每一公司行号得派代表一两人(以经理、店主为限),并按最近一年间平均店员人数,每超过 10 人时增派 1 人,在店员中互推,但最多不得超过 3 人。会员代表有表决权、选举权和被选举权。公会执行委员会在会员代表中无记名选举,包括主席和常务委员均为名誉职务,任期 4 年,每两年改选半数,如有旷废职务、违背法令、营私舞弊或其他重大不正当行为,即予解任。执行委员会负责执行会员大会决议,召集定期及临时会员大会,处理临时发生的重要事件,答复官署咨询事项,调处同业纠纷。公会事务所设办事员,酌给薪资。公会经费由会员按所派代表人数及资本额负担,每年造报预决算提交会员大会公议。1935 年 6 月有会员 49 家,其中包括交通银行、中国银行、山东民生银行 3 家银行。

(3)青岛的钱业同业公会。钱业活动场所,原在齐燕会馆。1931 年始在大沽路成立青岛市钱业同业公会,订有公会章程 35 条。规定入会手续,由会员两人以上介绍,经执行委员会过半数通过,填写入会志愿书,缴纳入会费。钱业公会受国民党青岛市党部指导,青岛市政府社会局监督,并为青岛市商会会员。会内实行委员制,选举产生执行委员会,再在委员中推选常务委员和主席。执行委员应办事务为 12 项:①同业的调查研究、改良、整顿、建设和发展,②违犯会章之处分,③兴办同业教育,④为同业介绍国际汇兑,⑤应会员要求调解会员间及与非会员之争议,⑥调解同业劳资间的争执,⑦党政机关及商会委办咨询事项,⑧会员营业必要时之维持,⑨会员营业弊害之矫正,⑩请求政府免除杂税,⑪会费筹集,⑫处理债务。会员除需缴纳入会费 5 元外,还要缴纳月捐,甲等每月 3 元,乙等每月 2 元,丙等每月 1 元。另外还有办事细则 19 条。规定公会主席为本会对内对外代表,有执行执行委员会及常务委员会决议一切事务之权。常务委员辅佐主席执行执行委员会及常务委员会议决事件,处理会内日常事务。公会内部设总务、文书、财务 3 个科,分别由主管常务委员兼任,酌设办事人员。

(4)周村的钱业同业公会。周村"钱行公"或"钱业公",成立于 1912 到 1915 年间。内设司事 1 人,由成员钱号推选产生,其余工作人员由各钱号按月轮流派员值日。定规每月初一、十五日,当月值日必须提前到馆烧香祭神。1922 年前后,周村钱业达到鼎盛时期,始成立钱业公所。

(5)其他。威海卫、济宁、兖州等地,也曾有过钱业同业公会、公所之类的组织,但无具体记载。

日伪统治期间及抗战胜利以后,济南、青岛、烟台 3 市还有钱业同业公会。其间由于金融管制加强,钱业公会除秉承伪中国联合准备银行和南京国民政府中央银行意旨行事,转达政府金融政策法令和摊派捐税外,已没有多少事情可做。1947 年全国钱商业同业公会联合会成立之时,山东曾派青岛市钱商业同业公会理事长王作恭作为代表出席。解放后,随着银钱业社会主义改造的完成,钱业同业公会不复存在。

3. 银行公会

银行公会是近代山东银行业发展的新生事物。作为一种同业组织,银行公会在近代山东银行业发展中起到了一定作用。银行公会的职能主要有制定同业章程、执行国家金融政策、维护金融市场稳定等。在诱致性变迁的背景下,银行公会发挥了非常积极的作用,在很多情况下,它们是市场创新力量的代表,在制度变迁中起着"第一行动集团"或"第二行动集团"的作用①,如北洋政府时期的银行公会。但在强制性变迁背景下,银行公会作用的发挥受到极大限制。在很多情况下,它无法代表同业同政府进行有效对话,只能充当国家金融政策的被动执行者,如南京国民政府时期的银行公

---

① 杜恂诚:《金融制度变迁史的中外比较》,上海社会科学院出版社 2004 年版,第 69 页。

会。正如前文所述,没有纯粹的强制性变迁,也没有纯粹的诱致性变迁,更多的制度变迁是二者的合一。近代山东的银行公会主要有济南银行公会和青岛银行公会。济南建立较早,青岛建立较晚。北洋政府时期,山东银行公会在行业自律、抵制外币、同业互助等方面,表现出较强的诱致性变迁特征,南京政府时期,山东银行公会被动执行国家的金融统制政策,因而表现出较强的强制性变迁特征。近代青岛成为山东的经济中心,故青岛银行公会的作用较为突出,而近代济南是传统的政治、文化中心,故济南银行公会的作用较为有限。

(1)济南银行公会的设立及发展。北洋政府财政部于 1915 年颁布《银行公会章程》,济南银行界按照本章程,于 1918 年成立银行公会,银行公会只限本国资本银行参加。1920 年全国银行公会联合会成立,济南成为联合会成员。至 1921 年,计有中国、交通、边业、大陆、山东、工商、东莱、丰大、齐鲁等 9 家会员银行。1925 年济南银行公会解散。1932 年又成立银行业同业公会。会员银行有中国、交通、东莱、大陆、山东商业、中国实业、浙江兴业、上海商业储蓄等 8 家。1932 年所订公会章程中,规定公会应办事项为:筹议银行业的改良及发展,银行业的调处及接受会员银行请求之公断,银行业的调查与统计,调剂金融,筹设票据交换所等。日伪统治期间,于 1942 年成立银行公会,会员银行除中国、交通、上海、大陆、东莱外,还有山东农业、鲁兴等伪银行。国民党统治期间,于 1947 年 8 月成立银行公会,会员银行除大陆、东莱、上海外,还有山东省银行、济南市银行以及中央信托局等官僚资本银行。从济南银行公会的发展历程看,济南银行公会是民国时期全国较早成立的区域性银行同业组织,在会员银行中,包括中国银行、交通银行等在内的国家银行,包括东莱银行、大陆银行、上海商业储蓄银行等在内的商办银行,始终是济南银行公会的主导力量。济南银行公会始终拒绝外资银行的加入。20 世纪二三十年代是济南银行公会的繁荣期,并制定了 1932 年的银行公会章程。在 1935 年南京政府对中国银行和交通银行控股之前,两行基本是商办银行,故 1935 年之前的济南银行公会是商办银行的同业组织,1935 年之后,国家银行、地方银行势力大增,逐渐在济南银行公会中占据了领导地位。

(2)青岛银行公会的设立及发展。青岛于 1931 年成立银行业同业公会,会员银行有中国、交通、大陆、中鲁、中国实业、山左、上海、明华8家。1935年改选,会员银行增加东莱、浙江兴业、国华、金城、盐业,共有13家。1942年重新成立日伪统治下的银行业同业公会。会员银行除原有的大陆、金城、上海、国华、中实、东莱6家外,先后增加大阜、复丰、华北储蓄3家伪银行,福顺德等9家由银号改组的银行,共计18家。公会章程规定,主要办理伪华北政务委员会及地方官厅金融方针之应办事项和委托事项,地方经济的筹划及救济事项,以及会员间利害有关事项。除以青岛市普通银行为会员银行外,得函请联合准备银行为"客员"。日本投降后,国民党青岛市党部于1945年组织临时公会,1947年公推孔祥勉为代表,出席4月份召开的中华民国银行商业同业公会联合会大会,会后正式成立青岛市银行商业同业公会。会员银行除列名的14家外,后又增加工矿银行。青岛银行公会成立时间虽晚,但因青岛地处山东经济的中心地带,所以在促进本埠银行业发展方面发挥了一定作用,主要表现在以下方面:

第一,抵制外资银行,重夺金融控制权。20世纪上半期,青岛金融业处在外资银行的控制之下。为夺回金融业的控制权,青岛各华资银行在成立同业公会之前,在废除胶平银、抵制正金银钞中有过几次联合行动。1929年7月,青岛继起废除胶平银两。青岛当时为山东进出口货物主要集散地。进出口贸易及汇兑,一向以胶平银为居间货币进行换算。外商在青岛推销洋货以胶平银计值,到内地收买土产以银元计价。华商向外商进货用胶平银,对国人销售收银元。胶平银经外商收进后,均存入外国银行或委托外国银行出售。华商要用胶平银,须委托华商银行代购。胶平银被外国银行掌握,行市遂为外国银行操纵。外国银行又深知华商需要胶平银,系为备付外商货价,一经转入外商之手,又复存入外国银行,无需现银准备即可滥卖,更是大量制造虚银。青岛的胶平银买卖,长年成交不下万万两,经过辗转划账,转归日本在青岛的正金银行一家,其现银准备不过三五十万两。以此极少的现银准备左右银价,掌握全市金融命脉。青岛各华商银行,虽从代买胶平银中有微利可沾,但也深感金融主权旁落,在于虚银两的存在,授人以垄断之柄。

中国既有成色一律的国币(银元)作为交易媒介,胶海关又已固定以银元1.5563元折合1关平两,废除胶平银实无意外阻碍。经明华银行倡议,中国、交通以及大陆、山左、中鲁各银行一致赞成，于1929年7月24日召开筹备会议，通过中国银行的正式提案，以六银行名义共同发起废除胶平银。次日邀各钱庄经理会商，决议即以该日行市0.67225两为胶平银折合银元的最后价格，于26日废除胶平银，改用银元。遂即一面与青岛市总商会、各外国银行接洽，一面向青岛市政当局报告。商会方面极力支持，汇丰、麦加利、朝鲜等外国银行皆无异议，独正金银行反对，欲求日本领事出面抗议，并企图拉拢部分华商到该行开胶平银往来户，在该行继续开胶平银行市。

但多数华商不为所动，济南金融界亦予声援。7月31日，青岛特别市政府发出布告，对于青岛各银行和总商会所提废两改元办法准予照办。外商纱厂见大势已去，只得允许华商所购期货交割时折付银元。各华商银行在正金银行的24万两胶平银存款，当由正金银行全部交付现银。自此金融中心转归中国银行，外国银行不再拒用中国银元，对华商的不平等待遇无形取消，并先后向中国银行开户往来。这在全国尚属先例。此外，1931年同业公会成立后，于1932年通知各行合力自卫，保存现金，实行互存，禁止现金流入外国银行。同年为稳定金融，决定暂停收受会员银行以外的支票，尤其是外资银行的支票。

第二，共同维护区域金融市场稳定。在1935年的"白银风潮"中，青岛银行公会各会员银行积极努力，有效化解了中国实业银行挤兑事件，也曾有力援助中鲁银行。1935年5月23日，中国实业银行青岛分行门前千人蜂拥，手持该行发行的钞票要求兑现。青岛市政府为此召开紧急会议，"要求各行从权应变，全力维持，救人即以自救"，当时由交通银行青岛分行出面，除代做15万元上海倒汇应急外，并代收同业开出的中国实业银行往来支票，使挤兑暂时平息。5月28日再次发生挤兑，经延长营业时间和委托银号代兑，再度平息。经过两次挤兑，共兑出现金50余万元，占该行当时钞票发行额的1/3。中国实业银行青岛分行在交通银行青岛分行的维持下转危为安。①

对同受危机影响的中鲁银行，各会员银行也积极援助。中鲁银行因不动产抵押借款占用大，营业头寸不宽，对同业往来经常轧欠，岌岌可危，恳请

_____

①青岛市《青岛金融志》编纂办公室：《青岛金融志》，1988年印刷，第20页。

青岛市银行公会给予维持。经各行再三讨论,同意中鲁银行承做房地产押款之押品实数,按八折作价给予借款 30 万元,由银行公会成员分别承担。不到一周,中鲁银行再次出现挤兑危机。经青岛市政府出面,强制各行再次借给 10 万元。为此,中央、中国、交通三总行联名致电青岛市市长沈鸿烈,提出:"值此市面凋敝,商业不振,三行力所能及,无不设法维持,惟维持之道,只能救急,倘不论内容是否可以维持,一经告急,便予维持……不特终无可救,且使救人者将转以自陷。"故决定:"中鲁银行维持之后,须其自身有生存能力,不能一再维持",中鲁银行终因资金枯竭,无法营业,遂搁浅清理。①

银行公会并不是对所有的银行都施以有力援助,如对明华银行挤兑事件的处理上,甚至各银行同政府部门勾结,转移资金。同样是 1935 年的"白银风潮",明华银行青岛分行因资金被联行挪用和占压在房地产上,营业头寸不宽,难以应付,同年 5 月 23 日下午,该行在青岛市政府邀集全市银行负责人作最后乞援,由于各行相互推诿,该行当场宣布次日停业。全市银钱业以及市政府、法院、电报局等公款转存单位闻讯后,立即将该行库存现金一扫而光,通宵伪造单据,倒填日期,把同业存款转作抵押借款,将所有不动产进行查封,连夜在法院办理了产权转移手续,这部分债权人不但没有遭受损失,反而在标卖不动产中大捞好处。明华银行青岛分行倒闭后,每天有两三千存户聚集银行门外,敲门打窗,痛哭流涕。市政当局为稳定市场,"安抚民心",成立了"债权团",但直到 1937 年,对一般存户仅清偿了原存款的百分之四五。②

第三,统一利率。近代中国的金融市场极其混乱,区域性金融市场更是如此,因而各地银行公会需要统一行动,共同维护行业秩序。青岛银行公会在统一利率、规范市场秩序方面成效明显。1935 年 7 月,促成中国、交通、大陆、金城、上海、东莱、国华、浙江兴业订立 8 行公约,划一抵押放款折扣率、保险费率、栈租标准、信用透支限度和利率,由 8 行轮流值月,在每月例会上议定执行。除规范同业竞争秩序外,青岛银行公会还同钱业公会建立密切联系,1935 年 8 月,银行公会与钱业公会共商维持汇兑价格办法。

---

① 青岛市《青岛金融志》编纂办公室:《青岛金融志》,1988 年印刷,第 19 页。
② 同上书,第 19—20 页。

4. 保险业同业公会

抗日战争以前,山东仅烟台有保险业同业公会组织。1929 年合议订立《烟台市代理火险同业维持保价合约》,划一保费,有私自折减收费者议罚,自 1930 年 1 月实行,参加者 15 家。1933 年重修合同,加入者 24 家。青岛市保险商业同业公会于 1946 年成立,拥有会员 16 家,1948 年拥有会员 40 多家。济南市保险商业同业公会成立于 1947 年,有会员 12 家。青岛、济南两市保险业同业公会,在制订火险规章、火灾责任审查、保险业佣金计算办法和保险费率等方面,都有建树。

六、近代山东的交通运输业与邮政通讯业

交通运输业是山东经济现代化的重要内容之一。近代经济以市场经济为基础,信息的传播和沟通是社会经济运转的命脉。通信业是商品流转和信息传播的载体,海底电缆使信息的传播速度加快,交通和邮政通信的现代化是经济现代化的重要组成部分。近代山东交通运输业主要包括轮船航运业、公路运输业、铁路运输业等,通讯业主要包括电报业和电话业。在交通运输各业发展中,海上运输业和铁路运输业在山东经济现代化过程中的作用尤为明显。

(一)航运

1. 海运

随着商品经济的发展,外国的轮船首先在中国沿海通行起来。近代山东的海运港口主要有三个:即青岛、烟台和龙口,三处都是对外通商口岸。1872 年,中国轮船招商局成立,清末山东商人也组织了一些小型轮船公司,于是山东沿海的中国轮船也渐渐多了起来。到 1933 年,青岛的华资轮船公司达 17 家,烟台有 8 家。

(1)外资航运业

烟台的外资航运业。1861 年开埠后,西方航运势力涌入烟台。1863 年进出烟台的洋船 674 艘次,载货 20 多万吨;1872 年增至 1171 艘次,载货近 50 万吨;1900 年达到顶峰,载货 416.49 万吨,占山东沿海航运总量的

99.16%(山东华航总量仅 3.5 万吨位)。①

青岛的外资航运业。1898 年开埠后,德国人在青岛辟港口,建码头,成立轮船公司,开辟航线。从此,以德国为主的西方航运势力在青岛发展起来,出入青岛的西方船舶与日俱增。据统计,出入青岛的西方船舶,1899 年为 409 艘次,1904 年 702 艘次,1909 年 1034 艘次,1911 年 1229 艘次,其中半数以上为德国船舶。

威海的外资航运业。1901 年后,外资船舶公司日益增多。除了英国的军舰、鱼雷艇、商船自由出入威海港口外,国内外商船出入威海口岸的也骤然多起来。1900 年前后,每日出入威海口岸的轮船、帆船、驳船等均近百只。

龙口的外资航运业。龙口本为山东沿海内航港口,主要运营于渤海沿岸各口,生意十分兴旺,1912 年航驶于龙口港的轮船有 24 艘,13121 吨位;年往返 566 个航次,总吨位达到 286845 吨。另有民船 1260 余艘,进行客运和货运。因此,早就受到列强垂涎。英、日等 10 多家在华轮船公司竞相驶入。日本早有十多艘轮船往返于龙口、营口、丹东、烟台之间。日本派人对龙口港进行反复调查研究后,提出了开放龙口港的强烈要求。1914 年北洋政府宣布龙口港对外开放。

外国资本对近代山东的航运业有重要影响。青岛的航运基本被德国航运势力把持;威海的航运大权基本操纵于英国人之手;烟台虽然不是列强的殖民地,但烟台海关——东海关自 1863 年初落于英国人汉南之手后 80 余年,烟台港的管理、引水等一系列主权均被洋人掌握,使烟台航运业也带上了浓重的半殖民地色彩。第一次世界大战之前,山东沿海的西方航运势力主要集中于青岛和烟台两口岸。英国势力最大,其航运量约占山东沿海外运总量的 40%,最高峰时达到 60%;其次是德国,其航运量约占外国山东航运总量的 20%—25%;再次是日本、美国和俄国。山东沿海口岸有外运公司 14 家,轮船 71 艘,16.7 万吨位,年运量约 547.5 万吨,占山东沿海海运总量的 84.6%。

第一次世界大战中,山东沿海航运格局发生了重大变化。总趋势是外国航运势力有所下降,民族航运业有所发展。战后外国航运势力卷土重来,

---

①《山东航运史》编委会:《山东航运史》,人民交通出版社 1993 年版,第 205 页。

特别是日本势力来势最猛。一战中,日本借口对德宣战,占领青岛,取代德国。德国航运势力大部分被逐出青岛,而日本航运势力则乘虚而入,且大有膨胀之势。1922 年,青岛有外运公司 16 家,日本就占了 9 家。1913 年日本在山东的航运量仅占外国航运总量的 30%,到 1919 年竟占到 57.33%。英国有所下降,但幅度不大,1919 年仍占外国在鲁航运量的 43.21%。总之,自 1861 年直至 1937 年抗日战争爆发,外国航运势力在山东沿海始终占优势地位,民族航运业在外国资本的挤压下缓慢地跨入现代化航运行列。

(2)官办航运业

官办航运业的代表是轮船招商局在山东的分支机构。轮船招商局于1873 年在上海成立,注册资金白银 3.2 万两,备有轮船 9 艘,运行航线是烟台、上海、天津、营口、大连等。轮船招商局船舶,平时从事民间航运,战时从事军运。1873 年在烟台设立分局,打破了外国资本垄断山东沿海航运的局面。1885 年由官商合办改为官督商办。1928 年在青岛设立分局,开辟青岛至上海、广州、福州、天津、营口、大连等航线。1930 年轮船招商局改为国营,1932 年划归国民政府交通部管辖,轮船招商局从此成为国民党四大家族垄断的国营海运机构。抗战时期,轮船招商局所设烟台、青岛分局和威海、龙口办事处等机构,均随国民党政府退出山东沿海。1946 年轮船招商局青岛、烟台分局正式复业。1948 年,国民党政府将轮船招商局改为招商局轮船股份有限公司,青岛、烟台分局改为分公司。烟台、青岛解放后,分公司机构、船舶等,均随国民党军南撤。

(3)民族航运业

山东民族航运业,在近代以前,主要是布质帆船和驳船,以风和人力为动力。从 1873 年轮船招商局在烟台设立分局起,到 1937 年抗日战争爆发止,前后 60 余年,曾先后成立了大大小小的轮船公司 50 余家。最盛时资本总额达到 1200 万元,轮船超过 100 艘,总吨位超过 11 万吨。

近代山东民族轮船航运业肇始于烟台。烟台港是山东较早跨入现代港口行列的港口。20 世纪初,烟台相继有华商成立的顺义等 7 家轮船公司,共有机船 10 余艘。1930 年前后,烟台又有惠通行等十几家轮船公司成立,使烟台大小轮船公司达到了 26 家。其中实力最大的是政记公司:总资本500 多万元,超过其他 7 家公司资本的总和,在当时中国民族航运企业中首屈一指,是外航与华航竞争的唯一劲敌。

青岛民族轮船航运业兴起较晚。近代以来七八十年中靠木船、帆船及驳船运输。1921 年,始有裕盛船行成立。该行仅有轮船两艘,资本 2.8 万元。以后陆续有裕寿、公祥、长记等船行开办。到 1933 年,境内华商在青岛港注册的轮船公司达到 20 家,总资本 180 万元,有轮船 53 艘。到 1937 年,又有 10 余家华资小公司成立开业。青岛港华资轮船公司达到 32 家,但是势力薄弱,除了招商局青岛分局、政记青岛分公司和肇兴青岛分公司 3 家外,资本过 10 万元的只有 1 家(同福昌船行),过万元的也不过 11 家。

山东民族航运业,在第一次世界大战以后,抗日战争爆发以前,不仅轮船公司得以发展,民间木帆船业在沿海和内河航运中也出现了短暂的繁荣。1930 年,仅进出烟台口岸的山东籍木帆船就达到 15915 艘次,运量达 9 万吨。外省出入烟台口岸的木帆船,东北籍的从 1911 年到 1937 年,始终保持年 3000 艘次左右,河北籍的保持年 700 艘次左右,江苏籍的保持年 200 艘次至 300 艘次。此外还有浙江、福建等省的。1934 年仅在烟台注册的民船即达到 1944 艘。这些民船活跃于山东北部海岸线及东北的大连、旅顺、营口、丹东等口岸。

(4)烟台政记轮船公司:近代中国民族航运业的代表

政记轮船公司是 20 世纪初期华北地区最大的航运企业。1904 年,张本政在烟台创建政记轮船合资无限公司(俗称政记轮船公司),是近代烟台首家民族航运企业。企业资本是 4 万银元,由张本政独资经营。开始时仅有轮船一艘,1000 吨位,定期往返于丹东、烟台和大连之间。至 1911 年,政记轮船公司拥有轮船 8 艘,资本增至 8 万银元。1914 年,第一次世界大战爆发,欧美各参战国把本国在烟台、大连等地的船只调走,外资航运业在烟台处于停顿状态。政记轮船公司抓住这一有利时机,扩大经营,每年购船 3 至 4 艘,该公司的利润收入猛增,最高时平均每分钟即收入 100 银元。到第一次世界大战结束时,政记轮船公司已跃居中国华北航运业之首位,拥有"胜利"、"广利"等客货轮 15 艘,轮船吨位也迅速增长,并在上海、天津、香港、青岛、广州等地设立了分公司,并在营口、福州等地开办了代理处。从 1905 年至 1920 年,政记轮船公司共获净利 500 万银元,张氏兄弟连本带利获得 256 万元,其航运范围除渤海、黄海外,还航运至日本、东南亚等地。

政记轮船公司于 1920 年改组为烟台政记轮船股份有限公司,股份总额为墨洋 500 万元,分为 10 万股份,每股为 50 元,全由中国人持有。张本政任董事长兼公司总经理。而且该公司还以认购股票的形式进行横向投资,如烟台电业、金融业以及丹东的部分行业都有政记公司的大量股份。此时该公司在大连建有船坞码头、五金行、修船机械工厂,有能力完成 3000 吨级以下各种轮船的维修工程和大型轮船的检修任务。拥有 3000 吨级以上的大轮船航行于新加坡、西贡、海防、苏门答腊等口岸,吨位较小的船只在大连、安东、烟台、威海、青岛、龙口、天津、广州和香港之间航行。这时其航运船只全部以货船组成,不设客船。这是政记轮船公司飞跃发展的一个时期。1923 年,张本政将政记轮船公司由烟台迁至大连。1931 年"九一八"事变后,日军侵占东北,政记轮船公司资助日军,大发横财。截至 1937 年,政纪轮船公司有职工 1700 多人,轮船 30 艘,约 61300 吨位。其中千吨以上的轮船占 2/3。后来,张本政又购进一些大型轮船,总吨位共计 11.8 万吨,当时,它是中国最大的私营船运公司。抗日战争爆发后,公司继续资助日本运输物资,先后有 14 艘轮船被美军飞机或潜艇击沉,损失惨重。1945 年 8 月日本投降后,该公司倒闭。

2. 内河航运

国民党统治山东的起初数年,政权趋于统一,政局相对稳定,山东内河航运出现了短暂的繁荣。首先是黄河航运。黄河是山东主要河运航道,由东明县入境,至垦利县入海,流域 27 县,长约 624 公里,除河口段外均能通航 500 吨以下驳船。抗战前几年,有船 3000 余只,年运量达 40 万吨左右。其次是小清河。小清河是原济水故道,近代由于外国入侵,局势动荡,年久失修,航运日趋衰落,再加上胶济铁路通车后,夺走其岔河以上段运输生意。1931 年山东省政府建设厅成立"小清河工程局"开始治理。民间航运增加,并有渤海和华通两汽艇社成立。两公司共有木质机船 6 艘,运营于济南黄台桥至岔河区间。再次是大运河。大运河运输量已远不如以前。19 世纪初叶,每年由江南运粮百万石,但到 1900 年左右,每年仅运粮 20 多万石。近代山东"峄县中兴煤矿"兴办以后,出于运煤的需要,中兴公司在台儿庄建码头、货场,购船只,建起自备运煤队。1934 年,仅中兴公司就有各类船舶 100 多只,达 31400 吨位,年运输量达 55 万吨左右。中兴公司南迁后,台儿庄运河航运中止。

（二）公路

公路是整个交通运输业的重要基础设施之一。公路的建设状况可以从某种层面上反映交通运输业的发展水平,并且直接决定了道路运输业的现状。山东的陆路交通自古已有四通八达的官道和大路。伴随着外国列强的入侵,山东境内开始逐步修筑现代公路。民国年间,山东当局又陆续筹划建设公路,于是汽车运输兴起。到 1933 年,全省通汽车的道路达 5330 余公里。

1. 官路与大路

中国的陆路交通自古就很发达。"秦治驰道"是中国交通史上空前浩大的工程。"驰道"又名"真道",为天子驰车马之道,又广筑非官道。秦汉以后各朝,路名"驰道"或"驿道",元称"大道",清称"官路"和"大路"。清代以北京为中心,有主要道路通向四方而达于各省省城,这些道路称为官路。此外,各省城还设有官路的支线,通到地方主要城市,称为大路。当时行经山东的官路有两条:一是广东官路,自北京至广东;二是福州官路,从北京到福建。这两条道路最初设驿站,以便于传递官文,供官员或差役往来、运送田赋及粮饷,称为驿路。

近代以前驿路是山东重要的交通要道,近代正是在此基础上发展成为重要的陆上交通和运输道路。据 1848 年初版、1882 年《山东书简》重刊的《山东考古录》"图考"中所绘全省总图和各府分图中所绘道路有 11 条,包括清代山东的主要陆路交通。这 11 条路是:(1)济南至留智庙(河北衡水)线,中经齐河、禹城、德县(今德州市);(2)济南至潍县(今潍坊)线,中经章丘、邹平、长山(今邹平县长山镇)、青州、昌乐;(3)济南至临清线,中经齐河、伦镇、高唐;(4)济南至东昌(今聊城)线,中经齐河、茌平;(5)济南至武定(今惠民)线,中经济阳;(6)德县至铜山(今江苏徐州)线,中经恩县(今恩城)、高唐、茌平、东阿、东平、汶上、滋阳(今兖州)、邹县、滕县、临城(今薛城)、沙沟;(7)泰安至红花埠线,中经新泰、蒙阴、兰山(今临沂)、郯城;(8)潍县至登州(今蓬莱)线,中经昌邑、莱州、黄县;(9)齐河至滋阳线,中经张夏、宁阳;(10)济宁至曹州(今菏泽)线,中经嘉祥、巨野;(11)济宁至汶上线。以上这 11 条路线，有 4 条是官马大道，即济南至留智庙线、齐河至滋阳线、泰安至红花埠线、德州至江苏铜山线。济南至潍县线、潍县至登州线、济南至东昌线、济南至临清线，则是原来的东西大道。济南至武定、济宁至曹州、济宁至汶上 3 条，是原有的大道和驿路。除了官路和大道以外，其余各地之间互通和联络这 11 条道路的还有很多。各州、县之间及与邻省之间也都有道路可通。①

2. 近代公路

山东近代公路交通始于清朝末年德国侵占胶州湾后。1904 年，德国在青岛修筑台东镇至柳树台公路。这是德国修建路线最长、桥梁最多的一条公路，也是山东省内修建的第一条公路。20 世纪初，胶济、津浦铁路修建通车后，基本上代替了原来官马大道的运输任务。但是，广大地区的脉络贯通仍然需要公路。1919 年山东省议会《修治山东水陆道路计划概略》中指出："全省路线拟就近铁路、航路、商埠口岸及商业、物产丰富、水陆防务重要各区域，察度形势，分列干支，先行修治，以能行载汽车为目的"，提出在山东省修筑 7 大干线、12 条支线的修筑公路计划。1920 年，山东修成 5 条公路，分别是禹（城）东（昌）路、禹武（定）路、德（州）临（清）路、周（村）青（城）路、济（宁）曹（州）路。1921 年德临路由临清延长至南馆陶，改称德南路。1922 年北洋政府又修筑了烟台至潍坊以及青岛至沙河的公路，其中烟潍公路是近代第一条横贯山东半岛的公路。1927 年，山东共筑公路 17 条，长 2181 公里。南京国民政府时期，至 1937 年以前，山东共有公路 6183 公里。山东公路建设进一步发展。

（三）铁路

作为输出过剩资本的一种重要手段，近代西方列强积极谋求在华筑路。近代中国重要铁路干线大都是在举借外债的条件下开展或完成的。1937 年以前近代山东境内的铁路主要有两条：一是德国修建的胶济铁路，二是清政府向英德借款修建的津浦铁路。这两条铁路是山东陆上交通的大动脉。胶济铁路于 1904 年开通，津浦铁路（山东段）于 1908 年开通。这两条铁路

---

①黄棣侯：《山东公路史》第 1 册，人民交通出版社 1989 年版，第 53 页。

干线在近代山东交通运输业中占据着重要地位,并成为山东经济现代化的基础部门,对山东经济由传统向近代转型起了重大的推动作用。

1. 胶济铁路

1898 年德国强迫晚清政府签订了《胶澳租借条约》,不仅租借胶州湾 99 年,而且取得了在山东修筑胶济、胶沂济等铁路及开采沿线矿产等特权。《胶澳租借条约》签订后,德国资本家组成德华银行,为设立山东铁路公司和矿务公司联合投资。1900 年山东巡抚袁世凯致电德国驻胶总督叶世克,请其派员到济南另行订立详细章程,最终双方达成《胶济铁路章程》28 条,画押盖印。①《胶济铁路章程》规定了公司组建、铁路修建过程中中、德双方的权利和义务,并且还协调了铁路建设与周围居民生产、生活的关系。另外,该《章程》还规定了铁路沿线只能

德国人成立的山东铁路公司

驻扎中方军队负责安保工作,并细化了临时处置紧急情况(如灾害、战乱)时中方的使用权限。该《章程》还为中方日后赎回该铁路留有余地。1902 年周馥接任山东巡抚后,由省库拨出白银 25 万两,购买铁路、矿务公司股票各 300 股,每股 1000 马克,共计 60 万马克。② 并按规定派出一名官员驻潍县,办理铁路、矿务交涉事务,却根本没有取得"会同办理"铁路的权利。

(1)胶济铁路的修建。胶济铁路自 1899 年开工,1904 年胶济铁路全线通车。青岛至济南干线总长为 395.284 公里。除干线外,还同时修筑了从张店至博山、淄川至黉山的支线,其长分别为 38.87 公里和 6.5 公里。此支线是德国人采取"迁路以就矿"的办法,专为掠夺淄川、博山地区的煤炭等资源服务的,也于 1904 年竣工通车。此后,又于 1905 年经署理山东巡抚胡廷干批准,修建了自济南东关车站至小清河南岸长约 3 公里的支线,以利水陆交通。1904 年全线通车,当年就获纯利 30 多万马克。此后,营业额稳定上升,获利亦逐年增多。1905 年获利 116.6 万马克,1909 年获利 222.1 万马克,到 1913

①《筹笔偶存》,第 171—172 页。
②民国《胶澳志》卷六,《交通志》。

年则达293.9万马克。据统计,1905年至1913年9年间,胶济铁路载运旅客812.7万余人,载运货物556.7万余吨,共获纯利1950多万马克。

(2)胶济铁路与近代山东经济。胶济铁路的通车,对山东的社会经济产生了极其深远的影响。从客观上看,胶济铁路为山东的旅客与货物运输提供了方便,促进了货物流通,推动了铁路沿线城镇商业经济的发展。

首先,胶济铁路的开通,加强了山东内地与沿海间的联系,推动了沿线城镇商业经济的繁荣。"向者由青岛至济南,须九日或十日,火车通后,则仅十二小时而已足。"不仅如此,胶济铁路的开通还推动了沿线城镇经济之发展。如潍县,除潍城外,坊子、二十里堡、南流、蛤蟆屯、大圩河,"皆以接近铁路,顿成商业中心";寒亭、眉村、杨家埠、望留、固堤、马思等村镇,"虽僻处乡曲,亦各有其重要地位"①。又如益都杨家庄,铁路未通前,乃一偏僻小村,"固无商业可言",修通铁路后,这个仅有60余户的村庄,就兴起了大小商号20家。②

其次,胶济铁路的开通,改变了山东半岛的经济格局。胶济铁路的建设使"青岛日盛,烟台日衰"。在铁路未建设以前,烟台是山东唯一的贸易港口,"胶济铁路通而分其一部分东走青岛,津浦路通又分其一部分北走天津。顾烟台之贸易额,当光绪二十七、八年间已达四千五六百万两,自光绪三十年胶济全路通车,青岛日盛,烟台日衰,不数年而贸易额退至三千万两以内"③。铁路通车后,不仅使青岛在军事上的地位益显重要,更重要的是青岛的贸易经济更趋繁荣。原来昌邑、潍县、胶州、高密、平度、掖县一带的进出口货物都在烟台港出入,铁路开通后逐渐都改为青岛港;在烟台的商号,有些也迁往青岛。山东半岛的贸易中心,逐渐由烟台转向了青岛。

最后,胶济铁路的开通,强化了外国列强对山东省内资源的掠夺。德国修筑胶济铁路,是与侵占中国的领土联系在一起的。早在德国侵占胶澳之前,德国驻上海领事就曾向其政府报告:"我能将此路筑成,则我无穷之利益,皆在此铁路上。盖铁路若成,则由中国内地,可直达胶州海口;中国内地

---

①《胶济铁路经济调查报告》第3册《潍县》,第15—16页。
②《胶济铁路经济调查报告》第4册《益都县》,第15页。
③赵琪修、袁荣叟:《胶澳志》卷五,《食货志·商业》。

所生产之货物,可由海路运到德国,是即如英国在印度之办法。"①。德国侵略势力也随着胶济铁路的修建而逐步向内地扩充与延伸,并直达省会济南。德华银行、礼和洋行相继在济南开设了支行,其他德国商行和店铺也陆续开设于济南,且其外交机构亦在济南设立了领事馆,使济南变成了他们向内地进行侵略与掠夺的前哨阵地。通过胶济铁路,德国殖民者将大批洋货输入山东内地,又从山东掠走大批土特产品,从而使广大农民与手工业者自给自足的自然经济基础进一步遭到破坏,纷纷破产失业。与此同时,德国殖民者还利用"迁路以就矿"的办法,使胶济铁路干线穿过了山东省主要的矿产地,如坊子煤矿、金岭镇铁矿等。通车后,德国人便开始大规模开采沿线矿藏,我国的矿产资源遭到严重破坏。

2. 津浦铁路

津浦铁路是山东省内另一条铁路干线。1908 年晚清政府与英、德两国正式签订《天津浦口铁路借款合同》,以天津为起点,到南面扬子江畔的浦口为终点。借款 500 万英镑,年息 5 厘。议定以山东峄县(今枣庄市峄城区)韩庄运河桥为界,分南北两段各设工程局建筑。南段勘测由英国总工程师德纪、北段由德国总工程师德浦弥勒分别负责。南北两段分别组织施工,雇用沿线农民筑路。北段工程于 1908 年通车,全线于 1912 年竣工。它由北往南穿越山东境内,并在济南西站与胶济铁路连接起来,因此亦可和北京及西伯利亚铁路连接通车。

3. 石德铁路

石德铁路是平汉和津浦铁路两条干线的联络线,自河北省石家庄至德州,全长 180 公里,1941 年竣工,是日本侵略者为掠夺山西煤炭资源而修建的重要通道。

4. 山东自己修筑的铁路

(1)小清河支线。1905 年,山东农工商务局修筑胶济铁路小清河支线。(2)兖济支线。1897 年清廷采纳江苏道员容闳的建议,计划借外款修建"津镇铁路"。路线经兖州东门折而向西至济宁,再东行取道邹县,直趋鲁南。其后不久,计划变更,"津镇铁路"改为"津浦铁路",而且路线也随之更改,

①《外交新纪元》,民国六年铅印本,第 141 页。

由兖州而南,不再经过济宁。消息传来,山东士绅当即推举潘复、袁景熙、吕庆祈、李其庄等赴北京请愿。邮传部召开会议,讨论磋商。几经协商,最后决定干线不动,另修支路,由兖州专达济宁。1912 年,竣工通车,被称为"兖济支线"。(3)台枣铁路。1912 年竣工通车,是由商办山东峄县中兴煤矿股份有限公司为运煤而建的中国第一条商办铁路。全长 41.5 公里,设台儿庄、泥沟、峄县、枣庄 4 站,并安装有相应的机务、电务设备。1912 年与临城至枣庄的支线相接,1935 年 2 月又与台儿庄至赵墩的支线相联,合称临赵支线,成为津浦、陇海两铁路的联络线。1946 年,八路军所属鲁南军区,为阻止国民党军利用台枣铁路运送兵员进攻解放区,组织群众将台枣铁路全部拆除,后未再修复。

(四)邮政通讯业

传统的邮政通讯,有驿站、镖局、民信局等形式。驿站负责官方邮传,民间通信则托镖局或民信局,速度慢,传递信息量少。近代以来随着经济的发展,渐渐有了邮局、电报和电话的设立。交通通讯的变动,一是扩大了商品运输量和流通范围,加速了商品周转,使商业贸易更加活跃,有利于刺激生产的发展。二是加速了信息交流,便于工商业者掌握市场动态,较快速地调剂物资和组织生产。三是使各级政府能够及时掌握各种情况,节省了时间,提高了效率。尽管山东的许多电政设施最初是出于军事的动机,但在和平年代,为各级政府和民众提供的方便,是不言而喻的。

1. 邮政

山东的邮局最先发轫于烟台。1868 年烟台海关设邮务办事处,这是中国近代邮政的萌芽。1878 年烟台邮局成立,归海关管理。这是近代中国第一家邮局。1878 年 8 月 9 日开始发售中国第一套大龙邮票。1896 年,晚清政府下令裁驿改邮,于北京设总邮政司署,将全国分为华北、华中、华南、华东等部分,当时邮区的划分,以通商口岸为标准,山东境内有烟

设在烟台的德国邮局发行的一分邮票

台、济南、胶州三邮区,皆属华北部分(见表4－56)。其后改以行政区域为标准,济南称为济南邮界,烟台、胶州各为副邮界。1914年,复改以行省为单位,山东称为山东邮区,设管理局统辖全省邮政。到1933年,全省邮局发展到155处,代办所705处,全省108县,殆无不通函件者。此外,日本、德国、俄国、英国等国家也在省内各地设立在华邮局,并发行邮票。

表4－56　1904—1911年山东境内各邮界邮政局所统计表[①]　(单位:个)

年　份	总、分各局数目			合　计	代办机构数目			合　计
	烟台邮界	济南邮界	胶州邮界		烟台邮界	济南邮界	胶州邮界	
1904	15	9	18	42	18	32	14	64
1905	13	10	20	43	19	42	24	85
1906	14	10	20	44	26	65	27	118
1907	15	10	20	45	27	76	27	130
1908	17	10	20	47	33	135	37	205
1909	17	12	20	49	75	166	52	293
1910	18	12	21	51	84	181	82	347
1911	37	14	15	66	96	212	64	372

2. 电报

近代山东的电报行业,发端于晚清政府电报总局在济宁、临清所设的分局。1881年清廷架设津沪电报线,沿途经过山东济宁、临清,由此在两地设电报分局,成为山东省电信通信的开端。后随军事和商务的需要,各县市陆续建立了电报分局(见表4－57)。民国建立以后,重整电政,大力发展,到1933年,全省电报局发展到81处,架线总长度4619公里。除有线电报外,交通部还在济南、青岛、烟台、威海设无线电报4处。除国人所办电报外,外人亦在青岛、烟台设海底电线,或与中国合办海底电线,通往中国沿海各地。

①《山东省情资料库·邮电库·机构》。

表 4 - 57　1881—1911 年山东电报机构一览表①

城镇名称	设立时间	机构名称	城镇名称	设立时间	机构名称
临清	1881.12.28	临清电报分局	青岛	1893	青岛电报分局
济宁	1881.12.28	济宁电报分局	黄县	1897	黄县电报分局
台儿庄	1883	台儿庄电报分局	泰安	1900.4.13	泰安电报分局
济南	1885	济南电报分局	大汶口	1900	大汶口电报分局
烟台	1885	烟台电报分局	东昌	1904	东昌电报分局
德州	1885	德州电报分局	曹州	1904	曹州电报分局
沙河镇	1887.8.24	沙河镇电报分局	龙口	1906	龙口电报分局
胶州	1887.8.24	胶州电报分局	即墨	1911	即墨电报分局
威海卫	1890	威海卫电报分局	莱阳	1911	莱阳电报分局
登州	1890	登州电报分局			

3. 电话

山东的电话发端于青岛和烟台,都是德国人于 1899 年开办的。青岛电话局于 1915 年被日本人接管,1923 年收归胶澳商埠督办公署管理,1929 年改属交通部。烟台电话局 1910 年由烟台电报局收买,后亦归交通部。济南官办电话局始于 1902 年,在省抚院各衙门内安装电话设备,形成小规模的电话网,这是山东最早由中国人自办的市内电话网。除官办电话外,还有民营电话。民营电话以济南电话股份有限公司成立最早,规模最大。长途电话分国有、省有、县有三种。国有长途电话开办于1924 至 1925 年间,电话局设在济南,通话地点集中在胶济铁路沿线和胶东半岛 22 处城镇,并可联络省外各商埠。省有长途电话开办于 1929 至1930 年间,至 1933 年通话地点不下 89 县。县有长途电话是 1931 年省政府指示开办的,到 1933 年,全省 108 县全部设立长途电话,各县政府及其所辖之重镇,均可互通声气。

烟台电话局。1909 年邮传部命烟台电报局兼办电话,成立市内电话交换机构,同时又将德国人所办电话作价收归中国所有。1910 年正式成立烟台电话局。1936 年 10 月,烟台市电话局归并烟台电报局,改称烟台

---

①《山东省情资料库·邮电库·机构》。

市电信局。1938年日本占据了烟台电报局。1945年8月,八路军解放烟台,接管烟台电报局。1948年10月,烟台第二次解放,烟台邮政局与电报局合并,被中国人民解放军军事接管委员会邮电部接收,成立烟台市邮电局。

威海卫电话局。1907年英国人在威海卫商埠区设电话局,为警察所专用。1930年,中国政府从英国手中收回威海卫,成立威海卫电话局,归交通部管辖。1938年3月,日军侵占威海卫,4月在东码头设立电报电话局,开办市内电话。1945年8月,日本投降,抗日民主政府派员将其接管。

青岛电话局。1922年根据华盛顿会议中日两国代表签订的《解决山东悬案条约》,中国政府以32万元的赎金为代价,收回了青岛、胶州、李村、沧口、四方等日本电话局,设立胶澳商埠电话局。1929年胶澳商埠电话局改归接收专员公署管理,后移归国民政府交通部,改称交通部青岛电话局。1938年被日伪"华北电信电话股份有限公司"侵占。1945年日本投降后,被国民党政府交通部接收。

济南电话股份有限公司。1915年山东巡按使公署将济南官办电话局让归济南电话股份有限公司商办。同年5月,经交通部核准,济南电话股份有限公司成立,原有资本10万元,1919年7月发行股票,添招资金30万元。1921年4月,再次发行股票,又添招资金60万元。1918年创办泺口电话公司和济宁电话公司。1920年创办周村电话公司和博山电话公司。1937年日本强夺济南电话公司、电报局。1939年济南、泺口、周村、博山、济宁电话公司均落入日伪"华北电信电话股份有限公司"之手。济南电话公司被吞并后,改名为"济南中央电话局",隶属于"华北电信电话股份有限公司济南通信局"。

七、近代山东城市的兴起与发展

近代中国的城市发展与近代中国工业化的进程同步,也是在西方资本主义入侵的社会环境下展开的。西方资本主义的入侵对中国近代城市产生了深刻的影响,因而使其具有浓厚的殖民地色彩。近代山东城市的发展与开埠通商、交通运输、政府的政策有密切联系。晚清时期,山东西部的运河沿岸城市衰落了,如济宁、临清、聊城和德州等,但山东沿海城市却迅速兴起。胶济铁路建成后,铁路沿线城市又继而崛起。沿海口岸城市和铁路沿线城市既是西方列强源源不断地输入本国商品的批发站,又是掠夺输出中国商品的转运站。随着资本主义侵略势力的步步深入,中外贸易日益扩大,商业化的浪潮与不断发展的工业化成为近代城市发展的首要推动力。在或主动或被动的对外贸易发展中,沿海城市和铁路沿线城市逐渐成为近代山东城市发展的主要内容,并且二者逐渐连为一体,共同推动了近代山东城市化的进程。

(一) 开埠与近代山东城市发展

开埠,即开辟商埠,是近代山东城市转型的重要标志。从某种意义上讲,近代山东城市的兴起,不管是沿海城市,还是内陆城市,都与开埠有着密切关系。商埠有条约商埠与自开商埠两类。条约商埠(treaty port)是指鸦片战争后,西方列强强迫中国签订不平等条约而开放的通商口岸,自开商埠(port opened voluntarialy by China)是中国政府自主开放并自行管理的商埠。鸦片战争之后的半个世纪里,中国对外通商贸易基本上是在西方列强所制定的条约体系的框架内进行的。自 1842 年《南京条约》的"五口通商"始,几乎中西方之间每签订一个重要的条约,中国方面都要被迫开放若干口岸以供通商。至 1895 年《马关条约》签订时,中国开放的条约口岸即约开商埠已达 40 处。1898 年晚清政府准开岳州、三都澳、秦皇岛为通商口岸,"自开商埠"开始出现。自开商埠虽系后起,但发展迅速,截止到清末,全国已有 36 处自开商埠。民国以后,自开商埠逐渐取代约开商埠,成为中国对外开放、实施通商贸易的主要形式。近代山东城市的开埠既有条约商埠,又有自开商埠。

1. 条约商埠城市

条约开埠属于被动型的对外开放,典型的城市是烟台、青岛、威海等。这些沿海城市是外国列强登陆山东的第一站,因而成为最早通过不平等条约而开商埠的城市。

(1)烟台

1861 年条约开埠后,烟台近代工商业也发展起来。"近年来,公司渐起,如张裕之洋酒、昌兴之洋火、醴泉之啤酒、瑞丰之面粉,而船行若政记公司,若鹿玉轩记,皆能挽回盐舶之利权。"①在胶济铁路未通车之前,烟台已发展成为山东沿海最大的海滨城市和贸易港口,"(胶济)铁路未设之前,山东全省殆以烟台为唯一之港"。胶济铁路建成通车后,省内的部分进出口业务转移到青岛,津浦铁路通车后,又有部分进出口业务转移到天津,"胶济铁路通而分其一部分走青岛,津浦铁路通又分其一部分北走天津"②,因此烟台的经济地位同青岛、济南等城市相比进一步下滑。但就自身而言,20世纪上半期仍有较大发展。

首先来看一下烟台开埠后的商业与对外贸易。烟台商业主要包括洋行和华商资本两部分。关于洋行的情况,请参阅本章第四节。下面介绍一下华商资本的情况。随着对外贸易的增加,沿海及内地的商业资本向烟台发展,先是黄县、掖县和潍县商人将资金投向烟台,后有闽粤及宁波商人在烟台开设钱庄商号。到1891年,烟台已有商号1660家。除去特种商业如金融、保险代理、典当、报关行、经纪业等,一般商业计有9种,417家,总资本为174.943万元,年营业额3328.5465元。③ 关于烟台开埠后的对外贸易,请参阅本章第四节。

其次,烟台开埠后的城市建设。烟台对外开放加速了其城市的发展,特别是此阶段正处于烟台的城市形成期,远洋贸易的激发作用非常明显。④对外开放之前,烟台的城市规模很小,服务设施极差,甚至有史料记载其基本的交易场所都不具备。而开埠之后,烟台的商业、手工业、近代工业、交通运输业、旅店业以及饮食业都迅速发展起来,从而促进烟台的市政建设逐步推进。到光绪年间,烟台城市已初具规模,凡是到这座城市的人都会对市区的发展感到惊叹。刘光弟(第)曾写道:"烟台地为山东登州府属,漕船渔艇,辐辏且众……直与通都各郡等矣。"⑤旅烟的外国传教士、商人、侨民等

---

① 民国《福山县志稿》卷五,《商埠》。
② 民国《胶澳志》卷五,《商业》。
③ 其中绣庄业118家,有资本24.5225万元,年营业额479.9468万元;鱼行业81家,有资本13.5985万元,年营业额188.4510万元;水果业56家,有资本5.835万元,年营业额140.06万元;粉丝业53家,有资本45.4746万元,年营业额925.829万元;绸布庄30家,有资本45.4万元,年营业额670万元;杂货业30家,有资本22.7157万元,年营业额591.6349万元;杂粮业29家,有资本11.848万元,年营业额217.9748万元;花生行业16家、茶叶行4家,各有关资本3.37万元和5.6万元,年营业额各为74.35万元和40.3万元。
④ 王赛时:《山东沿海开发史》,齐鲁书社2005年版,第472页。
⑤《刘光弟集》,中华书局1986年版,第82页。

欧式风格居民区以及驻烟领事馆、学校、医院多集中于烟台山下、北大街等处，作坊、工厂、商铺、钱庄、会馆、商行多选址在北大街、福山、牟平城等处。另外，1932 年烟台最早的公共体育场建成；1910 年前后，建起福禄寿、月宫等十几家影院。

（2）青岛

1898 年条约开埠，德国人先后建设了蛋厂、啤酒酿酒公司、电灯厂、自来水厂、捷远洋行、德远洋行、面粉厂、沧口绢丝纺织公司、精盐制造厂，并且建德华银行，使青岛辟建之际就充满竞争活力。"本埠进口贸易连年进步，一日千里，迥非其他通商口岸所能企及。统全国之口岸而比较——烟台、宁波等港通商较青岛早四十年而进步大有逊色，是创人类设备之明放大验，而尤不能不归功于港湾、埠头之建筑完善，水路交通之连路得宜。"[1]

首先，青岛开埠后的商业与对外贸易。青岛商业可分为外国资本与华商资本两种。1898 年德国侵占胶澳，辟为商埠，港口贸易开始兴盛。德商先后设洋行公司 20 余家，资本总额达 2.09 亿马克。随后，英、美、日、俄等国商人也蜂拥而至。德国凭借其特权，掠夺山东的煤炭、花生、猪鬃、羊毛、大麻、草帽辫等，又大量倾销煤油、棉纱、火柴、肥皂、砂糖及五金器材、化学颜料等。外商通过低价收购山东的土特产品，高价倾销洋货，获取暴利，如禅臣洋行经营的德国亿利登化工厂漂白精（氯化石灰），每桶（110 磅）进口价 15 元，在青岛售价 80 元。青岛猪鬃每担售价 360—450 元，禅臣转销英美每担售价 1000—1200 元。青岛输入的棉织品、棉纱、针织、火柴、砂糖等，1901—1906 年价值 6730 法郎，占进口总额的 88.5%。同时，在德国侵占期间还攫取了地方各种税收，1899 年课税收入 3.6 万马克，到 1913 年增长到 720 万马克，比 1899 年增长 200 倍。

青岛港口贸易的兴盛，吸引各地华商涌入。许多商人在大鲍岛、台东、台西开设商店和批发商行，从事以土产购销为主的经营。黄县、潍县、掖县和日照等地商人在青岛设点开业，并形成商帮。随后，广东、三江、直隶等外籍商人在青岛设立会馆，进行南北各口岸土洋货贸易。1905 年青岛贸易额较 1900 年增长 21 倍，达 1700 多万两。1906 年海关税收超过烟台，1910 年

---

[1] 民国《胶澳志》卷五，《食物、商业》。

贸易总额也超过烟台。津浦路津济段通车后,整个华北地区大部纳入青岛的商务范围,在全国通商口岸中居第六位。从商号种类和家数看,据 1933 年的统计,青岛全市有商号 35 种,5514 家,总资本计 190990.0493 万元,年营业额为 404283.682 万元(包括银行和钱庄业在内)。① 关于开埠后的对外贸易情况,请参阅本章第四节。

其次,青岛开埠后的城市建设。在道路建设方面,早在德占和日占时期,所有区内道路,均以碎石铺筑。中国收回青岛以来,青岛市政当局在筑路方面也取得一定成效。到 20 世纪 30 年代初,青岛埠内,路政优良,所有商业中心及居住区域之街道,均系沥青敷筑,而市区以内之僻静道路,亦以碎石铺砌,行旅称便。② 在照明方面,于街道两旁安设路灯,街灯多用煤油灯,大街则置白炽电灯,而重要街道甚至用地下电缆,这在当时国内是最先进的。在城市污水排放方面,早在德、日占领时期,即于市区内分别敷设暗渠式之污水管和雨水管,并建设了污水泵站 4 座。③ 自 1922 年中国收回青岛以来,"市政当局,积极保养,不遗余力。计敷设阴沟水管长凡 14,416 公尺,此项水管,密布如网,沟通全市,住户排泄污水,咸称便利"④。

(3)威海

1901 年条约开埠后,英国殖民当局开始兴建"爱德华商埠区",免税开放贸易。结果"不数年间,商贾云集,人口激增"⑤,遂成为胶东半岛东端的一个重要商埠。⑥ 有关威海对外贸易发展状况,请参阅本章第四节。此外,威海的道路建设也取得一定成效。英占期间于商埠区修筑道路 14 条,1930 年回归后,在管理公署的负责下,道路亦不断增筑,由英占时期的 14 条增为

---

①其中主要的除 12 家银行资本 8363.54 万元、营业额 169270.8 万元外,资本和营业额较高的 12 种是:农产品贩卖业 427 家,资本 519.3625 万元,营业额 10377.25 万元;纺织工业品业 262 家,资本 1083.28 万元,营业额 21665.6 万元;杂货业 1093 家,资本 694.4412 万元,营业额 13888.824 万元;交通用品业 781 家,资本 113.5815 万元,营业额 22716.3 万元;化工品业 236 家,资本 149.453 万元,营业额 2989.06 万元;矿产品业 155 家,资本 452.539 万元,营业额 9050.78 万元;畜产品业 123 家,资本 391.671 万元,营业额 7833.42 万元;水产品业 120 家,资本 83.2163 万元,营业额 1664.326 万元;饮食品业 516 家,资本 287.2345 万元,营业额 5744.69 万元;饮食店业 799 家,资本 242.872 万元,营业额 4857.44 万元;交易所业两家,资本 400 万元,营业额 8000 万元;运输业 37 家,资本 173.225 万元,营业额 3464.5 万元。其他 23 种,家数虽然不少,但资本和营业额较少。内容详见刘大可、张照东:《山东经济史》(济南出版社 1998 年版)的相关内容。

②④《胶海关十年报告(1922—1931)》,载青岛市档案局编:《帝国主义与胶海关》。

③陆安:《青岛近现代史》,青岛出版社 2001 年版,第 29 页。

⑤何炳贤:《中国实业志·山东省》,实业部国际贸易局 1934 年版,第 72 页。

⑥李宏生等:《山东通史·近代卷》,山东人民出版社 1994 年版,第 646 页。

122 条。市政当局在道路整修的同时,又于城内和商埠区设部分路灯,1931年以后,各主要马路均已装设路灯。[1]

2. 自开商埠城市

自开商埠属于主动型的对外开放,典型城市是济南、周村、潍县、龙口、济宁等。随着条约口岸城市和中外贸易的迅速发展,人们对条约口岸产生了更为全面的、客观的认识。在对外交往的过程中,一些开明人士开始从过去的简单排拒,转而认识到开埠通商对中国来说是"利弊参半",甚至"利大于弊"。甲午战争后,自开商埠思想步入实施阶段。1898 年晚清政府总理衙门奏请开岳州、三都澳、秦皇岛为通商口岸,这是中国最早的自开商埠城市。1903 年 3月,商约大臣吕海寰奏请外务部"广辟商场",得到晚清政府支持,令"各省督抚通饬所属详细查勘,如有形势扼要,商贾荟萃,可以自开通商口岸之处,随时奏明办理"。袁世凯抓住机遇,率先响应扩大开放。他与山东巡抚周馥于1904 年合奏将济南及铁路沿线重镇周村、潍县同时自开商埠。1905 年,济南、潍县、周村正式开埠。

（1）济南

第一,济南开埠后的商业与对外贸易。开埠后济南的商业和城市发展进入一个新时期。济南的商业户数 1919年达 1968 家,1927 年猛增至 5787 家。截止到 1933 年,济南的店铺有 47 个行业,1228 家,总资本额为 520 多万元,营业额达 9135.25 万元。[2]

第二,济南开埠后的工业发展。开埠前,除官办的山东机器局之外,几乎没有近代工业。开埠后,近代企业相继

袁世凯为开埠一事致外务部奏折

---

①《威海市志》,第 415 页。

②其中主要有:棉花行栈 25 家,资本 35.1 万元,营业额 4512 万元;杂粮行栈 42 家,资本 29.2万元,营业额 797.4 万元;焦煤店 87 家,资本 10.97 万元,营业额 96.86 万元;茶叶店 22 家,资本22.3 万元,营业额 137 万元;绸缎庄铺 39 家,资本 93.1 万元,营业额 396.5 万元;棉纱庄 11 家,资本2.1 万元,营业额 121 万元;布庄 65 家,资本 39 万元,营业额 632 万元;煤油店 6 家,资本 14 万元,营业额 94.8 万元;南北杂货店 48 家,资本 47.2 万元,营业额 143 万元;酱、酒店 142 家,资本 14.22 万元,营业额 65.3 万元。

涌现。济南开埠后出现的首批近代企业,大多是以"商办"形式即私人投资或集股创建的,官办或官商合办的方式极少。1905 年,济南电灯公司成立,是济南开埠后第一家民营企业,之后到辛亥革命的 8 年时间里,济南新创办了 16 家近代民营企业,加上官办及官商合办的厂矿,总数达到 21 家(见表 4 - 58)。民国时期,济南工业出现了明显的"工业化"倾向。如机制面粉工业是这一时期济南最主要的民族工业。机器制造业开始普遍采用近代化生产方式,先后开设了 17 家机器制造厂,都自备动力机和钻床、刨床、冲床等设备,能制造弹花机、榨油机、织布机等。

1919 年成立的华兴造纸股份有限公司是北洋政府时期山东省唯一的新式造纸企业。振业火柴股份有限公司则是近代山东乃至全国民族火柴业的代表。至 1932 年,从资本额来看,机器工业厂家的资本占全部资本总额的 81.62%,半机器工业厂家占 15.77%,而手工作坊只占 2.61%;从产值来看,机器工业占总产值的 79.28%,半机器工业为 16.56%,手工作坊仅占 4.15%。可见,济南的传统手工业已经从原来的中心地位退居从属地位,代之以近代机器工业占据了中心地位。济南开埠后经过清末民初二三十年的发展,其工业化程度已有明显提高,济南在全省近代工业发展进程中的地位得以确立。据《中国实业志》之《胶济铁路经济调查报告》1933 年的统计数字,济南工业资本总额已占全省的 20.5%,生产总值占 29.7%,济南已成为全省民族工业生产的重心。1905 年自开商埠成为济南走上近代化发展道路的里程碑,标志着济南由传统封建政治中心城市向近代工商业城市的转变,济南也"一跃而成了山东内陆第一大商贸中心"。

表 4 -58 晚清济南近代企业创办情况表(1905—1911 年)①

企业名称	创办时间	资本额度	企业性质
济南电灯公司	1905	1000000 元	商办
林木培植会	1905	30000 两	商办
洛口小轨铁路	1905	20000 两	商办
大公石印馆	1905	100 两	商办

①济南市社会科学研究所:《济南简史》,齐鲁书社 1986 年版,附"济南近代企业一览表",第 386—387 页。

（续表）

企业名称	创办时间	资本额度	企业性质
济南济农公司	1906	200000 两	商办
大经丝厂有限公司	1906	不详	商办
机器制砖有限公司	1906	不详	商办
小清河轮船公司	1906	100000 两	商办
大清银行济南分行	1907	不详	商办
中安烟草有限公司	1907	20000 两	商办
济合机器公司	1907	不详	商办
永阜草辫公司	1907	不详	商办
通惠公司	1907	不详	商办
美聚棉公司	1907	不详	商办
东兴货栈有限公司	1908	300000 元	商办
琴记雪茄公司分庄	1908	不详	商办
泺源造纸厂	1909	260000 两	官商合办
兴顺福机器油坊	1909	150000 元	商办
普济草绳有限公司	1910	50000 两	商办
金启泰铁工厂	1910	20000 元	商办
济南津镇铁路工厂	1911	不详	官办

表4-59　30年代前后全国主要城市最高地价比较① 　（单位:元/每亩）

城市	每亩最高价	相当于上海的%	年代
上海	450000	100	1933
广州	180000	40	30 年代初
天津	75000	17	1934
南京	42800	9	1931
杭州	40000	9	1929
北平	10000	2	1928
济南	10000	2	1931

①赵津:《中国城市房地产业史论(1840—1949)》,南开大学出版社 1994 年版,第 205 页。

第三,济南埠后的城市建设。民国初年,济南人口达 25 万,比通商开埠前的 14 万人增长约 64%,到 1934 年更进一步增加到 43 万余人,已成为一个近代化的都市。由于人口的增加和经济的发展,济南商埠的地价节节攀升,到 30 年代最高地价已至每亩一万元,据全国前列(见表 4-59)。《济南开埠租建章程》规定,商埠土地的价格以胶济铁路为界,由北向南分作四等,以福、禄、寿、喜等字分别编号,各区地价依据与胶济铁路的距离远近而不同。(见表 4-60)"商埠街道以经一路、经二路、经三路及纬四路等为最发达,银行业、钱庄业、棉花栈业、牛栈业、焦煤业、油业、蛋业、五金业及洋商商店,十之九开设于此,故以济南全部而论,商埠之繁荣,乃胜于城区。"[1] 在自来水供给方面,于 1931 年创建济南自来水厂。最初为官商合办,1936 年收回商股改为官办。水源地为趵突泉,日供水量为 1.04 万吨。供水区域是城关和商埠部分地区,而且还主要是官府、军队和工商用户,一般老百姓用不上自来水。[2] 在道路建设方面,市政当局在开埠之初即从德国购置新式蒸汽压路机,开始修筑碎石路面,并建立了街道清扫制度。到 20 世纪 30 年代初,济南城内及商埠马路均为柏油路,其余之各小街巷胡同多为青石修建。在城市照明方面,市政当局亦于各街道安设路灯照明。到 1934 年市区有路灯 2715 盏,1935 年设立路灯专线,整顿路灯设施,并在城里和商埠的 35 条街道上新装路灯 889 盏。[3]

表 4-60 1931 年济南市地价表　　　　　(单位:元/每亩)

地　段	价　　　位		
	最高价	最低价	普　通
城　关	6000	500	1200
商埠福地	10000	6000	8000
商埠禄地	10000	5000	8000
商埠寿地	5000	3000	4000
商埠喜地	3000	1500	2000
乡村房地	120	60	90

①何炳贤:《中国实业志·山东省》(丁),实业部国际贸易局 1934 年版,第 39 页。
②党明德、林吉玲:《济南百年城市发展史:开埠以来的济南》,齐鲁书社 2004 年版,第 165 页。
③同上书,第 164 页。

（2）潍县

第一，开埠后的商业与对外贸易。1906 年前后，潍县从烟台、青岛输入的洋杂货达到 400 万海关两左右，其中仅棉纱、布匹两项价值 350 万银两。1906 年城内外资本额在两万两以上的商家有 40 家，其中资本额 10 万两以上的有 10 家，资本额 4 万—5 万两的有十几家。到 1913 年，潍县资本额在 10 万两以上的商号已增至 30 家。土布业为潍县各业之中心，20 世纪 20 年代末，全县共有销售土布的布庄 257 家，年产值达 7000 余万元。潍县及周边青州、安丘、昌邑等县多种植烟草，潍县为集散地。只是烟草业操纵于英美颐中烟草公司手中。通过铁路运输的货物，1930 年至 1932 年的统计是，在潍县境内 6 个车站（潍县、坊子、二十里堡、虾蟆屯、南流、大圩河），1930 年，发货 91807 吨，卸货 110191 吨；1931 年，发货 73980 吨，卸货 109430 吨；1932 年，发货 40944 吨，卸货 65380 吨。由此，可大体推算潍县的对外贸易情况。

第二，工业发展。开埠政策实施后，便利的交通运输网络进一步促进了潍县工商经济的发展。1920 年以后，近代工业有了迅速发展。据统计，自 1918 年至 20 世纪 30 年代初，潍县先后创设的机器工厂达 30 家。其中生产布匹的工厂有 10 家，生产织布机、弹花机的工厂有 10 家。所以说，潍县近代工业的发展是与本地传统土布业的发展密切相关的，形成了以土布业为轴心的工业格局。

第三，城市建设。开埠以后潍县的市政建设也大有进步。如市内道路亦不断改善，相继铺就了几条大马路，均砌以石板路面。据时人载，"街市清洁，路敷以石"，且于主要道路配有路灯，共 70 余盏。[1] 此外，潍县亦在 1932 年于"城墙内装设钢筋混凝土水柜两个，可储水 120 余吨，汲取白浪河水，加以清虑，城内设有龙头数十"，日供水万余吨，以供城厢内外居民饮用。[2]

（3）周村

第一，开埠后的对外贸易。周村、博山、淄川、张店等地皆为鲁中商业重镇。据 1933 年统计，周村全镇有商店 19 种、727 家，营业额达 1357.39 万

①《潍城区志》，第 157 页。
②《胶济铁路经济调查报告分编·潍县》，第 27 页。

元,周村丝绸举世闻名,为出口之大宗。淄川、博山的煤炭、玻璃、陶瓷等皆为出口之主要商品,由铁路转运青岛等口岸出口。所需之粮食、布匹及日用品,则由铁路运入。据1933年统计,博山年进口货值为117.53万元,出口货值527.52万元,出超400万元;淄川年进口货值为21.54万元,出口为15.9万元,入超近6万元。张店为鲁北、鲁中棉花集散地,每年运往青岛的棉花就达600车(每车15吨),仅次于济南。张店棉花市场也操纵于日本人之手,有日商花行四家,在张店经销原棉。

第二,工业。开埠后,以机器生产为特征的近代工业相继出现。在机器缫丝业方面,共有4家机器缫丝厂,直到20世纪30年代初仍为山东境内中国人自己仅有的机器缫丝厂,周村成为近代山东机器缫丝中心。在煤炭开采方面,淄博煤田开始使用电动抽水机、卷扬机、空气压缩机、抽风机、洗煤机、锅炉等一系列近代煤矿机械。20世纪30年代初,淄博各民营煤矿蒸气动力机器得到普遍应用。1930年,博山矿区27家民营煤矿有动力锅炉140部,蒸汽绞车82部,汽泵27部。中日合办淄川、博东煤矿和日营华坞煤矿有大型动力锅炉64部,汽绞车11部,汽泵54部,电绞车14部,电泵41部,其他压缩汽绞车和自动滑轮绞车27部。应用机器生产对扩大矿井开采范围和生产规模,提高煤炭产量起了重要作用。在玻璃制造业方面,开始采用机器进行玻璃生产。1903年山东巡抚胡廷干在博山投资创办官商合办博山玻璃公司。该公司引进德国机器"采用机械制造玻璃",聘雇德国专家,采用新法生产,这是中国第一座平板玻璃厂。

(4)龙口

龙口于1915年自开商埠。龙口开埠前为黄县一村镇,开埠后"自地理上言之,仍为黄县之一部分",但行政上却独立为一"特别区",区内设置商埠局,直接隶属于省政府。龙口开埠伊始,即由商办股份公司负责,开展马路、街道、港口码头等兴建商埠工程。自此,龙口"商云蔚起",开始与旅顺、营口、安东、天津、大连、上海、厦门及香港正式通航。同时,也打破了龙口街市的旧格局,在码头北侧迅速开辟了新商埠区。除粮业外,其他行业如雨后春笋般兴起,出现了绸缎庄、船行、杂货店、代理店、粉庄。龙口港的航线也迅速扩展,成为山东省仅次于青岛的第二大港。1917年7月,上海《申报》撰文说:龙口"自开埠以来,已历数载,内之设立局所、整理街市、组织商会、医院、学校等等机关,去年又修筑马路数道,并提议建设公共码头,商埠模形已成立,故各货生意亦颇发达"①。据日文资料记载,1927 年至 1931 年间,龙口各业商号 637 家,其中粮店 78 家,钱庄 15 家,布庄 20 家,煤庄 32 家,杂货店 65 家,旅馆 24 家,粉庄 38 家……粉庄多集中于市南,故称南粉庄。20 世纪 30 年代中期,龙口港与 70 多个国家和地区有贸易往来,成为"东牵烟台,北控津沽"的进出、储运、集散的水上交通要冲,为北方六大港口之一。龙口的进口货物以洋布、洋线、火油、煤炭、白酒、烟、麻、砂糖、豆饼为大宗。其中进口以绿豆为最多,仅招远、黄县两地就销售约 7500 公斤。龙口出口货物则以粉丝、供香、花生、花生油、草纸、毛头纸、沙参、沙粉(高岭土)、花椒、白菜、大蒜、长把梨及药材为大宗,其中粉丝出口最多。1935 年出口粉丝 400.32 万公斤,占全国出口的 65.03%。出口货物总值为 110 万元,占进口货物总值 453 万元的 24%。当年英、美、日等国对龙口的输入额是 128.5 万元。龙口自辟商埠后城市经济发展迅速,但 20 世纪 30 年代后期随着烟潍公路的修建以及政治格局的动荡出现停滞。

(5)济宁

济宁于 1920 年自开商埠。济宁开埠后北洋政府先是在济南设立筹备处,对济宁划定的商埠界域详加测量。然后在济宁设立商埠局,直辖于省长公署。其职责一为管理商埠警察,二为征收各项捐款,三为核收外人营业执照。除商埠局外,又设建筑公司进行城市建设。济宁居运河沿岸,"在昔即为繁盛之区,出产丰饶,商贾辐辏",自津浦路兖济支线通车,商业交易倍于往昔,"北而聊城阳谷,南而巨野金乡,一切货物之出入运输,无不集中于此"②。济宁辟埠以后,城垣扩大,市街繁密,商肆林立,贸易繁盛。1920 年济宁电灯公司建成发电;1921 年振业火柴公司济宁分厂建成投产;中国银行、上海商业储蓄银行、山东平市官钱局均设立办事处等分支机构。此时,济宁已经成为鲁西南具有现代城市特征的工商业城市了。1933 年济宁年运进货值为 680 万元,外销货值为 100 万元。商业店铺计有 16 类 191 家,总资本为 19985 元。其中杂粮业最多,计有 69 家,资本 7000 多元;次为皮毛业,45 家,资本 5796 元。1934 年时,济宁城油业、药材业等商行达 191

①《申报》,1917 年 7 月 20 日。
②静观:《济宁与海州两商埠问题》,《申报》,1921 年 3 月 13 日。

家。30 年代中后期济宁商贸衰退下去。

3. 各开埠城市之间的密切联系

近代山东开埠城市，无论是条约开埠还是自开商埠，其区位优势都比较明显，大都位于沿海或胶济铁路沿线。如烟台、青岛就是因其优越的区位条件而被外国列强选中开放的，而济南、周村、潍县则因胶济铁路的通车使其区位优势凸现而迅速自开的。沿海与铁路沿线城市的相继开埠，为近代山东经济注入了新的活力。依托于港口和铁路，这些开埠城市成为山东地区经济发展的前沿。从烟台、青岛到济南、潍县、周村，山东的城市化水平进一步提高，经济中心城市进一步增多。此外，近代山东开埠城市之间有着密切的经贸往来。近代山东的城市化进程，不仅表现为历时性上的各自开埠（或条约开埠，或自开为商埠），还表现为共时性上的相互联系即开埠的各个城市间的经贸往来。沿海开埠城市之间，内陆开埠城市之间以及沿海与内陆开埠城市之间，都有着密切的经济贸易往来。以周村为例进行说明。1861 年烟台开埠后，周村因地处烟济大道中间，西至济南，东至烟台，商货往来均由此经过，贸易上起着沟通口岸城市与内地都会的作用。

（1）周村与烟台。1897 年，周村自烟台输入棉布约 20 万匹、棉纱 20400包，这些货物除部分在当地消费外，大部分转销鲁北、鲁中地区，分销范围包括蒲台、齐东、泰安、东平、宁阳等地。在周村集散的土货以丝、草辫为大宗，其中仅黄丝一项价值就达 200 万银两。"黄丝的产地在遥远的地区，有蒙阴、沂水、泰安、沂州、滕县等处"，这些地区的黄丝在周村集中、整理、打包后，全部"由旱路运至烟台"。到 19 世纪最后几年，周村市场的商品集散贸易额已达 1500 万银两。凭借便利的水陆交通条件，周村成为鲁中山区和鲁北平原的商品流通枢纽。

（2）周村与青岛。青岛开埠后，周村转以青岛为主要输出入市场，与烟台间的贸易趋于减少。1903 年，胶济铁路修至周村，并在当地设立车站，从而将周村与新口岸城市青岛连接在一起。铁路运输大大缩短了周村至沿海港口的货运时间，由青岛至周村只需八九个小时，而靠过去传统的运输工具从烟台到周村要花费 10 天以上甚至 20 天的时间。借助胶济铁路运输，棉纱、棉布、火柴、煤油等大宗进口货物转由青岛输入，只有纸类、砂糖、海产品、锡箔、干笋及小杂货仍以传统方式从烟台输入。运输方式的进步不仅改变了周村的商品流通结构,而且市场的集散功能也由此得到加强。"商货向东往青岛、胶州、平度、安丘、潍县、昌乐、青州、寿光、临淄、博山、淄川,向西往济南、章丘及赴津浦路各县,无不经此。""河南、山西、直隶、辽东等处客商云集,各以其土物与山东之丝绸、土布、铜器、铁、锡、水银交易;外国贸易,如棉纱、棉布、杂货等,额约三百万两,丝绸、麦杆辫则由此以输出。"

(二) 胶济铁路与近代山东城市发展

交通是"活动中的现实的生产力",近代以来交通地理的变迁是城市兴衰发展的重要因素。在近代山东城市发展史上,铁路运输的作用日益突出。铁路作为现代化的交通运输工具,以其自身的技术优势使商品的流通数量、范围发生了巨大变化,在对传统的商品流通模式和渠道进行冲击的同时,促进了商品经济的发展和市场的繁荣。近代省内第一条铁路——胶济铁路通车所带来的大规模的物流和客流,有效地沟通了区域内外的生产与消费,拓宽了商品流通的范围,加快了商品流通的速度,促进了沿线地区的城市化进程。①

1. 烟台的衰落与青岛的崛起

胶济铁路修建之前,烟台是山东省最重要的进出口海港,也是山东省内唯一允许外国人居留和从事贸易的地方。胶济铁路建成之后,青岛通过胶济铁路沟通了内地与沿海,迅速取代了烟台的地位,一跃而为近代外贸大港。两地对外贸易的消长充分说明了这一变化。青岛开埠和胶济铁路建成后,经由烟台进口的货物总值不断下降,而经由青岛进口的货物总值却在不断上升。1901 年经由青岛进口的洋货总值为 343 万海关两,烟台为 2080万海关两,烟台是青岛的 6 倍;1905 年青岛为 1083 万海关两,烟台近 2018万海关两,烟台还差不多是青岛的 2 倍;到 1910 年,青岛进一步增至 2089万海关两,而烟台却降为 1187 万海关两。

青岛之所以能够迅速取代烟台,除却青岛港本身所具有的优良条件外,胶济铁路起了很重要的作用。外国货物依赖青岛及其与之相联的胶济铁路,进口数量大增。棉布和棉丝是进口货物中的大宗,山东进口的此两种洋货 2/3 是经由青岛输入到山东内地的。石油是占第二位的大宗进口商品,

①林吉玲、董建霞:《胶济铁路与济南商埠的兴起(1904—1937)》,《东岳论丛》2010 年第 3 期。

自从铁路通车,潍县、周村、济南增置了大型油罐以来,经由青岛进口的石油大大增加。经由青岛进口的其他商品如金属、面粉等到潍县火车站只需一天路程,而到烟台却需五天。由于交通的便利,山东生丝几乎全经青岛出口国外。山东草辫的主要产地在莱州府北部沿海一带,莱州府的沙河镇逐渐成为草辫专业市场。从沙河发送货物到潍县车站只需一天时间,而到烟台却需四天。因此,山东草制品的出口也迅速转到青岛。1903 年青岛出口的草编织品占山东草编织品总量的 30%,到 1907 年达到 98%。其他土产品如花生、豆类等出口青岛也对烟台构成了威胁。烟台由于通往内地的交通不便,"邻近各县山路崎岖,难以行驶,转运货物,悉载骡以行",进出口贸易都受到了很大影响。但后来随着烟潍公路的通车和海上运输的发展,烟台仍不失为山东的重要商业中心和贸易口岸,但其地位已远在青岛之下。而青岛在进出口贸易的推动下,近代工商业蓬勃发展,在 20 世纪 20 年代前,已迅速成长为一个初具规模的近代城市。

2. 胶济铁路沿线城市的崛起

胶济铁路给沿线城市发展带来了巨大的物流、人流、资金流,各种产业资本、商业资本和金融资本逐渐向铁路沿线城市集聚,从而使铁路沿线的传统商业城市迅速向近代城市转型,城市化水平也有了相应提高。

(1)济南。胶济铁路未开通前,济南的商业虽已比较发达,但地位在周村、潍县、烟台、济宁之下。胶济铁路开通后,商品流量骤增,中外贸易繁兴,使济南从一个传统区域性商业中心迅速变成华北重要市场。1910 年津浦铁路与胶济铁路接轨后,济南"商业日趋繁盛,举凡周围各县,莫不以此为销售市场"[1]。当时,"凡山东西部及山西、河南等省之土货,欲输往外洋者,先集中于济南,再运集于青岛。故济南为鲁晋豫三省出口土货最初集中市场,青岛为其出口之商埠。洋货欲运入我国中部者,先集于青岛而后集于济南,故济南为中部洋货散布之商埠"[2]。所以济南的工商业得到了迅速发展。到 20 世纪 20 年代末,市内有各种商店 3554 家,工业企业 172 家,家庭手工业 1745 家。[3]

---

[1]《胶济铁路经济调查报告分编·济南》,第 15 页。
[2]何炳贤:《中国实业志·山东省》,实业部国际贸易局 1934 年版,第 38 页。
[3]《胶济铁路经济调查报告·六·济南》,第 12—17 页。

（2）潍县。胶济铁路之建成通车，也给潍县的经济社会发展带来了机遇。潍县位于青岛和济南之间，在清代即为地区贸易中心，有估衣、首饰、典当、酒等行业。"在胶路未通车前，已称繁盛……自胶济通车，烟潍筑路，本县在交通上享有种种运输之便利。兼以商民性格机巧，喜于模仿，勇于投资，故商业年有进步。"到 20 世纪 30 年代初，大小商号总计约在 4000 家以上。"言家庭工业，则织布业，方兴未艾；言工厂工业，则铁工厂数十家，占重要地位。"其他如火柴业、卷烟业、面粉业等也都发展较快。商业控制之领域日广，生产有工业化之趋势。潍县已经成为"青岛济南间最大之市场，在本省各县中，工商各业，实无出其右者"。

（3）博山。淄博之博山也是近代胶济铁路的重要受益地区。淄博是近代山东最著名的工矿业城市。正是因为淄川、博山煤田的开发，淄博作为一地域名称始渐渐传开，并发展成为日后山东省的重工业城市之一。① 胶济铁路张博支线建成后，淄川、博山的采煤业、玻璃业等现代工矿部门发展迅速。胶济铁路的建成通车，使较大规模的物资交易及商业贸易成为可能，也为投资工矿企业创设了基础条件，加快了淄博工业化和城市化的进程。

3. 传统商业中心的衰落

胶济铁路的开通，导致沿线城市的产业集聚效应日益明显，而远离胶济铁路的地区，即便是传统的商业中心，也因无法分享胶济铁路带来的物流、人流、资金流等很快衰落下去，胶州和济宁就是突出的例子。胶州在青岛未开埠前，是与烟台、周村、潍县并列的山东商业中心，时有"金胶州，银潍县，铁打的周村"之谚语。但在青岛开埠和胶济铁路通车后，商业重心移至青岛，"不但四方商贾不复来此经商，即本地居民亦多移住青岛"，胶州的经济地位一落千丈。济宁原是发达的运河沿岸城市，虽然早在 1881 年就架设起山东最早的电报电缆，也开通了兖济支路，但也没有阻挡住贸易路线的转移，由盛转衰。胶济铁路经过周村，所以周村在 20 世纪 30 年代以后由盛转衰的原因则比较特殊。济南、博山、张店因胶济铁路而兴盛，周村却因胶济铁路而衰落。铁路开通以前，周村控制着鲁西、鲁南、鲁北的市场；铁路开通后，周村之西的济南不但夺走了鲁西的市场，而且取代了它商品集散地的地

---

① 淄博市政协文史资料委员会：《淄博经济史料》，中国文史出版社 1990 年版，第 31、33 页。

位。周村之南的博山、之东的张店又夺走了鲁南、鲁东一部分市场。铁路的修建使商人们多了选择的空间,大量的投资资本被济南吸纳,反而使周村以前的经济优势消弭大半,没有得到处于铁路沿线城市的优势,从而成为其衰落的重要因素之一。

(三) 近代山东城市发展的原因

近代山东城市发展的第一个原因是开埠所带来的"外部的压力"。近代山东城市的崛起不是来自国内经济的发展和社会群体或精英阶层的内部活动,而是在欧美资本主义的殖民扩张侵略迫使之下促成了城市的对外开放。开埠通商后,西方的许多新观念也随之而输入,逐渐改变了中国人的价值观念、思维模式和行为模式,在"约开商埠"的"示范效应"下产生了发展近代城市的内在驱动。无论是"约开商埠"还是"自开商埠",都犹如今天的经济特区,给城市的发展带来了前所未有的发展机遇。

近代山东城市发展的第二个原因是近代交通方式的变化。在近代山东城市发展过程中,胶济铁路发挥了重要作用。胶济铁路不仅促进了对外贸易的发展,也改变了经济格局。胶济铁路开通以前,山东传统的市场结构主要以运河城镇市场、沿海城镇市场、产地集市市场为主,表现为封闭式、内向型的经济发展模式。鲁西南地区是山东地区农产品的集散中心,出现了济宁、临清等舟车排列如鳞、商贾负贩云集、商业兴盛的城市。胶济铁路开通后,山东的对外贸易迅速发展,开放式、外向型的经济发展愈为突出。大批洋行由沿海进入山东内地,它们销售洋货、收购土货,使山东市场的商品结构变得日益复杂,经营范围由过去单一的土货改变为土洋结合,市场商品流向也出现了土货和洋货两种鲜明的对流。洋货由沿海口岸经由铁路分散到内地销售,土货则由内地运输到沿海口岸出口。省内经济中心从运河沿岸城市过渡到胶济铁路沿线城市。大量商品集于胶济铁路沿线,带来铁路沿线市场的繁荣,促使传统的市场格局发生变化,形成了以口岸进出口市场为中心,向内地产地市场、中转市场、专业市场、集散市场辐射的新市场体系。市场体系与结构的变化,改变了山东的城市布局。临清、济宁等在传统经济时期非常发达的运河沿岸城市,由于贸易路线的转移由盛转衰;济南、潍县、博山等一批新型城市,在沿海和铁路沿线迅速兴起和发展起来。

　　近代山东城市发展的第三个原因是社会政治环境的影响。稳定的政治环境是近代城市发展的基础。近代中国战争频繁,为躲避战争,商人必然会携带资金避难外逃到相对安全的城市中,从而使得其原所在的城市出现人口、资本同时减少的现象。近代山东,外国租界、省内政治中心是安全稳定之所,而传统的商业城市缺乏必需的政治保障,往往会成为战争的牺牲品。太平天国运动转战至济宁,山东革命党人吴大洲于周村反袁,无不使济宁、周村这两个城市元气大伤,加速了衰落的过程。

　　另外,城市的兴衰还与城市自身的产业结构有一定关系。比如,近代城市的基础是工业化发展水平,近代山东崛起的城市都有自己比较优势的工业化发展。像济宁单纯以交通枢纽而兴而无自身工业发展的城市,一旦外在交通变迁,整个经济衰落就成为必然。周村的产业过度集中在丝绸业,丝绸业的比重最高占到全部经济的70%,高度的集中背后是高度的脆弱性。日本人造丝打入周村市场时,极大地冲击了周村的传统丝绸业。后来资本主义国家的经济危机,又使周村缫丝出口锐减,丝价暴跌,直接影响了周村的经济发展。当地方政府没有能力从经济政策上对工商业进行强有力的扶持时,这些城市便逐渐在新的竞争格局中落伍,从历史舞台的中心被挤到了边缘。

参 考 文 献

一、著作

中国社会科学院考古研究所:《胶县三里河》,文物出版社 1988 年版。

山东大学历史系考古专业教研室:《泗水尹家城》,文物出版社 1990 年版。

山东省博物馆、山东省文物考古研究所:《邹县野店》,文物出版社 1985 年版。

于中航:《济南文物》,山东人民出版社 1986 年版。

徐基:《商代的山东》,山东文艺出版社 2004 年版。

山东省文物考古研究所:《曲阜鲁国故城》,齐鲁书社 1982 年版。

白寿彝:《中国通史》,上海人民出版社 1994 年版。

安作璋:《山东通史》(共 7 卷),山东人民出版社 1993、1994、1995 年版。

逄振镐、江奔东:《山东经济史》(共 3 卷),济南出版社 1998 年版。

周自强:《中国经济通史·先秦卷》,中国社会科学出版社 2007 年版。

林甘泉:《中国经济通史·秦汉卷》,中国社会科学出版社 2007 年版。

方行、经君健、魏金玉:《中国经济史·清代经济卷》,中国社会科学出版社 2007 年版。

路遇、滕泽之:《中国人口通史》,山东人民出版社 2000 年版。

赵文林、谢淑君:《中国人口史》,人民出版社 1988 年版。

梁方仲:《中国历代户口、田地、田赋统计》,上海人民出版社 1980 年版。

傅筑夫:《中国封建社会经济史》,人民出版社 1982 年版。

安作璋:《济南通史》,齐鲁书社 2008 年版。

吴慧:《中国历代粮食亩产研究》,农业出版社 1985 年版。

许檀:《明清时期山东商品经济的发展》,中国社会科学出版社 1998 年版。

罗仑、景甦:《清代山东经营地主经济研究》,齐鲁书社 1985 年版。

王赛时:《山东沿海开发史》,齐鲁书社 2005 年版。

严中平等:《中国近代经济史统计资料选辑》,科学出版社 1995 年版。

汪敬虞:《中国近代经济史(1895—1927)》中册,经济管理出版社 2007 年版。

王玉茹:《中国经济史》,高等教育出版社 2008 年版。

刘佛丁:《中国近代经济发展史》,高等教育出版社 1999 年版。

唐致卿:《近代山东农村社会经济研究》,人民出版社 2004 年版。

刘大可:《民国山东财政史》,中华书局 1998 年版。

山东省财政科学研究所、山东省档案馆:《山东革命根据地财政史料选编》,山东人民出版社 1985 年版。

山东省政协文史资料委员会等编:《周村商埠》,山东人民出版社 1990 年版。

布莱克:《现代化的动力:一个比较史的视角》,段小光译,浙江人民出版社 1989 年版。

姜培玉:《山东经贸史略》,山东友谊出版社 2008 年版。

许道夫:《中国近代农业生产及贸易统计资料》,上海人民出版社 1983 年版。

章有义:《中国近代农业史资料》(第二辑),三联书店 1957 年版。

许涤新、吴承明:《中国资本主义发展史》(第 2 卷),人民出版社 1985 年版。

交通部烟台港务管理局编:《近代山东沿海通商口岸贸易统计资料》,对外贸易教育出版社 1986 年版。

彭泽益:《中国近代手工业资料》,三联书店 1957 年版。

庄维民:《近代山东市场经济的变迁》,中华书局 2000 年版。

中国人民政治协商会议山东省济南市委员会文史资料研究委员会：《济南文史资料》，山东省出版总社济南分社 1984 年印刷。

山东省档案馆、山东省社会科学院历史研究所：《山东革命历史档案资料选编》，山东人民出版社 1984 年版。

王守中：《德国侵略山东史》，人民出版社 1988 年版。

刘大可等：《日本侵略山东史》，山东人民出版社 1990 年版。

上海社会科学院经济研究所：《英美烟草公司在华企业资料汇编》，中华书局 1983 年版。

姚贤镐：《中国近代对外贸易史资料》，中华书局 1962 年版。

《山东航运史》编委会：《山东航运史》，人民交通出版社 1993 年版。

陈旭麓、顾廷龙、汪熙：《中国通商银行》，盛宣怀档案资料选辑之五，上海人民出版社 2000 年版。

周保銮：《中华银行史》，文海出版社印本。

贾士毅：《国债与金融》，商务印书馆 1920 年版。

庄维民、刘大可：《日本工商资本与近代山东》，社会科学文献出版社 2005 年版。

山东省钱币学会：《山东近代银行券与根据地货币》，1992 年印刷。

杜恂诚：《金融制度变迁史的中外比较》，上海社会科学出版社 2004 年版。

中国银行济南分行行史志办公室：《济南中国银行史》，1986 年印刷。

千家驹：《旧中国公债史资料》，中华书局 1984 年版。

中国金融学会金融史研究会：《沿海城市旧银行史研究》，1985 年印刷。

王守中、郭大松：《近代山东城市变迁史》，山东教育出版社 2001 年版。

党明德、林吉玲：《济南百年城市发展史：开埠以来的济南》，齐鲁书社 2004 年版。

济南市社会科学研究所：《济南简史》，齐鲁书社 1986 年版。

淄博市政协文史资料委员会：《淄博经济史料》，中国文史出版社 1990 年版。

淄博矿务局、山东大学：《淄博煤矿史》，山东人民出版社 1986 年版。

中国人民银行金融研究所、中国人民银行山东省分行金融研究所：《中国革命根据地北海银行史料》，山东人民出版社 1986 年版。

陆安:《青岛近现代史》，青岛出版社 2001 年版。

诺思:《经济史中的结构与变迁》，陈郁、罗华平等译，上海三联书店、上海人民出版社 1994 年版。

约翰·希克斯:《经济史理论》，厉以平译，商务印书馆 2009 年版。

庄维民:《近代鲁商史料集》，山东人民出版社 2010 年版。

二、地方志

明代嘉靖、万历等朝的《山东通志》及各府州县志；清代康熙、雍正、乾隆、道光、光绪、宣统等朝的《山东通志》及各府、州县志；民国时期的《中国实业志》及山东各县志；新中国成立以来的《山东省志》及各地的市志；山东省地方史志办公室主编的山东省情资料库。

后 记

　　《山东经济史》是由韩寓群同志任主编,由山东师范大学地方史研究所组织编写的《山东地方史文库》专史系列中的一部。

　　应恩师安作璋先生之约,笔者有幸参加《山东经济史》的撰写,在此谨向安先生表示衷心的感谢。

　　本书按照历史时序分为远古时代、奴隶制时代、封建时代和近代四个部分,每部分采取专题撰写的方式,以方便读者阅读。本书的特点是篇幅小,重点问题重点分析,并作出我们的解释,因而可以称为一本简明山东经济史。其中远古时代以农业革命为重点,奴隶制时代以井田制为重点,封建时代以农业经济为重点,近代以经济现代化为重点。书中各种图表,大都由田昂同志完成。

　　值拙稿付梓之际,谨向省内的山东经济史专家致以深深的谢意。在撰写过程中,笔者重点参考了安作璋先生主编的《山东通史》各卷中典志部分的经济专题和逄振镐、江奔东二位先生主编的《山东经济史》,尤其是后者,是第一本山东经济通史,其"筚路蓝缕"之功令人钦佩。笔者还参考了山东经济史专家唐致卿、朱玉湘、吕伟俊、庄维民、刘大可、王守中、郭大松、王赛时诸位先生的论著,在此深表谢意。正是由于诸位先生的不断努力,我们对山东经济发展历史的认识才更全面、更深刻,笔者也因加入这个研究队伍而感到高兴。另外,也向山东人民出版社的马洁女士、王海玲女士表示感谢,她们的认真校对与编排,为此书增色不少。

　　山东经济史的内容量大、面广,远非这本小书所能包揽,又因笔者学识有限,谬误之处多有。在此,恳请各方学人不吝赐教。

陈新岗

2010 年 11 月于山东大学知新楼

图书在版编目(CIP)数据

山东经济史 / 陈新岗,张秀娈著. —济南:山东人民出版社,2011.10
(山东地方史文库. 第二辑)
ISBN 978-7-209-05810-0

Ⅰ. ①山… Ⅱ. ①陈… ②张… Ⅲ. ①经济史—山东省 Ⅳ. ①F129

中国版本图书馆 CIP 数据核字(2011)第 124323 号

责任编辑:马 洁
封面设计:蔡立国

山东经济史

陈新岗 张秀娈 著

山东出版集团
山东人民出版社出版发行
社 址:济南市经九路胜利大街 39 号 邮 编:250001
网 址:http://www.sd-book.com.cn
发行部:(0531)82098027 82098028
新华书店经销
山东临沂新华印刷物流集团有限责任公司印装

规 格 16 开(169mm×239mm)
印 张 28.75
字 数 440 千字 插 页 10
版 次 2011 年 10 月第 1 版
印 次 2011 年 10 月第 1 次
ISBN 978-7-209-05810-0
定 价 122.00 元

如有印装质量问题,请与印刷单位联系调换。电话:(0539)2925659